Stephan M. Bleichner

DIE LANDSHUTER FÜRSTENHOCHZEIT 1475
Immaterielles Kulturerbe und Re-Inszenierung
– ein axiologisches Phänomen –

THE LANDSHUT PRINCELY WEDDING 1475
intangible cultural heritage and re-staging
– an axiological phenomenon –

D1735865

Das Titelblatt zeigt, graphisch bearbeitet, einen Teil des Freskos im Deckengewölbe der St. Johannes Kirche in Dingolfing. Dargestellt sind die Wappen des Herzogspaares Georg von Bayern-Landshut und Hedwig von Polen. Das Wappen von Herzog Georg ist mit dem Löwen als prächtige Helmzier bekrönt. Das Wappen von Herzogin Hedwig, der geborenen Königin von Polen, zeigt den weißen Adler des polnischen Piastengeschlechts und den litauischen Reiter.

Im Jahre 2015 wurde die Re-Inszenierung „Landshuter Hochzeit 1475" in das neu geschaffene Landesverzeichnis des „Bayerischen Immateriellen Kulturerbes" aufgenommen.

2018 erfolgte die Aufnahme des historischen Dokumentarspiels „Landshuter Hochzeit 1475" in das nationale - Bundesweite Verzeichnis Immaterielles Kulturerbe - der Deutschen UNESCO-Kommission (DUK).

Stephan M. Bleichner

DIE LANDSHUTER FÜRSTENHOCHZEIT 1475

Immaterielles Kulturerbe und Re-Inszenierung
— ein axiologisches Phänomen —

Bibliographische Informationen der Deutschen Nationalbibliothek:

Die Deutsche Nationalbibliothek verzeichnet diese Publikation in der Deutschen Nationalbibliographie, detaillierte bibliographische Daten sind im Internet über http://dnb.dnb.de abrufbar.

Impressum:

© 2010 Stephan M. Bleichner

© 2015 Stephan M. Bleichner

© 2022 Stephan M. Bleichner (2. Auflage /06 / 04-2023)

Herstellung und Verlag:

BoD - Books on Demand, Norderstedt

ISBN: 9783755713616

INHALTSVERZEICHNIS

Gender-Hinweis:
In diesem Literaturwerk wird das – generische Maskulinum – verwendet.

Soweit es für die Aussage von Bedeutung ist, wird darauf hingewiesen, dass in dieser Publikation das – generische Maskulinum – gleichsam als geschlechtsneutrale (gendergerechte) Ausdrucksweise zu verstehen ist. In den entsprechenden Formulierungen sind neben männlichen explizit weibliche und anderweitige Geschlechteridentitäten gleichermaßen immanent. Das bezieht sich sowohl auf neuzeitliche als auch auf historische Textstellen.

> *„Erzähle es mir – ich vergesse.*
> *Zeige es mir – ich erinnere mich.*
> *Lass es mich tun – es wird ein Teil von mir".*
> (Konfuzius, ca. 551 – 479 v. Chr.)

Der Prozess der Globalisierung bedingt, dass zwei ihrer Tendenzen aufeinander prallen. Die eine zielt auf die Nivellierung kultureller Unterschiede, die andere auf die Vielfalt kultureller, sozialer und ökonomischer Erscheinungen in den verschiedenen Regionen der Welt. Im Umgang mit diesen Phänomenen liegt eine der großen Herausforderungen des 21. Jahrhunderts. Um dieser gerecht zu werden, gilt es die Gemeinsamkeiten und Differenzen zwischen den Kulturen intensiver historiologischer Forschung und Reflexion zu unterziehen; darauf aufbauend, ist die Transformation der axiologischen Ergebnisse ins Aktuelle mehr denn je als interkulturelle Aufgabe zu begreifen. Das verstärkte Aufeinandertreffen vielfältiger Kulturen wirft die Frage danach auf, wie mit dieser Vielfältigkeit umzugehen sei. Kultureller Ausdruck kann an Bedeutung für das jeweilig eigene kulturelle Erbe gewinnen, neben Verlockungen aber auch Gefahren in sich bergen. Es stellt sich die Frage, wie sich gelebte Kulturelemente unter dem Einfluss von Globalisierungsprozessen behaupten, ob sie geschützt werden können oder müssen, und welche Auswirkungen dieser Schutz zutreffendenfalls nach sich ziehen würde.

Die beiden Phänomene stehen in einem komplexen Wechselverhältnis zueinander und bedingen sich gegenseitig, aber der Motor des einen, das kapitalistisch organisierte, auf die globale Erzeugung und Befriedigung von Bedürfnissen und Konsumwünschen ausgerichtete Weltwirtschaftssystem, ein entfesselter Kapitalismus, steht der Triebfeder des anderen gegenüber, welches zwischen Traditionen, Lebensformen und Lebensperspektiven Unterschiede zeigt und für die kollektive und individuelle Identität eine zentrale Rolle spielt.

Die Gesellschaft ist zunehmend gefordert, Widersprüche und Konflikte sowohl innerhalb der ererbten und ureigenen als auch in mehreren verschiedenen adaptierten Kulturen anzunehmen und damit in ihr Alltagsleben zu integrieren. In dieser Situation ergeben neue Anforderungen an das Verständnis der eigenen kulturellen Herkunft neue Unsicherheiten; einst etablierte Gewissheiten, die sich an der Stelle traditioneller Sicherheiten bilden konnten, weichen neuen Formen relativer Gewissheit. Neben einem umfassenden Verständnis der Andersartigkeit anderer Kulturen ist es unbedingt erforderlich, das eigene kulturelle Erbe als Spiegel der vertrauten Lebenswelt zu erfahren und, davon ausgehend, es als Gelegenheit zur Erweiterung der Weltsicht zu erleben. Es impliziert, mit dem Anderen zu leben unter der Voraussetzung, dass sich die Gesellschaft ihrer ererbten und gelebten Kultur bewusst ist. Das fremde kulturelle Erbe mit dem vertrauten zu vergleichen und es nur soweit zu akzeptieren, wie es mit den eigenen Werten und Sichtweisen in Übereinstimmung gebracht werden kann, ist unangemessen. Das Fremde als Erweiterung der eigenen Lebens- und Erlebniswelt anzusehen, setzt zwingend die Bewusstheit der eigenen kulturellen Werte voraus, bevor diese mit andersartigen überhaupt erst in Übereinstimmung gebracht werden können. In der Begegnung von

Eigenem und Fremdem werden Grenzen erfahren, die darin liegen, sich der zeitgenössischen Kultur bewusst zu sein, ohne dass sein Charakter als ursprünglich Fremdes verändert oder gar verloren ginge. Die mit der Globalisierung einhergehende, auf Normierung und Vereinheitlichung zielende Dynamik tendiert zu einer Reduzierung und langfristigen Angleichung von kultureller Andersartigkeit.

Die unbekannte Vergangenheit löst Irritationen aus. In der Begegnung mit vergangenen Sachverhalten wird erfahren, dass Vergangenheit sich in der gegenwärtigen eigenen Kultursphäre nicht repräsentieren lässt, ohne dass man sich dessen Charakter als Ererbtes bewusst ist. Kulturelle Bildung vollzieht sich in einem Prozess, in dem sich Vergangenheit und Gegenwart erst als Fremdes und dann als gewordenes Eigenes herausbilden. Weder Geschichte noch Gegenwärtiges existiert unabhängig voneinander, sie konstituieren sich vielmehr empirisch. Ihr relationaler Charakter beinhaltet, dass es sich in beiden Fällen nicht um einander gegenüberstehende, eindeutig voneinander unterscheidbare historische Sachverhalte handelt; vielmehr berühren sich Unbekanntes und Bekanntes, überlagern und durchdringen sich, so dass die Grenzen zwischen ihnen fließend ineinander übergehen.

Diese Schrift soll beispielhaft zeigen, wie sich die Bürger der Stadt Landshut mit ihrer historischen Vergangenheit befassen und dass es lohnenswert ist, sich mit ihrem immateriellen Kulturerbe auseinanderzusetzen. Sie soll bezeugen, dass eine moderne populäre Kultur die Pflege des immateriellen Kulturerbes voranbringt, dass personalisierte und vergesellschaftete Individuen die Sorge um den drohenden Kulturverlust ernst nehmen und diesem aktiv entgegen treten.

Das in zeitlichen Intervallen re-inszenierte historische Ereignis „Landshuter Fürstenhochzeit 1475", eine schon für damalige Verhältnisse überregional bedeutende Ur-Inszenierung, soll – neben den Ressourcen der Stadtentwicklung – den Respekt vor kulturellem Gedächtnis mit den Mitteln von Tradition und Brauchtum aufzeigen, immaterielles kulturelles Erbe auf neue Weise entdecken und durch eine transformierte, sinnlich wahrnehmbare Form bewahren. Eine wesentliche Bedeutung liegt in der Dokumentation der Identität der Stadt Landshut an authentischem Ort mit Einfluss auf die baulich-räumliche Umwelt. Zu zeigen ist die Kompetenz im Umgang mit der kulturellen Differenz, im Oszillieren zwischen Vervollkommnung und Unverbesserlichkeit in der Präsentation und im Abwägen zwischen zeitgenössischen technischen Möglichkeiten der Re-Inszenierung und der Begrenztheit der Vorgaben von historischen Sachverhalten. Angesichts der Komplexität dieser Situation gibt es durch zunehmende Ergebnisse der historiologischen Analyse und wachsendes Nichtwissen keine eindeutigen Rezepte, um das immaterielle Kulturerbe „Landshuter Hochzeit 1475" nicht nur in Ausschnitten, sondern mit seinen Verflechtungsbereichen in seiner Gesamtheit begreifbar machen zu können.

Es wird versucht, eine Antwort auf die Kardinalfrage zu finden: Hat die Re-Inszenierung der „Landshuter Fürstenhochzeit 1475" des 21. Jahrhunderts das Potential eines immateriellen Kulturerbes, um einen Beitrag zur kulturellen Identität einer Stadt zu leisten und um den negativen Begleiterscheinungen des Generationswechsels und der Globalisierung durch die Re-Inszenierung als eine zeitgenössische Transformationsmethode von (Denkmal-)Werten entgegenzutreten; was sind die Schutzkomponenten?

Ethnologische, soziologische und ökonomische Aspekte sind nicht gezielt Gegenstand der Untersuchung.

Die Ur- und Re-Inszenierungen der „Landshuter Hochzeit 1475" sind kritisch zu hinterfragen. Verlockungen oder Gefahren sind zu formulieren und es ist sichtbar zu machen, wie sehr axiologische kulturelle Wandlungen ineinander greifen, sich wechselseitig bedingen oder voraussetzen.

Die Gesellschaft urteilt nach objektivierten Kriterien. Welche Konsequenzen sich daraus für den weiteren städtischen Wandel und auf die interkulturelle Verständigung angewiesene sozial-räumliche Umwelt ergeben, bleibt eine offene Frage.

Die im Jahre 2010 bei der Forschungs- und Graduierungskommission der Bauhaus-Universität in Weimar eingereichte und am 17. Juni 2011 erfolgreich verteidigte und veröffentlichte Promotionsschrift des Verfassers mit dem Titel „Das axiologische Phänomen der Re-Inszenierung der Landshuter Fürstenhochzeit 1475 als immaterielles Kulturerbe" dient als Vorlage für dieses Buch. Die philosophische Dissertation begründete bereits vor dem Beitritt der Bundesrepublik Deutschland im Jahre 2013 zur UNESCO-Konvention (IKE2003) die Diskussionsebene über das spezielle immaterielle Kulturerbe innerhalb der Bürgerschaft der Stadt und der Region, der Sonderfachleute und der Fachgremien. Die Ideen, Gedanken und Thesen erweitern und beeinflussen das Wissen über historische Sachverhalte und die Darstellungsformen vom Bild zum Abbild. u.a. In Ausstellungen, z.B. der Museen der Stadt Landshut, finden sie Akzeptanz sowie Beachtung und es wird der Versuch unternommen, sie einer breiten Öffentlichkeit näher zu bringen.

Landshut, im Dezember 2010, im Mai 2015, im Oktober 2022 und im April 2023.

1. WERTPHILOSOPHISCHE UND KULTURTHEORETISCHE ANNÄHERUNG

Das Streben nach Erschließung und Erhaltung von kulturellem Erbe gibt dem menschlichen Dasein einen Sinn. In der Akzeptanz und Pflege von historischen Sachverhalten offenbart sich die kulturelle Ebene der Gesellschaft, die gleichsam auf den „Schultern ihrer Vorfahren" steht. Ein Aspekt unter anderen ist beim Bewahren des Kulturgutes dessen „substanziell-realer" und dessen immaterieller Teil, das kulturelle Gedächtnis.

1.1. Kulturgut und Kulturelles Gedächtnis

Kultur, ihre Entstehung, Wandlung und Abgrenzung hat einen historiologischen und soziologischen Ansatz.[1] Aus unterschiedlichen theoretischen und disziplinären Perspektiven wird versucht, die Verflechtungen von Kultur und Gesellschaft als einen eigenständigen Phänomenbereich zu interpretieren.[2]

Das kulturelle Erbe hat zwei Komponenten, das Kulturgut und das kulturelle Gedächtnis.[3] Die jeweilige Erhaltung und Erinnerung liegen im Interesse der Gesellschaft. Das Kulturgut schließt auch immaterielle Güter ein. Tradierte kollektive Denkweisen, Gefühle, Überzeugungen, Vorstellungen und Wissensformen bezeichnen die immaterielle Dimension von Kulturgut.[4] Das kulturelle Gedächtnis beinhaltet eine weitere immaterielle Seite des kulturellen Erbes.[5] Es schließt in diesem Sinne auch ein kollektives Wissen über die Vergangenheit ein. Am weitesten - auch am verschwommensten - wird dem Begriff entsprochen, wenn die gesamte Gegenwart als kulturelles Erbe verstanden wird.[6]

---

[1] Assmann, Aleida: Einführung in die Kulturwissenschaft. Grundbegriffe, Themen, Fragestellungen, Berlin 2008
[2] Kimmich, Dorothee, Schahadat, Schamma, Kulturtheorie – Vorwort, in: Kimmich, Dorothee, Schahadat, Schamma, u. Thomas Hauschild (Hrsg.), Kulturtheorie, Bielefeld 2010, S. 9-11
[3] Bleichner, Stephan, Das elektronisch virtualisierte Baudenkmal, Ing.-Dissertation Bauhaus-Universität Weimar, 2008, S. 15 f.
[4] UNESCO, Programm "Meisterwerke des mündlichen und immateriellen Kulturerbes der Menschheit", Paris 2001
- Die auf der Liste der "Meisterwerke" verzeichneten neunzig Beispiele und Formen des immateriellen Kulturerbes vermitteln einen Eindruck von der Vielfalt dieser Facetten menschlicher Kulturen. Mit dem Programm der „Meisterwerke" hat die UNESCO zudem verständlich gemacht, welche praktischen Rahmenbedingungen nötig sind, um diese kulturellen Ausdrucksformen zukunftsfähig zu erhalten. Nach über dreißig Jahren erfolgreicher internationaler Kooperation zum Schutz von Kultur- und Naturstätten und Kulturlandschaften (Welterbeliste), nach dem erfolgreichen Programm zum Schutz des Weltdokumentenerbes „Memory of the World" wird mit der Verpflichtung hinsichtlich des Schutzes des gelebten Kulturerbes eine Lücke geschlossen.
[5] Waidacher, Friedrich, Handbuch der allgemeinen Museologie, Wien/Köln 1996, S. 158 f.
[6] Vgl. Thum, Bernd (Hrsg.), Gegenwart als kulturelles Erbe, München 1985.

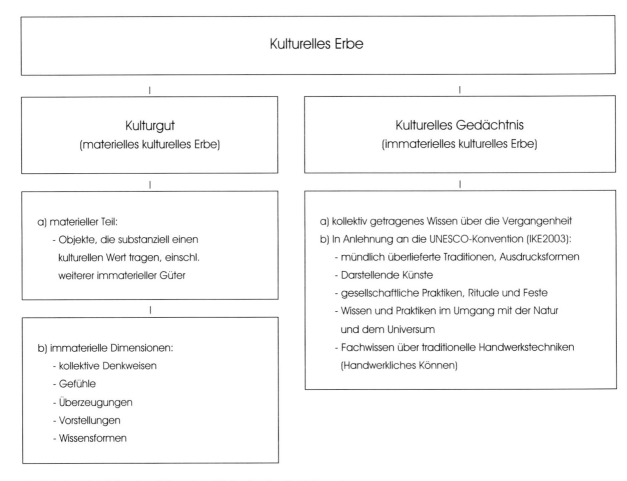

Abb. 1 Schaubild: Kulturerbe, Kulturgut und Kulturelles Gedächtnis

Den Begriff „kollektives Gedächtnis" kann man sowohl auf kleinere soziale Gruppen als auch auf Ethnien, Nationen und Staaten anwenden. Diese Institutionen haben kein kollektives Gedächtnis, sondern schaffen sich eines mithilfe unterschiedlicher memorialer Medien, wie z.B. Texte und Bilder, Denkmale und Denkmäler, Jahrestage und Kommemorationsriten.[7] Man kann das kollektive Gedächtnis in zwei Formen scheiden: in das kommunikative und in das

---

[7] Vgl. Assmann, Aleida, Der lange Schatten der Vergangenheit. Erinnerungskultur und Geschichtspolitik, München 2006.

kulturelle.[8] Das kommunikative Gedächtnis umfasst Erinnerungen, die sich auf die Vergangenheit beziehen. Das kulturelle Gedächtnis oder die „kulturelle Kohärenz", d.h. der Zusammenhang einer Gesellschaft, beruht auf der Erinnerung, dem Gedächtnis einer Gruppe, durch welche diese ihre Identität erhält. Eine Gruppe vermag ihre Identität nur durch Gedächtnis zu reproduzieren.[9] Der Prozess der Re-Inszenierung bringt ein historisches Geschehen durch Rückkoppelung an ausgelagerte Speichergedächtnisse sowie körperliche Wiederaneignung zurück in die Gegenwart und hält es für einen bestimmten Zeitraum physisch präsent.

1.2. Materielles und immaterielles Kulturerbe

Das Immaterielle ist dem Kulturerbe immanent. Materielles ist eingebunden in die baulich-räumliche, naturlich-räumliche und sozial-räumliche Umwelt, Ideelles an das Bewusstsein geknüpft. Es besteht eine Wechselwirkung zwischen materieller und immaterieller Kultur, und deshalb ist eine von der anderen unterscheidbar. Immaterielles Kulturerbe wird z.B. durch Re-Inszenierung gelebt, Denkmalwerte werden wiederholt transformiert, jedoch niemals in kongruenter Form. Die Variationen und Anpassungen werden durch Kreativität beeinflusst. Jede Re-Inszenierung trägt ihre individuellen Ausprägungen, keine ist mit der anderen identisch. Um immaterielles Kulturerbe zu pflegen und an die nächsten Generationen weiterzugeben, muss es in bestimmten Abständen re-inszeniert, d.h. immer wieder gelebt werden. Das bedeutet Kontinuität, gestattet aber auch manche Diskontinuitäten.[10] Der Identitätswert als Bemessungskriterium unter Assistenz des Similitätswertes ist dem Urteil darüber zugrunde zu legen.

Eines der Hauptanliegen der Kulturarbeit der UNESCO sind der Schutz und die Wahrung der kulturellen Vielfalt.[11] Ihre Sonderfachleute sind der Auffassung, dass Bildung und Kultur, für eine demokratische Gesellschaft sensible Bereiche, nicht unkontrolliert bleiben dürften.[12] Seitens der UNESCO wird versucht, die Definition von „immateriellem Kulturerbe" möglichst offen zu halten.[13] Bei den Beratungen des Übereinkommens zur Bewahrung von immateriellem Kulturerbe bis 2003 setzten sich wissenschaftliche Erkenntnisse über Volkskultur und immaterielles Kulturerbe durch. Dennoch gelang es, Begriffe wie „Folklore", „Volkskultur", „Nationalidentität", „Populärkultur", auch „Tradition" aus

---

[8] Vgl. Assmann, Jan, Das kulturelle Gedächtnis. Schrift, Erinnerung und politische Identität in den frühen Hochkulturen, München 1997, S. 48-66.
[9] Ebd. S. 88 f.
[10] Vgl. Luger, Kurt, Populärkultur und Identität. Symbolische Ordnungskämpfe im Österreich der zweiten Republik, in: Saxer, Ulrich (Hrsg.), Medien-Kulturkommunikation, Opladen 1998, S 1 ff. (mitgeteilt im Internet: http://www.uni-salzburg.at/pls/portal/docs/1/1175332.PDF [17.9.2010]).
[11] Vgl. Hüfner, Klaus, Der Schutz des immateriellen Kulturerbes, in: Deutsche UNESCO-Kommission (Hrsg.): UNESCO heute, Vol. 48, No. 1-2. Köln: 2001. Seng, Eva-Maria, Kulturelles Erbe, in: Forschungsforum Paderborn, Nr. 11-2008, hrsg. v. d. Universität Paderborn, Paderborn 2008, S. 42.
[12] Hüfner, Klaus, u. Wolfgang Reuther (Hrsg.), UNESCO-Handbuch. Bonn 2005, S. 106
[13] UNESCO-Übereinkommen zur Bewahrung des immateriellen Kulturerbes von 2003, Originaltitel: „Convention for the Safeguarding of the intangible Cultural Heritage", Paris 2003

dem Text des Übereinkommens unerwähnt zu lassen.[14] Allerdings hat sich der Ausdruck „Neubelebung" der verschiedenen Aspekte dieses Erbes gleichsam eingeschlichen.[15] Trotz der dominanten Interessenswahrnehmung durch die Nationalstaaten wurden sensible Punkte von Nichtregierungsorganisationen (NGO) in das Übereinkommen eingebracht. Auf der Weltkonferenz der UNESCO in Mexiko-Stadt 1982 wurde folgende Begriffsdefinition verabschiedet: „dass die Kultur in ihrem weitesten Sinne als die Gesamtheit der einzigartigen geistigen, materiellen, intellektuellen und emotionalen Aspekte angesehen werden kann, die eine Gesellschaft oder eine soziale Gruppe kennzeichnen. Dies schließt nicht nur Kunst und Literatur ein, sondern auch Lebensformen, die Grundrechte des Menschen, Wertesysteme, Traditionen und Glaubensrichtungen."[16] In der im Jahre 2001 von der UNESCO verabschiedeten allgemeinen Erklärung zur kulturellen Vielfalt heißt es: „dass Kultur im Mittelpunkt aktueller Debatten über Identität, sozialem Zusammenhalt und wirtschaftlicher Entwicklung einer Wissensgesellschaft steht" und „dass Respekt vor der Vielfalt der Kulturen, Toleranz, Dialog und Zusammenarbeit in einem Klima gegenseitigen Vertrauens und Verstehens zu den besten Garanten für internationalen Frieden und Sicherheit gehören."[17]

Immaterielles Kulturerbe und ihre Re-Inszenierung umfassten grundsätzliche Bereiche der Kulturwissenschaften, (z.B. Ethnologie, Anthropologie, Völkerkunde), der Gesellschaftswissenschaften (z.B. Soziologie) und der Geisteswissenschaften (z.B. Literatur-, Medien- und Kunstwissenschaften). Immaterielles kulturelles Erbe erweitert das Kulturverständnis von Gebautem durch Gelebtes. Es kann sich dabei um Kenntnisse, Fähigkeiten Darbietungen und Ausdrucksformen, auch um die damit verbundenen Instrumente, Objekte, Artefakte, baulich-räumliche und sozialräumliche Kulturumgebungen, von Gemeinschaften, Gruppen und gegebenenfalls Individuen als Bestandteil ihres Kulturerbes handeln.

1.3. Immaterielles Kulturerbe als Schutzgegenstand

Schutzmaßnahmen sind auf die Sicherung der Lebensfähigkeit des immateriellen Kulturerbes gerichtet. Darin eingeschlossen sind die Identifizierung, Dokumentation, Erforschung, Bewahrung, Förderung, Aufwertung, Weitergabe (insbesondere durch formale und informelle Bildung) sowie die Neubelebung der verschiedenen Aspekte. Gelebtes immaterielles ethnographisches bzw. ethnologisches Kulturerbe hat gefährdete lokale und regionale Prägungen; es erfordert Schutzmaßnahmen und Erhaltung in besonderem Maße, die sich wesentlich schwieriger als beim immateriellen Erbe der sogenannten Hochkultur und bei der Pflege materieller Sachzeugen der Kulturgeschichte darstellen.

---

[14] Fragen des immateriellen Kulturerbes spielen in der UNESCO-Arbeit seit über dreißig Jahren eine Rolle. Ursprünglich wurden sie vor allem unter dem Gesichtspunkt von Folklore, traditioneller Musik, Kunsthandwerk und Brauchtum, später als Verhältnis von Kultur und Entwicklung thematisiert, zum Beispiel im Rahmen der Weltdekade für Kultur und Entwicklung (1988-1997) und bei der Stockholmer Weltkonferenz 1998.

[15] UNESCO-Übereinkommen zur Bewahrung des immateriellen Kulturerbes von 2003, Art. 2, Abs. 3, Paris 2003

[16] Ebd. S. 101

[17] UNESCO, Allgemeine Erklärung zur kulturellen Vielfalt, Präambel, Paris 2001

Immaterielles Kulturerbe kann in folgenden fünf Bereichen seinen Ausdruck finden:[18]
- mündlich überlieferte Traditionen und Ausdrucksformen, einschließlich der Sprache als Träger immateriellen Kulturerbes;
- darstellende Künste;
- gesellschaftliche Bräuche, Rituale und Feste;
- Wissen und Praktiken im Umgang mit der Natur und dem Universum;
- Fachwissen über traditionelle Handwerkstechniken

Immaterielles Kulturerbe rückt neben der Beschreibung der Kulturformen die Aspekte der Lebensfähigkeit und der Bedeutung für die jeweilige Gesellschaft ins Zentrum der Betrachtung. Formen des gelebten immateriellen Kulturerbes sind stark an die Fähigkeit von Individuen und sozialen Gruppen gebunden. Ihr Können, ihre Traditionen, Sprachen, Feste, Rituale usw. sind als Teil ihrer eigenen Identität zu pflegen. Das dokumentierte und über Generationen überlieferte Wissen und die damit verbundenen vielfältigen Fertigkeiten, zum Beispiel Kunst- und Handwerkstechniken oder bestimmte Inszenierungspraktiken, sind wichtige kulturelle Ressourcen. Der Schutzgegenstand „immaterielles Kulturerbe" wurde vor seiner Bedrohung von einer Generation an die nächste weitergegeben; in der Auseinandersetzung mit der baulich-räumlichen Umwelt, durch die Interaktion mit der naturlich-räumlichen Umwelt und mit der in die sozial-räumliche Umwelt eingebundenen Geschichte wird er von Gemeinschaften und Gruppen tradierend neu geschaffen. Er vermittelt ihnen ein Gefühl von Zugehörigkeit und Kontinuität und trägt zur Förderung des Respekts vor der kulturellen Vielfalt und der menschlichen Kreativität bei. Das Individuum mit seinem Bewusstsein, seinen Sinnesorganen und physiologischen Ausdrucksmitteln als Träger von Formen des Kulturerbes spielt beim Erwerb und bei der Weitergabe von Wissen, z.B. durch Re-Inszenierung, von Generation zu Generation eine große Rolle. Die Fortpflanzung kultureller Praktiken geschieht durch Nachahmung. Diese Form der Kulturübermittlung enthält Veränderungspotenzial. Ritualisierte Feste z.B. sind Teil des durch Re-Inszenierung, im Sinne von Sichtbarmachung, immer wieder erneuerten kulturellen Gedächtnisses. Bürger einer Stadt bilden zivilgesellschaftliche Initiativen oder werden durch Vereine und Kulturbehörden stellvertreten, fördern die Bewusstseinsbildung und pflegen das Wissen um diese Kulturtechniken und ihre Voraussetzungen. Hierbei kommt es auch darauf an, Qualitätsmerkmale zu erkennen und bei Inszenierungen zu berücksichtigen.

Die traditionell gelebte Volkskultur steht im Einklang mit internationalen Menschenrechtsinstrumenten; sie basiert auf der Zielsetzung der wechselseitigen Achtung zwischen Gesellschaft, Gruppen und Individuen. Aufgrund der Unterschiede von materiellem und immateriellem Kulturerbe erschien es den Fachleuten der UNESCO für angebracht, deren Schutz nicht in einem einzigen Dokument zu definieren, sondern das immaterielle Kulturerbe als gesonderten Schutzgegenstand zu betrachten. Zu benennen sind in diesem Zusammenhang die beiden wichtigsten Programme, die bisher initiiert wurden: 1993 - „Lebende Träger traditioneller Kulturtechniken" und 1997 - „Proklamation der Meisterwerke des mündlich überlieferten immateriellen Erbes der Menschheit." Bei ersterem war die Intention, dass die jeweiligen Regierungen diejenigen Personen offiziell anerkennen, welche ihr besonderes und gefährdetes Wis-

---

[18] UNESCO-Übereinkommen zur Bewahrung des immateriellen Kulturerbes von 2003, Originaltitel: „Convention for the Safeguarding of the intangible Cultural Heritage", Offizielle Übersetzung Luxemburgs mit redaktioneller Unterstützung der UNESCO-Nationalkommissionen Deutschlands, Österreichs und der Schweiz, Art. 2, Abs. 2, Paris 2003, S. 2 f.

sen um mündlich zu überliefernde Kulturtechniken an die jüngeren Generationen weitergeben.[19] Dabei sind seitens der Mitgliedstaaten bestimmte Kriterien zu beachten: Dazu gehören in Bezug auf Komponenten des immateriellen Kulturerbes - als Zeugnis des kreativen menschlichen Geistes - der Wert des Wissens und des Könnens, die Verwurzelung in kultureller und sozialer Tradition, die Repräsentativität einer bestimmten Gesellschaft oder Gruppe und die Gefährdungen, die den Verlust dieser Komponenten zur Folge haben könnten.

Die „Proklamation der Meisterwerke des mündlich überlieferten immateriellen Erbes der Menschheit" ist ein erster Schritt mit Öffentlichkeitswirkung. In Anlehnung an die Welterbeliste des „materiellen" Kulturgutes soll sie zum Schutz von Komponenten des immateriellen Kulturerbes aufrufen. Eine wesentliche Absicht dieses Dokuments liegt darin, das Bewusstsein um die Bedeutung des immateriellen Kulturerbes zu fördern, die Gesellschaft auf dessen erforderlichen Schutz aufmerksam zu machen und die Wiederherstellung von Verlorenem zu initiieren. Die jeweiligen Mitgliedsstaaten sind verpflichtet, diese Komponenten des immateriellen Kulturerbes dauerhaft zu pflegen und zu erhalten. Ein internationales Auswahlgremium macht die Aufnahme in die Liste von verschiedenen Kriterien abhängig. Dazu gehören historische, künstlerische, linguistische oder ethnologische Bedeutungen für eine bestimmte Gesellschaft oder Gruppe; die kulturelle Tradition muss historisch verwurzelt sein, einen kreativen menschlichen Geist aufweisen und gelebt werden, sie muss ein Medium zur Stärkung und Dokumentation der kulturellen Identität sein und der Gefahr, dem Verlust zu erliegen, ausgesetzt sein.[20]

Aus den beiden Dokumenten und inspiriert von der Welterbeliste, entstand im Jahre 2003 die Konvention zum Schutz des immateriellen Kulturerbes.[21] Die bereits im Dokument der „Meisterwerke" enthaltenen Elemente wurden in eine repräsentative Liste aufgenommen. In dieser Konvention werden die Träger der Traditionen in das Zentrum der Beurteilung gerückt und um den Aspekt der „gelebten Kultur" erweitert. Der Schutz des immateriellen Kulturerbes konzentriert sich nun nicht mehr zunächst auf das „fertige Produkt", wie z.B. Geschichten, Lieder und Tänze, sondern betrifft den kreativen Prozess selbst. Auf andere Weise als beim materiellen Kulturerbe repräsentiert das immaterielle eine entsprechende Gesellschaft, eine Gruppe oder Individuen und steht damit in direktem Zusammenhang mit sozialen Wertträgern, die fortwährend individuellen Einflüssen unterliegen.[22]

Die Maßnahmen, welche bestimmte Inhalte der Re-Inszenierungen verhindern oder festlegen sollen, erweisen sich als besonders schwierig.[23] Als erste und vordringliche Schutzmaßnahme ist die kontinuierliche Darstellung durch Re-Inszenierung und als zweite die Weitergabe des immateriellen Kulturerbes an die nachfolgenden Generationen zu

---

[19] Vgl. Hüfner, Klaus, u. Wolfgang Reuther (Hrsg.), UNESCO-Handbuch. Bonn 2005, S. 119.

[20] www.unesco.org/culture/intangible-heritage/. (20.09.2009)

[21] Vgl. Seng Eva-Maria, „Die Welterbeliste zwischen Kanonbildung und Kanonverschiebung", Paderborn 2009 (mitgeteilt im Internet: http://ubdok.uni-paderborn.de/servlets/DocumentServlet?id=10280, [20.07.2010]).

[22] Vgl. Vrdoljak, Ana Filipa, Minorities, Cultural Rights and the protection of Intangible Heritage, 2005, (mitgeteilt in: http://www.dgid.ub.uni-heidelberg.de/diglit/cpg848/02431, 0242 und 0243 (08.07.2010) S. 24.

[23] Nämlich Maßnahmen, die auf die Sicherung der Lebensfähigkeit des immateriellen Kulturerbes gerichtet sind, der Identifizierung, der Dokumentation, der Erforschung, der Bewahrung des Schutzes, der Förderung, der Aufwertung, der Weitergabe, insbesondere durch formale und informale Bildung, sowie der Neubelebung der verschiedenen Aspekte dieses Erbes (UNESCO-Übereinkommen zur Bewahrung des immateriellen Kulturerbes, Art. 2, Abs. 3, Paris 2003)

nennen. Für die kontinuierliche Durchführung sind die Bedingungen in der sozial-räumlichen Umgebung sicherzustellen. Die entsprechenden Institutionen und Autoritäten sind auf regionalen, nationalen und internationalen Ebenen einzubinden, um die Anerkennung der Komponenten immateriellen Kulturerbes zu fördern.

Die Weitergabe traditioneller Überlieferungssysteme ist zu schützen, gegebenenfalls wieder zu beleben, und in bestimmten Fällen ist eine neue Art der Überlieferung zu finden. Von Bewusstseinsförderung und Bildungsarbeit hängt die Erhaltung des kulturellen Erbes in besonderem Maße ab, da diese besonders für Individualisierungstendenzen und wirtschaftliche sowie kulturfremde Einflüsse anfällig sind. Der Anteil, welcher die baulich-räumliche und naturlich-räumliche Umgebung betrifft, deren Existenz für die Re-Inszenierungen von Bedeutung ist, wird hier miteinbezogen, diesbezügliche Schutzmaßnahmen werden verinnerlicht. Eine weitere Schutzmaßnahme beinhaltet die Dokumentationen des historischen Geschehens einschließlich bereits erfolgter Re-Inszenierungen sowie deren Archivierungen. Der Denkmal-Wert des gelebten Kulturerbes wird durch Transformation auf einen anderen Träger geschützt und kann im Bedarfsfall als Grundlage für eine neue Re-Inszenierung dienen.

1.4. Geschichte und Geschichtsbewusstsein

Der Begriff „Geschichte" ist im doppelten Sinne zu verstehen: Zum einen bezeichnet er einen vergangenen Sachverhalt – res gestae – und zum anderen benennt er dessen Erzählung und Darstellung – historia rerum gestarum.[24] Die Geschichtswissenschaft beschäftigt sich mit der Geschichtsschreibung (Historiographie) und der Geschichtsforschung (Historiologie). Das Ziel liegt darin, Ursachen und Zusammenhänge zu erkennen und zu deuten. Die Reproduktion von Geschehenem soll möglichst irrtumsfrei erfolgen, sie ist weder absolut noch endgültig und kann deshalb nur als Rekonstruktion stattfinden. Sie ist abhängig von der Qualität der Quellenlage und des Erkenntnisgewinns sowie von der Interpretation in der aktuellen Lebenswirklichkeit.[25] Die „Abbildung" eines historischen Ereignisses setzt Geschichtsbewusstsein voraus. Dadurch ist Vergangenes durch Vorstellung und Erkenntnis subjektiv gegenwärtig.[26] Die dahinterliegende Absicht der „historischen Imagination" ist es, Erkenntnisse aus der historiologischen Analyse mit vorgestellten Zusammenhängen in Einklang zu bringen und sie in der gegenwärtigen Lebenswirklichkeit Gestalt annehmen zu lassen.[27]

Das Geschichtsbewusstsein dient der Orientierung des Individuums, der Gruppe und der Gesellschaft. Die Geschichtsdeutung und -vergegenwärtigung hat eine Funktion für die Gesellschaft und initiiert zukünftige Darstel-

---

[24] Vgl. Schröder, Martin, Fakten und Fiktionen – Wissensvermittlung und Wahrheitsfindung als geschichtsdidaktisches Problem, Hausarbeit im Proseminar „Geschichtsdidaktik Basiskurs" WS 2005/2006, Historisches Institut Universität Rostock, Rostock 2006, S. 4.
[25] Schörken, Rudolf, Begegnung mit Geschichte: Von außerwissenschaftlichem Umgang mit der Historie in Literatur und Medien, Stuttgart 1995, S. 11.
[26] Jeissmann, Karl-Ernst, Geschichtsbewusstsein, in: Handbuch der Geschichtsdidaktik, Seelze-Velber 1997 S. 42 f.
[27] Schörken, Rolf, Historische Imagination, in: Handbuch der Geschichtsdidaktik, Seelze-Velber 1997, S. 64-67

lungsmöglichkeiten.[28] Die Re-Inszenierung der „Landshuter Hochzeit" zeigt, dass sich die Bürger der Stadt und der Region eines bestimmten historischen Ereignisses bewusst sind und dass sie versuchen, dieses geschichtswissenschaftlich zu rekonkretisieren und gleichsam in die gegenwärtige Lebensweltlichkeit zu projizieren. Auf diese Weise werden Tatsachen vermittelt; eine vergangene Erlebniswirklichkeit wird refiguriert und mit der aktuellen verbunden. Dennoch bleibt es ein subjektives Abbild eines Geschehens: Der durch die Gegenwart geprägte menschliche Verstand wägt Daten ab, misst, vergleicht und interpretiert sie. Die Re-Inszenierung schafft eine Annäherung an Vergangenes innerhalb eines historischen Zusammenhanges und lässt es auf zeitgemäße Weise erleben. Sie ist subjektives Produkt der Geschichtswissenschaft und der medialen Interpretation. Die Bewusstseinsrealität, und das individuelle Wissen der Rezipienten ist der Bewertungsmaßstab; subjektive Komponenten, wie z.B. Vorstellungsvermögen, Einbildungskraft und Phantasie, füllen die Lücken in den Quellen. Fakten und Fiktionen liegen dicht beieinander; die Unterscheidung ist schwierig und gibt Anlass zu kontroversen Debatten.

Historisches Denken ist ein dynamischer Prozess; er setzt Geschichtsbewusstsein voraus.[29] Die Basisoperationen im Umgang mit Vergangenem bestehen aus der Rekonstruktion und der Dekonstruktion. Sie können jeweils mit der Fokussierung auf drei verschiedene Aspekte erfolgen: Der erste bezieht sich auf die Vergangenheit, die erhellt werden soll, der zweite auf die Erzählung, durch welche die Vergangenheit für die Gegenwart veranschaulicht wird, und der dritte auf die Gegenwart und Zukunft, für die sie unterschiedliche Funktionen hat.[30]

Die Geschichts-Rekonstruktion ist ein synthetischer Akt: Ein historisches Geschehen soll durch die Anwendung medialer Methoden veranschaulicht werden. Die wissenschaftliche Forschung mit Quellen und die kritische Auseinandersetzung mit den Ergebnissen geben Antworten auf die Fragestellung; sie werden Teil des Narrativs. Die Geschichtsreproduktion erfolgt sowohl intentions- und wirklichkeitsadäquat als auch medien- und rezeptionsspezifisch.

Bei der De-Konstruktion handelt es sich um einen analytischen Akt; er setzt die Interpretation des historischen Ereignisses voraus. Es werden die Konstruktionsprinzipien und die Struktur der Narration, die Bezüge zwischen den Inszenierungsteilen und den Rezipienten sowie die Medienspezifik und die sprachliche Gestaltung untersucht. In der Fokussierung auf Vergangenes werden die verwendeten Vergangenheitselemente aufgezeigt und in der Fokussierung auf die Gegenwart und Zukunft die Botschaften, die den Rezipienten Orientierung geben sollen. Vernetzungen zwischen Vergangenheit, Gegenwart und Zukunft werden geschaffen.

[28] Schörken, Rolf, Geschichte erzählen heute, in: Niemetz, Gerold (Hrsg.), Aktuelle Probleme der Geschichtsdidaktik, Stuttgart 1990, S. 137-157

[29] Schreiber, Waltraud, und Sylvia Mebus (Hrsg.), Durchblicken. Dekonstruktion von Schulbüchern, Neuried 2006, S. 20

[30] Schreiber, W., Körber, A., Borries, B. v., Krammer, R., Leutner-Ramme, S., Mebus, S., Schöner, A., u. B. Ziegler, Historisches Denken. Ein Kompetenz-Strukturmodell (Kompetenzen. Grundlagen - Entwicklung - Förderung), Neuried 2006, S. 30 u. S. 55 (mitgeteilt in: http://www1.ku-eichstaett.de/GGF/Didaktik/Projekt/grundlagen.html [03.11.2010])

1.5. Die axiologische Fundierung

Die Axiologie ist als Theorie der immateriellen Werte ein Teilbereich der Philosophie.[31] Seit der Antike setzten sich Philosophen mit dem Wertbegriff auseinander. In jeder großen Strömung neuerer Philosophie finden sich axiologische Erwägungen. Die folgenden wertphilosophischen Erörterungen sollen die Annäherung an das axiologische Phänomen von immateriellem kulturellen Erbe unterstützen.

1.5.1. Werte

Der Wert ist eine Bewusstseinstatsache, ein ideelles Gebilde; sein Ursprung liegt im Intellekt. Er entsteht aus der bewusstseinsinternen Reflexion auf objektive und nützliche Eigenschaften von Sachverhalten der Außen- und Innenwelt des Individuums, der Gruppe oder der Gesellschaft; andererseits ist es eine gedankliche Schöpfung infolge dieser Reflexion. Er stellt eine Vergleichsgröße dar, die notwendigerweise in doppelter Relation steht: Er ist sowohl relativ – in Bezug auf diejenige Instanz, welche den Wert subjektiv entstehen lässt und ihn für gültig deklariert, - als auch komparativ; er befindet sich somit im Vergleich mit mindestens zwei Objekten, unabhängig von deren Existenzweise, wonach er abgewogen wird. Auch auf andere Weise kann er in Erscheinung treten, ebenfalls dual systematisiert: als Entscheidungs- und als Bedürfnisphänomen, wobei sich das erstere vom letzteren als abhängig erweist.[32]

Werte sind sowohl ideell als auch abstrakt; sie beeinflussen das Handeln von Individuen, Gruppen oder der Gesellschaft nach bestimmten Zielvorstellungen. Sie können sowohl kontinuierliche als auch relativ beschränkte Gültigkeit aufweisen. Sie unterscheiden sich synchron von Individuum zu Individuum, von Gesellschaft zu Gesellschaft, von Gruppe zu Gruppe und diachron von Epoche zu Epoche. Bei letzterem spricht man vom Wertewandel. Es lassen sich unterschiedliche Wertsetzungen feststellen, z.B. in der sozial-räumlichen Umgebung durch die geänderte Rolle der Frau im 20. Jahrhundert oder hinsichtlich des immateriellen kulturellen Erbes, mit der Konsequenz der Installation eines Übereinkommen zur Bewahrung desselben durch die UNESCO im Jahre 2003.

Werte sind im dualen Grenzbereich zwischen Subjektivem und Objektivem – präzise: Objektiviertem Subjektivem – angesiedelt; ihre tatsächliche Erscheinungsform entspringt aus dieser Dialektik, wobei sich die eine Existenzweise in die andere wandeln kann. Wertsetzung setzt die Werterzeugung voraus; das bedeutet die subjektive Spezifizierung und Präzisierung von Werten. Das adäquate Wertbewusstsein ist abhängig von der kulturellen Daseinsebene des Wertsubjektes in dem Maße, wie es in ihm „entwickelt" ist, soweit die erforderlichen Mittel gegeben sind und die tatsächlichen Umstände es ermöglichen. Der Wert entsteht aus der Bedürftigkeit der Gesellschaft, von Gruppen und Individuen; materielle Bedürfnisse erfordern die Befriedigung mit materiellen Sachgütern, ideelle Bedürfnisse erzwingen die Befriedigung mit ideellen Mitteln. Der Begriff „Wert" kann offensichtlich zwei Sachverhalte bezeichnen:

---

[31] Der Begriff Axiologie setzt sich aus den griechischen Worten axios (Wert) und logos (Wort, Rede, Diskurs, auch Sprache, Rede, Beweis) zusammen.

[32] Wirth, Hermann, Werte und Bewertung baulich-räumlicher Strukturen. Axiologie der baulich-räumlichen Umwelt, Alfter 1994, S. 2

zum einen das „Gut" und zum anderen den „Maßstab".[33] Den Maßstäben ist der Vorzug zu gewähren, da diese höher als die Güter einzustufen sind. Werte lassen sich hierarchisch anordnen, z.B. in Wertepyramiden. Der Wert konstituiert sich aus Grund- und Ergänzungswerten, er kann relativ oder absolut - präzise: als Absolutes gesteigertes Relatives - sein. Unterschiedliche Werte haben einen unterschiedlichen Stellenwert. Abhängig von den sozialen Schichten der Gesellschaft, von Gruppen oder von Individuen werden eigene Werthierarchien geschaffen. Allgemeines axiologisches Interesse entsteht aber erst dadurch, dass diese in ihrer Eigenschaft als Wertsubjekte eine eigenständige axiologische Relevanz aufweisen; für jedes Wertsubjekt, entsprechend seiner Strukturiertheit, kann somit eine spezifizierte individuelle bzw. differenzierte soziale Werthierarchie entstehen. Die Orientierung an Werten kann einen Absturz in Anarchie und Willkür verhindern helfen.

1.5.2. Wertsubjekte

Die Werteabwägung setzt die Existent einer Entscheidungsinstanz voraus, das sogenannte Wertsubjekt. Diese Instanz lässt in ihrem Bewusstsein den Wert unter der Voraussetzung entstehen, dass die Freiheit und die Veranlagung der Entscheidungsfähigkeit gegeben sind, um entweder Gleichartigkeit festzustellen oder Unterschiede abzuwägen. Es liegt in ihrer Freiheit und Verantwortung, die Gleichheit oder Verschiedenheit der Objekte zu beurteilen, eine Auswahl zu treffen oder davon Abstand zu nehmen. Das Wertsubjekt urteilt nach objektivierten Kriterien, nach Maßgabe des Interesses, der Absichten, des Bedürfnisses und des verfolgten Zweckes; dabei wird grundsätzlich ein positives Vorbild als Maßstab des Vergleichs vorausgesetzt. Das Wertsubjekt ist der Initialort des systematischen axiologischen Vergleichs, der Unterscheidung und Graduierung von subjektiven und objektivierten Werten.

Die Wertsubjekte des axiologischen Phänomens der Re-Inszenierung der Landshuter Fürstenhochzeit 1475 können vereinfacht in Strukturebenen geschieden werden. Unter dem Gesichtspunkt als immaterielles kulturelles Erbe wird die Gesellschaft primär als Wertsubjekt erachtet, gefolgt von der Gruppe der aktiven Bürger der Stadt Landshut und der Gruppe der kostümierten Mitwirkenden, abschließend von vergesellschafteten und personalen Individuen. Es bedarf des besonderen Hinweises, dass diese schematischen und gedanklichen Vorstellungen des Strukturaufbaues höchst abstrakt und idealisiert sind und nicht der Wirklichkeit entsprechen. Tatsächlich sind diese Strukturebenen weder übereinander, unter- oder nebeneinander geschichtet; vielmehr sind diese partiell in mannigfacher Weise ineinander verflochten, sind als konstituierende Elemente Bestandteil zugleich mehrerer sozialer Glieder (z.B. einer Familie, einer Gruppe, eines Vereins, einer Verwaltungseinheit, innerhalb eines kulturellen oder räumlichen Lebens- und Existenzbereiches oder einer Nation). Das personale Individuum fungiert zugleich (aktiv und kostümiert) während der Re-Inszenierung der Landshuter Fürstenhochzeit 1475 in seiner Position als Wertsubjekt und als Wertträger. Ebenso verhält es sich mit vergesellschafteten Individuen, überwiegend von Teilen der Landshuter Bürgerschaft, gebildet durch ihre zwar aktive, aber unkostümierte Mitwirkung; diese beanspruchen als Wertsubjekt und als Wertträger die Gültigkeit des hier obwaltenden Werte-Ensembles.

---

[33] Lautmann, R., Wert und Norm, Köln u. Opladen 1969, S. 26

1.5.3. Wertträger

Wertträger im Allgemeinen sind Elemente der Außen- und der Innenwelt des Wertsubjektes.[34] Die Außenwelt lässt sich abstrakt in eine natur-räumliche und die sozial-räumliche Komponente gliedern. Die letztere ist wiederum zu separieren in einen Teil, der die Gesellschaft in ihren räumlichen Bindungen und geographisch lokalisierten sozialen Verhältnissen aufgrund ihrer historischen Vergangenheit selbst repräsentiert (hier: durch Re-Inszenierung geschaffene sozial-räumliche Umwelt), und in einen künstlich gegenständlichen, mit baulichen Mitteln geschaffenen Teil (baulich-räumliche Umwelt).

Bei der Re-Inszenierung der „Landshuter Fürstenhochzeit 1475" sind als erstes die „temporären Wertträger", die axiologisch relevanten, kostümierten personalen Individuen zu nennen, welche, zeitlich auf die Dauer der Aufführung beschränkt, durch ihre Pantomime historische Persönlichkeiten darstellen, eine künstlerische Rolle (als Schauspieler, Musiker, Tänzer) übernehmen oder eine sportlich-artistische Funktion (bei Reiter- und Ritterspielen, Gaukeleien) ausüben. Nach Abschluss der Re-Inszenierung vollzieht sich der Wandel: Sie legen ihre Wertträgerschaft ab, behalten aber ihre Funktion als Wertsubjekt. Die Transformation des Wertträgers erfolgt von der körperlichen Darstellung des personalen Individuums z.B. auf Papier (Zeichnung, Druck und Photographie), in den Film, schließlich in elektronische Visualisierungen. Die „permanenten Wertträger" bleiben weiterhin existent; diese bestehen auch während der aufführungsfreien Zeiten aus der baulich-räumlichen Umwelt mit ihren auf die Re-Inszenierung beschränkten Projektionsflächen, aus zwischengelagerten Kostümen, Waffen, Gerätschaften, Fahrzeugen und Zubehör, schließlich aus vorliegenden und archivierten Dokumentationen der Ur-Inszenierung und den bereits erfolgten Re-Inszenierungen. Die wertträgerschaftlichen Qualitäten bleiben unberührt. Eine Sonderstellung haben die temporär errichteten Siedlungsbauten auf der sogenannten Ringelstecherwiese und die baulichen Applikationen an den Toren der Stadt inne, welche das Spätmittelalter darstellen und die gegenwärtige baulich-räumliche Umwelt ergänzen sollen.

1.5.4. Gedankenkette Mangel – Bedürfnis – Zweck – Wert – Sinn

Im Zusammenhang mit der Re-Inszenierung von historischen Ereignissen ist die Grundsätzlichkeit der abstrakten Gedankenkette „Mangel – Bedürfnis – Zweck – Wert – Sinn"[35] der Diskussion wert. Der Begriff „Bedürfnis" setzt einen physiologischen oder psychologischen Mangel voraus; dieser Erlebniszustand erzwingt üblicherweise die Befriedigung durch materielle oder ideelle Mittel. Materielle und ideelle Bedürfnisse treten nur in Kombination mit wechselnden Anteilen auf, nicht aber getrennt voneinander. Angeborene (Grund-)Bedürfnisse (nach Stillung des Hungers, des Durstes usw.) und soziale Bedürfnisse (Streben nach sozialer Anerkennung, Integration) sowie kulturell bedingte Bedürfnisse unterscheiden sich zum einen durch die quantitative Sättigung mittels materieller und zum anderen durch die qualitative Befriedigung mittels ideeller Komponenten. Dem Bedürfnis der Gesellschaft nach Identität,

---

[34] Vgl. Wirth, Hermann, Werte und Bewertung baulich-räumlicher Strukturen. Axiologie der baulich-räumlichen Umwelt, Alfter 1994, S. 13 ff.
[35] Wirth, Hermann, Werte und Bewertung baulich-räumlicher Strukturen. Axiologie der baulich-räumlichen Umwelt, Alfter 1994, S.6-8

nach Orientierung, nach Übersicht und nach Erinnerung an historische Ereignisse trägt eine Re-Inszenierung ganz besonders Rechnung.

Die Funktion der Re-Inszenierung von kulturellen Sachverhalten ist, analytisch betrachtet, in eine überwiegend ideelle und in eine wachsende materielle Komponente zu scheiden. Der Zweck besteht in der Befriedigung ideeller Bedürfnisse der Gesellschaft, von Gruppen oder personalen Individuen durch die ideell-funktionelle Komponente. Differenzierungen ideeller Komponenten können im Einzelnen je nach Fokussierung durch Gesellschaft, Gruppe oder Individuum vorgenommen werden: zum einen z.B. durch die Befriedigung von Bedürfnissen nach Identität, Unikalität, Reproduktion von historischen Situationen, Wissensvermittlung und Kommunikation, zum anderen z.B. nach Anerkennung, Bedeutung, Einfluss, Selbstachtung, Gruppenzugehörigkeit, Wertschätzung und Respekt durch andere, Prestige, Status.

Ideelle Funktionen enthalten einen kulturellen Anspruch: Durch ihn wird die Re-Inszenierung zu einem Identitätsträger. Diese allgemeine Aussage in Bezug auf das Verhältnis von ideeller Funktion und ideeller Bedürfnisbefriedigung ist für die Betrachtung dieser verkörperten, rational und emotional wahrnehmbaren Darstellung von Geschichte nicht unbedingt zutreffend und hat nur eingeschränkte Gültigkeit. Die Begriffspaare "ideelle Funktion – ideelle Bedürfnisbefriedigung", "materielle Funktion – materielle Bedürfnisbefriedigung" können nicht voneinander losgelöst betrachtet werden. Kritisch-analytische Funktionserörterungen lassen eine Scheidung in materielle und ideelle Komponenten zwar grundsätzlich zu, jedoch treten einzelne ohne Wertverluste nie solitär auf. Die Funktion der Re-Inszenierung der „Landshuter Fürstenhochzeit 1475" ist durch ihre bislang überwiegend ideelle und nunmehr zunehmende materielle Doppelseitigkeit gekennzeichnet. Die ideellen Funktionen haben ihre Entsprechung in ideellen Werten; materielle Werte können hingegen nur aus der Befriedigung von materiellen Bedürfnissen hergeleitet werden.

Die Re-Inszenierung der Landshuter Fürstenhochzeit 1475 wird zum immateriellen Denkmal, wenn die Schwelle, auf der ein elementares Bedürfnis in ein kulturelles umschlägt, dauerhaft überschritten und sowohl dauernd als auch intervallweise neu gesetzt wird. In diesem Zusammenhang können folgende kulturell bedingte ideelle Bedürfnisse benannt werden: das Bedürfnis nach Zeichen des Denkens oder Gedenkens, nach Anschauung und Dokumentation sowie nach Vermittlung von Wissen und dessen Weitergabe. Im Laufe der Zeit verändert sich das dem fortwährenden Wandel unterliegende „gelebte kulturelle Erbe". Demzufolge ist auch die Befriedigung von ideellen Bedürfnissen einem Wandel unterworfen.

Die axiologische Kategorie „Re-Inszenierung von immateriellem kulturellen Erbe" bezeichnet sowohl die Methode der Wertträgertransformation als auch das Ergebnis. Der Wert entsteht hier aus einer gedanklichen, in Intervallen durch Vergegenständlichung stattfindenden Schöpfung. Mittels temporärer und permanenter Wertträger befriedigt sie ideelle Bedürfnisse. Um den sich ändernden Ansprüchen der Gesellschaft entsprechen zu können, ist auf den differenzierten Funktionswandel durch Anpassung, durch Erweiterung und durch Um- und Neugestaltung, auch auf der Grundlage der Ergebnisse einer historiologischen Analyse, zu reagieren. Die ehemals funktionellen Absichten oder geplanten Zielstellungen der Initiatoren vergangener Re-Inszenierungen machen die subjektive Beschränktheit bzw. die objektiven Grenzen bei ursprünglichen Konzipierungen offenkundig. Trotz Einsicht in die Notwendigkeit weiterer fortwährender Funktionsanpassung bei zukünftigen Re-Inszenierungen an die gegenwärtigen und zukünftigen kulturellen Bedürfnisse der Gesellschaft, der Gruppen und der Individuen finden erforderliche Veränderungen bislang nur unzulänglich statt. Die Funktionsunfähigkeit von einzelnen Elementen tritt allerdings nie gleichzeitig ein. Durch Versagen der entsprechenden Maßnahmen, z.B. der Vermittlung von Wissen und von Denkmalwerten an die gegenwärtig aktive junge Generation und Weitergabe an die nachfolgende, werden Voraussetzungen für eine reduzierte kulturelle Bedürfnisbefriedigung geschaffen; als Folge entsteht ein Event auf niedrigerer kultureller Ebene mit der Konsequenz, dass Werte verloren gehen, welche durch andere nicht mehr ersetzt werden. Durch eine axiologische Krise im Bewusstsein der Öffentlichkeit wird diese Tendenz zusätzlich gefördert. Provisorien, welche mittelbar überschaubare Zeiträume nicht überdauern können, verhindern den funktionellen Ersatz durch Neuwertschöpfung, verursachen eine Wertverschleierung und können zum Identitätsverlust führen.

Sinnexistenz setzt die Existenz von ideellen (Denkmal-)Werten im Bewusstsein voraus. Die „Landshuter Fürstenhochzeit 1475" ist als solches ein ideelles Gebilde. Die Bedeutung der Bedürfnisbefriedigung durch Re-Inszenierung liegt darin, dass diese verkörperte Darstellung von historischen Ereignissen in der Lage ist, überwiegend ideelle Funktionen zu erfüllen. Dem drohenden wachsenden Wunsch um Befriedigung materieller Bedürfnisse kann durch bislang noch untergeordnete materielle Funktionen nicht ausreichend entsprochen werden. Die Ursache liegt an der Spezifikation der Trägerschaft von (Denkmal-)Werten im Transformierten im Unterschied zu körperlich-gegenständlich werttragenden Strukturen.[36] Immaterielles Kulturerbe ist gleichzeitig der Kontinuität und dem Wandel unterworfen; es unterliegt dem Prozess zwischen Tradition und Innovation. Der Sinn liegt in der fortwährenden Erhaltung des Denkmalwertes durch temporäre körperliche Darstellung des personalen Individuums, eingebunden in die Gruppe und in die Gesellschaft.

1.6. Denkmale und Denkmäler

Das Denkmal[37] konstituiert sich aus Denkmalwerten; es ist ein rein axiologisches Phänomen und hat keine ontologische Existenz. Der Denkmalwert wächst gleichsam aus den ideellen Werten seines Trägers empor.[38] Die Gesellschaft, die Gruppe und das sozialisierte Individuum als Wertsubjekt urteilen nach objektivierten Kriterien.

1.6.1. Der Denkmalgedanke

Der Denkmalgedanke entstand aus dem Wunsch nach Befriedigung eines Bedürfnisses, Zeichen zu setzen zur Erinnerung und Orientierung für die gegenwärtige und die nachfolgende Generation.

---

[36] Vgl. Wirth, Hermann, Werte und Bewertung baulich-räumlicher Strukturen. Axiologie der baulich-räumlichen Umwelt, Alfter 1994, S. 49–59.
[37] Vgl. Ebd., S. 90.
[38] Vgl. Bleichner, Stephan, Das elektronisch virtualisierte Baudenkmal, Ing.-Dissertation Bauhaus-Universität Weimar, Weimar 2008.

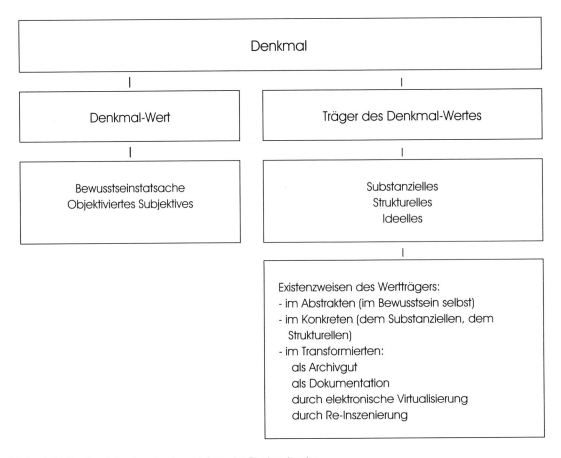

Abb. 2 Schaubild: Denkmal, Denkmalwert und Träger des Denkmalwertes

Sein Ursprung lässt sich auf den Grabeskult zurückführen. Von hier aus ergriff er schließlich auch Objekte, die nicht mit memorialer Absicht geschaffen wurden. Die Ursachen für diese Wandlung liegen in der Entstehung und Entfaltung des Geschichtsbewusstseins und im Geschichtsverständnis hinsichtlich der Hinterlassenschaften der Vergangenheit. Es vollzog sich der qualitative Wandel vom absichtlich gesetzten Mal (Denkmal und Denkmäler)[39] zum

---

[39] Vgl. „Gewolltes Denkmal: Absichtlich zur bleibenden Erinnerung an Personen oder Ereignisse gesetztes Mal (Stele, Standbild, Mausoleum. Gruftgebäude). Unpräziser Begriff, da auch jede Wandlung vom potenziellen Denkmal zum realen, juristischen Denkmal von einem Willensakt begleitet wird; besser: absichtlich gesetztes oder nur 'gesetztes Denkmal'. Plural: 'Denkmäler'. Denkmäler werden gesetzt mit memorialer Absicht. Memoriale Denkmale sind Erinnerungsmäler im Unterschied zu anderen Geschichtsdenkmalen ... Memoriale Denkmäler sind begriffliche Tautologie" (Wirth, Hermann, Denkmalpflegerische Grundbegriffe. (Praxis-Ratgeber zur Denkmalpflege, Nr. 10, Informationsschriften der Deutschen Burgenvereinigung e. V., Braubach 2003, S. 3).

gewordenen (Denkmal und Denkmale).[40] Der Wandel bedeutete z.B. eine Ausweitung vom architektonischen Einzelwerk über dessen Umgebung zum baulichen Ensemble, bis zu abstrakten baulich-räumlichen Strukturen (Grundrissfigurationen u.a.). Für den Grundsatz, dass das Denkmal nicht zwangsläufig an die substanziell-reale Existenzweise seines Trägers gebunden ist, muss in den denkmalpflegerischen Fachkreisen immer noch geworben werden. Es handelt sich um die logische Konsequenz aus der Erkenntnis, dass neben dem „materiellen" Kulturgut auch das immaterielle Zeugnis der Kulturgeschichte als Denkmal zu gelten hat und besonderen Schutz benötigt.

1.6.2. Das immaterielle Denkmal

Bei dem immateriellen Denkmal handelt es sich um eine objektivierte Bewusstseinstatsache, die – im hier zur Rede stehenden Fall – von der Ur-Inszenierung hin zur Re-Inszenierung entsteht. Es gibt beim nicht materiellen Denkmal, wie beim „materiellen", eine Erlebbarkeit verstrichener und weiter verstreichender Zeit. Aber durch fortwährende, in Intervallen gelebte Re-Inszenierung ist ihm kein Alterswert als der unmittelbar erfahrbarsten und suggestivsten Erlebnisschicht zuzuschreiben. Weder sind das abzählbare Alter eines Gegenstandes noch die Patina, Pflege- und Verwahrlosungsspuren ein Beurteilungskriterium. Soziologische und technologische Wandlungen ziehen zwangsläufig eine Veränderung des Denkmalbegriffes nach sich, verhindern ein Beharren in Rechtgläubigkeit an die althergebrachte Doktrin in der Denkmalpflege und lenken den Blick auf neue Objektgattungen. Traditionelle Denkmalwerte werden nicht obsolet, sondern durch neue ergänzt.[41] Das durch die Re-Inszenierung dargestellte „gewordene" und gleichzeitig „gesetzte" immaterielle Denkmal erweitert die Definition des bestehenden Denkmalbegriffes jedoch nicht.[42] Auch hier bestimmt die Verantwortung für die besonders zeugnismächtigen Spuren der Vergangenheit die aktuelle und zukünftige adäquate Denkmalpflege, für die Dokumentationen der Ur-Inszenierung und deren Re-Inszenierungen, für die Weitergabe des Wissens an die nachfolgende Generation, ohne Sorge haben zu müssen, dass, wie beim „materiellen" Denkmal, alle Schichten original sind, z.B. die Gründungstaten, die späteren Überformungen und Zutaten, die datierbaren und die anonymen Spuren des Durchgangs des Denkmals durch die Zeit bis

---

[40] Vgl. „'Gewordenes Denkmal': Nicht als Denkmal gesetztes Bau- bzw. bildkünstlerisches Werk, sondern entweder im Verlaufe seiner Wirkungsgeschichte oder dadurch, dass es - mehr oder weniger zufällig - in den Umkreis für bedeutsam gehaltener Geschehnisse geriet, zum Denkmal 'gewordenes' Sachzeugnis der Geschichte. Plural: 'Denkmale'. Zu 'gewordenen' Denkmalen können Denkmäler sich wandeln, wenn deren ursprüngliche Zweckbestimmung, bleibende Erinnerung an Personen oder Ereignisse wach zu halten, durch Aversion oder Interesselosigkeit erlischt und z.B. der Kunstwert (neuen) Denkmalwert stiftet. Auch der umgekehrte Fall ist möglich: Eine zum Denkmal 'gewordene' Dampflokomotive z.B. gerät, auf einen Sockel gehoben, in den Kreis der Denkmäler ... 'Gewordene' Denkmale' nehmen den quantitativ höchsten Teil im realen, juristischen Denkmalbestand ein; deshalb ist es logisch, als Sammelbegriff für Denkmäler und Denkmale (im engeren Begriffsverständnis) 'Denkmale' zu verwenden." (Ebd., S. 3).

[41] Vgl. Petzet, Michael, Der Denkmalkultus am Ende des 20. Jahrhunderts, in: Lipp, W., u. Michael Petzet, Vom modernen zum postmodernen Denkmalkultus? Denkmalpflege am Ende des 20. Jahrhunderts, 7. Jahrestagung der Bayerischen Denkmalpflege, Passau, 14. - 16.10.1993, Arbeitshefte des Bayerischen Landesamtes für Denkmalpflege Nr. 69, hrsg. v. Michael Petzet, München 1994, S. 13-20.

[42] „Reales Denkmal: Sachzeugnis der Geschichte, das wegen seiner historischen Zeugenschaft oder wegen seiner ästhetischen Prägnanz öffentliches Interesse findet oder finden müsste." (Wirth, Hermann, Denkmalpflegerische Grundbegriffe. (Praxis-Ratgeber zur Denkmalpflege, Nr. 10, Informationsschriften der Deutschen Burgenvereinigung e. V., Braubach 2003, S. 3)

zur Gegenwart. Aufgrund der Tatsache, dass das immaterielle Denkmal „gelebt" wird, fehlt die offensichtliche Er-
kennbarkeit von Eingriffen; Pietät gegenüber dem in der Zeit verändertem Materiellen ist nicht erforderlich, jedoch
vor dem veränderten Immateriellen. Die primäre und wirksamste Leistung des immateriellen Denkmals ist, dass es
gleichzeitig der Kontinuität und dem Wandel unterworfen ist, dass es gelebt wird, nicht festzuschreiben oder zu
musealisieren ist, aber offen ist für neue Impulse, wenn diese aus der historiologischen Forschung kommen.

Die Re-Inszenierung von historischen Ereignissen kann im Bewusstsein der Gesellschaft das Bedürfnis befriedigen, ein
Zeichen zu setzen zur Erinnerung und Orientierung für die gegenwärtige und die nachfolgende Generation. Und ein
Wandel findet im Entsubstanzialisierten statt, ausgehend von der Ur-Inszenierung über die Re-Inszenierung, wie es für
immaterielles Kulturerbe generell zutrifft.

1.6.3. Die Identität

Während sich materielle Denkmale in die Gattungen Geschichtsdenkmale[43] und Kunstdenkmale[44] einteilen lassen,
sind immaterielle lediglich der Gattung Geschichtsdenkmale zuzuordnen. Der künstlerische Wert ist im Allgemeinen
nicht derart dominierend, als dass der historische Aspekt in den Hintergrund gerate. Die Eigenständigkeit als immaterielles Denkmal gründet sich auf seine besondere Bedeutung, als „Gelebtes", nicht gegenständliches Zeugnis von
historischen Sachverhalten zu geben und um ideelle Bedürfnisse zu befriedigen, u.a. – wenn nicht gar vornehmlich
– nach kultureller Identität. Re-Inszenierungen verdienen Beachtung und Pflege, da sich in ihnen Erkenntnis, Unverwechselbarkeit und Identität manifestieren. Identität impliziert die Eigenschaften einer Gesellschaft oder Gruppe,
unverwechselbar mit sich selbst ähnlich zu sein und sich von anderen erkennbar zu unterscheiden.[45] Jede Gemeinschaft artikuliert andere Formen, die sie im Laufe der Zeit verändert. Zum einen verwirft sie Teile des Ererbten, fügt ihr
zum anderen aber auch neue hinzu.[46]

---

[43] „Geschichtsdenkmal (im engeren kulturgeschichtlichen Verständnis): Memoriales Denkmal (Memorial-, Erinnerungsstätte), Ethno-
graphisches Denkmal (Denkmal der Kultur und Lebensweise des „Volkes"), Technisches Denkmal (Denkmal der Produktions- und
Verkehrsgeschichte), Bodendenkmal (ur- und frühgeschichtliches Kulturdenkmal, archäologisches Denkmal)" (Wirth, Hermann,
Denkmalpflegerische Grundbegriffe (Ebd., S. 2)

[44] „Kunstdenkmal: Denkmal der Stadtbaukunst (urbanistisches Denkmal); Architektur- (Bau-)Denkmal; Bildkünstlerisches und kunst-
gewerbliches Denkmal; Denkmal der Gartenkunst und Landschaftsgestaltung. Jedes Kunstdenkmal ist auch Geschichtsdenkmal."
(Ebd., S. 3)

[45] Bausinger, Hermann, Zur kulturalen Dimension von Identität, in: Bausinger, Hermann, u. Bernward Deneke (Hrsg.), Zeitschrift für
Volkskunde, Vol. 73; 1977, S. 210-215

[46] Vgl. „Identität: Für die Denkmalpflege fundamentaler Begriff in Verbindung mit dem Kulturbegriff: kulturelle Identität. Denkmale
sind die baulich-räumlichen Träger kultureller Identität einer Region, eines Ortes, eines Volkes, einer Nation. Identitätsdefinition
findet durch Denkmalerklärungen (Denkmale) und Denkmalsetzungen (Denkmäler) statt. Denkmalpflege ist Identitätspflege jedoch nur dann, wenn sie tatsächlich Identität bewahrt, dafür Sorge trägt, dass das Denkmal sich selbst identisch bleibe und nicht
z.B. zum ‚Freiwild' ehrgeiziger Um- und Neugestaltungsabsichten entarte" (Praxis-Ratgeber zur Denkmalpflege, Nr. 10, Informationsschriften der Deutschen Burgenvereinigung e. V., Braubach 2003, S. 3-4).

1.6.4. Werte des immateriellen Denkmals

Der Denkmalwert ist ein synthetischer Begriff; er setzt sich aus Komponenten des immateriellen Wertebereiches zusammen. Er wächst gleichsam aus den ideellen Werten seiner Träger empor. Je nach dem quantitativen Anteil der jeweiligen Einzelwerte mit entsprechenden Wertträgern ergeben diese eine Bedeutungshierarchie. Es besteht eine unterscheid- und kategorisierbare Wechselwirkung zwischen materiellen und immateriellen Zeugnissen der Kulturgeschichte.

Die Entstehung und Entfaltung des Geschichtsbewusstseins sowie des Geschichtsverständnisses hinsichtlich der immateriellen Hinterlassenschaften der Vergangenheit waren die Ursache für die Wandlung des Denkmalbegriffes, welcher, ausgehend vom Memorialwert, den Geschichtswert gleichsam vereinnahmte. Daneben weitete die Entfaltung des ästhetischen Bewusstseins ursächlich auch den Denkmalbegriff mit Auswirkung auf den ästhetischen Wert und den Kunstwert aus. Die Werte der immateriellen Denkmale befinden sich in einem Wechselspiel mit denkmalfremden Werten, jedoch nicht mit materiellen. Die axiologische Analyse des Wertträgers scheidet Elemente nach Denkmaleigenschaften, billigt ihnen Denkmalwerte nach einem internen – Classement – zu oder versagt sie ihnen.[47]

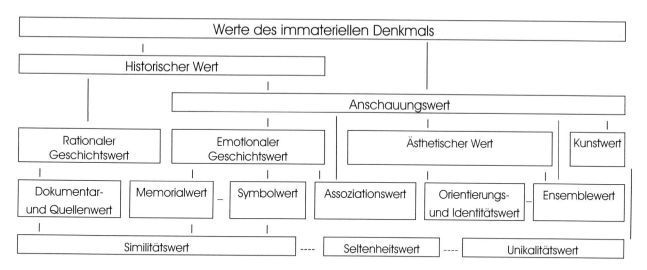

Abb. 3 Werte des immateriellen Denkmals[48]

[47] Wirth, Hermann, Bauhaus-Universität Weimar, Fakultät Architektur, Lehrstuhl für Denkmalpflege, Vorlesungen im Fach Denkmalpflege I, Wintersemester 2003/2004
[48] Nach Wirth, ebd., Tabelle 4, S. 111

Unter den Denkmalwerten steht dem historischen Wert (als rationalem und emotionalem Geschichtswert) im Allgemeinen der Primat zu. Als immaterielles Denkmal, angesiedelt innerhalb sozial-räumlicher Strukturen, ist es nichts axiologisch Eigenständiges. Der historische Wert gilt als eigentliche Konstituante des Wertes immaterieller Denkmale. Ästhetischer Wert, Memorialwert, Symbolwert, Assoziationswert und Orientierungswert sind Grundwerte, Identitätswert und Similitätswert, Seltenheitswert und Unikalitätswert sind Ergänzungswerte; der Kunstwert und der Ensemblewert können einmal Grundwert, einmal Ergänzungswert sein.

1.6.5. Wertträgertransformation durch Re-Inszenierung

Der Transformationsprozess von immateriellen Denkmalen als Teil des immateriellen kulturellen Erbes stellt die denkmalpflegerische Fachwelt vor die Herausforderung, ihre Haltung hinsichtlich seiner tatsächlichen Funktion neu zu überdenken. Vor dieser Aufgabe stehen auch die vom Volk gewählten Vertreter und die Kulturwissenschaftler, über deren Profil und Position viel diskutiert wird, z.B. hinsichtlich der Unterhaltverpflichteten von Denkmalen, der Mitglieder der Stadtparlamente, den unteren und oberen Denkmalschutzbehörden. Die Wertträgertransformation durch Re-Inszenierung impliziert, die Pflicht zur Bewahrung des immateriellen Kulturerbes den bestehenden Aufgabenbereichen der Denkmalkunde und -pflege hinzuzufügen; sie wird selbst zu einem Identitätsträger der Gesellschaft. Nicht nur bedeutsame materielle Objekte und Erinnerungsstätten sind es wert, im Auge behalten zu werden, sondern auch die immateriellen, anonymen, nicht substanziell-realen historischen Ereignisse.

Der Primär-Träger des Denkmalwertes materiellen Kulturguts ist konkret; er ist substanziell-real und besteht aus dem Sachzeugnis selbst, wogegen die Existenzweise des Primär-Trägers des Denkmalwertes von immateriellem Kulturerbe im Abstrakten, im Bewusstsein, im Transformierten als Dokumentation oder als intervallweise Re-Inszenierung liegt. Immaterielle Denkmale werden „gelebt", Denkmalwerte wiederholt reproduziert, jedoch niemals deckungsgleich. Die Veränderungen, Variationen und Anpassungen werden durch die menschliche Kreativität, die Veränderungen in der baulich-räumlichen und vor allem in der sozial-räumlichen Umwelt beeinflusst. Jede Re-Inszenierung trägt ihre individuellen Ausprägungen, keine ist mit der vorhergehenden identisch.

Das immaterielle Zeugnis der Kulturgeschichte steht im ständigen Widerstreit zwischen dem Geschichtsbewusstsein der Öffentlichkeit und wirtschaftlichen Interessen von „Kulturunternehmern". Die von Menschenhand gestaltete sozial-räumliche Umwelt ist der besonderen Zuwendung wert, sofern der Schutz als solcher ausschließlich ideell motiviert ist. Die Kommerzialisierung von Re-Inszenierungen bedroht das immaterielle kulturelle Erbe. Es genießt oft erst dann besondere öffentliche Wertschätzung, wenn der Verlust zu befürchten steht oder bereits eingetreten ist. Ein Impuls der Denkmalpflege gründet sich in der Verlusttheorie. Der Denkmalwert ist dann am höchsten, wenn der Verlust des Wertträgers bereits eingetreten ist. Der Denkmalwert lebt als Bewusstseinstatsache fort und erlischt erst durch den Tod des individuellen Wertsubjektes, durch Verdrängung zugunsten eines anderen Wertes oder durch Gedächtnisschwund. Der Totalverlust ist dann eingetreten, wenn sich niemand mehr erinnern kann oder will. Durch Transformation des Wertträgers vom Re-Inszenierten ins Dokumentierte kann Vergessen verhindert werden.

Die Erhaltung von Denkmalen beschränkt sich bislang auf diejenigen mit substanziell-realem Wertträger. Die Instanzen des Denkmalschutzes und der Denkmalpflege – für den Unterhalt verantwortliche legislative Schutzbehörden, exekutive Pflegebehörden, ehrenamtlich Tätige und Unterhaltspflichtige – sind lediglich verpflichtet, materielle Wertträger zu erhalten. Die Denkmalschutzgesetze werden noch nicht um den Bereich der immateriellen Denkmale ergänzt. Einigen Vertretern des Denkmalschutzes und der Denkmalpflege gilt das Denkmal ausschließlich als gegenwärtig Substanziell-Reales. Nicht nur durch Weltfremdheit verweigern sie die Erkenntnis, dass zur Wirklichkeit des Denkmals dessen axiologische, d.h. ausschließlich immaterielle Fundierung gehört. Nicht substanziell gegenständliche, durch Transformation in Form von Re-Inszenierungen entstandene Träger von Denkmalwerten werden negiert.

Die Re-Inszenierung ist eine Methode, um mit einem sehr hohen Grad dokumentierte Geschichte als eine immaterielle denkmalpflegerische Kopie[49] bzw. – bei lückenhafter Primärdokumentation – als eine immaterielle Rekonstruktion[50] zu ermöglichen. Die Pflicht zur Erhaltung des immateriellen Denkmals scheidet oft Denkmalschützer in einzelne Lager. Abhängig von der Re-Inszenierungsintention, vertreten diese hinsichtlich der Rekonstruktion und Kopie verschiedene Positionen. Es gibt Befürworter der „gelebten" Rekonstruktionen mit mehr oder weniger starken Abweichungen von den durch historiologische Analyse belegten Forschungsergebnissen; sie billigen Innovationen zu und gestatten den Wandel, wenn durch diesen der Identitätswert nicht reduziert wird. Die Verweigerer hingegen fokussieren die Tradition, dulden Rekonstruktionen nicht und gestatten ausschließlich die Kopie der Ur-Inszenierung als exakte authentische Wiedergabe auf der Grundlage der historiologischen Analyse; sie verfechten die Kontinuität und festgeschriebene Konservierung des immateriellen Objekts, sie verneinen den „gelebten" kreativen Prozess.

Diese beiden divergenten Betrachtungsweisen der Re-Inszenierung stehen, sofern sie nicht nur mit dokumentarischem Anspruch auftreten, konträr zu den Anliegen des Übereinkommens der UNESCO zur Bewahrung des immateriellen Kulturerbes von 2003. Die Denkmalpfleger, die Rekonstruktionen ausschließlich entweder befürworten oder ablehnen, erhalten u.a. durch den Wandel der Gesellschaft und der defizitären Weitergabe von Wissen an nachfolgende Generationen im Prozess der Globalisierung sowohl positive als auch negative Argumentationshilfen. Das immaterielle Denkmal wird tatsächlich „gelebt", dennoch bedeutet es keine Befreiung vom Verteidigungseifer als immaterielles historisches Zeugnis der Kulturgeschichte; die Re-Inszenierung ist auch nicht als modisches Angebot

---

[49] „Kopie: In der Denkmalpflege 'originalgetreue' Nachbildung denkmalwerter Substanz, entweder mit allen Verwitterungs- und Verfallsspuren bei der gegebenenfalls erforderlichen 'konservierenden' Kopie oder in nicht mehr vorhandener, aber exakt dokumentierter Gestalt bei der 'restaurierenden' Kopie. Denkmalpflegerische Kopie ist im Flächendenkmal stets nur Teil- oder partielle Kopie, die hier allerdings das Ausmaß eines oder mehrerer kompletter Gebäude annehmen kann." (Wirth, Hermann, Denkmalpflegerische Grundbegriffe, a. a. O., S. 5)

[50] „Rekonstruktion: Alle praktischen Maßnahmen am und im denkmalgeschützten Objekt, die mit restaurierender, einen vorhanden gewesenen gestalterischen Zustand (weitgehend) wiederherstellender Absicht erfolgen, wobei jedoch die Quellenlage eine Restaurierung nicht ermöglicht oder eine (denkmalpflegerisch akzeptable) Nach- bzw. Neunutzung des Denkmals eine - zwar mögliche - Restaurierung nicht wünschenswert erscheinen lässt. Der in diesem Zusammenhang auch verwendete Begriff 'Sanierung' hat mit Denkmalpflege meistens gar nichts zu tun. Denkmalpflegerische 'Sanierung' ist zutreffendenfalls entweder Restaurierung oder Rekonstruktion. -Grafische Rekonstruktion (Rekonstruktionszeichnung) ist eine mehr oder weniger hypothetische Darstellung ehemaliger gestalterischer Zustände einer gegenwärtigen Situation." (Wirth, Hermann, Denkmalpflegerische Grundbegriffe, Ebd., S. 5)

für die Denkmalpflege zu verstehen, als gesellschaftliches Event, als „menschliche Performance", um sich der Verpflichtung zur angemessenen Erhaltung des immateriellen kulturellen Erbes zu entziehen.

Immaterielle Denkmale unterliegen neuen Arten von Gefährdungen, denen durch neue Strategien zu entgegnen ist. Re-Inszenierungen führen eine neue, eine zusätzliche Wirklichkeit in die Denkmalpflege ein; sie verweisen auf neue Möglichkeiten der Verbundenheit von Denkmalwert und dessen Träger. Sie machen es möglich, historische Sachverhalte der Öffentlichkeit zu den bereits in Permanenz vorliegenden Dokumentationen zusätzlich in Intervallen auch mittels fast aller Sinnessysteme wahrnehmbarer Formen zugänglich zu machen. Sie basieren auf der Grundsätzlichkeit des Erinnerns an die Kulturgeschichte durch ihre immaterielle Existenzweise, allerdings nicht mehr als Ur-Inszenierung oder Original[51], sondern als Ergebnis von Wertträgertransformationen in Form der Re-Inszenierung. Im Spannungsfeld von Wissenschaft und Öffentlichkeit positioniert sie sich. Das „re-inszenierte Denkmal" unterliegt dem kulturellen Wandel, es wird „gelebt" und ist mit nahezu allen menschlichen Sinnessystemen wahrnehmbar.

Die Re-Inszenierung von historischen Ereignissen ist eine eigenständige Wertträgertransformationsmethode mit dem Anliegen des Wiedergewinns vergessener Geschichte und dessen fortwährender Bewahrung im Bewusstsein der Gesellschaft. Die Funktion ist von idealer Natur und besteht aus wiederholbarer Erinnerung an Vergessenes. Die Re-Inszenierung kann allerdings unterschiedlichen Einfluss mit positiven und negativen Konsequenzen auf den Umgang mit immateriellem kulturellen Erbe bewirken. Das dahinter liegende Problem ist eine zeitlose Frage nach dem Umgang mit dem Vergessenen, des Bewahrens und Weitergebens der Erinnerung und deren Dokumentationen. Dieses begreiflich zu machen, ist komplexer und wiegt schwerer als die nach neuen Re-Inszenierungstechniken.

---

[51] „Original, Originalsubstanz: Ungerechtfertigte synonyme Wortwahl für die (meist älteste) zeitliche Zuordnung denkmalwerter Substanz. Der Original- oder Originalitätsbegriff gewinnt erst dann denkmalpflegerische Relevanz, wenn er im Zusammenhang mit seinem Gegenwort 'Kopie' gedacht wird. Eine Kopie hat 'originalgetreu' – in Bezug auf das überkommene, gegenwärtige oder auf ein quellenkundlich gesichertes früheres Erscheinungsbild – zu sein, sonst ist sie keine, sondern eine Rekonstruktion. 'Original ' – im etymologischen Sinne 'ursprünglich' – ist alles am Denkmal, z.B. die Kernsubstanz des 13.Jahrhunderts, die überformenden Verkleidungen des 18. Jahrhunderts, die Auszierungen des 19. Jahrhunderts, die Verfallsspuren des 20. Jahrhunderts. Selbst die Kopie kann ein Original sein, das Original des Kopisten. Mit dem unkritisch verwendeten Begriff 'Originalsubstanz' ist in der Regel die denkmalwerte Substanz selbst gemeint." (Wirth, Hermann, Denkmalpflegerische Grundbegriffe, Ebd., S. 5-6)

2. DIE „UNUMKEHRBARKEIT" UND DIE „UNUMGÄNGLICHKEIT" DER GESCHICHTE

Geschehen ist unumkehrbar, aber reproduzierbar, und zwar aufgrund seriöser historiologischer Quellenbasis.

2.1. Mittelalter Rezeption

Das 15. Jahrhundert war gekennzeichnet von der großen Pest, durch die das Lebensgefühl in allen Teilen Europas verändert, intensiviert wurde. Das Bewusstsein um die Hinfälligkeit verschrieb den Menschen den Genuss des Augenblicks, um die Kontraste zum Elend des täglichen Lebens zu sänftigen. Das 15. Jahrhundert war eine Zeit der Depression und des Pessimismus, eine Zeit, in der das Leben ohne prunkvolles höfisches-weltliches Treiben schal wurde.[52] Dennoch wäre die Annahme falsch, dass sich Hofgesellschaften einem platten Hedonismus hingaben. Ihre Feste beinhalteten einen politischen Zweck neben der Ausrichtung auf Repräsentation.

2.1.1. Das Herzogtum Bayern-Landshut

Von Beginn an gehörten zu Niederbayern[53] das Innviertel mit Braunau, Ried und Schärding, das Agrarland um Erding, Moosburg und Landshut.[54] Von Bedeutung für den Reichtum der Herzöge von Bayern-Landshut war die geografische Lage des Herzogtums. Im Land und im Verflechtungsbereich mit Niederbayern als Zentrum mit Vernetzungen nach Böhmen, Österreich und Italien befanden sich neben vier unabhängigen Bischofsitzen (Freising, Regensburg, Passau und Salzburg) alte Agilolfingergaue und Herzogspfalzen.[55] Vor den Wittelsbachern wurde das niederbayerische Adelsland vor allem von zwei Adelsgeschlechtern beherrscht: den Grafen von Bogen und den Grafen von Ortenburg-Kraiburg. Diese Adelsterritorien, befestigt und durch Burgen geschützt, fielen nach deren Aussterben im Jahre 1242 bzw. 1248 an die Wittelsbacher, blieben aber weiterhin bestehen. Durch die Ständevertretung im Landschaftshaus der im 12. und 13. Jahrhundert entstandenen Städte Cham, Kelheim, Straubing, Deggendorf, Braunau, Landau, Dingolfing und Landshut[56] als die Landeshauptstadt des Herzogtums Bayern-Landshut.[57], gelang es den Wittelsbachern, sich im „niedern baiern" zu etablieren.[58] Viele adelige Hofmarken, z.B.

---

[52] Vgl. Heimpel, Hermann, Das Wesen des deutschen Spätmittelalters, in: Ders., Der Mensch in seiner Gegenwart, Göttingen 1957.
[53] Niederbayern („Bavaria inferior"): das nach der Teilung des Herzogtums Bayern durch die Wittelsbacher Herzöge Ludwig und Heinrich im Jahre 1255 unterhalb der als Raumachse bestimmenden Donau gelegene Land.
Vgl. Bayern-Ingolstadt, Bayern-Landshut 1392-1506, Glanz und Elend einer Teilung, Ausstellungskatalog, Ingolstadt 1992.
[54] Kraus, Andreas, Geschichte Bayerns, München 2004
Spindler, Max, u. Andreas Kraus (Hrsg.), Handbuch der bayerischen Geschichte, Bd. 2, München 1988
[55] Vgl. Stahleder, Erich, Niederbayern als Staat (1255-1505). Katalog zur Ausstellung des Bayerischen Staatsarchivs Landshut zur Wiedereröffnung der Führungsräume der Burg Trausnitz 1970, Ausstellungskataloge der Staatlichen Archive Bayerns 5, Landshut 1970.
[56] Leiss, Hans, Beiträge zur Entwicklung von Stadt und Markt in Niederbayern vom 10. bis 15. Jahrhundert, Passau 1935
[57] Spitzlberger, Georg, Das Herzogtum Bayern-Landshut und seine Residenzstadt 1392-1503, Landshut 1993, S. 33-56

die reichsunmittelbaren Grafschaften Ortenburg und Neuburg am Inn, sowie freie Adelsherrschaften, wie Haag, Hals-Leuchtenberg, Fraunhofen und Degenberg, besitzmächtige Klöster, neben Bildungsstätten auch bedeutende Wirtschaftspole (z.B. die Benediktinerabteien Weltenburg und Niederaltaich), ergänzten die bereits benannten Zentren, welche in der Gesamtbetrachtung den Grundstock für den Reichtum der Herzöge von Bayern-Landshut bildeten.[59]

2.1.2. Die spätmittelalterliche Wirtschaftsmacht Niederbayern

Die spätmittelalterliche Wirtschaftsmacht Niederbayern beherrschte die Verkehrsschlagadern Donau und Inn. Auf diesen und weiteren Transportwasserstraßen wurde das im niederbayerischen Reichenhall und im Salzburger Hallein gewonnene Salz, das „Weiße Gold", aufwärts über die Salzach und den Inn nach Passau befördert[60], über die Donau weiter nach Regensburg oder mit Pferdegespannen über die „Goldenen Steige" nach Prachatize in Böhmen.[61] Von dort gelangten Getreide und Malz nach Salzburg und Tirol, aus Österreich kam Wein; über Regensburg wurden Eisen und Getreide geliefert, aus Venedig und Mantua teure Stoffe transportiert, seltene Gewürze, wie Safran und Muskat, sowie Edelsteine kamen über Salzburg nach Niederbayern. Im Vergleich zu Oberbayern lag Niederbayern günstiger an den Handelswegen; das Zollwesen war deshalb ein bestimmender Einnahmefaktor.

Der fruchtbare Lößboden des niederbayerischen Hügellandes und vor allem der sogenannte Gäuboden, der südlich der Donau zwischen Straubing und Vilshofen gelegene fruchtbare Ackerboden, bildeten ein wirtschaftliches Fundament. Die Einnahmen aus dem herzoglichen Kammergut allein konnten das Land finanzieren; es konnten zusätzlich noch Überschüsse erwirtschaftet werden. Eine rationalisierte moderne Verwaltung der drei reichen Herzöge,[62] Herzog Heinrich des Reichen (1393-1450)[63], Ludwig des Reichen (1450-1479)[64] und Georg des Reichen (1479-1503)[65], machte diesen Raum für ihre Territorialpolitik nutzbar.[66] Ein weiteres Fundament bildeten die Rohstoffe Quarz aus dem Bayerischen Wald für die Glaserzeugung, Edelmetalle, wie Silber, Blei und Kupfer um Kufstein, Kitzbühel und Rattenberg, das seit 1447 dem Herzogtum Bayern-Landshut angeschlossen war.

---

[58] Vgl. Stauber, Reinhard, Das geteilte Land, in: Niederbayerns Reiche Herzöge, Hefte der Bayerischen Geschichte und Kultur, Band 38, hrsg. vom Haus zur Bayerischen Geschichte, Augsburg 2009, S. 7-11.

[59] Vgl. Stauber, Reinhard, Der Reichtum der Landshuter Herzöge und ihre Grundlagen, in: Niederbayerns Reiche Herzöge, Hefte der Bayerischen Geschichte und Kultur Band 38, hrsg. vom Haus zur Bayerischen Geschichte, Augsburg 2009, S. 61-63.

[60] Loibl, Richard, „Korn um Salz", Der Passauer Salzhandel im 15. und 16. Jahrhundert, in: Wurster, Herbert, W. u.a. (Hrsg.), Weißes Gold: Passau – Vom Reichtum einer europäischen Stadt, Ausstellungskatalog Passau 1995, S. 191-208

[61] Vgl. Ausstellung im Museum Waldkirchen: „1000 Jahre goldener Steig im Jahre 2010".

[62] Vgl. Stahleder, Erich, „Die drei reichen Herzöge", in: Bleibrunner, Hans (Hrsg.), Große Niederbayern, Neue Veröffentlichungen des Instituts für Ostbairische Heimatforschung 30, 1972, S. 27-42.

[63] Kaltwasser, Karin, Herzog und Adel in Bayern-Landshut unter Heinrich XVI. dem Reichen (1393-1450), Diss. Universität Regenburg 2003

[64] Vgl. Schönewald, Beatrix, Herzog Ludwig der Reiche, München 1996, S. 10.

[65] Stauber, Reinhard, Georg der Reiche – Vom Sterben und Leben eines Herzogs, in: Verhandlungen des historischen Vereins für Niederbayern (VHVN) 129/130 (2003/04), S. 93-108

[66] Vgl. Ettelt-Schönewald, Beatrix, Kanzlei, Rat und Regierung Herzog Ludwig des Reichen von Bayern-Landshut (1450-1479), Band 1 von 2, Schriftenreihe zur Bayerischen Landesgeschichte, Band 97/I), München 1996, S. 251.

Im Gegensatz zum ganz nach Westen ausgerichteten Herzogtum Oberbayern, das in Verbindung mit der mittelrheinischen Pfalz und Heidelberg die alte wittelsbachische Stammestradition nicht mehr aufnehmen konnte[67], übernahm das Herzogtum Niederbayern die Aufgabe des Brückenschlages nach Osten, die Verbindung mit Böhmen, Österreich, Ungarn und mittels der zentralen Handelsroute Inn–Salzach–Tauern–Venedig auch mit Italien. Die Politik der reichen Herzöge von Bayern-Landshut zeigt internationale Dimension, sowohl in der baulich-räumlichen Umgebung, z.B. durch den Bau der Stadtresidenz in Landshut als ersten Renaissancebau nördlich der Alpen, als auch in der sozial-räumlichen Umgebung durch die Heirat im Jahre 1475 von Herzog Georg mit Hedwig, der „geborenen königlichen Prinzessin von Polen".[68]

2.1.3. Die Residenzstadt Landshut

Die Stadt Landshut wurde im Jahre 1204 von Herzog Ludwig I., dem Kelheimer, gegründet, die Bergwarte auf dem Hofberg zu einer Burg ausgebaut, die am Fuße gelegene hofrechtliche Siedlung zur Stadt erhoben. Die verkehrsgünstige Lage an der Isarbrücke[69] war förderlich für die wirtschaftliche Prosperität, die deshalb auch einen besonderen Schutz benötigte.[70] Hier trafen sich zwei große Verkehrswege, die Schifffahrtstransporte mit den Waren aus Italien nach dem Norden und die Salzfuhren auf dem Landwege von Salzburg über Rosenheim nach dem Mittelrhein brachten. Die alte flussabwärts, im Besitz des Adels befindliche Brücke über die Isar wurde abgebrochen und auf herzoglichem Eigengrund neu errichtet; der Brückenort Landshut wurde zum Sitz des Landesherren bestimmt. Durch die gegebenen Vorrechte und im Schutz der herzoglichen Burg konnte sich rasch eine betriebsame Siedlung von Handwerkern, Kaufleuten, somit ein steuerkräftiges Bürgertum entfalten. Die Landesherren fungierten vordergründig als Wirtschaftsförderer, bauten sich aber dadurch faktisch ihre Machtgrundlage auf den Schultern ihrer Bürger auf.

Seit der Landesteilung im Jahre 1255 bis zum Ende des Herzogtums Bayern-Landshut nach dem Tode von Herzog Georg im Jahre 1503 war die Stadt Residenzort der Wittelsbacher und deren Verwaltungszentrum.[71]

Die im 14 Jahrhundert noch unter strenger landesherrschaftlicher Bindung stehende Stadt galt als einer der größten Handels- und Gewerbeorte Bayerns. Da um die Wende zum 15. Jahrhundert eine adäquate Führungspersönlichkeit sowohl in Form der Autorität des Amtes als auch der Person eines Herzogs fehlte, konnte die Stadt relativ selbständig

---

[67] Bis zu acht Teillinien standen sich phasenweise in erbitterten Konflikten gegenüber. Diese „Hauskriege" lassen auf ein dynastiepolitisches Chaos des Hauses Wittelsbach in der Pfalz am Rhein und in Bayern des 15. Jh. schließen.
[68] Während der Herrschaft der Jagiellonen war es in Polen üblich, jede Prinzessin nach Erreichen der Volljährigkeit der Ständeversammlung vorzustellen, dabei wurde ihr der Rang einer „geborenen Königin" von Polen verliehen.
Vgl. Beckenbauer, Alfons, Eine Momentaufnahme aus der europäischen Geschichte. Die Polenhochzeit im Jahr 1475, Landshut 1996, S. 40.
[69] Isar (keltisch): „Die Reißende"
[70] Die Burg hatte die Schutzfunktion als die „Hut des Landes" im Sinne von behüten und beschützen.
[71] Vgl. Stauber, Reinhard, Das Herzogtum Niederbayern und seine Residenzen in der zweiten Hälfte des 15. Jahrhunderts, in: Sammelband des Historischen Vereins Ingolstadt 102/103 (1993/1994).

werden und eine für die damalige Zeit beachtenswerte Rechtsstellung erreichen. Die Ursachen für diese mittelalterliche Emanzipation waren der Vormundschaftsstreit um Herzog Heinrich XVI., die Kämpfe der Vierherzogszeit nach dem Tode Johanns II. von Bayern-München und das Engagement der bayerischen Herzöge auf Reichsebene. Bereits vor der Mitte des 14. Jahrhunderts konnten die Bürger ihre kommunale Selbstverwaltung erlangen, ebenso das Recht zur kommunalen Gesetzgebung und die Ausübung der Polizeigewalt innerhalb der Burgfriedensgrenzen. Im Jahre 1364 übergab Kaiser Ludwig der Bayer der Stadt die niedere Gerichtsbarkeit; Einzelprivilegien erweiterten die Rechte. Zur selben Zeit wurde die Stadtverfassung ausgestattet, mit Zustimmung des Herzogs der seit dem Jahre 1256 nachweisbare zwölfköpfige Rat der Stadt gewählt. Die Selbständigkeit der Stadt während dieser „herzoglosen" Zeit führte zu Wohlstand und Reichtum der Bürger; in deren Reihen konnte sich ein außergewöhnliches Selbstbewusstsein entfalten.

Landshut gehörte zu den erfolgreichen Gründungsstädten der Wittelsbacher in Bayern in der ersten Hälfte des 13. Jahrhunderts. Hier wurde die Idee einer soziologischen Umwandlung in Form einer Landeshauptstadt mit städtischen Gerechtsamen vollzogen. Der Sitz des Herzogs als Landesherrn bildete den geistigen Kern in einer Bürgersiedlung; an die Stelle eines Wanderherzogtums trat nunmehr eine Institution, welche einen festen und zentralen Mittelpunkt im Lande setzte. Die Stadt Landshut erhielt durch diese politische Neugestaltung eine bevorzugte und für die damalige Zeit entscheidende Sonderstellung.

Der Umfang des „ersten Landshut" war nicht sehr groß – es bestand im Wesentlichen aus einem einzigen Straßenzug; es umfasste die „Altstadt" und ein Quartier an der Bergstraße als Verbindung zur Burg.[72] Ludmilla, die Witwe von Herzog Ludwig dem Kelheimer, gründete im Jahre 1232 außerhalb der Stadtmauern das mauerumgürtete Zisterzienserinnenkloster Seligenthal; die darin gelegene Afrakapelle wurde die Begräbnisstätte der niederbayerischen Herzöge. Nur wenige deutsche Städte haben heute noch so viele bedeutende Bürgerbauten des späten Mittelalters wie Landshut.[73] Die profanen Giebelhäuser der Spätgotik mit ihren klar gegliederten farbigen Fassaden und ihren charakteristischen gestaltungsreichen Abschlüssen (Treppengiebel mit Fialen z.B.) zeugen von dem damaligen Reichtum und Selbstbewusstsein der Bürger, der sich auch im architektonischen Schaffen ausdrückte; diese historische baulich-räumliche Umgebung bildet in der Gegenwart den Projektionsraum für die Re-Inszenierung der Landshuter Fürstenhochzeit von 1475.

Die wirtschaftliche Prosperität führte schon um 1250 zur ersten Erweiterung nördlich um die untere Altstadt von der Steckengasse bis zum Spitaltor. Die zweite Erweiterung erfolgte um 1280 östlich im Bereich der Neustadt: Ein neuer Straßenzug wurde parallel zur Altstadt angelegt und mit Gassen quer verbunden. Die dritte Stadterweiterung fand um 1320 südlich im Bereich des Dreifaltigkeitsplatzes statt. Herzog Heinrich XVI. gründete im Jahre 1338 den Stadtteil Freyung[74] als vierte Erweiterung und ließ dort die Kirche St. Jodok errichten. Die Vergrößerung des Mauerrings

---

[72] Baumann, G., Das älteste Landshut, in: Verhandlungen des historischen Vereins für Niederbayern (VHVN) 72, Landshut 1939, S. 21-42
[73] Bleibrunner, Hans, Landshut, die altbayerische Residenzstadt. Ein Führer zu ihren Sehenswürdigkeiten, Landshut 1985
[74] Die Anziehungskraft lag darin, dass derjenige, der sich im Moorgebiet der Freyung, in der sogenannten „Froschau" ansiedelte, vom Herzog Erleichterungen beim Erwerb der Bürgerrechte erhielt und für zehn Jahre von der Steuer befreit wurde.

vollzog sich zwangsläufig nach Osten, wo das Gelände am besten die Möglichkeit einer einheitlichen und regelmäßigen Bebauung bot. Abseits vom Lärm der Geschäftsstraßen wurde dieser Platz mit der im Jahre 1370 vollendeten Pfarrkirche gemäß der charakteristischen Art der mittelalterlichen Stadtbaukunst zum geistlichen Mittelpunkt. Waren die im 13. Jahrhundert errichteten Ordenskirchen des Dominikaner- und des Franziskanerklosters Werke der frühgotischen Kunst, so wurde „St. Jobst" die Bürgerkirche der Hochgotik. Die dreischiffige Basilika mit ihrem Fassadenturm an der Westseite gilt als Vorläuferin der St. Martinskirche. Beim Einzug des Brautpaares Herzog Georg des Reichen und Hedwig von Polen im November des Jahres 1475 in St. Martin läuteten die Glocken im Turm von St. Jodok. Sakrale Bauwerke des Meisters Hans Stethaimer gehören zu den schönsten Beispielen kirchlicher Baukunst deutscher Spätgotik überhaupt.

Den architektonischen Höhepunkt des mittelalterlichen Ensembles bildeten die beiden Kirchen, die städtebaulich an den beiden Enden der Altstadt errichtet wurden und das Stadtbild beherrschten. Am nördlichen Eingang dieses Straßenzuges steht das eine Gotteshaus, das zu dem bis zur Gründungszeit der Stadt zurückreichenden Spital zum Heiligen Geist gehört. [75] Eine mit dem Stethaimer'schen Meisterzeichen versehene lateinische Inschrift am Turm zeigt, dass die Grundsteinlegung im Jahre 1407 geschah und das Werk eine Generation nach dem Tode des Baumeisters beendet wurde. Der seitlich an den wuchtigen Baukörper angebaute Turm wurde nicht vollendet. Das damals die Altstadt südlich abschließende sakrale Bauwerk, die Kirche St. Martin und Kastulus, ebenfalls ein altbayerischer spätgotischer Kirchenbau des Meisters Stethaimer, übertrifft die Heilig-Geist-Kirche in seiner monumentalen Erscheinung. Im Jahre 1389, also fast 20 Jahre vor der Grundsteinlegung der Spitalkirche, wird Stethaimer zum ersten Mal als Baumeister von Sankt Martin genannt. Um 1422 wird das Chorgewölbe errichtet, zehn Jahre später das Hauptportal, um 1460 das Langhausgewölbe. Um die Jahrhundertwende wurde der hohe Turm, der höchste der Spätgotik, nach dem Vorbild des Straßburger Münsters fertiggestellt. Zur Zeit der Landshuter Fürstenhochzeit 1475, war der Turm eben erst über das Dach des Langhauses hinausgewachsen.

Wenn die Bürgerschaft ihre munizipale Eigendeutung in einem neuen Rathaus zu dokumentieren suchte, so war der Grund nun nicht mehr das Sinnbild einer politischen Forderung, sondern viel eher der selbstverständliche Ausdruck eines wohlfundierten Lebens. Die Bürger wetteiferten mit dem zum Teil in die Stadt übersiedelten Adel und sogar mit der fürstlichen Hofhaltung selbst. Hier wurde der Grundstein für die Stadt der Feste und des Feierns mit Auswirkung bis in die Gegenwart gelegt. Turniere und Aufzüge fügten der behäbigen bürgerlichen Lebensart den lauten Glanz höfisch-mittelalterlicher Pracht hinzu. [76] Die Vermählung Herzogs Georg des Reichen mit der polnischen Königstochter Hedwig im Jahre 1475 bildete neben der Hochzeit Herzog Ludwigs XVI. mit Amalie von Sachsen im Jahre 1452 einen weiteren, schon für damalige Zeit im mitteleuropäischen Raum bedeutenden Höhepunkt. Rastloses Geschäftstreiben kennzeichnete in diesen Jahrzehnten die Stadt. Der Ruf des Landshuter Kunsthandwerks, allem voran der Goldschmiede mit ihren mit Juwelen geschmückten Kleinodien und der Plattner mit ihren Harnischen und Waffen drang über Deutschland hinaus; er reichte bis nach Frankreich und Spanien.

---

[75] Im Jahre 1208 wurde erstmals das Heilig-Geist-Spital urkundlich erwähnt.
[76] Vgl. Lackner, Irmgard, Die Herzogshöfe in Landshut und München. Herzogliche Hofhaltung im Dienste der Repräsentation und Herrschaftslegitimierung, in: Niehoff, Franz (Hrsg.), Ritterwelten im Spätmittelalter. Höfisch-ritterliche Kultur der Reichen Herzöge von Bayern-Landshut. Schriften aus den Museen der Stadt Landshut Nr. 29, Landshut 2009, S. 23–32.

Im 15. Jahrhundert hatte sich die Stadt zu einer der blühendsten und prunkvollsten des Heiligen Römischen Reiches entfaltet.[77] Zwar begann diese, die Regierungszeiten der drei reichen Herzöge umfassende Phase, mit Misstönen: Der junge Herzog Heinrich widerrief im Jahre 1408 die wichtigsten Privilegien der Stadt; ihre Ratsherren wurden gefangen gesetzt und nur mit schweren Opfern wieder freigelassen. Die Folge waren neue Erbitterungen und heimliche Zusammenkünfte – durch Verrat in der Karfreitagsnacht des Jahres 1410 wurden die Unzufriedenen dem Herzog in die Hand gegeben und drakonisch bestraft. Der Wunsch nach einer freien Bürgerschaft, der fast alle Städte in diesen Jahrzehnten erfüllte, wurde abgelöst durch das Streben nach Reichtum und glanzvollem Lebensgenuss, aber auch durch das Vornehm-Edle echter Patrizierkultur.

Durch die Vereinigung des Herzogtums Bayern-Landshut mit dem Herzogtum Bayern-München nach Beendigung des Landshuter Erbfolgekrieges verlor Landshut zwar die herausragende Bedeutung als Regierungshauptstadt des reichen niederbayerischen Landesteiles, wohl ging aber ihre wirtschaftliche und kulturelle Bedeutung zunächst nicht verloren. Landshut blieb weiterhin ein wichtiger Handelsmittelpunkt, die Handwerker (Maler, Plattner, Kupferstecher, Kupferschmiede) produzierten weiterhin Waren und Werke von überregionaler Bedeutung. Ab dem Jahre 1516 vermochte der Münchener Herzog Ludwig X. trotz Primogenitur seine Mitregentschaft für den Landesteil der Rentämter Landshut und Burghausen zu erstreiten. Dadurch, dass er Landshut als Residenzstadt wählte, konnte diese vorübergehend an eine vergangene Blütezeit anknüpfen. Ein Symbol dafür war die Errichtung der Stadtresidenz in der Altstadt. In diesem ersten Renaissancepalast nördlich der Alpen beherbergte die Stadt bis zum Tode des Bauherren im Jahre 1545 nochmals eine fürstliche Hofhaltung.

2.1.4. Die drei reichen Herzöge

Nach dem Tode Herzog Friedrichs am 4. Dezember 1393, fast genau ein Jahr nach der Teilung des Landes, übernahm Herzog Heinrich der Reiche (1393-1450) die Regierungsgewalt. Seine Nachfolger, Ludwig der Reiche (1450-1479) und Georg der Reiche (1479-1503) machten durch eine rationalisierte moderne Innenverwaltung, in Verbindung mit außenpolitischen Einflussmöglichkeiten, das Herzogtum Bayern-Landshut und seinen Verflechtungsbereich zu dem ersten frühmodernen Finanzstaat, zu einem Fürstentum wie kein anderes im spätmittelalterlichen Reich.[78]

Heinrich XVI. der Reiche (1393-1450)

Herzog Heinrich XVI. (geb. 1386) regierte von 1393 bis 1450; er gilt als Begründer des Reichtums des Herzogtums von Bayern-Landshut.[79] Heinrich war sieben Jahre alt und noch nicht regierungsmündig, als sein Vater Friedrich (ca. 1339 – 1393), verheiratet mit Magdalena Visconti aus Mailand (ca. 1365-1404), verstarb. Als Vormünder wurden die

---

[77] Schätzungen gehen von 4.000 bis 5.000 Einwohner im 15. Jh. aus.

[78] Vgl. Stauber, Reinhard, Land – und Reich – Die Landshuter Herzöge und ihre Politik, in: Niederbayerns Reiche Herzöge, Hefte der Bayerischen Geschichte und Kultur 38, hrsg. vom Haus zur Bayerischen Geschichte, Augsburg 2009, S. 12-32.

[79] Ziegler, Walter, Die Bedeutung des Beinamen „reich" der Landshuter Herzöge Heinrich, Ludwig und Georg, in: Festschrift für Andreas Kraus, Münchener Historische Studien 10,. München 1982, S. 161-182

beiden Oheime Johann II. von Bayern-München und Stephan III. von Ingolstadt bestimmt sowie seine Mutter Magdalena und der einflussreiche Vitzum Oswald Törring zu Stein aus Niederbayern. Kriege zwischen den beiden oberbayerischen Linien, zwischen Herzog Ernst, nach dessen Vater Johann II., und Stephan III. verhinderten eine Aufteilung Niederbayerns.[80] Nach der Anerkennung Heinrichs als legitimen Herzog durch das Einwirken seiner Mutter Magdalena auf den Adel[81] und durch die Ständeversammlungen im Jahre 1394 konnte er seinen Anspruch als Landesherr behaupten. Mittels einer straffen Organisation und einer konsequenten Verwaltung konsolidierte er zum einen die Finanzsituation des bei seinem Regierungsantritt hoch verschuldeten Herzogtums, zum anderen stärkte er seine Autorität als Landesherr gegenüber Hochadeligen (Edelfreie) und Ministerialen, den bis dahin politischen, ökonomischen und militärischen Herrschaftsträgern. Verpfändungen von Ämtern und Gebieten ermöglichten zuvor dem Adel den Aufstieg bis in politische Entscheidungsgremien des Herzogtums, in den Rat oder in Ämter als Hofmeister, Kammermeister oder Viztum z.B. Zwar war es dessen primäre Absicht, durch den Einsatz finanzieller Mittel den Landesherrn zu unterstützen und zu seiner Solvenz beizutragen; der Geldfluss an ihn geschah aber auch in eigennütziger Absicht, um Rechtsansprüche, Pfandschaften und Güter zu erlangen, um den eigenen Herrschaftsbereich zu erweitern und um gezielt wichtige Ämter zu erwerben.[82] Die hintergründige Intention galt der Sicherstellung von Einfluss und Einkommen im Herzogtum.[83] Adelige Geldgeber wurden bei der Vergabe von bedeutenden Hof- oder Landesämtern bevorzugt, was die direkte Abhängigkeit des Landesfürsten von Bürgen, von Darlehensgebern und Pfandnehmern zur Folge hatte. Eine vollständige Unabhängigkeit von der Herzogsgewalt war kaum möglich. Herzog Heinrich erkannte sehr früh, dass die Bereitschaft des Adels zur Kreditvergabe kurzzeitig seine leeren Kassen füllte, zwangsläufig es auf Dauer aber eine zunehmende Schwächung seiner herzoglichen Macht- und Finanzsituation bedeutete. Ab ca. 1430 verfolgte er konsequent den institutionellen Ausbau der herzoglichen Landesherrschaft als Gegenpol zu den lokalen Herrschaftsansprüchen des Adels, die als Folge der Hinterlassenschaft seines Vaters, durch Misswirtschaft während der unsicheren Zeit der Vormundschaftsregierung und durch die Landesteilung von 1392 bedingten Ausgleichsforderungen an den Ingolstädter Herzog entstanden waren.[84]

Beim Antritt der Regentschaft im Jahre 1404 stand der Herzog vor der schwierigen Herausforderung, seine Macht als Landesherr zu festigen, die Ansprüche des Adels auf Mitherrschaft zurückzudrängen und dem selbständigen

---

[80] Vgl. Störmer, Wilhelm, Die innere Konsolidierung der Wittelsbachischen Territorialstaaten in Bayern im 15. Jahrhundert, in: Europa 1500. Integrationsprozesse im Widerstreit, hrsg. von Ferdinand Seibt und Winfried Eberhard, 1986, S. 175-194.

[81] Die Einwirkung von Magdalena veranlasste den niederbayerische Adel von Beginn an für klare Rechtsverhältnisse zugunsten der Nachfolge durch Herzog Heinrich zu sorgen, damit Bayern-Landshut nicht zwischen die machtpolitischen Interessen des Herzogs Stephan III. und des Johanns II. geriet. Das bedeutete ein zusätzliches Abhängigkeitsverhältnis der herzoglichen Position des jungen Heinrich XVI. nicht nur zu den Vormündern, nunmehr auch von innen heraus zu den politisch einflussreichen Adelsfamilien des Landes.

[82] Vgl. Riezler, Sigmund v., Geschichte Baierns, Bd. III, Gotha 1889, Aalen 1964, S. 263.
Vgl. Ziegler, Walter, Studien zum Staatshaushalt Bayerns in der zweiten Hälfte des 15. Jahrhunderts. Die regulären Kammereinkünfte des Herzogtums Niederbayern 1450-1500, München 1981, S. 170.

[83] Vgl. Scheler, Dieter, Rendite und Repräsentation. Der Adel als Landstand und landesherrlicher Gläubiger in Jülich und im Spätmittelalter, in: Rheinische Vierteljahrsblätter 58/1994, S. 121-132.

[84] Vgl. Hofmann, Siegfried, Die bayerischen Landesteilungen von 1255 und 1392. Auswirkungen - Perspektiven, in: Sammelblatt des Historischen Vereins Ingolstadt 102/103, Ingolstadt 1994, S. 105-129.

Bürgertum in seiner Residenzstadt gegenüber ein deutliches Zeichen seines Herrschaftswillens zu setzen.[85] Um sich als ein eigenständiges Fürstentum nach der territorialen Teilung im Jahre 1392 dauerhaft zu etablieren, bedurfte das Herzogtum zu dieser Zeit einer repräsentativen Herrschafts- und Regierungsautorität. In Landshut hatten sich zwischenzeitlich mit dem Äußeren Rat, den Zünften und „Gemain" Organe der bürgerlichen Mitsprache konstituiert, die relativ weite Kreise der Stadtbevölkerung erfassten und deren Rechte offensiv vertraten. Der vorprogrammierte Konflikt zwischen dem Landesherrn und dem Bürgertum hatte Eingriffe des Herzogs zur Folge mit der Absicht der Wiederherstellung und Steigerung seiner Macht nach innen, verbunden mit der Darstellung seiner Autorität nach außen.[86] Zwangsläufig beschnitt das energische Durchgreifen empfindlich die bislang erworbenen Rechte des Landshuter Bürgertums; der Verlust der politischen Autonomie in der herzoglichen Residenzstadt wurde nicht widerspruchslos hingenommen.[87] Die Konfliktbewältigung führte im Jahre 1408 zur Entmachtung und zum finanziellen Ruin der Mitglieder des Ratsgeschlechtes und von Patriziern sowie zum drakonischen Strafgericht gegen die Verschwörung der Handwerker in der Karfreitagsnacht des Jahres 1410.[88]

Die Auseinandersetzungen hatten in finanziellen und herrschaftsrechtlichen Ansprüchen ihre Ursache. Unter dem Vorwand, den Herzögen von Österreich Kriegshilfe leisten zu wollen, hatte der junge Herzog ein großes Heer gesammelt und um den 24. August, am sogenannten St. Bartholomäustag des Jahres 1408, die Räte der Bürgerschaft von Landshut zum Essen auf die Burg Trausnitz eingeladen. Im Glauben, dass ihnen der Herzog während seiner Abwesenheit das Herrschaftsregiment übertragen wolle, folgten sie dieser Einladung. Mit etwa 40 weiteren Bürgern aus der Stadt wurden alle Räte nach dem Essen verhaftet, ihr gesamtes Hab und Gut wurde nach der jeweiligen Verurteilung vom Herzog konfisziert, was der leeren Staatskasse sehr zu Gute kam. Von der Verhaftung betroffen waren vor allem die Mitglieder des Inneren Rates, wahrscheinlich auch des Äußeren und weitere vermutlich vermögende Patrizier. Es ist legitim anzunehmen, dass neben dem Machtkalkül des Herzogs Überlegungen überwiegend hinsichtlich seiner finanziellen Selbständigkeit zugrunde lagen. Zwar wurde niemand verletzt oder getötet, aber die gesamte einflussreiche Führungsebene des Bürgertums wurde beseitigt, Teile des Patriziates wurden ausgewiesen, nur wenige sind zurückgekehrt. Die Mehrzahl von ihnen durfte die Stadt nicht mehr betreten oder hat diese zukünftig bewusst gemieden. Es ist davon auszugehen, dass die Auslöschung dieser Führungsschicht wohl in der Bevölkerung den Wunsch und den Druck verstärkt haben, Gewerbetreibenden und Handwerkern die Regierungsgewalt zu übertragen, ein Sachverhalt, der zu den Unruhen von 1410 führte.[89] Während der Herzog dem vorsichtigen Aufbegehren des Bürgertums im Jahre 1408 aus finanzpolitischen Beweggründen zuvorkam, war die Ursache der Auseinandersetzungen im Jahre 1410 hingegen von verfassungspolitischer Natur.[90] Die vom Herzog in

[85] Gallas, Herta, Herzog Ludwig der Reiche von Bayern-Landshut und die Reichsreformbewegung der Jahre 1459-1567, o. O. 1927

[86] Leonhardt, Henrike, Hohe Zinnen - finstere Verliese. Die Machtpolitik der Wittelsbacher im späten Mittelalter, München 1999

[87] Friedrich, Gisela, Landshuter Ratschronik (1439-1504), in: Die deutsche Literatur des Mittelalters – Verfasser-Lexikon, Bd. 5, o. O. 1985, Sp. 556-559

[88] Spitzlberger, Georg, Die Bürgerverschwörung zu Landshut 1408 und 1410. In: Spitzlberger, Georg (Hrsg.), Das Herzogtum Bayern-Landshut und seine Residenzstadt 1392-1503, Landshut 1993, S. 21-26

[89] Vgl. Herzog, Theo, Die Landshuter Bürgerunruhen der Jahre 1408 und 1410, in: Festausgabe zur Landshuter Fürstenhochzeit 1475, Landshuter Zeitung vom 26. Juni 1965, S. 5-7.

[90] Rilling, Stephanie, Studien zu Heinrich dem Reichen von Bayern-Landshut. Aspekte der Sanierung des Herzogtums Anfang bis Mitte des 15. Jahrhunderts, in: Verhandlungen des historischen Vereins für Niederbayern (VHVN) 116/117 1990/1991, S. 157

den Jahren 1408 bis 1409 verhängten Sanktionen bedeuteten eine erhebliche Belastung im Verhältnis zwischen Landesherr und Bürgertum; der Herzog versuchte seine Rechte und Herrschaftsansprüche gegen die emanzipierten Landshuter Bürger durchzusetzen, die Rivalität zwischen herzoglichen adligen Beratern und Bürgern dürfte dabei auch von gewisser Bedeutung gewesen sein.

Der Unmut und die Verärgerung über das Vorgehen Heinrichs zu Beginn seiner Regentschaft führten zu der „Verschwörung im Röcklturm" des Jahres 1410. Ob es sich tatsächlich um eine handfeste Verschwörung gehandelt hatte, ist nicht eindeutig geklärt. Herzog Heinrich trat dieser neuen Opposition, welche die Konfrontation mit ihrem Landesherren suchte, frühzeitig entgegen und verhinderte jedenfalls einen weiteren vermeintlichen Aufstand. Er veränderte die Stadtverfassung und ergriff weitere drastische Maßnahmen mit abschreckender Wirkung, wodurch er eindeutig die Botschaft vermittelte, weitere Autonomiebestrebungen der Bürger der Stadt Landshut zukünftig im Keim ersticken zu wollen. Im Ringen um die Stadtherrschaft war aber auch der Adel beteiligt. Nicht nur der Gegensatz zwischen Stadtherrn und Bürgerschaft, sondern auch zwischen Adel und Stadtpatriziat lag den Ereignissen zu Grunde. Herzog Heinrich übernahm die Position als Stadtherr und ging finanziell wie auch politisch gestärkt aus den Auseinandersetzungen hervor. Eine Folge war die deutliche Einschränkung der bürgerlichen Autonomie, vor allem in der Rechtsprechung. Aus eigener Machtvollkommenheit bestimmte der Herzog den Kämmerer, der ab dem Jahre 1492 als Bürgermeister bezeichnet wurde. Der Rat konnte nur mehr nur noch über innerstädtische Angelegenheiten beschließen.

Der machtbewusste niederbayerische Adel selbst schloss sich als Reaktion auf den Herrschaftswillen des Herzogs im Jahre 1416 landesweit im „Törring-Bund" zusammen, um seine Rechte zu behaupten und um die als illegitim empfundenen Übergriffe abwehren zu können. Durch den Beitritt von Herzog Ludwig VII. von Ingolstadt wurde der Adelsbund zu einem offensichtlichen Kampfinstrument gegen den Landesherrn. Durch die Loyalität bedeutender niederbayerischer Familien und durch ihre Opposition zu den Ingolstädter Interessen konnte der institutionelle Ausbau lokaler Herrschaftsansprüche des Adels verhindert werden. Nach der Schlacht von Alling im Jahre 1422 löste sich der Bund auf. Während seiner Regentschaft erzielte der überwiegend innenpolitisch orientierte Herzog drei wesentliche Ergebnisse seiner Politik: die dreifache erfolgreiche Sanierung der Finanzen und Konsolidierung des Staatshaushaltes, die territoriale Erweiterung durch den Rückfall des Herzogtums Bayern-Straubing im Jahre 1425 und des Ingolstädter Landesteils im Jahre 1447 sowie die Institutionalisierung und Professionalisierung der Administration. Diese Leistung ist umso mehr anerkennenswert in Anbetracht der äußerst ungünstigen Umstände zu Beginn seiner Regentschaft.[91]

Am Ende seiner Regierung bestimmte er die Landfriedenspolitik weitgehend unabhängig und war durch die Entschuldung seines Herzogtums, der straffen Finanzverwaltung und seines dadurch angesammelten Vermögens dem Einfluss der Stände längst entwachsen. Es gelang ihm in seiner 50 Jahre währenden Regierungszeit, sich der Kräfte des Adels beim organisatorischen Auf- und Ausbau des Landes zu bedienen und diesen dauerhaft als Organ der

---

[91] Vgl. Kluckholm, August, Heinrich der Reiche, Herzog von Bayern. Ein Lebens- und Charakterbild, in: Verhandlungen des historischen Vereins für Niederbayern (VHVN) 10 1864.

politischen Führung in das herzogliche Regierungssystem einzubinden.[92] Er übergab seinem Sohn und Nachfolger Ludwig IX, dem Reichen, bei seinem Ableben im Jahre 1450 ein in sich gefestigtes, wohl geordnetes und durch die dynastischen Erbfälle im Hause Wittelsbach von 1425 und 1447 in seinem Territorialbestand vergrößertes Herzogtum.

Ludwig IX. der Reiche (1450-1479)

Herzog Heinrich XVI. und Margarethe aus dem Hause Habsburg hatten drei Söhne, von denen Ludwig (geb. 1417) als einziger überlebte. Zurückgezogen vom Landshuter Hof, wuchs er auf der Burg zu Burghausen auf[93], wo er bis zu seinem dreißigsten Lebensjahr verblieb.[94] In den ersten Jahren wurde er dort von seiner Mutter erzogen, einer Frau von ungewöhnlichem Geiste, gepaart mit Frömmigkeit und dem „stolzen Gefühl für fürstliche Würde und herablassend menschenfreundlichem Zuge".[95] Diese Eigenschaften kennzeichneten gleichermaßen Herzog Ludwig; dessen Sinn für Strenge und Ordnung jedoch ist als Erbteil des Vaters anzusehen. Schrittweise wurde er ab 1433 in die Amtsgeschäfte eingeführt; er erhielt verwaltungstechnische Aufgaben übertragen und nahm an innenpolitischen Entscheidungen des Vaters teil. Er übernahm für diesen stellvertretend die Verwaltungen der Stadt Burghausen und „pflegweis" für Stadt und Schloss Hilgartsberg, die Veste Hengersberg, Landgericht und Vogtei Niederaltaich, die Veste Winzer, die Stadt Landau samt Landgericht mit den Märkten Eulenbach, Simbach und Ahausen, die Veste Natternberg, das Landgericht Plattling.

Bereits zu Lebzeiten seines Vaters war Ludwig an den Versuchen beteiligt, den Streit um das Ingolstädter Erbe beizulegen; ebenso war er in die Differenzen mit den Juden involviert, die im Herzogtum und in Schwaben ihre Besitzungen hatten. Zwar benennen entsprechende Urkunden Herzog Ludwig entweder als Mitaussteller bzw. Mitsiegler oder Empfänger, liefern aber keinen Beweis für eine Alleinverantwortung in der herzoglichen Regierung. Sie dokumentieren zumindest eine enge Mitarbeit und Einbeziehung des Sohnes in die Mitverantwortung; ernsthafte Konflikte wurden vermieden.[96] Als Folge der überregionalen Heiratspolitik der niederbayerischen Herzöge wurde Ludwig auf Initiative seines Vaters Heinrich mit der Prinzessin Amalie von Sachsen (1435-1502) vermählt. Der Heiratsbrief ist datiert vom 18. April 1450 und enthält die üblichen Bestimmungen: Das Heiratsgut Amalies wurde mit 19.000 Rh.Gld. vereinbart, zahlbar innerhalb eines Jahres. Die Prinzessin musste auf ihre Ansprüche auf das väterliche Erbe verzichten. Die Widerlegung durch Herzog Heinrich bestand aus etlichen Schlössern und Herrschaften in gleicher finanziel-

---

[92] Seine zeitweilige Absicht, den Königsthron zu besteigen, verfolgte er nicht weiter.
Vgl. Emslander, Hans, Der Bau der Heiliggeistkirche und die Differenzen Heinrichs des Reichen mit den Landshuter Bürgern, in: Verhandlungen des historischen Vereins für Niederbayern (VHVN) 122/123, 1996/1997, S. 42.
[93] Die Behauptung in älterer Literatur, das die Burg zu Burghausen aufgrund ihrer weniger reizenden Lage einen ernsteren Charakter hatte, die fürstliche Residenz mehr einem Gefängnis glich und der Aufenthalt der herzoglichen Gemahlinnen als eine Art Verbannung anzusehen war, wurde widerlegt. Vgl. Dorner, Johann. Herzogin Hedwig und ihr Hofstaat. Das Alltagsleben auf der Burg Burghausen nach Originalquellen des 15. Jahrhunderts, Burghausen 2002.
[94] Ebran von Wildenberg, Hans, Des Ritters Hans Ebran von Wildenberg Chronik von den Fürsten aus Bayern, hrsg. von Friedrich Roth, München 1905
[95] Kluckholm, August, Ludwig der Reiche, Herzog von Bayern, Nördlingen 1865, S. 26
[96] Gleiches Vorgehen bei der Einführung in die Amtsgeschäfte lässt sich auch zwischen Herzog Ludwig und seinem Sohn Georg feststellen.

ler Höhe; die Morgengabe von Herzog Ludwig an seine Baut bestand aus 3.000 Rh.Gld. jährlich.[97] Ergänzt wurde die Abmachung durch das Übereinkommen zwischen den Vätern der Brautleute vom 11. Mai 1450, dass der Heiratsvertrag im Todesfalle eines der Eheleute hinfällig ist.[98]

Die offizielle Hochzeit fand erst nach dem Tode Herzog Heinrichs statt. Zu Unrecht steht diese im Schatten der später so berühmt gewordenen Hochzeit von Herzog Georg dem Reichen und Hedwig von Polen. Ludwig der Reiche und Amalie von Sachsen heirateten im Jahre 1452 ebenso prunkvoll: „Fürsten, Grafen und Ritter holten die Braut in feierlichem Zuge ein und führten sie durch die Stadt in die Pfarrkirche St. Martin. Hier wurde sie durch den Erzbischof von Salzburg mit dem Herzog vermählt. Bei dem Hochzeitsmahle speisten Fürsten und Fürstinnen getrennt, bedient wurden sie von Grafen und Herren. Zur Hochzeit waren ungefähr 22.000 Menschen geladen. Auf des Herzogs Kosten wurden 9.000 Pferde gefüttert, 350 Hirsche, 400 Ochsen ohne die unzähligen Kälber und Schweine allein in den drei Tagen der Fastnacht verzehrt, am Aschermittwoch verbrauchte man für 1.800 Gld. Fische. Welscher Wein und Malvasier wurden den Gästen als Schlaftrunk gereicht (im Wert von 2.400 Gld.), an Tischwein 86 Fuder ausgeschenkt. Acht Tage dauerte das Fest, auf dem jedermann essen und trinken konnte, ohne zu bezahlen."[99] Der Widerlagsbrief Herzogs Ludwig des Reichen für seine Gemahlin auf (Neu-)Ötting erging am Aschermittwoch des Jahres 1452 zu Landshut.[100] Aufgrund naher Verwandtschaftsverhältnisse zwischen den Brautleuten musste vom Papst Nikolaus ein Heiratsdispens eingeholt werden, der auch am 9. August 1452 erfolgte.[101]

Herzog Heinrich war am 30. Juli 1450 in Landshut verstorben. Die Übernahme der Regierungsgewalt nach dessen Tode durch seinen Sohn Ludwig erfolgte von Burghausen aus; sie verlief reibungslos und wurde schnell vollzogen. Das vordringliche Interesse Herzogs Ludwig kurz nach seiner Amtsübernahme als Landesherr galt der inneren Ordnung und dem Frieden im Lande. Die ersten Regierungsjahre waren durch verwaltungstechnische Aufgaben geprägt; Privilegien waren zu erneuern oder zu bestätigen, neue Ordnungen mussten erlassen werden, Bestallungen von Amt-Leuten als wichtiger Teil der herzoglichen Gewalt erfolgen. Um die Gerichtsrechte des Landesherren gegenüber dem Adel genauer als bisher erfassen zu können, veranlasste Herzog Ludwig die Aufstellung eines ausführlichen Kataloges von Richtlinien zur Gerichtsverfassung und zum gerichtlichen Verfahrensrecht Niederbayerns.[102] Diese Normierung innenpolitischer Fragen als Instrumentarium landesfürstlicher Herrschaft war eine der ersten von weiteren Landesordnungen des 15. und 16 Jahrhunderts. Obwohl Papst Nikolaus am 1. Juni 1450 die Herzöge Heinrich und Ludwig ermahnte, sich nicht durch ein „Mehr" von den Juden zu bereichern, traf Ludwig eine auf religiösen und wirtschaftlichen Motiven beruhende Entscheidung: Abweichend von einer früheren Zusage seines Vaters, fortan die Juden zu schützen und diese in ihren herkömmlichen Rechten zu belassen, veranlasste Ludwig trotz

[97] Bayerisches Hauptstaatsarchiv (BayHstA): Abt. III Geheimes Hausarchiv HU 2085
[98] BayHstA: Abt. III Geheimes Hausarchiv HU 2086
[99] Joseph Baader, Haus- und Hofhaltungsordnung Herzog Ludwigs, abgedruckt in: Ettelt-Schönewald, Beatrix, Kanzlei, Rat und Regierung Herzog Ludwig des Reichen von Bayern-Landshut (1450-1479), Band 1 von 2, Schriftenreihe zur Bayerischen Landesgeschichte, Band 97/I, München 1996, S. 21
[100] BayHstA: Abt. III Geheimes Hausarchiv HU 2094
[101] BayHstA: PN U
[102] Vgl. Ettelt-Schönewald, Beatrix, Kanzlei, Rat und Regierung Herzog Ludwig des Reichen von Bayern-Landshut (1450-1479), Band 1 von 2, Schriftenreihe zur Bayerischen Landesgeschichte, Band 97/I, München 1996, S. 321-331.

Warnungen des Kaisers ihre Ausweisung, sofern sie sich nicht taufen ließen, und annullierte ihre Schuldverschreibungen. Seine Räte und Hofdiener sprach er von den Schulden frei, die sie bei den Juden hatten; alle anderen Untertanen mussten nur die geliehene Summe, aber keinen Zins zurückbezahlen. Die Juden hatten dem Herzog sämtliche Schuldbriefe vor dem Verlassen des Landes zu übergeben bzw. wurden diese eingezogen, zudem mussten sie ihm zuvor noch eine Steuer entrichten. Bei Nichterfüllung kämen alle Juden mit ihren Frauen und Kindern ins Gefängnis. Die Synagoge am Dreifaltigkeitsplatz wurde zur Kirche umgebaut. Zumindest aus wirtschaftlichen und finanziellen Gründen wurde diese Vorgehensweise vom Landshuter Bürgertum gut geheißen.

Im Jahre 1472 gründete Herzog Ludwig der Reiche in Ingolstadt die Landes-Universität.[103] Das hierfür erforderliche päpstliche Privileg war Ludwig bereits im Jahre 1459 von Pius II. erteilt worden. Nach dem Wiener Vorbild war die Errichtung einer theologischen, einer juristischen, einer medizinischen und einer künstlerischen Fakultät geplant. Durch kirchliche Abgaben im Bereich dieser Diözese wurde der Lehrbetrieb finanziert. Auch die Pfarreien von St. Martin in Landshut und St. Maria in Landau trugen zur finanziellen Ausstattung und zur Besoldung der Professoren bei. Die Universität war für die Selbstdarstellung des Herzogs von besonderer Bedeutung, wichtig bei der Positionierung seiner Person sowohl gegenüber dem Kaiser als auch gegenüber konkurrierenden Fürsten, z.B. dem Kurfürsten Friedrich von der Pfalz und dem Markgrafen Albrecht Achilles von Brandenburg. Bei der mit Nachdruck verfolgten Modernisierung des Landes verkörperte sie die Möglichkeit, den Bedarf an qualifizierten Beamten für den landesherrlichen Dienst aus dem eigenen Hochschulwesen zu decken. Die ersten Impulse einer humanistischen Bewegung der Renaissance wurden an dieser Universität verbreitet. Im Jahre 1494 erweiterte sie der Herzog um das „Collegium Georgianum".[104] Zum Schutz vor Napoleon im Krieg der zweiten Koalition wurde die Universität nach Landshut in das Gebäude des ehemaligen Dominikanerklosters verlegt; im Jahre 1826 kam sie nach München, seit dem Jahre 1835 befindet sie sich in einem von Friedrich Gärtner entworfenen Gebäude am heutigen Professor-Kurt-Huber-Platz. Infolge eines Patentes von Kurfürst Maximilian IV/I. Joseph heißt sie heute „Ludwigs-Maximilians-Universität".

Die Außenpolitik Ludwigs folgte bis 1458 der väterlichen Tradition. Diese umschloss vorrangig den süddeutschen Raum und diente zur Sicherung des Friedens im bestehenden und im neu erworbenen Land.[105] Im Vertrag mit Herzog Albrecht III. von Bayern-München vom 16. Dezember 1450 und dem Landfriedensbündnis mit Albrecht III., mit Kurfürst Friedrich von der Pfalz sowie mit Pfalzgraf Otto von 1451 z.B. zeigten sich die Wittelsbacher erstmals wieder als geschlossene Bündnispartner in einer unübersehbaren Stabilitätsachse im Süden. Herzog Ludwig schloss Bündnisse mit militärischer Hilfe; im Jahre 1455 stellten sich Herzog Siegmund von Tirol und im Jahre 1457 König Ladislaus von Böhmen und Ungarn sowie der Erzherzog von Österreich unter den Schutz und Schirm Herzogs Ludwig. Das bedeutete einen reichsrechtlich außergewöhnlichen Akt. Ein weiteres Bündnis mit Ladislaus Postumus im Jahre 1457 kam nicht zustande, da dieser unerwartet verstarb.

---

[103] Vgl. Ebd., S. 251-320.
[104] Neben dem im Jahre 1457 gestifteten römischen „Collegium Capranicense" ist es das älteste Priesterseminar in Europa.
[105] Vgl. Kraus, Andreas, Geschichte Bayerns. Von den Anfängen bis zur Gegenwart, München 1983, S. 175 ff.

Das Jahr 1458 brachte einen Bruch in Ludwigs Außenpolitik; aggressiv expandierte er nach Westen und nahm die einst den Wittelsbachern verpfändete Reichsstadt Donauwörth mit Gewalt in Besitz. In dem daraus entstandenen Konflikt mit dem Reich und Kaiser Friedrich III. übernahm Markgraf Albrecht Achilles von Brandenburg die Rolle des Vollstreckers des vom Kaiser gegen Ludwig verhängten Achturteils. Das wechselvolle Verhältnis zwischen Markgraf Albrecht Achilles und Herzog Ludwig verwandelte Süddeutschland in einen Kriegsschauplatz. Bis zum Jahre 1453 hatte zwischen beiden noch weitgehende Eintracht geherrscht[106]; der Hintergrund für die spätere Gegnerschaft lag insbesondere in der Intention des Markgrafen, der den Titel des Burggrafen von Nürnberg führte, seine Hegemonie in Franken und seine Zuständigkeit im Nürnberger Landgericht durchzusetzen. Der Widerstand Herzogs Ludwig und anderer Reichsfürsten führte zu bewaffneten Auseinandersetzungen mit dem Reich, welche sich zeitweise in ganz Süddeutschland ausweiteten und bis zum Jahre 1463 andauerten. Die Parteinahme des Kaisers für den Markgrafen von Brandenburg und gegen Ludwig dem Reichen beruhte auf dem Vorgehen desselben gegen die Juden trotz der kaiserlichen Warnung, in der Wahl von Pfalzgraf Friedrich und Herzog Albrecht VI. als Bundesgenossen auf Seiten Ludwigs und im Zerwürfnis des Kaisers mit Ladislaus Postumus. Auf Vermittlung des Königs Georg Podibrand von Böhmen kam am 22. August 1463 in Prag der Friede zustanden; wesentlich trug dazu das diplomatische Geschick des Kanzlers von Herzog Ludwig, Dr. Martin Mair, während der Friedensverhandlungen bei. Der Zuständigkeitsbereich des Nürnberger Landgerichtes wurde in einer für Herzog Ludwig günstigen Weise geregelt, die Unabhängigkeit Bayerns von fremder Gerichtsbarkeit vereinbart. Durch die Rückgabe der von Ladislaus Postumus verpfändeten Kleinodien im Jahre 1468 wurde Ludwig wieder in kaiserliche Gnaden aufgenommen. Mit dem Frieden von Prag begann das Ende der Bedeutung des Königreiches Böhmen. Nach dem Bruch mit Rom und der Exkommunikation von Georg Podibrand als Häretiker im Jahre 1466 wurde es für Herzog Ludwig zusehends schwieriger, sein Bündnis mit seinem wichtigsten Partner aufrechtzuerhalten.

Herzog Ludwig war bis zuletzt versucht, sich selbst darzustellen und seine Einflusssphäre zu vergrößern.[107] Nach dem Frieden von Prag beschränkte er sich auf die Expansionspolitik nach Westen mit weniger spektakulären Mitteln, auch im Hinblick auf die Konsolidierung seiner finanziellen Verhältnisse als eine Folge seines leichtfertigen Umgangs mit Geld in den ersten Jahren seiner Regierungszeit. In den persönlichen Streit zwischen Kaiser Friedrich III. und dem pfälzischen Kurfürsten mischte er sich nicht mehr ein. Seine Optionen in der Ostpolitik stellte er nach der Exkommunikation seines Bündnispartners König Georg Podibrand kurzzeitig bis zum Projekt der Heirat seines Sohnes Georg mit Hedwig von Polen zurück; ab 1468 näherte er sich wieder dem Kaiser an. Vermutlich waren die in den Jahren 1463 und 1465 geschlossenen Landfriedensbünde der Ausgangspunkt für das kaiserliche Einlenken. Dessen persönliches Erscheinen in Begleitung seines Sohnes Maximilian in Landshut anlässlich der Fürstenhochzeit von Herzog Georg mit Hedwig von Polen im Jahre 1475 zeigt den äußeren Höhepunkt des wiederhergestellten, offenbar guten Verhältnis-

---

[106] Von Hans Ebran von Wildenberg wird von einer gemeinsamen Jugend der beiden Fürsten berichtet, H.- Ebran von Wildenberg, Des Ritters Hans Ebran von Wildenberg Chronik von den Fürsten aus Bayern, hrsg. von Friedrich Roth, München 1905, S. 152.
[107] Im dem weitreichenden Verflechtungsbereich seiner Macht und seines Glanzes inszenierte sich Ludwig offenbar nach dem Vorbild der Burgunderherzöge. Zum Regensburger Reichstag im Jahre 1471 - dort wurde über eine Türkenhilfe verhandelt - zog er mit 1.000 in rote Prachtgewänder gekleidete Reiter ein. Dieses Streben nach Aufmerksamkeit brachten ihn Charakterisierungen, wie „der Gewaltige" (Fugger'sches Ehrenwerk) oder „magnificus", ein. Veit Arnpeck, Sämtliche Chroniken, hrsg. von Georg Leidinger, München 1915.

ses mit den Herzögen von Bayern-Landshut.[108] Diese dynastisch bedeutende Hochzeit zeigt die herausragende Stellung von Herzog Ludwig IX, die er im Reich erlangt hatte. Auch der ehemalige Kriegsgegner Markgraf Albrecht Achilles von Brandenburg nahm an diesem bedeutenden Ereignis teil, welches mit seinem Glanz die Landshuter Residenzstadt für einige Zeit in das Zentrum des Reiches rückte. Herzog Ludwig ist der Hauptträger des Titels „der Reiche". Bei ihm schwingt die Bedeutung im Sinne von Macht, Pracht und Selbstdarstellung eines spätmittelalterlichen Territorialfürsten mit, der nicht nur einer der mächtigsten Rivalen des Kaisers war, sondern auch „Weintrinker, Ochsenbrater und Lebenskünstler"[109].

Georg der Reiche (1479-1503)

Der Übergang der Regierungsgewalt von Herzog Ludwig IX. an seinen Sohn Georg vollzog sich ohne merkliche Zäsur.[110] Die Stände hatten ihm bereits im Jahre 1468 gehuldigt; sein Vater hatte ihn vom Wohnsitz der Familie in Burghausen an den Residenzsitz nach Landshut geholt, damit er durch Mitregieren Erfahrungen in praktischer Politik und Verwaltung für seine Alleinregierung sammeln konnte. Die Übernahme der Regierungsgewalt nach dem Tode Ludwigs im Jahre 1479 gestaltete sich problemlos, da es in Niederbayern immer nur einen einzigen Nachfolger gab. Die Frage einer Aufteilung des Herrschaftsbereiches stellte sich nicht.

Die erste Phase Georgs relativ langer Regierungszeit war gekennzeichnet durch die konsequente Fortsetzung der aggressiven väterlichen Politik bis ca. 1487.[111] Er kooperierte mit den polnischen und böhmischen Mächten und verfolgte seine niederbayerische Politik im Lande, z.B. in Schwaben und auch außerhalb, z.B. in Tirol.[112] Hierbei sah er sich eng verbunden in der Reichs- und Hauspolitik mit Kurfürst Friedrich dem Siegreichen von der Pfalz und nahm als Folge eine Verschärfung der Gegensätze zwischen den Häusern Wittelsbach und Habsburg bis zum Jahre 1485 im Süden des Reiches in Kauf. Bewusst versuchte er kontinuierlich seine Kräfte mit dem Kaiser Friedrich zu messen.[113] Durch seine Einflussnahme auf die Reichskirche und die landesherrlichen Kirchenschaften in Salzburg und in Passau, verbunden mit territorialen Auseinandersetzungen wegen des Salzhandels und der Salzmaut, konnte Georg

---

[108] Nach den Feierlichkeiten der Landshuter Hochzeit 1475 suchte der Kaiser beim Herzog Ludwig um ein Darlehen an, da er bei der Verheiratung seiner Kinder 1474/75 und die Rückablösung verpfändeter Güter insgesamt 120.000 fl ausgegeben habe - BayHstA: NKB 31, fol. 115-118; Ziegler, Walter, Studien zum Staatshaushalt Bayerns in der zweiten Hälfte des 15. Jahrhunderts. Die regulären Kammereinkünfte des Herzogtums Niederbayern 1450-1500, München 1981, S. 260.

[109] Heimpel, Hermann, Das Wesen des deutschen Spätmittelalters, in: Ders., Der Mensch in seiner Gegenwart, Göttingen 1957, S. 117

[110] Stauber, Reinhard, Georg der Reiche – Vom Sterben und Leben eines Herzogs, in: Verhandlungen des historischen Vereins für Niederbayern (VHVN) 129/130 (2003/04)

[111] Vgl. Stauber, Reinhard, Herzog Georg von Bayern Landshut und seine Reichspolitik. Möglichkeiten und Grenzen reichsfürstlicher Politik im wittelsbachisch-habsburgischen Spannungsfeld zwischen 1470 und 1505, Kallmünz 1993, S. 30 f.

[112] Vgl. Stauber, Reinhard, Herzog Georg der Reiche von Niederbayern und Schwaben. Voraussetzungen und Formen landesherrlicher Expansionspolitik an der Wende vom Mittelalter zur Neuzeit, in: Zeitschrift für bayerische Landesgeschichte (ZBLG) 54 (1991), S. 325 f.

[113] Vgl. Stauber, Reinhard, „Unser lieber Ohaimb, Fürst und Rathe...". Überlegungen zum Verhältnis Herzog Georg des Reichen von Bayern-Landshut zu Kaiser Friedrich III. und König Maximilian I., in: Verhandlungen des historischen Vereins für Niederbayern (VHVN) 100/111 (1984/1985), S. 239-258.

schließlich im Jahre 1482 seinen Kanzler Dr. Friedrich Mauerkircher als Bischof durchsetzen und damit für einige Jahre faktische eine Mitregierung im nachbarterritorialen Hochstift erwirken.

Acht, Fehde, Verpfändung und Kauf sowie die Nutzung von zahlreichen Herrschaftsrechten bildeten den Hintergrund für die Bündelung und für das Ziel der flächenhaften Verdichtung von Herrschaftsrechten landesfürstlicher Politik im Spätmittelalter.[114] Voraussetzung für die Expansionspolitik von Herzog Georg nach Westen war die Finanzstärke seines niederbayerischen Herzogtums. Mit Rückendeckung durch den ungarischen König Matthias Corvinus, einem erbitterten Gegner der Habsburger, setzte er auf die Grundlagen der schwäbischen Politik seines Vaters im Herrschaftsgebiet zwischen Iller und Lech. Neben dem Auskaufen des verschuldeten Herrschaftsträgers, des Grafen von Kirchberg im Jahre 1481, wendete er 1485 auch militärische Gewalt gegen die Reichsstadt Nördlingen an. Durch Pfandkäufe konnte Georg im Jahre 1486 die Markgrafschaft Burgau, das Kernstück der habsburgischen Besitzungen in Schwaben, und im Jahre 1487 die Grafschaft Oettigen-Wallenstein erwerben. Seine Expansionsbestrebungen wendeten sich vor allem auch gegen das von den Habsburgern von Innsbruck aus verwaltete „Vordere Land" und gegen Tirol unter Herzog Sigmund. Mit seiner Westpolitik verfolgte Georg das Ziel der Erweiterung des Netzes seiner Besitzungen, verbunden mit größtmöglichen finanziellen Vorteilen.

In der zweiten Phase seiner Regierungsherrschaft orientierte sich Herzog Georg zunehmend gegen den habsburgischen Kaiser. Um der aggressiven Territorialpolitik des Landshuter Herzogs entgegentreten zu können, gründeten reichsunmittelbare Fürsten, Grafen und Städte dieser schwäbischen Region im Februar des Jahres 1488 den „Schwäbischen Bund". Sie stellten dem Kaiser als Schutzherren des Bundes bewaffnete militärische Einheiten und Finanzmittel zur Verfügung, was Herzog Georg zu einem raschen und flexiblen Einlenken veranlasste. Zum Jahresende 1488 ließ er über einen umfassenden Ausgleich verhandeln. Seinen wichtigsten Bündnispartner, Herzog Albrecht aus München, verlor er, da dieser sich auf weitere Kraftproben mit dem Hause Habsburg einließ. Trotz dessen Einlenken im Jahre 1492 und der Einigung mit dem „Schwäbischen Bund" näherte sich Herzog Georg seinem Schwager, Kurfürst Philipp von der Pfalz. Er aktivierte damit die bereits für Herzog Ludwig politisch bedeutende Achse Landshut-Heidelberg. Infolge niederbayerischer Heiratspolitik wurden im Jahre 1499 Elisabeth, die Tochter Herzog Georgs und Hedwig, und Ruprecht, Sohn des Kurfürsten Philipp, miteinander vermählt. Dieses Hochzeitsprojekt entstand auf Initiative des Pfälzer Kurfürsten, welcher durch seine traditionelle Hegemonialpolitik auch vor einer Konfrontation mit dem Kaiser nicht zurückscheute.

Vor diesem Hintergrund ist auch das Testament[115] von Herzog Georg dem Reichen zu betrachten: Georg und Hedwig hatten keine männlichen Erben; deren in den Jahren 1502 bzw. 1503 geborenen kurpfälzischen Enkel Ottheinrich und Philipp wurden gemäß Georgs Testament als legitime Erben des Herzogtums Niederbayern eingesetzt, Vater Ruprecht wurde zum Verwalter von Niederbayern ernannt. Die Verbindung zwischen der Kurpfalz und Niederbayern bedeuteten einen geopolitischen Sperrriegel im südlichen Teil des Reiches und eine Herausforderung des Königs; er reichte vom Rhein über die heutige Oberpfalz bis an die Donau und den Inn. Die Bedeutung des Herzogtums Bayern-München wäre drastisch reduziert worden. Die Weitergabe eines reichslehnbaren Herzogtums

---

[114] Rechte aus Verpfändung und Kauf, Schutz- und Schirmrechte, Gerichtsrechte, Geleitrechte, Forst- und Jagdrechte
[115] Testament von Herzog Georg mit Bestätigung der Erbregel vom 14. September 1496, Landshut 2.3.1502

wie Bayern-Landshut an einen Erben aus weiblicher Linie bedurfte der Zustimmung des Königs, daher umwarben zwangsläufig die Herzöge von Bayern-Landshut und Bayern-München König Maximilian (ab 1508 Kaiser), der sich seiner Rolle als Entscheidungsinstanz sehr wohl bewusst war. Aus reichs- und territorialpolitischen Überlegungen befolgte dieser ein diplomatisches Doppelspiel, verbunden mit einer Hinhaltetaktik, um aus der Schwächung des Hauses Wittelsbach selbst zu profitieren. Seine Interessenskollision und die daraus resultierende ablehnende Haltung zu der von Georg gewünschten Erbregelung schien diesem ab dem Jahre 1500 bewusst geworden zu sein.

Im Gegensatz zu seinem Vater Herzog Ludwig führte Georg den Titel „der Reiche" in der chronikalen Literatur seltener und überwiegend erst nach 1500. Bei der Bedeutung scheinen in Bezug auf seine Person die charakterlichen Eigenschaften Geldgier und Geiz, Sammeln und Bewahren um jeden Preis zu überwiegen; er gilt als „der Rechner auf dem Herzogstuhl".[116] Sein Gebaren in Finanzangelegenheiten mag wohl auch ein Grund dafür gewesen zu sein, dass er es nicht verstand, sich der nötigen Unterstützung bei seinem Erberegelungsprojekt zu versichern. Der bevorstehende Verlust seines Herzogtums an Bayern-München scheint sein Blickfeld beschränkt zu haben; sein Misstrauen gegenüber seiner Umwelt schien gewachsen zu sein. Zurückgezogen lebte er in Landshut und Burghausen, verkehrte nur mehr schriftlich mit seinen Räten. Um die Reichspolitik kümmerte er sich nicht mehr, auch die Landespolitik vernachlässigte er. Herzog Georg, der letzte der drei „Reichen" Landshuter Herzöge, starb am Morgen des 1. Dezember 1503. Sein politisches Anliegen, eine Erbregelung seines Herzogtums zugunsten des pfälzischen Kurfürstentums, blieb erfolglos. Aus dem „Landshuter Erbfolgekrieg" ging Herzog Albrecht IV. von Oberbayern als Gewinner der Auseinandersetzungen um das Erbe des letzten reichen Herzogs hervor.[117] Dessen Herzogtum Bayern-Landshut wurde in das Herzogtum Bayern-München eingegliedert.

2.1.5. Die Heiratspolitik der niederbayerischen Herzöge

Die Heirat Herzogs Georg des Reichen mit Hedwig von Polen reiht sich ein in die Heiratsprojekte der reichen niederbayerischen Herzöge und dokumentiert deren politische Ambitionen.[118] Die Heirat als Ausdruck und wichtigstes Instrument des dynastischen Motivs demonstriert das rationale Kalkül der politisch Handelnden in ihrer Funktion als Träger zwischenstaatlicher Politik. Als eine Triebkraft und als ein Ausdruck des Willens zur Macht, wie auch dessen Legitimation, war sie eine der typischen Grundgrößen im politischen Handeln der Landshuter Herzöge. Sie war ein „außenpolitisches Unternehmen" zur Territorialerweiterung auf dynastische, unkriegerische Weise. Heiraten dienten der Erweiterung und Festigung der Hausmacht, der Bildung und Besiegelung von Bündnissen sowie der Bekräftigung von Friedensschlüssen. Die Heiratsabreden der regierenden Fürsten waren Teil ihrer politischen Intention, dem Wesen nach ein politisches Optionsgeschäft; bis zum endgültigen Vollzug der Ehe als das abschließende Element des

---

[116] Ziegler, Walter, Die Bedeutung des Beinamen „reich" der Landshuter Herzöge Heinrich, Ludwig und Georg, in: Festschrift für Andreas Kraus, Münchener Historische Studien 10., München 1982, S. 174

[117] Stauber, Reinhard, Der Krieg um das Erbe der Reichen Herzöge, in: Niederbayerns Reiche Herzöge, Hefte der Bayerischen Geschichte und Kultur 38, hrsg. vom Haus zur Bayerischen Geschichte, Augsburg 2009, S. 48-56

[118] Stahleder, Erich, Die Burg Landshut, genannt Trausnitz, im Mittelalter, in: Glaser, Hubert (Hrsg.), Ausstellungskatalog Wittelsbach und Bayern, Band I/1, Die Zeit der frühen Herzöge, Von Otto I. zu Ludwig dem Bayern. Beiträge zur Bayerischen Geschichte und Kunst 1180-1350, München/Zürich 1980, S. 248

Ehevertrages waren immer noch andersartige Entscheidungen, auch der Austausch handelender Personen möglich. Das rationale Kalkül eines Heiratsprojektes stand dem Irrationalen und Zufälligen gegenüber; die Stabilisierung konnte nur dann eintreten, wenn männliche erbberechtigte Nachkommen aus der Ehe hervorgingen und in der Lage waren, ihre legitime Nachfolge als Landesherr behaupten zu können.

Die Verbindungen von Heinrich dem Reichen mit Margarete von Österreich (1395-1447), der Schwester des Königs Albrecht II. (1438-1439), und von Herzog Ludwig dem Reichen mit Amalie von Sachsen (1439-1502) zeigen bereits das Spannungs- und Anspruchsfeld der machtpolitischen Ambitionen der Heiratspolitik und den Stellenwert als Mittel einer potentiellen machtpolitischen Konstellation.

Zwei Heiratsprojekte des Herzogs Ludwig des Reichen für seinen Sohn Georg dokumentieren die territorialpolitischen Schwerpunkte der reichen niederbayerischen Herzöge. Die beabsichtigte Eheschließung zwischen Herzog Georg und der Tochter des böhmischen Königs Georg Podibrand ab 1460 kam nicht zustande.[119] Das Eheprojekt, die Vermählung von Herzog Georg mit der polnischen Königstochter Hedwig wurde erfolgreich zum Abschluss gebracht.[120]

Die zweite vertragliche Einigung, diesmal zwischen Herzog Ludwig dem Reichen und König Kasimir IV. von Polen im Jahre 1474, war erfolgreich: In der „Landshuter Fürstenhochzeit von 1475" wurde Herzog Georg der Reiche in seiner Heimat- und Residenzstadt Hedwig von Polen angetraut.[121] In beiden Fällen war zuvor die Aufnahme von Kontakten nach ostmitteleuropäischen Herrschaftshäusern erforderlich, was die individuellen politischen Interessen Landshuts bestätigt.[122] Es ist aber auch ein Zeichen dafür, dass sich Herzog Ludwig der Reiche bereits zu einem bedeutenden Herrscher im Verflechtungsbereich ostmitteleuropäischer Mächtepolitik profiliert hatte.

Die Heirat Herzogs Georg mit Hedwig stand im Kontext mit dem offensiven Ringen Kasimirs von Polen und Wladislaw von Böhmen um die Behauptung der Wenzelskrone.[123] Die Geschichte der Jagiellonendynastie im 15. Jahrhundert zeigt verstärkte Kontakte zu den mitteleuropäischen Mächten[124], um die Abwehr der Türken zu intensivieren, um Unterstützung zu finden sowohl im Ringen um die Kontrolle des Deutschordensstaates in Preußen als auch um die Besetzung der Königreiche Böhmen und Ungarn.[125]

---

[119] Der Heiratsbrief wurde am 8. Mai 1460 zu Prag ausgestellt, der Vollzug der Ehe wurde binnen acht Jahren festgesetzt, BayHstA: PNU Ausw. St. 878.

[120] Vgl. Stauber, Reinhard, Herzog Georg von Bayern Landshut und seine Reichspolitik. Möglichkeiten und Grenzen reichsfürstlicher Politik im wittelsbachisch-habsburgischen Spannungsfeld zwischen 1470 und 1505, Kallmünz 1993.

[121] Es handelte sich um etwas Außergewöhnliches, da es zur damaligen Zeit üblich war, dass die Vermählung am Wohnort der Braut auf Kosten des Brautvaters stattfand.

[122] Angermeier, Heinz, Bayern und der Reichstag von 1495, in: Historische Zeitschrift (HZ) Band 224 1977, S. 585

[123] Palacky, Franz, Geschichte von Böhmen, Band 5, Das Zeitalter der Jagelloniden, Teil 1, König Wladislaw II. von 1471 bis 1500, Teil 2, König Wladislaw II. und König Ludwig I. von 1500 bis 1526, Prag 1865

[124] Seibt, Ferdinand, Europa 1475. Zur Krise des spätmittelalterlichen Staatensystems und ihre Überwindung, in: Landshut 1475-1975, Ein Symposium über Bayern, Polen und Europa im Spätmittelalter (Österreichische Osthefte Nr. 18), Wien 1976, S. 57

[125] Biskup, Marian, Die polnische Diplomatie in der zweiten Hälfte des 15. und in den Anfängen des 16. Jahrhunderts, in: Jahrbücher für Geschichte Osteuropas NF 26 1978, S. 161-178

2.2. Die Ur-Inszenierung der „Landshuter Fürstenhochzeit 1475"

Auf der Schwelle des ausklingenden Mittelalters war die Landshuter Fürstenhochzeit im Jahre 1475 ein bedeutungsvolles lokales und regionales, nationales und internationales Ereignis. Die Heirat des Landshuter Herzogs Georg des Reichen mit der polnischen Königstochter Hedwig wurde mit einer außergewöhnlichen Feier und einem inszenierten Festgeschehen bedacht.

2.2.1. Höfische Festkultur – Funktion und Ablauf

Mittelalterliche Höfe waren ein komplexes Herrschafts- und Sozialgebilde; sie verbanden politische, wirtschaftliche, soziale und kulturelle Strukturen miteinander.[126] Der Hof war die Konzentration und der repräsentative Mittelpunkt fürstlicher Macht, welche dem Volk durch ein prätentiöses Erscheinungsbild veranschaulicht wurde. Der Fürst stand gleichsam an der Spitze der Machtpyramide; er musste für das gedeihliche Zusammenwirken aller an der Herrschaft beteiligten Hofgruppen und Einzelpersonen, gemäß ihrem hierarchischen Stand, sorgen. Der Hof bildete ein komplexes Netzwerk, in dem nicht nur alle Gruppen von agierenden Adeligen und Ministerialen erfasst waren, sondern auch alle Amtsbeschäftigte, Amtsträger, Hofgesinde und Angehörige. Herrschafts-, Staats-, Prestige- und Nutzfunktionen orientierten sich an der zentralen, die Herrschaft ausübenden Person, die über ein monopolisiertes administratives und finanzielles Potenzial verfügte, abgesichert durch ideelle, kirchliche und durch rechtliche Festsetzungen.

Die sozialen, ökonomischen und politischen Wandlungsprozesse im Spätmittelalter gingen mit der zunehmenden, nun zentrierenden Residenzbildung einher. Sie begünstigten im höfischen Bereich das Entstehen gefestigter Institutionen und Kommunikationsstrukturen.[127] Althergebrachte höfische Mechanismen wurden den veränderten Bedingungen angepasst; neue Personengruppen bürgerlicher Herkunft übernahmen die Verhaltensformen des Adels. Durch den Ausgleich zwischen alten und neuen sozialen Kräften wandelte sich der Hof zu einer neuen Ordnungsinstanz innerhalb der Gesellschaft. Das Hofzeremoniell bildete den Kern einer ritterlich-höfischen Standesethik; es stabilisierte das höfische Leben in vielen Bereichen. Die höfischen Kulturformen zielten auf die Legitimation und Stärkung der Herrschaft nach innen und auf die Repräsentation nach außen. Sie hatten eine identitätsstiftende Funktion, stärkten das Sozialgefüge im fürstlichen Umfeld und gewährten den an der Herrschaft beteiligten Hofleuten Aufstiegsmöglichkeiten.

---

[126] Vgl. Rösener, Werner, Der mittelalterliche Fürstenhof. Vorbilder, Hofmodelle und Herrschaftspraxis, in: Fey, Carola, Krieb, Steffen, u. Werner Rösener (Hrsg.), Mittelalterliche Fürstenhöfe und ihre Erinnerungskulturen, Göttingen 2007, S. 21-42.

[127] Vgl. Patze, Hans, u. Werner Paravicini (Hrsg.), Fürstliche Residenzen im spätmittelalterlichen Europa, Vorträge und Forschungen 36, Sigmaringen 1991.

Die spätmittelalterliche höfische Kultur als Ganzes und die damit verbundenen Wertvorstellungen werden mit dem Begriff „curialitas" bezeichnet.[128] Hof und höfisches Verhalten verbanden sich miteinander und gewannen normative Bedeutung für Fürst und Adel, für Damen und Hofgeistliche. Der interne kulturelle Austausch führte zu einem neuen Bildungskanon; er verband antike und christliche Überlieferungen mit traditionellen Elementen. Im 15. Jahrhundert entstand ein verstärktes „Formbedürfnis", aus der höfischen Kultur eine Festkultur. Zu diesen Wandlungen und Neuerungen gehörten ritterliche Erziehungsideale und neue Hoffeierlichkeiten.[129] Die neuen Kultur- und Festformen zielten vor allem darauf, den Fürsten in den Mittelpunkt des Geschehens zu rücken. Die Festinszenierung war das Medium, um der Außenwelt die Vorrangstellung, Macht und den Reichtum des Herrschenden zu veranschaulichen. Typologische Abläufe verfestigten die Form und den hierfür nötigen Organisationsaufwand.[130] Namentlich die spätmittelalterlichen Hochzeitsfeiern des Reichs und der europäischen Fürstenhäuser sind in besonders geringer periodischer Folge aufgetreten und meist umso prächtiger begangen worden.[131] Das höfische Festgeschehen zeichnete sich unter anderem durch luxuriös-extravaganten Repräsentationsaufwand und ostentativen Konsum aus.

Das Höfische Fest des europäischen Hochadels, entweder als "Wiederkehr des Außergewöhnlichen" oder als "einmaliges Fest", bedeutete in jedem Falle Aussetzung des Alltags, der täglichen Repetition des immer Gleichen. Es war eingebettet in die Intimität des angestammten Wohn- oder Regierungssitzes. Die übliche Repräsentation der Regierenden an ihren Höfen wurde abgelöst durch die gesteigerte öffentliche Selbstdarstellung am Schauplatz des Festgeschehens. Der Gastgeber setzte sich in Szene, gab sich „fürstlich glänzend"; die erwartete kostspielige Freizügigkeit paarte sich mit der öffentlichen Zurschaustellung seines Reichtums. "Prestigerivalität" unter den Fürsten beeinflusste Konsumgewohnheiten und die sonst die Ökonomik befolgenden Sparsamkeitsgrundsätze.

Das spätmittelalterliche Festgeschehen an den Höfen bedeutete die Manifestation fürstlichen Selbst- und Fremdverständnisses. Die Inszenierung des Festablaufs und seiner Prachtentfaltung barg einen Wettstreit in sich; Prestige und Ehre staatstragender Persönlichkeiten wurden öffentlich präsentiert - sowohl nach innen gerichtet, in der Herr-

---

[128] curialitas, lat. = zu Curia, „Höfischheit", bezeichnet das vorbildliche höfische Verhalten, das einen Komplex von Normen und Tugenden umfasst. Vgl. Schmid, Paul Gerhard, Curia und curialitas. Wort und Bedeutung im Spiegel der lateinischen Quelle, in: Fleckenstein, Josef (Hrsg.), Curialitas. Studien zu Grundfragen der höfisch-ritterlichen Kultur, Göttingen 1990.

[129] Z.B. entstanden Reiter- und Kampfspiele.

[130] Im Vergleich von Merkmalen spätmittelalterlicher Hochzeitsfeiern, sowohl im Reich als auch außerhalb seiner Grenzen, nimmt Karl-Heinz Spieß eine Einteilung in das „Modell Landshut" und in das Modell „Brügge" vor. Die „Landshuter Hochzeit 1475" dient ihm als modellhaftes Beispiel für eine Vermählungsfeier des Hochadels im Spätmittelalter innerhalb des Reiches und die Hochzeit zu Brügge außerhalb desselben. Spieß, Karl-Heinz, Höfische Feste in Europa des 15 Jahrhunderts, in: Borgolte, Michael (Hrsg.), Das europäische Mittelalter im Spannungsbogen des Vergleichs, Berlin 2001, S. 339-357

[131] Z.B. die Vermählung Markgraf Karls I. von Baden mit Katharina von Österreich 1447, die Landshuter Hochzeit von 1450 (Herzog Ludwig der Reiche wurde mit Prinzessin Amalie von Sachsen verheiratet), die Hochzeit des Landgrafen Wilhelm IV. in Marburg von 1566, die hochadlige Vermählungsfeier von Brügge 1468 (Karl der Kühne heiratete Margarethe von York), die Uracher Hochzeit 1474 (zwischen Graf Eberhard "im Bart" und der italienischen Fürstentochter Barbara Gonzaga), die Amberger Fürstenhochzeit 1474 (zwischen Pfalzgraf Philipp und Margarete von Bayern–Landshut, einer Tochter von Herzog Ludwig dem Reichen), die Landshuter Fürstenhochzeit 1475 (Herzog Georg der Reiche heiratete die polnische Königstochter Hedwig), die Hochzeit des Markgrafensohns Friedrich von Brandenburg mit der polnischen Königstochter Sophie zu Frankfurt an der Oder im Jahre 1479

schaft selbst, als auch nach außen. Das Fest hatte eine Bedeutung für die höfische Gegenwart und für die dynastische Zukunft. Es schuf im Diesseits „ewiges Gedächtnis", gleichsam die „Unsterblichkeit auf Erden".

In den verschiedenen Teilöffentlichkeiten von höfischen Festen konnten durch Einladungen (oder Nichteinladungen), durch die Akzeptanz bzw. die Nichtakzeptanz und durch das Verhalten von einzelnen Fürsten oder einer Gruppe des Hochadels, Bündniskonstellationen, Freundschaften oder Feindschaften zum Ausdruck gebracht werden. Das Fest bot die Gelegenheit, entweder Gleichgültigkeit oder auch Zuwendung zu demonstrieren. Konflikte innerhalb bestimmter Gruppen, namentlich auf adligen Turnier-Festen, konnten in beschränktem Rahmen im persönlichen Waffengang untereinander ausgetragen werden.

Höfische Feste hatten neben einer politischen Funktion auch eine soziale. So waren z.B. bei Hochzeiten des fürstlichen Hochadels die Sitzordnung, die Prozessionsfolge, die Zeichen und Gesten der Großen, politisch wie sozial von eminenter Bedeutung. Es gab beim adligen Fest ein Nebeneinander von Integration und Distinktion der verschiedenen adligen Ranggruppen. In der standesgemäßen Ausgestaltung von Hochzeiten spiegelte sich die soziale Qualität der Festgemeinschaft wider. Insbesondere die Anzahl der anwesenden Fürsten, auch die schiere Größe der gesamten Festversammlung, spielten eine wichtige Rolle als Indikator für den fürstlichen Rang des Gastgebers. Das Selbstverständnis der Adligen in deren jeweiligen sozialen Gruppen und die soziale Mechanik des Festes wurden durch die Präsenz und unterschiedliche Partizipation verdeutlicht. Das höfische Fest ist als Kommunikationsraum[132] und als Manifestationsort kultureller Impulse des Spätmittelalters zu verstehen.

Den kulturell geschlossenen höfischen Teilöffentlichkeiten, der Gesellschaft am Residenzhof, der Aristokratie und den Gesandtschaften, standen die Untertanen gegenüber, die vom Festgeschehen weitgehend ausgeschlossen waren. Zwar verstanden die Bürger die höfischen Zeichen und Symbole nicht oder nur bedingt, aber sie waren gleichwohl eingeschränkt "Adressaten" des höfischen Festes, naiv gaffend oder verhalten interessiert. Bei aller Begeisterung über das außergewöhnliche Ereignis, zum Frieden ermahnt, wurden sie über ihre Rolle als Zuschauer oder als Statisten in das Festgeschehen mit einbezogen.

Die vom schreibenden Bierbrauer Heinrich Deichsler aus Nürnberg in seine Kompilation der „Nürnberger Jahrbücher" eingefügte Notiz über die Landshuter Fürstenhochzeit zeigt, was ein Stadtbürger von einem höfischen Fest wusste oder was für ihn von Interesse war. Die Fragen, auf die er Antworten erhoffte, lauteten vielfach: Wie „sah das Brautpaar aus, wie hoch war die Mitgift, wer von den Hochadligen war anwesend, wie viele Gäste waren angereist, welcher Fürst durfte die Braut zur Kirche führen und wem kam die Ehre des ersten Tanzes mit ihr zuteil".[133] Die Anzahl der Gäste, das Brautgeleit, die Opferung während der Messe, Musik und Tanz waren Elemente einer Hochzeitsfeierlichkeit der gemeinen Bürger, sie waren ebenso in ihrem Lebensumfeld bekannt und wurden auch praktiziert.

---

[132] Höfische Feste galten oftmals als „Heiratsmarkt", als Sondierungsplattform, um geeignete Lebenspartner für adlige Söhne und Töchter auszuwählen.
[133] Fouquet, Gerhard, Harm von Seggern u. Gabriel Zeilinger (Hrsg.), Höfische Feste im Spätmittelalter in: Mitteilungen der Residenzen-Kommission der Akademie der Wissenschaften zu Göttingen, Sonderheft 6, Kiel 2006, S. 8

Die Ur-Inszenierung der Landshuter Fürstenhochzeit im Jahre 1475 zeigt die Verbindung verschiedener politischer, wirtschaftlicher und kultureller Verflechtungsbereiche, wobei staatstragende Persönlichkeiten nicht immer nur einhellig einer Meinung waren, sondern auch divergierende Ansichten vertraten. Neben den drei „reichen" Herzögen Heinrich XVI., Ludwig IX. und Georg hatten Kaiser Friedrich. III., sein Sohn Maximilian sowie König Kasimir IV. von Polen und seine Tochter Hedwig eine besondere zentrale Rolle inne. Die Inszenierung geschah weitgehend unter Ausschluss der Bürgerschaft, welche während der Feier nur untergeordnete Aufgaben übernahm. Das Äquivalent bestand in freizügigen Bewirtungen und Verköstigungen durch den Landesherren während der Festwoche. Die Zeitgenossen waren vom Aufwand und Verlauf des Festgeschehens überwältigt, was durch die Chronisten literarisch, entweder beschreibend oder berichtend, dokumentiert wurde.

2.2.2. Quellentexte der Chronisten zur Landshuter Fürstenhochzeit 1475

Der Chronikbegriff im Spätmittelalter war, abweichend vom gegenwärtigen Verständnis, weniger spezifiziert.[134] Der Gattungsbegriff des Chronisten war noch sehr weit gefasst; eine strenge Trennung zwischen Chronik, Annalen und Gesta[135] wurde nicht vorgenommen. Zwar wurden Schriften aus jener Zeit als Chroniken verfasst und verzeichnet, doch erfüllen sie die Anforderungen im heutigen Sinne nicht.[136] Was man im Mittelalter unter Chronik verstand, kann unmittelbar nur aus einzelnen Texten abgeleitet und interpretiert werden. Diese können in Form, Intention und Aussage sehr unterschiedlich sein und dennoch der Gattung der Chronik zugeordnet werden.

Die Informationen zur Ur-Inszenierung sind aus unterschiedlichen Handschriften zu entnehmen. Sie weisen ein hohes Maß an Faktizität und Authentizität auf. Die Autoren von zeitgenössischen Beiträgen zur Ur-Inszenierung werden als Chronisten bezeichnet, da sie historische Ereignisse im Zusammenhang darstellten.[137] Es war ihre Absicht, den Leser über bestimmte Vorgänge zu informieren, wenngleich sich gelegentlich der eine oder andere Verfasser durch die Verwendung wertender Adjektive nicht auf die reine Wiedergabe von Fakten beschränkte. Bei den meisten Texten handelt es sich (noch) um solche in mittelalter-lateinischer, bei manchen in frühneuhochdeutscher Sprache[138], denen man sich zunächst von der literatur- und sprachwissenschaftlichen Seite nähern muss, bevor man sich mit

---

[134] Vgl. Rötzer, Hans Gerd, Auf einen Blick. Literarische Grundbegriffe, Bamberg 1995.

[135] Von lat. res gestae (eingetragene Geschehnisse)

[136] Vgl. Rahn, Thomas, Festbeschreibung, Funktion und Topik einer Textsorte am Beispiel der Beschreibung höfischer Hochzeiten (1568-1794), Tübingen 2006.

[137] Thomas Alexander Bauer untersuchte die Texte der Chronisten über das Fest „Landshuter Fürstenhochzeit 1475". Seine Ausführungen befassen sich hauptsächlich mit den sprachlichen und literaturwissenschaftlichen Phänomenen der deutschsprachigen Quellentexte, wobei er auch ein Augenmerk auf grundsätzliche Kategorien, wie Überlieferung, Datierung und Überlieferungszusammenhang der Quellen, und Beziehungen zwischen ihnen legte. Das beinhaltet auch das Erfassen und Auswerten von juristischen Begriffen, die Deutung von Worten und Wendungen und die Erklärung von Unterschieden in der Art der jeweiligen Darstellungen. Bauer, Thomas Alexander, Feiern unter den Augen der Chronisten. Die Quellentexte zur Landshuter Fürstenhochzeit von 1475, Dissertation Ludwigs-Maximilians-Universität in München, München 2008

[138] Der Übergang vom Althochdeutsch zum Mittelhochdeutsch bedingte einen großen Wandel in der Wortbedeutung. Die Quellentexte wurden im Frühneuhochdeutschen verfasst; Lexika für mittelhochdeutsch sind vorhanden, jedoch nur wenige für das Frühneuhochdeutsche.

der Hermeneutik befassen kann.[139] Die sinngemäße Erfassung der Texte ist Teil der historiologischen Analyse. Neben ausführlichen Festbeschreibungen liegen bruchstückhafte Schilderungen vor, welche im richtigen Bezug zueinander, Fehlstellen in den Dokumentationen schließen können. Die Quellentexte der Chronisten betreffen nicht nur Aussagen über historische Sachverhalte in chronologischer Reihenfolge; sie stellen den Kern, weitere wichtige Bestandteile und Veranstaltungen des Festes dar. Sie vermitteln Informationen über das damalige geltende Eherecht und die einzelnen Schritte des Ehevollzuges. Sie geben auch Auskunft über verschiedene Handlungen, welche durch die Etikette bedingt waren, wie Begrüßung und Sitzordnung.[140]

Durch gezielte heuristische Unternehmungen[141] konnten die beiden Hauptquellen, der Bericht von Hans Seybolt[142] mit der sogenannten „großen Rechnung" und der Bericht von Hans Oringen, des Schreibers des Markgrafen Albrecht Achilles von Brandenburg, wiederentdeckt werden; beide galten noch bis zum Jahre 1965 als unauffindbar. Als weitere kleinere Quellen sind die Bayerischen Chroniken des Veit Arnpeck und des Ulrich Füetrers sowie die „Zimmersche Chronik" zu nennen. Der Chronist Jan Dlugosz beschrieb in Auszügen das Hochzeitsgeschehen aus polnischer Sicht im 12. Buch der „Chronik Polens" (von 1472 bis 1480). Erstaunlicherweise enthalten zwei sehr bekannte Chroniken Bayerns keine bzw. keine wesentlichen Angaben über die Landshuter Hochzeit. Weder die Chronik von Johannes Turmair, genannt Aventin[143], noch diejenige von Hans Ebran von Wildenberg[144] enthalten dokumentarische Hinweise auf das tatsächliche Festgeschehen. In der Landshuter Ratschronik der Jahre 1439 bis 1504 sind „Anno Domini 1475" der Landshuter Oberrichter Wilhelm Trennbeckh sowie der Innere Rat mit elf Namen und der Äußere Rat mit zwölf Namen genannt; ein Hinweis auf die Hochzeitsfeier von Herzog Georg fehlt.[145]

Der Bericht von Hans Seybolt

Der Klosterschreiber Hans Seybolt „zu Säldental"[146] schloss seinen umfangreichen Bericht über die Fürstenhochzeit 1475 im Jahre 1482 ab.[147] Es ist davon auszugehen, dass er als Augenzeuge an dem Festgeschehen teilgenommen hat. Dieser Bericht ist Teil einer Sammelhandschrift, die in zwölf Abschnitten überwiegend ostpolitische Themen

---

[139] Hermeneutik = Quellendeutungslehre
[140] Vgl. Hiereth, Sebastian, Zeitgenössische Quellen zur Landshuter Fürstenhochzeit 1475, Landshut, 1959
[141] Heuristik = Quellenfindungslehre
[142] Vgl. Hiereth, Sebastian, Der wiederentdeckte Originalbericht des Klosterschreibers Hans Seybolt über die Landshuter Fürstenhochzeit 1475 vom Jahre 1482, in: Verhandlungen des historischen Vereins für Niederbayern (VHVN) 102, 1976, S. 115-120.
[143] Bayerische Staatsbibliothek München (BSB) Codex latinum monacensis Clm 1201, Die Chronik enthält nur einen Ausblick auf eine mögliche Fortführung der Geschichte von Herzog Georg des Reichen. Vgl. Leidinger, Georg, Johannes Aentinus, Baierische Chronik, hrsg. v. Georg Leidinger, Jena 1926.
[144] BSB: Codex germanicum monacensis Cgm 331, 132r, Ein Untertan der Landshuter Herzöge, nachgewiesen im Futterzettel von Herzog Ludwig. Roth, Friedrich, Des Ritters Ebran von Wildenberg Chronik von den Fürsten aus Bayern, München 1905, S. 161
[145] Die Chronik der baierischen Städte, Regensburg, Landshut, Mühldorf, München, 2. Auflage. Hrsg. v. der historische Kommission bei der Bayerischen Akademie der Wissenschaft, Bd. 15, S. 320
[146] Kloster Seligenthal zu Landshut. Das klostereigene Archiv war nicht zugänglich.
[147] BSB: Codex germanicum monacensis Cgm 331(Codex germanicum monancensis), Bericht Hans Seybolts über die Hochzeit Herzog Georg von Bayern-Landshut mit Hedwig von Polen im Jahre 1475, 89r-176r

behandelt.[148] Die in gotischer Schrift erstellte Abhandlung zeichnet sich durch rote und blaue Schriftenabsätze (Lombarden) aus. Der Schreiber Hans Seybolt bestätigt seine Urheberschaft im drittletzten und im letzten Abschnitt durch seine Namensnennung: „Hannsen Seybolten von Hochstetten an der Donau gelegen, ehedem Kloster-schreiber zu Seligenthal, für den Edlen und Vesten". [149]

Als Auftraggeber wird „Thoman Juden von Brugkperg" genannt. Offensichtlich aus einer in früherer Zeit konvertierten jüdischen Familie stammend, wandte er der Landshuter Fürstenhochzeit 1475 seine besondere Aufmerksamkeit zu. Er musste vermögend genug gewesen sein, um sich einen ausführlichen Bericht darüber erstellen zu lassen[150]; denn den Seligenthaler Klosterschreiber „hat er gar redlich und sehr gut belohnt und dafür bezahlt". Die Herkunfts-familie von Johanna Jud, der Gattin des Thoman, sie nannte sich Radlkofer, gehörte zum niederen bayerischen Ortsadel.[151]

Anscheinend existierte eine weitere Abschrift dieses Berichtes, die bis zur Säkularisation im Jahre 1803 im nieder-bayerischen Kloster Rohr aufbewahrt wurde. Sie diente als Vorlage für die Edition von Lorenz Westenrieder[152], im Vergleich mit dem Original „Cgm 331" finden sich nur geringe Abweichungen[153]; über ihren Verbleib gibt es keine Angaben. Der Bericht ist grob gegliedert. Seybolt schildert nicht nur die Feierlichkeiten selbst, wie das Annehmen Hedwigs, den Brautzug und die Hochzeit, sondern auch die Vorgeschichte mit Eheanbahnung und den Verhand-lungen. Er erwähnt auch die Einholung des päpstlichen Dispenses. In der sogenannten großen Rechnung sind in verschiedenen Positionen Kosten angeführt, die mit der Durchführung der gesamten Hochzeit angefallen waren. Sie ist in seine Chronik eingefügt. Einladungslisten, Herbergsverzeichnisse und Tischordnungen können Hintergrundin-formationen für eine Re-Inszenierung liefern.

---

[148] Die Abhandlung ist eingebunden in ein Kanvolut von Texten. Umfangreiche Teile davon entfallen auf die Chronik von Ungarn, auf die Hochzeit des Ungarnkönigs Matthias Corvinus und auf den Kampf gegen die von Osten das Reich bedrohenden Hussiten.

[149] Handschriftproben bestätigen, dass auch die übrigen Abschnitte, u.a. Nachrichten über die Fürstenhochzeit zu Landshut, von ihm stammen.

[150] Die Jud waren von 1432 bis 1558 die Schlossherren von Bruckberg bei Landshut, von 1470 bis ca. 1536 Besitzer von Schloss Buch am Erlbach; Thoman Jud von Bruckberg war mit Johanna Radlkofer verheiratet. Monumenta Boica, Band VI, Excerpta Ge-nealogica ex monimentis Tegurinis, 1449: Thoman der Jud zu Bruckberg seliger, S. 340

[151] Im Jahre 1462 saß Andre Radlkofer - der Vater von Johanna Jud - im Rat von Herzog Ludwig zu Landshut; 1464 heiratet er Barbara Reickher, die Tochter von Theobold Reickher. Der im Jahre 1463 gestorbene Theobald oder Tybold Reickher war Rent-meister von Herzog Ludwig in Landshut. Bei der Landshuter Hochzeit 1475 war Leonhard Jud von Bruckberg, der Bruder des Tho-man, Ordonnanz von Herzog Philipp von Bayern-Pfalz. Die Brüder Leonhard und Thoman Jud werden als geladene Gäste auf der bei Seybolt angeführten Liste der Diener des Herzogs Ludwig unter Räte und Landsassen angeführt. In übergreifender Familienfol-ge hatten Familienmitglieder das Küchenmeisteramt der Herzogin inne. Monumenta Boica, Band VI, Excerpta Genealogica ex monimentis Tegurinis, 1488: Andre Raetlkoferr, S. 342.

[152] Nach den Angaben von Sebastian Hiereth handelte es sich um die Kopie des Originals, zusätzlich war jedoch noch ein „Augs-burger Kalender" angefügt, was beim „Codex der BSB" nicht zutrifft. Westenrieder, Lorenz, Beyträge zur vaterländischen Historie, Statistik und Landwirtschaft, samt einer Übersicht über die schöne Literatur, Bd. II, München 1789

[153] Bauer, Thomas Alexander, Feiern unter den Augen der Chronisten. Die Quellentexte zur Landshuter Fürstenhochzeit von 1475, Dissertation Ludwigs-Maximilians-Universität in München, München 2008, S. 17

Der Chronist beschreibt sehr ausführlich die „rechtlichen Schritte", welche für eine juristisch unangreifbar geschlossene Ehe notwendig waren: die Verträge, die Übernahme und Einholung der Braut, die Trauung und das Beilager. Die Morgengabe erwähnt er nicht. Wiederholt und jeweils auf andere Weise betont er den hinter den Feierlichkeiten stehenden finanziellen und organisatorischen Aufwand des Hochzeitsfestes. Offensichtlich war es seine Absicht, Macht und Einfluss, Reichtum und Freizügigkeit des Gastgebers öffentlich kund zu geben. Den Äußerungen in seinem Bericht zufolge sollte die Darstellung der Prachtentfaltung ausschließlich auf sein Heimatfürstentum Bayern-Landshut beschränkt bleiben und der angestrebte Prestigegewinn nicht auf weitere anwesende Fürsten und ihre Höfe ausgeweitet werden.

Durch die offensichtlich guten Verbindungen von Seybolt zur Kanzlei und zum Archiv des Hofes der niederbayerischen Herzöge liefert er Daten und Fakten, die anderen Chronisten verschlossen blieben. Zwar konnte er durch die ihm zugänglichen Dokumente nicht in alle Bereiche vordringen; dennoch gab er durch seine analytische Vorgehensweise ein vollständiges Bild der Landshuter Fürstenhochzeit wieder. Sein Bericht ist ausführlicher als andere; er erörtert den Festkern und die Festbestandteile in einer Form, die als Übergang von der rein literarischen Festdarstellung zur frühneuzeitlichen Festbeschreibung angesehen werden kann.[154]

Der Bericht von Hans Oringen

Im Gefolge des Markgrafen Albrecht Achilles von Brandenburg befand sich dessen Schreiber Hans von Oringen. Den Auftrag, einen Bericht über die Landshuter Fürstenhochzeit zu verfassen[155], erhielt er vom Herzog Ernst von Sachsen.[156] Seine Tochter, das sogenannte junge Fräulein Christina nahm in Begleitung der „Alten" Frau von Sachsen an der Feier teil. Der sächsische Herzog selbst konnte oder wollte nicht zugegen sein; die höfische Hochzeit zu Landshut war für ihn aber offensichtlich so bedeutend, dass er über den Ablauf und über die Prachtentfaltung am Hofe der Herzöge von Bayern-Landshut genau informiert werden wollte. Nachgewiesenermaßen war Albrecht Achilles, ein ehemaliger Jugendfreund des Herzogs Ludwig des Reichen, Gast bei der Hochzeit. Das ist deshalb bemerkenswert, da der Markgraf von Brandenburg im Jahre 1458 vom Kaiser die Rolle des Vollstreckers des verhängten Achturteils übernommen hatte, welches sich gegen Ludwig wegen dessen „Irrungen" richtete. Das wechselvolle Verhältnis zwischen dem Markgrafen und dem Herzog hatte zur Folge, dass Süddeutschland in einen Kriegsschauplatz verwandelt wurde. Gemäß einem Eintrag im sogenannten Markgrafenschreiberbericht kam Hans Oringen mit seinem „allergenedigsten herrn", am Montag, dem 13. November 1475, dem Vortag der Trauung, in Landshut an.

---

[154] Vgl. Rahn, Thomas, Fortsetzung des Festes mit anderen Mitteln. Gattungsbeobachtungen zu hessischen Hochzeitsberichten, in: Bern, Jörg Jochen, u. Detlev Lynasiak (Hrsg.), Frühneuzeitliche Hofkultur in Hessen und Thüringen, Erlangen/Jena 1993, S. 233-248.

[155] ThürHStA: Weimar, Ernestinisches Gesamtarchiv, Reg. D (Sächsische Händel) Nr. 31. Bericht von Hans Oringen über die Landshuter Fürstenhochzeit 1475, abgedruckt als Anhang 1 in: Bauer, Thomas Alexander, Feiern unter den Augen der Chronisten. Die Quellentexte zur Landshuter Fürstenhochzeit von 1475, Dissertation Ludwigs-Maximilians-Universität in München, München 2008, S. 247-267

[156] Ebd. S. 19. Der Schreiber nennt sich selbst beim Namen, der Vorname ist klar zu erkennen, der Nachname ist undeutlich, durch eine nachträgliche Beifügung „en" nach dem „g" mit langem Abstrich kann der Name „Oringen" als authentisch angenommen werden.

Am 17. November verließ der Markgraf und seine Gemahlin Landshut ohne seinen Schreiber. Für den darauffolgenden Tag erfolgte die Abreise des Kaisers.

Die Chronik von Oringen setzt erst mit der Einholung der Braut in Eching am Montag, dem 13. November 1475, ein. Im Gegensatz zu Seybolt konzentrierte sich hier der Augenzeuge auf Sachverhalte, wie z.B. Kleidung, Statussymbole und Verhaltensweisen der einzelnen Gäste. Er erwähnt jeden Fürsten mit gleicher Betonung. Herzog Ludwig, der Brautvater, wird als adliger Herr neben anderen betrachtet, Herzog Georg nur aufgrund seiner Funktion als Bräutigam hervorgehoben.

Beigefügt ist eine von anderer Hand vorgenommene Fortsetzung der Ausführungen, die eine Ordnung darstellt, in welcher Reihenfolge die Adligen zur Kirche gehen und sich darin aufstellen sollten. Offensichtlich ist damit nicht der Trauungsgottesdienst „Te deum laudamus" am Dienstag, dem 14. November 1475, sondern der Festgottesdienst am Mittwoch, dem 15. November, bezeichnet, der erfolgreiche Abschluss der Heirat zwischen Georg und Hedwig als „Rechtsgeschäft" und die offizielle Veröffentlichung. Oringen hatte zwar keine tieferen Einblicke in die Vorbereitungs- und Organisationsproblematik; trotz seiner guten Verbindungen zu offiziellen Vorgängen über seinen Dienstherren Albrecht Achilles blieben ihm exklusive Informationen vorbehalten. Er beschrieb das Festgeschehen eher knapp und protokollartig, gleichsam als Vorgriff auf eine später gebräuchliche Mindestform von Festberichten. Seine unabhängige, das Landshuter Fürstenhaus nicht überhöhende Darstellung der Prachtentfaltung beschränkte sich nicht nur auf den Hof der Herzöge von Bayern-Landshut; er bezog auch am Fest anwesende Fürsten mit ihren Höfen ein. Oringen versuchte in seinem Bericht den Eindruck von einem Gastgeber zu vermitteln, der beim Fest ein Fürst unter vielen war, nicht einmal besonders reich oder besonders mächtig, der aber die finanzielle und organisatorische Situation beherrschte. Im Gegensatz zu Seybolt konzentrierte sich Oringen auf eine neutrale Beschreibung des Festgeschehens und nicht auf die repräsentative Selbstdarstellung der reichen Landshuter Herzöge. Sein objektiver Bericht ermöglichte die Vermittlung des Festgeschehens in andere Reiche ohne Einfluss der veranstaltenden Dynastie.

Die Bayerische Chronik von Veit Arnpeck

Der Chronist Veit Arnpeck wurde zwischen den Jahren 1435 und 1444 in Freising als Sohn eines Schusters geboren; gegen Ende des Jahres 1495 verstarb er in Landshut.[157] Er hatte die Schule in Amberg besucht, studierte von 1454 bis 1457 in Wien und wirkte als Geistlicher in Amberg und Freising; ab dem Jahre 1468 ist er in Landshut nachweisbar.[158] Zu dieser Zeit war er Kooperator zu St. Martin in Landshut, ab 1471 Priester und Hausgenosse zu „St. Jobst" (St. Jodok) in der Freyung.[159] Er verfasste mehrere wertvolle kompilatorische Geschichtswerke (Chronica Baioariorum,

---

[157] Leidinger, Georg, Über die Schriften des bayerischen Chronisten Veit Arnpeck, München, 1893

[158] Joetze, Karl Franz, Veit Arnpeck, ein Vorläufer Aventins, in: Verhandlungen des historischen Vereins für Niederbayern (VHVN) 29 1893, S. 71

[159] Am 27. September 1487 wird er in einer Urkunde der Priesterbruderschaft bei Hl. Geist zu Landshut als Frühmesser und Benefiziat am Altar zu St. Johannes der Pfarrkirche zu St. Martin erneut genannt. Hiereth, Sebastian, Zeitgenössische Quellen zur Landshuter Fürstenhochzeit 1475, Landshut, 1959, S. 60

Chronicon Austriacum, Liber de gestis episcoporum Frisingensium).[160] Als Augenzeuge beschrieb er kurz die Hochzeitsfeier in der lateinischen Urfassung seiner „Chronica Baioariorum"[161]; seine deutschsprachige „Bayerische Chronik"[162] (ab 1493) scheint zeitlich parallel dazu entstanden zu sein. Den lateinischen Urtext übersetzte er nahezu wörtlich; zum einen hat er jedoch den Stoff stark gerafft und zum anderen Einfügungen aus weiteren deutschsprachigen Quellen vorgenommen.[163] Z.B. stellte er ausführlicher dar, wie Herzog Ludwig seinen Sohn Georg mit der „lieben Frau Hedwig" verheiratete. Weitere Informationen zum Ablauf der Hochzeitsfeier und Angaben über Gäste samt mitgeführten Pferden ergänzen seine deutschsprachige Version.

Bei Veit Arnpeck bleibt der juristische Aspekt der Fürstenhochzeit unerwähnt; er konzentrierte sich überwiegend auf die Festbestandteile, welche die Feierlichkeiten umrahmten, wie z.B. Festmahl, Tanz und Ritterspiel. Offensichtlich hatte er Zugang zu offiziellen Dokumenten; eine Gästeliste mit allen hochrangigen weltlichen und geistlichen Adligen ist in seinem Bericht enthalten, auch etliche Grafen und Herren benannte er.[164] Die Namen der Bischöfe von Salzburg, Augsburg, Eichstätt und Freising führte er an, allerdings ohne den des Bischofs von Bamberg.

Arnpeck dokumentierte das Verbot des Kaisers, während der Hochzeitsfeierlichkeiten weder ein Turnier noch ein Gesellenstechen zu veranstalten. Er hob ausführlich das Speisen hervor und nahm Stellung zu der Großzügigkeit des gastgebenden Landshuter Herzogs Ludwig gegenüber sowohl den Gästen als auch dem einfachen Volk. Man kann dem Bericht die Nähe des Chronisten zum Landshuter Herzoghaus entnehmen; wie Seybolt wollte er offensichtlich die Selbstrepräsentation seines „Heimatherzogtums" fördern sowie den Reichtum und den Prestigegewinn innerhalb der niederbayerischen Wittelsbacherdynastie dokumentieren.

Die Bayerische Chronik von Ulrich Füetrer

In den – während seiner „Münchner Zeit" – entstandenen Textstellen über die Landshuter Fürstenhochzeit wird tendenziös die große Tat des oberbayerischen Herzogs Christoph des Starken herausgestellt.

Im Rennen mit einem litauischen Fürsten errang der Wittelsbacher einen fulminanten Sieg. Seinem „großmäuligen" Gegner war ein respekteinflößender Ruf vorausgeeilt; er galt als „ein Meister des Ritterspiels".[165] Füetrer erwähnte den Mut und die Geschicklichkeit des Münchener Herzogs und bauschte sie als kämpferische Großtat auf. Der Bericht dokumentiert Auszüge der Feierlichkeiten in Landshut aus Münchener Sicht; die Hochzeitsfeierlichkeiten

---

[160] Seine 1491-95 entstandene und bis dahin reichende »Chronica Baioariorum« mit 69 nachgewiesenen umfangreichen Quellen ist eine der wichtigsten der bayerischen Landesgeschichte des Mittelalters. Vgl. Leidinger, Georg, Edition: Veit Arnpeck, Sämtliche Chroniken, München 1915.

[161] BSB: Codex latinum monacensis Clm 2230: Lateinische Fassung der Chronik Bayerns von Veit Arnpeck

[162] BSB: Codex germanicum monacensis Cgm 2817: Deutschsprachige Version der Chronik Bayerns von Veit Arnpeck

[163] Bauer, Thomas Alexander, Feiern unter den Augen der Chronisten. Die Quellentexte zur Landshuter Fürstenhochzeit von 1475, Dissertation Ludwigs-Maximilians-Universität in München, München 2008, S. 21

[164] Diese Gästeliste stimmt im Wesentlichen mit den Angaben von Seybolt und Oringen überein.

[165] BSB: Codex germanicum monacensis Cgm 1590 Chronik Bayerns von Ulrich Füetrer, mit einem Bericht über das Rennen von Herzog Christoph dem Starken von Bayern-München mit einem polnischen Adeligen auf der Landshuter Fürstenhochzeit 1475

selbst behandelte Füetrer nachrangig. Er erwähnte das nachweislich prunkvolle Fest des Herzoghauses Bayern-Landshut nur indirekt. Seine Ausführungen zum juristischen Teil des Festkerns sind dürftig. Er widmete seine „splitterhafte" Chronik dem konkurrierenden Vetter aus dem Herzogtum Bayern-München; sie war nicht geeignet, zu einem Prestigegewinn des Landshuter Herrscherhauses beizutragen. Im Wesentlichen verschwieg er das Festgeschehen, um den Repräsentationswillen „seines" Münchener Herzogs nicht zu beeinträchtigen.

Die sogenannte große Rechnung

Der Verfasser der großen Rechnung ist unbekannt. Offensichtlich wurde sie von einem Verwaltungsbeamten erstellt, der am Hof von Herzog Ludwig den unmittelbaren Zugriff auf die jeweiligen Belege hatte. Ein Hinweis auf dem Deckblatt bezeugt die Absicht, diese zugriffsbereit zu archivieren, um sie „modellhaft bei weiteren Hochzeiten" verwenden zu können. Zwei weitere Abschriften bestätigen augenscheinlich diese Tatsache.[166] In beiden Codices folgt nach der Kostenaufstellung eine Beschreibung des Begräbnisses des Bräutigams, der jedoch erst am 1. Dezember 1503 verstarb. Die Auflistung stellt eine exakte Kostenabrechnung der Landshuter Fürstenhochzeit dar; sie beinhaltet bereits Ausgaben ab dem Jahre 1474.[167] Es handelt sich dabei um Kosten von offiziellen Gesandtschaften, die im Rahmen der Verhandlungen, der vertraglichen Absicherung der Hochzeit und in Bezug auf den päpstlichen Dispens[168], tätig waren. In weiteren Posten wurden die Kosten während der Hochzeitsfeierlichkeiten für Geschenke, für Unterkunft und Verpflegung der Gäste einschließlich ihrer Begleitpersonen sowie Pferden abgerechnet. Des Weiteren sind Ausgaben für Speisen und Getränke an die Bürger der Stadt, für Handwerker und Kaufleute, für Stoffe und Rennzeug, für Herolde und Spielleute, angegeben. Die sogenannte große Rechnung gibt Zeugnis über Hintergründe und Festbestandteile der Landshuter Hochzeit. Der Gesamtbetrag wurde mit 61.000 Rheinischen Gulden beziffert.[169]

---

[166] BSB: Codex germanicum monacensis Cgm 1955: Die Abschrift der sogenannten großen Rechnung (Codex germanicum monacensis Cgm 1953) scheint älter als „Cgm 1956" zu sein, da ein Hinweis auf das Jahr 1524 enthalten ist. Codex germanicum monacensis Cgm 1956: Abschrift der so genannten großen Rechnung (Codex germanicum monacensis Cgm 1953)

[167] BSB: Codex germanicum monacensis Cgm 1953 Die sogenannte große Rechnung, abgedruckt in: Bauer, Thomas Alexander, Feiern unter den Augen der Chronisten. Die Quellentexte zur Landshuter Fürstenhochzeit von 1475, Dissertation Ludwigs-Maximilians-Universität in München, München 2008, Anhang 2, S. 268-288. Die stilisierte Salzkufe, ein sehr seltenes Wasserzeichen auf dem Papier der Urkunde, stammte von der Papiermühle der Familie Balthasar Pötschner, München in Au, die mit der Papierherstellung ab Dezember des Jahres 1490 begann. Dies lässt den Schluss zu, dass es sich bei Cgm 1953 nicht um das Original, sondern bereits um eine Abschrift handelt. Der Chronist Hans Seybolt fügte seinem Bericht aus dem Jahre 1482 Jahre eine Abschrift der so genannten großen Rechnung an, welche, abgesehen von ganz geringen Abweichungen, die Abrechnung Cgm 1953 in gleicher Form wiedergibt. Ebd. S 22.

[168] Die Mutter der Braut (Elisabeth von Österreich, 1437-1505) und der Vater des Bräutigams (Herzog Ludwig der Reiche von Bayern-Landshut, 1417-1479) waren Base und Vetter; ihr gemeinsamer Großvater war Herzog Albrecht IV. von Österreich (†1404). Stammbaum in: Spitzlberger, Georg, Das Herzogtum Bayern-Landshut und seine Residenzstadt 1392-1503, Landshut 1993, S. 10. BayHstA: NK 38, 221v-222r

[169] Auf heute umgerechnet, dürfte es sich um eine Summe im unteren zweistelligen Millionenbereich gehandelt haben (ca. 10-12 Mio. €).

Die polnische Chronik von Jan Dlugosz

Der Verfasser beschrieb das Festgeschehen aus polnischer Sicht im 12. Buch seiner Chronik (1472-1480), ohne Augenzeuge gewesen zu sein.[170] Er bestätigte zunächst die Landshuter Gesandtschaft, welche Ende des Jahres 1474 bei König Kasimir in Polen die Vertragsverhandlungen führte. Persönlich wurde „der Bischoff von Regenspurg Graf fridrich von hellfenstain Doctor fridrich unnd theserins von frawnhouen hofmaister" genannt.[171] Auch die in den Verträgen über die Eheschließung zwischen Herzog Georg von Bayern-Landshut und Hedwig von Polen[172] ausgehandelte Mitgift der Braut in Höhe von „triginta duo milia aureorum" teilte er mit.[173]

Der Chronist beschreibt die Reise der Braut von Polen nach Landshut und den Umweg über Nürnberg, angeblich wegen der Furcht vor der Pest. Da diese allerdings weit verbreitet war, scheint die Änderung in Wirklichkeit in der Angst vor dem König von Ungarn begründet zu sein.[174] Matthias Corvinus wollte ursprünglich Hedwig von Polen heiraten; der erbitterte Gegner der Habsburger galt als Emporkömmling und wollte offensichtlich sein Erscheinungsbild in der Öffentlichkeit positiv beeinflussen.[175] Sein geplantes Heiratsprojekt mit der geborenen Königin von Polen scheiterte; bald darauf ging er die Ehe mit Beatrix von Neapel ein. Die Wahl einer längeren und „sichereren" Reiseroute trug zur Verschiebung des Hochzeitstermins bei; der Brautzug trennte sich vom Zug des Kaisers und traf in Landshut mit einer Woche Verspätung ein, was die Verwaltung von Herzog Ludwig in erhebliche logistische Schwierigkeiten brachte. Der Chronist berichtet, dass die bei den Hochzeitsfeierlichkeiten anwesenden Gesandten kurz nach ihrer Rückkehr an den Folgen der Pestinfektion verstarben.[176]

Die Zimmer'sche Chronik

Der damals in Württemberg ansässige Freiherr Johann Wernher von Zimmern war Gast auf der Hochzeit; sowohl Hanns Seybolt als auch Veit Arnpeck erwähnen einen „Graue von Zymern" bzw. einen „Grafen von Zimeren" in ihren Chroniken.[177] Von Nachfahren wurde sein Bericht in einem erheblichen zeitlichen Abstand zum Festgeschehen in

---

[170] Dlugossius, Joannis, Edition: Annales seu cronicae inclicti regni poloniae, Liber duodecimus, Krakau 2005

[171] Diese Persönlichkeiten werden auch in der deutschen Fassung der sogenannten großen Rechnung aufgelistet. VI. BSB: Codex germanicum monacensis Cgm 1953, S. Ir-Iv

[172] Bay HstA, NK 34 (Neuburger Kopialbücher), 369r-374r, abgedruckt in: Edition: Dogiel, M., Codex dipolmaticus Regni Poloniae es Mani Ducatus Lithuaniae, Bd. I, Wilna 1758. Deutsche Übersetzung in: Dorner, Johann, Herzogin Hedwig und ihr Hofstaat. Das Alltagsleben auf der Burg Burghausen nach Originalquellen des 15. Jahrhunderts, Burghausen 2002, S. 30 ff.

[173] König Kasimir verlangte Ratenzahlung, da der Adel ohnehin schon schwerlich in der Lage war, die Aussteuer und die Kosten für den Brautzug beizubringen. Anscheinend wurde nur eine Teilzahlung der Mitgift geleistet. Beckenbauer, Alfons, Eine Momentaufnahme aus der europäischen Geschichte. Die Polenhochzeit im Jahr 1475, Landshut 1996, S. 12

[174] Von der politischen Ehe seiner Tochter Hedwig mit Georg erwartete Kasimir mindestens die wohlwollende Neutralität Bayern-Landshuts und Brandenburgs um seine Behauptung (in Verbindung mit Wladislaw II.) gegen Matthias Corvinus in Böhmen. In den Bündnisbemühungen von Herzog Ludwig dem Reichen mit den Jagiellonen spiegelten sich die Konstellationen der um den Einfluß in Böhmen rivalisierenden Mächte wider.

[175] Ebd. S. 15

[176] Das von „Joannis Dlugossius" in Latein verfasste Werk kann als geschichtlicher Hintergrund dienen, um eventuelle Angaben deutschsprachiger Chronisten zu belegen.

[177] BSB: Codex germanicum monacensis Cgm 331, 143r, u. Cgm 2817, 331v

die Familienchronik aufgenommen, wohl in den Jahren von 1564 bis 1566.[178] Darin wird die „köstliche", in ihrer „wunderbaren Pracht" berühmte Fürstenhochzeit beschrieben.

Während der Hochzeitsfeierlichkeiten hatte Graf von Zimmern die Aufgabe, als beauftragter Tischherr die Gemahlin von Eberhard von Württemberg, eine geborene Markgräfin von Brandenburg, beim Kirchgang, beim Festmahl und beim Tanz zu begleiten. Offensichtlich nach einem übermäßigen Zechgelage am Abend zuvor, verschlief er seinen Dienstantritt. Bei seinen Bemühungen, seine Fürstin einzuholen, was ihm tatsächlich gelang, stolperte er über einen am Straßenrand sitzenden Bettler und fiel vor ihre Füße. Dieser verschüttete die mit Speiseresten gefüllte Schüssel, wodurch „herr Johanns Wernhern die schauben übel mit besudlet und verderbt" wurde. Schamerfüllt stürzte er davon, um sich umzukleiden.[179] Hinsichtlich der Re-Inszenierungen der Landshuter Fürstenhochzeit des 21. Jahrhunderts gibt dieses offensichtlich stattgefundene Ereignis ein Zeugnis dafür ab, dass Bettler und „Fahrendes Volk" während der Feierlichkeiten die Stadt betreten durften und Verköstigung erhielten.

2.2.3. Der Kern der Ur-Inszenierung im Jahre 1475

Der Hauptkern der Hochzeit – politisches Instrument und Rechtsgeschäft

Aus den chronologisch strukturierten Texten der Chronisten lässt sich der Kern der Ur-Inszenierung rekonstruieren.[180] Neben einer historiographischen Aufarbeitung des Festes kann man auch für Re-Inszenierungen des 21. Jahrhunderts notwendige Erkenntnisse zu weiteren Bestandteilen des höfischen Festes gewinnen. Den Chroniken sind Angaben über politische oder durch die Etikette bedingte Handlungen, über Reichtum und Pracht von Herrscherhäusern sowie über anwesende Gäste und ihre hierarchische Stellung zu entnehmen.

Der Hauptkern besteht aus den politischen und rechtlichen Komponenten. Nebenkerne ergänzen die Gesamtbetrachtung, gemäß unten dargestelltem Systemschaubild.

---

[178] Barack, K., Zimmersche Chronik, hrsg. v. K. Barack, Bd. I, o. O. (vermutl. Schloss Meßkirch/Bodensee) 1881. Bühler, Johannes, Wappen – Becher – Liebesspiel. Die Chroniken der Grafen von Zimmern 1288-1566, Frankfurt a. M. 1940, S. 8
[179] Barack, K., a. a. O., S. 426
[180] Die Texte der Chronisten sind chronologisch strukturiert, deshalb wird auf die exakte Nennung der Textstellen, mit Verweis auf die jeweilige Chronik im Gesamten, verzichtet. Abweichungen werden explizit bezeichnet.

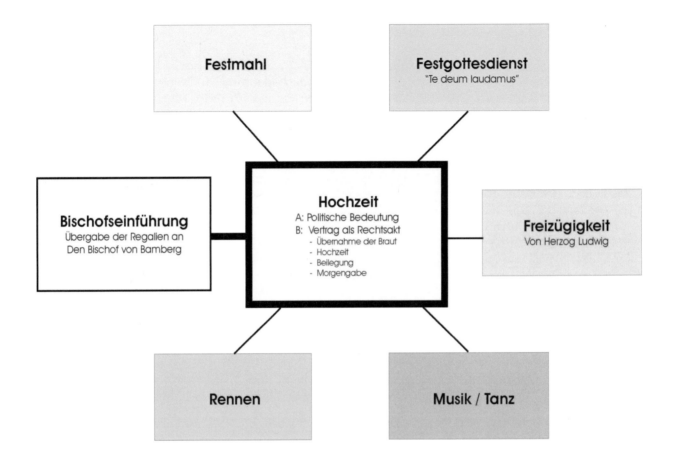

Abb. 4 Systemschaubild – Kern der Ur-Inszenierung der Landshuter Fürstenhochzeit 1475

Der politische Teilkern

Die Hochzeit von Herzog Georg dem Reichen und Hedwig von Polen wurde politisch instrumentalisiert. Zu den Feierlichkeiten erschienen Kaiser Friedrich III. mit seinem Sohn Maximilian in gönnerhaft-propagandistischer Pose, obwohl seine finanzielle Situation gleichsam als kritisch betrachtet werden musste. Die Anwesenheit des Kurfürsten Albrecht Achilles, der jahrelang in Konflikt mit Bayern-Landshut lag, könnte als ein Zeichen politischer Wiederannäherung gewertet werden. Kurfürst Friedrich von der Pfalz, ein erklärter Feind des Kaisers, zog es vor, die Einladung zum Fest abzulehnen. Offensichtlich um Konfrontationen zu vermeiden, blieb auch der Bruder der Braut, König Wladislaw von Böhmen, der Hochzeit fern. Vom Kaiser Friedrich III. sollte er bei diesem Anlass die Regalien (Hoheitsrechte, wie Zoll,

Münz- und Marktrechte, Geleitschutz-, Berg- und Stromrechte sowie Rechte an erblosen Gütern) empfangen.[181] Er wurde von seinem Gesandten, Burian von Gutenstein, vertreten.[182] Der Papst hatte versucht, eine Einladung von Wladislaw zu verhindern, da dieser von der Kirche als Ketzer angesehen wurde.[183]

Die ostpolitischen Intentionen des Herzogs Ludwig des Reichen spiegelten seine Bündnisbemühungen mit den Jagiellonen und die Konstellationen der um den Einfluss in Böhmen und der im übrigen Osten rivalisierenden Mächte wider. Schließlich überwog das außenpolitische Kalkül, das Streben der niederbayerischen Herzöge nach einer Vergrößerung ihrer Einflusssphäre, dokumentiert durch eine inszenierte Selbstdarstellung sowohl der Person des Herzogs als auch des Hauses Wittelsbach zu Bayern-Landshut.[184] Finanzielle Gründe beeinflussten ihre politisch geleiteten Motivationen.[185] Der Aspekt, die Mehrung ihres Reichtums durch die Mitgift der Braut anlässlich der Landshuter Hochzeit, ist hier als nachrangig ergänzend zu erwähnen.

Nach dem Tode von Wladislaus III., dem zweiten polnischen Jagiellonenkönig, übernahm dessen Bruder Kasimir die Macht.[186] Seit dem Jahre 1440 war er Großfürst von Litauen, seit 1447 auch König von Polen. Aus der Ehe mit der Habsburgerin Elisabeth gingen insgesamt dreizehn Kinder hervor, davon waren sieben Söhne. Das dynastische Konzept des polnischen Königshauses war getragen von der Absicht, „für jeden der Söhne einen Thron zu gewinnen".[187] Fünf Töchter, welche das Kindesalter überlebten, wurden mit deutschen Reichsfürsten verheiratet. Die durch die Eheschließungen geknüpften familiären Bande schufen gleichsam einen Sicherheitsgürtel an der polnischen Westgrenze, der von der Ostsee bis nach Niederbayern reichte. Der Anschluss an die westlichen Nachbarn sollte die politische Unterstützung Polens sichern. Die politische Erwartung des Königs Kasimir IV. durch die Eheschließung seiner Tochter Hedwig mit Herzog Georg bestand zumindest in einer wohlwollenden Neutralität Bayern-Landshuts und Brandenburgs um seine Behauptung gegen Matthias Corvinus. Außerdem sah er sich mit Absichten konfrontiert, die bereits ab dem Jahre 1392 auf die Teilung des polnischen Staates abzielten. Wladislaw von Oppeln war ein Gegner des im Jahre 1386 auf den polnischen Königsthron gekommenen Jagiello.[188] Im Jahre 1392 trug er seinen Plan dem Hochmeister des Deutschen Ordens vor, der vorsah, durch eine große Koalition Jagiello zu vertreiben und dann das polnische Reich zwischen dem Orden, Brandenburg und Ungarn aufzuteilen. Wladislaw hatte als Politiker eine einflussreiche Rolle am Hofe König Ludwigs von Ungarn inne. Nach dessen Tod wurde er Parteigänger der Luxemburger, von denen der spätere Kaiser Sigmund die Ostpläne seines Vaters Karl IV. wieder aufnahm.

[181] Hiereth, Sebastian, Zeitgenössische Quellen zur Landshuter Fürstenhochzeit 1475, Landshut, 1959, S. 58

[182] Pöschl, Walter, Die glorreiche Landshuter Fürstenhochzeit 1475, Berichte und Gedichte, Straubing 2001, S. 100

[183] Beckenbauer, Alfons, Eine Momentaufnahme aus der europäischen Geschichte. Die Polenhochzeit im Jahr 1475, Landshut 1996, S. 32

[184] Höflechner, Walter, Zur Heiratspolitik der Habsburger bis zum Jahre 1526, in: Novotny, Alexander, u. Othmar Pickl (Hrsg.), Festschrift Hermann Wiesflecker zum sechzigsten Geburtstag, Graz 1973, S. 118 f.

[185] Vgl. Spieß, Karl-Heinz, Unterwegs zum fremden Ehemann. Brautfahrt und Ehe in europäischen Fürstenhäusern des Spätmittelalters, in: Erfen, Irene, u. Karl-Heinz Spieß (Hrsg.), Fremdheit und Reisen im Mittelalter, Stuttgart 1997.

[186] Vgl. Ausstellungskatalog: Polen im Zeitalter der Jagiellonen 1386-1532, Schallaburg 1986.

[187] Stauber, Reinhard, Herzog Georg von Bayern-Landshut und seine Reichspolitik. Möglichkeiten und Grenzen reichsfürstlicher Politik im wittelsbachisch-habsburgischen Spannungsfeld zwischen 1470 und 1505, Kallmünz 1993, S.66

[188] Mit der Hochzeit im Jahre 1386 gelang es dem Litauer Jagiello, König von Polen zu werden. Die Herrschaft der Jagiellonen währte fast zweihundert Jahre, bis 1572.

Der Versuch, im Jahre 1382 den polnischen Thron zu gewinnen, schlug zwar fehl, aber durch die Luxemburger Allianz bestand eine neue Möglichkeit, Polen zu teilen und den luxemburgischen Oststaat zu verwirklichen; dieser umfasste damals schon Ungarn, Böhmen und Brandenburg. Für den Deutschen Orden war die polnisch-litauische Verbindung von 1386 eine außerordentliche Gefahr.[189] Familienstreitigkeiten der Luxemburger, interne Schwierigkeiten in Ungarn und das Aufstreben der Türken haben Sigmund dann bald die Möglichkeit genommen, seine polnischen Pläne weiter zu verfolgen. Er musste sich mit Jagiello verständigen.

Der rechtliche Teilkern

Mittelalterliches Eherecht

Das Zustandekommen von Hochzeiten regierender Häuser bedingte eine Absicherung nach dem damaligen Recht.[190] Vermählungen hatten in der Regel politische Hintergründe; sie waren eingebettet in politische Verflechtungsbereiche verschiedener Herrscherhäuser. Die Absicht des Hochadels lag sowohl darin, ihre Hausmacht zu erweitern und zu festigen, als auch die Erbnachfolge ihrer Kinder rechtlich zu sichern. Maßgeblich waren nicht die Wünsche der Heiratswilligen, sondern die Überlegungen der Eltern, überwiegend der Väter.

Der Heiratsvertrag als Rechtsakt bildete einen Teil des Kerns der Fürstenhochzeit in Landshut. Grundsätzliche Festlegungen zum Eherecht im Mittelalter gab es nicht. Die Kirche wurde von den Vertragsparteien als alleinige und übergeordnete Rechtsinstanz angenommen; ihre offizielle Bestätigung erhielt sie erst auf dem Konzil von Trient im Jahre 1563.[191] Eheschließungen waren ein „Optionsgeschäft", abgesichert durch einen sehr kompliziert aufgebauten Vertrag. Die darin festgelegten Schritte mussten in chronologischer Abfolge vorgenommen werden. Typische Teile des mehrgliedrigen Rechtsgeschäfts waren oft Heiratsverhandlungen, Verlobung, Übergabe der Braut, kirchliche Trauung, Beilegung und Morgengabe. Erst nach Vollzug des letzten Schrittes galt das Rechtsgeschäft „Eheschließung" als erfolgreich abgeschlossen. Daneben war ein offizielles Programm, z.B. Hochzeitsmesse und Festmahl, abzuleisten. Teilweise war auch die Öffentlichkeit zugelassen, wie z.B. beim Zug der Brautleute und Gäste mit Gefolge zur Kirche und beim Rennen der Edelleute. Die Chronisten der „Landshuter Fürstenhochzeit 1475" beschrieben die nicht variablen oder vertauschbaren Komponenten des Teilkernes „Rechtsgeschäft". Der Vollzug musste in der festgelegten Form vorgenommen werden, damit an der Rechtmäßigkeit der Ehe kein Zweifel aufkommen konnte.

---

[189] Der Hochmeister Konrad von Wallenrod war einer Teilung Polens ebenfalls nicht abgeneigt, besonders da im Jahre 1392 durch den Abfall Witolds (Vytautas') von Litauen vom Deutschen Orden die Gefährdung für diesen unmittelbar wurde. Eine feste Zusage hat er dem Herzog von Oppeln aber nicht gegeben. Vgl. Schaeder, Hildegard, Geschichte der Pläne zur Teilung des alten polnischen Staates seit 1386. 1. Der Teilungsplan von 1392, Leipzig 1992.
[190] Vgl. Vočelka, Karl, Habsburgische Hochzeiten 1550-1600. Kulturgeschichtliche Studien zum maniristischen Repräsentationsfest, Wien 1976, S. 11.
[191] Das große Konzil von Trient tagte in mehreren Perioden von 1545 bis 1563 an verschiedenen Orten. Die Verwirklichung des Konzils begann mit der Bestätigung aller Dekrete, ohne Ausnahmen, durch Pius IV. mit der Bulle „Benedictus Deus" vom 26. Januars 1564.

Brautwerbung, Verhandlungen, Verlobung und Vertrag

Die Initiative zur Vermählung von Herzog Georg dem Reichen und Hedwig ging von polnischer Seite aus.[192] Im Herbst des Jahres 1473 sprachen polnische Gesandte am Landshuter Hof vor, mit der Absicht, Kontakte wegen einer eventuellen Heirat zu knüpfen.[193] Im Auftrag von Herzog Ludwig dem Reichen trat daraufhin der Probst von Altötting, Dr. Friedrich Mauerkircher, am 21. April 1474 eine erste Reise nach Polen an. Er hatte mit dem polnischen König Kasimir „Sondierungsgespräche" über die beabsichtigte Eheschließung zu führen.[194] Am 8. September des Jahres 1474 unternahmen weitere Gesandte, der Bischof von Regensburg, Graf Friedrich von Helfenstein, Dr. Friedrich Mauerkircher und Thezeres von Fraunhofen, eine weitere Reise nach Polen, die zu einem erfolgreichen Abschluss der schwierigen Verhandlungen führte.

Die Bedingungen von König Kasimir und seinen Räten überschritten den Ermächtigungsrahmen der Landshuter Gesandten. Erst durch die Intervention der Brautmutter Elisabeth konnten diese Schwierigkeiten überwunden werden.[195] Die Verlobung erfolgte am Donnerstag, dem 29. Dezember 1474.[196] Das Eheversprechen (Heiratsabrede) wurde am 31. Dezember 1474 besiegelt.[197] In der Heiratspublikationsurkunde, ausgefertigt in Radom am 1. Januar 1475[198], sind die Modalitäten aufgeführt, welche die Väter der Brautleute vereinbart hatten.[199] Die Braut sollte am Tag der Hl. Hedwig, dem 16. Oktober 1475, in Wittenberg übergeben werden.[200]

---

[192] Vgl. Beckenbauer, Alfons, Eine Momentaufnahme aus der europäischen Geschichte. Die Polenhochzeit in Landshut im Jahr 1475, Landshut 1996.

[193] Stauber, Reinhard, Herzog Georg von Bayern-Landshut und seine Reichspolitik. Möglichkeiten und Grenzen reichsfürstlicher Politik im wittelsbachisch-habsburgischen Spannungsfeld zwischen 1470 und 1505, Kallmünz 1993, S. 69

[194] In der so genannten großen Rechnung sind in verschiedenen Positionen Kosten angeführt, die für die Anbahnung der Ehe angefallen waren. Die Kostenaufstellung ist in die Chronik von Seybolt eingefügt. BSB: Codex germanicum monacensis Cgm 1953 u. Cgm 331

[195] Dem Entschuldungsschreiben von Königin Elisabeth ist ein starkes Interesse an der Eheschließung ihrer Tochter Hedwig mit Georg zu entnehmen. BayHstA: Abt. III Geheimes Hausarchiv Korrespondenzakt 919. Deutsche Übersetzung des lateinischen Textes abgedruckt in: Dorner, Johann, Herzogin Hedwig und ihr Hofstaat. Das Alltagsleben auf der Burg Burghausen nach Originalquellen des 15. Jahrhunderts, Burghausen 2002, S. 30 f., lateinischer Urtext, S. 190 f.

[196] Der polnische Chronist Jan Dlugosz berichtete über die Verhandlungen und die Verlobung. Hiereth, Sebastian, Zeitgenössische Quellen zur Landshuter Fürstenhochzeit 1475, Landshut, 1959, S. 14

[197] BayHstA: NK 34, 369rf. Deutsche Übersetzung des lateinischen Textes abgedruckt in: Dorner, Johann, Herzogin Hedwig und ihr Hofstaat. Das Alltagsleben auf der Burg Burghausen nach Originalquellen des 15. Jahrhunderts, Burghausen 2002, S. 30 ff., lateinischer Urtext, S. 191 ff.

[198] BayHstA: Abt. III Geheimes Hausarchiv 2104 (Heiratspublikationsurkunde). Deutsche Übersetzung des lateinischen Textes abgedruckt in: Dorner, Johann, Herzogin Hedwig und ihr Hofstaat. Das Alltagsleben auf der Burg Burghausen nach Originalquellen des 15. Jahrhunderts, Burghausen 2002, S. 33 f., lateinischer Urtext, S. 195 ff.

[199] Zwar war Herzog Georg im Gegensatz zu seiner Braut Hedwig schon mündig und daher voll geschäftsfähig; aber die Unterschrift seines Vaters, Herzog Ludwig des Reichen, einem gut legitimierten und erfahrenen Herrscher, sollte offensichtlich Zweifel an der Autorität des Vertragspartners vermeiden.

[200] BayHstA: Abt. III Geheimes Hausarchiv 2103 (Übergabevereinbarung). Deutsche Übersetzung des lateinischen Textes abgedruckt in: Dorner, Johann, Herzogin Hedwig und ihr Hofstaat. Das Alltagsleben auf der Burg Burghausen nach Originalquellen des 15. Jahrhunderts, Burghausen 2002,. S. 34 f., lateinischer Urtext, S. 196 ff. Nach Dlugosz sollte die Braut bereits am Fest des Hl. Michael (29. September 1475) übergeben werden.

Im Gegensatz zum heutigen „actus voluntatis", der „deckenden Willensäußerung" – das gegenseitige „Ja" der Eheleute als Vertragspartner zueinander – waren Braut und Bräutigam im Mittelalter an dem Zustandekommen der Heiratsverträge unbeteiligt. Über ihre Väter waren sie jedoch vertraglich miteinander verbunden. Die Eheschließung wurde somit als unausweichlich vereinbart. Festgelegt wurde die Mitgift in Höhe von 32.000 rhein. Gulden, die Wiederlage, die Versorgung der Braut zu Lebzeiten und deren Nachkommen nach ihrem Tode (durch Güter und Einkommen aus den Gütern) sowie die Erbrechtsnachfolge der Nachkommen.

Hans Seybolt zitiert in seinem Bericht einen „Credentzbrief"[201], in dem Herzog Ludwig die Braut Hedwig bereits vor der Hochzeit als „verheyratt … haben" darstellte. In einem Einladungsschreiben zur Hochzeit benannte er sie vorab als seine „Tochter",[202] ohne dass die Übergabe der unmündigen Braut bereits erfolgt war. Das ist eine Bestätigung dafür, dass die Heirat ein Rechtsgeschäft war und die Eheleute durch den Vertrag als Rechtsakt unumgänglich gebunden waren. Offensichtlich genügten zur damaligen Zeit schriftliche Verträge über die Heiratsmodalitäten, um die Brautleute als verlobt zu bezeichnen.

Päpstlicher Dispens

Der Wittelsbacher Herzog Ludwig der Reiche, Vater des Bräutigams, und die Habsburgerin Elisabeth, Mutter der Braut Hedwig, waren Cousin und Cousine. Ihr gemeinsamer Großvater war Herzog Albrecht IV. von Österreich. Aus diesem Grunde musste von der römischen Kurie eine apostolische Heiratserlaubnis eingeholt werden.[203] In Begleitung des polnischen Kanzlers reiste Dr. Friedrich Mauerkircher zu diesem Zweck nach Rom; wie Hans Seybolt erwähnt, führte er den erheblichen Betrag von 300 ungarischen Gulden mit sich, der offensichtlich nicht nur zur Deckung seiner Reisekosten diente. Papst Sixtus IV. beseitigte das Ehehindernis durch einen „kostenpflichtigen" Heiratsdispens.[204] Die Urkunde ist datiert auf den 26. Mai 1475 und wurde „seiner Brüderlichkeit" dem Bischof von Regensburg zugestellt. Sie ist als Abschrift erhalten.

Übergabe und Übernahme der „Mund" in Wittenberg

Die Gesandtschaft von Herzog Ludwig verließ am 30. September 1475 Landshut und erreichte am 13. Oktober 1475 Wittenberg.[205] In chronologischer Abfolge des Rechtsgeschäftes „Landshuter Hochzeit 1475" wurde dort am 23. Oktober 1475 der erste Schritt vollzogen, mit einer Woche Verspätung entgegen der Vereinbarung.

---

[201] BSB: Codex germanicum monacensis Cgm 331, 90v

[202] Ebd, 90r

[203] Der Dispens „nur durch göttl. Recht und die guten Sitten beschränkte Änderung der Norm" konnte nur vom Papst erteilt werden. Vgl. Ruhe, Doris, „Die fremde Frau", Literarische Brautfahrten und zeitgenössisches Eherecht", in: Erfen, Irene, u. Karl-Heinz Spieß (Hrsg.), Fremdheit und Reisen im Mittelalter, Stuttgart 1997, S. 38.

[204] NK (Neuburger Kopialbücher) Nr. 38, 221v-222r. Der lateinische Text ist abgedruckt in: Dorner, Johann, Herzogin Hedwig und ihr Hofstaat. Das Alltagsleben auf der Burg Burghausen nach Originalquellen des 15. Jahrhunderts, Burghausen 2002, S. 197 f., die deutsche Übersetzung S. 38 f.

[205] Um ein einheitliches Erscheinungsbild abzugeben, trugen die Gesandten Kleider in den Farben des Herzogs Georg (Braun, Grau und Weiß).

Die Braut Hedwig, bei Hans Seybolt als „Mund" erwähnt, wurde aus der Vormundschaft des Vaters entlassen und in die Gewalt des zukünftigen Ehemanns übergeben. Stellvertretend für Herzog Georg, der persönlich nicht anwesend war, übernahmen Herzog Otto und Herzogin Margarethe, eine geborene Herzogin von Österreich, die Verantwortung für die unmündige Tochter des polnischen Königs Kasimir. Bei der offiziellen „Annahme" der Braut trug Dr. Friedrich Mauerkircher eine kurze Rede in Latein vor; sie beinhaltete sinngemäß den „Übergang der Gewalt" über Hedwig von Polen an Herzog Georg von Bayern-Landshut.[206] Die Tatsache, dass der niederbayerische Herzog seine Braut nicht persönlich übernahm, erzürnte den Polenkönig sichtlich, so dass er seine Tochter vertragswidriger Weise verspätet nach Wittenberg überstellte.[207] Der vereinbarte Hochzeitstermin war nicht mehr einzuhalten. Bis Wittenberg standen die Braut und ihr Gefolge[208] unter dem Schutz von Kasimirs polnischem Militär. Durch den vertraglich vereinbarten Rechtsakt der Übernahme schuldete Herzog Ludwig das weitere Geleit der Braut seines Sohnes mit ihrem Gefolge nach Landshut, abgesichert mit militärischen Mitteln.

Die Verschiebung des offiziellen Trauungstermins vom 5. November auf den 14. November 1475 verursachte der herzoglichen Administration erhebliche logistische Probleme: Das Brautgefolge musste zwei Wochen länger bewirtet werden, der Zug des Kaisers wurde umgeleitet, und Unterkünfte sowie Verpflegung der Gäste in Landshut mussten umdisponiert werden. Reitende Boten wurden in alle Teile des Landes beordert, um den Gästen die Terminänderung rechtzeitig mitzuteilen.[209]

Einholung der Braut in Eching

Die Braut und ihr Gefolge erreichten am 13. November 1475 Eching.[210] Das Landshuter Herzoghaus schickte ihr einige hundert bewaffnete und in den Farben des Herzogs bekleidete Reiter entgegen, allesamt ohne Rüstung. Die Absicht war, nicht militärische Macht zu demonstrieren, sondern vielmehr ein Zeichen von Ehrerbietung gegenüber der rangmäßig höherstehenden polnischen Königstochter zu setzen. Insgesamt zehn Fürsten begleiteten den bewaffneten Tross.[211] Die Einholung der Braut durch eine herzogliche Delegation ist als eine Verlängerung des Rechtsaktes „Übergabe" anzusehen; deshalb wurde auf strenge Etikette geachtet. Nach Hans Seybolt erfolgte die Aufwartung aus Handreichen, nach Hans Oringen durch eine Verbeugung. Einen Kniefall erwähnte kein Chronist. Bischof Wilhelm von Eichstätt begleitete die adligen Herren und hielt eine Rede in deutscher Sprache mit rechtsunverbindli-

---

[206] Durch den performativen Sprechakt „Vorlesung" eines offiziellen rechtlichen Textes, damals in Latein abgefasst, trat der Rechtsakt in Kraft.

[207] Die persönliche Anwesenheit von Herzog Georg in Wittenberg war im Heiratsvertrag zwar nur optional vereinbart, dennoch entsprach er dem damals geltenden Grundsatz nicht: Je bedeutender die zu empfangende Person ist, umso wichtiger ist es, ihr persönlich entgegen zu reiten.

[208] Der polnische Geschichtsschreiber hat das Gefolge ausführlich beschrieben.

[209] Hiereth, Sebastian, Die Landshuter Hochzeit als Organisationsproblem, in: Österreichische Osthefte 18, 1976, S. 31 ff.

[210] Die Chronik von Hans Oringen setzt hier erst ein, da er nach eigenen Angaben am Montag, dem 13. November 1475, dem Vortag der Trauung, in Landshut eintraf.

[211] Pfalzgraf Philipp, Herzog Maximilian von Österreich, die Herzöge Johann, Christoph und Wolfgang von Bayern-München, Markgraf Friedrich von Brandenburg, die Bischöfe Wilhelm von Eichstätt und Sixtus von Freising, Markgraf Albrecht von Baden und Graf Eberhard von Württemberg

chem Charakter.[212] Zum Kurzweil der Braut fand ein „Rennen" zwischen vier Adligen statt[213], Hans Oringen nannte die Namen „reytensteiner", „gernoniums von rosenperg", „wilhem von seckendorff" und „treupeck".

Empfang vor den Toren Landshuts

Begleitet vom Kaiser Friedrich, empfing Herzog Georg am Dienstagmorgen, dem 14. November 1475, seine Braut auf der Wiese bei St. Lazarus vor Landshut.[214] Dort fand die erste persönliche Begegnung des Braupaares statt; eherechtlich betrachtet, hatte diese keine eigenständige Relevanz. Die offizielle Übernahme der Braut wurde in Wittenberg vollzogen; der Empfang vor den Toren von Landshut war aber eine zeremonielle Pflicht. Die Bewillkommnung bestand aus einer schlichten Begrüßungszeremonie.[215] Organisator und Aufseher war Albrecht Achilles, der Markgraf von Brandenburg. Der Kaiser und die Braut neigten jeweils ihr Haupt zueinander; Hedwig hielt diese Form der Begrüßung auch gegenüber den Fürsten bei, während diese ihren Kopf senkten und den Kniefall ausführten. Von den Chronisten stammen unterschiedliche Aussagen hinsichtlich der Begrüßungsrede. Während Hans Seybolt diese dem Bischof von Augsburg zuordnet, benennt Hans Oringen Albrecht Achilles als Redner, welcher auf die politische Bedeutung der Hochzeit, die „ein nutz solt sein der Cristenheit vnd dem reich", verwies. Rechtsverbindliche Handlungen wurden von den Chronisten nicht mitgeteilt.

Trauung zu St. Martin

Nach dem Empfang fuhr die Braut in einem goldenen Wagen durch das Landshuter Ländtor zur Kirche St. Martin, wo unmittelbar nach ihrer Ankunft der zweite Schritt des Rechtsgeschäftes, die Trauung, vollzogen wurde. Begleitet wurde sie vom Kaiser, von ihrem Bräutigam Herzog Georg und anderen Fürsten. Dem Tross voranschreitende „Trumeter", Pauker und Pfeifer kündeten „mit gedöns" der Bevölkerung ihr Erscheinen an. Die Fürsten und Adligen waren bei der Trauungszeremonie unter sich, das „gemain volck" war nicht zugelassen; Wappner an den Kirchentoren verwehrten den Zutritt. Nach dem Betreten des Gotteshauses wurde Hedwig in der Eingangshalle unter dem Turm umgekleidet.[216] Den Schleier, den sie bis dahin getragen hatte, tauschte sie mit einem, mit Perlen und Edelsteinen besetzten Kranz. Die Trauung vollzog der Erzbischof Bernhard von Salzburg im Beisein der Bischöfe Philipp von Bamberg, Sixtus (von Tannenberg) von Freising, Ulrich von Passau, Wilhelm von Eichstätt und Johann von Augsburg. Mit „des von Saltzpurg singer vnd sein organist" angestimmte „Te deum laudamus"[217] sollte offensichtlich nicht die fromme Gesinnung oder die Legitimation der Ehe vor Gott zum Ausdruck kommen, sondern vielmehr die rechtsförmige Anerkennung von „Gottes Ratschluss" im Sinne eines Annehmens des göttlichen Willens, welcher

---

[212] Im Gegensatz zu Hans Seybolt erwähnt Hans Oringen diese Rede nicht. Sein Augenmerk liegt überwiegend auf der Beschreibung der Ordnung, der Ausstattung und der Kleidung des Gefolges der Braut.
[213] Hans Seybolt und Hans Oringen stimmen in der Zahl der Wettkämpfer überein; Hans Oringen nennt zusätzlich noch deren Namen.
[214] Hans Oringen benennt den Ort nur als eine Wiese am Wasser.
[215] Hans Oringen geht wesentlich mehr auf das Zeremoniell und die standesmäßigen Unterschiede ein als Hans Seybolt.
[216] Hans Seybolt bezeichnet den Ort genauer als Hans Oringen, der offensichtlich ortsunkundig ist.
[217] BSB: Codex germanicum monacensis Cgm 331, 107r. Hans Seybolt erwähnt diese Stelle ausdrücklich.

nach damaliger Auffassung der Vermählung von Herzog Georg und Hedwig zugrunde lag.[218] Über die Trauung schreibt Hans Seybolt nur kurz: „Allda vor dem allttar gab der Ertzbischoff zu Saltzpurg die bemelten Hertzog Jörigen vnd die kunigin zue der heiligen Ee zusamen".[219]

Beilager

Das Beilager ist ein Rechtsbegriff aus dem mittelalterlichen Eherecht.[220] Der dritte und vorletzte Schritt des Rechtsgeschäfts bestand aus der Beilegung der Braut nach der Tanzveranstaltung am Abend des Hochzeitstags. Mit der „copula carnalis"[221], dem körperlichen Vollzug der Ehe, konnte das herzogliche Paar Georg und Hedwig nun als verehelicht verstanden werden. Die Zusammenlegung geschah im Beisein von Zeugen, um die Rechtsverbindlichkeit des Akts zu bestätigen.[222] Hans Seybolt beschreibt zwar, wer die Brautleute zur Legitimation der Ehe zum Brautgemach im Altdorfer Haus begleitete, einem Gebäudeteil des heute noch bestehenden Rathauses[223]; offen lässt er aber, bis zu welcher Stufe die Zeugen der Bettsetzung im Sinne der körperlichen Vereinigung beiwohnten.

Morgengabe

Der Begriff „Morgengab" ist in der offiziellen lateinischen Heiratspublikationsurkunde enthalten[224]; einen entsprechenden lateinischen Ausdruck gab es offensichtlich nicht. Die Morgengabe (donatio nuptialis) ist der abschließende Schritt des Rechtsgeschäftes. Die rechtliche Dokumentation der vollzogenen Ehe diente sowohl der wirtschaftlichen Sicherung der neuen Familie als auch der Versorgung der Witwe im Falle des Todes des Ehegatten.

Hans Seybolt erwähnt die Morgengabe nicht. Nach Hans Oringen schenkte Herzog Georg seiner Ehefrau Hedwig ein „kostenlichs halspant vnd dar zu zehen dausent vngerischer gulden". Das wertvolle Geschenk war ein Teil der Widerlage für die Mitgift von König Kasimir; zusätzlich wurden ihr Trostberg, Traunstein, Kraiburg und Mörmoosen mit allen Einkünften und Nutzungsmöglichkeiten überschrieben. Weitere Fürsten übergaben der Braut ebenfalls Geschenke, was formal als Anerkennung der Rechtmäßigkeit der Eheschließung zu werten ist. Ursprünglich hatte der Kaiser die Absicht, der Braut ein Geschenk zu verweigern, offensichtlich aus finanziellen Gründen oder aus Geiz. Die rechtliche Folge wäre gewesen, dass der höchste Fürst des Landes das Rechtsgeschäft „Heirat" in Frage gestellt

---

[218] Hedwig und Georg schlossen den Bund, auch als „foedus" bezeichnet (s.a. Bundesschlüsse von Noah, Mose und Jesus Christus). Er beinhaltet: 1. Die Liebesbeziehung zwischen Gott und Mensch, 2. zwischen Mensch und Mensch und 3. die innertrinitatische Liebesbeziehung (drei göttliche Personen; Gott nicht teilbar)

[219] Das „Ee" ist im Original unterstrichen und dadurch hervorgehoben; die Vorverhandlungen, die Verlobung und die Übergabe der Braut fanden ihren vorläufigen Abschluss. Bis zum Vollständigen mussten noch weitere Schritte vollzogen werden.

[220] Sowohl Hans Seybolt als auch Hans Oringen beschreiben diesen Schritt ausführlich.

[221] Vgl. Neumann-Wolff, Kay-Dietrich, Das Eherecht der Reichsstadt Rothenburg ob der Tauber im späten Mittelalter, Würzburg 1976, S. 37.

[222] Vgl. Schwarz, Ingeborg, Die Bedeutung der Sippe für die Öffentlichkeit der Eheschließung im 15. und 16. Jahrhundert, Tübingen 1959, S. 42.

[223] Hans Seybolt u.a. benennt den Sohn des Kaisers, den Pfalzgraf, den jungen Markgraf, Herzog Albrecht.

[224] BayHstA: NK (Neuburger Kopialbücher) Nr. 34, 372r

hätte. Erst auf die Androhung eines üblen Geredes rang er sich durch, der Braut ein „hefftlein" zu schenken. Hans Oringens Angaben zufolge hatte es einen Wert von „dausent gulden"; andere anwesende Herren schätzten es lediglich auf fünf- bis sechshundert Gulden.[225]

Festgottesdienst zu St. Martin

Der feierliche Festgottesdienst bildete die repräsentative Verbindung zwischen den in chronologischer Abfolge vorgenommenen Schritten des Rechtsgeschäftes und weiteren Festbestandteilen. Der erfolgreiche Abschluss des Rechtsgeschäftes - Eheschließung zwischen Herzog Georg und Hedwig -, der geborenen Königin von Polen und nunmehr auch Herzogin im niederen Bayern und Pfalzgräfin bei Rhein, wurde in größter Prachtentfaltung öffentlich präsentiert. Die Chronisten betonten die kostbare Ausstattung der Fürsten und die Repräsentation von Macht und Reichtum.[226] Herzog Georg geleitete seine Gemahlin am Morgen des 15. Novembers 1475 aus ihrer Herberge zu Fuß in die Pfarrkirche St. Martin.[227] Adlige Gäste schlossen sich in standesgemäßer Reihenfolge dem Zug der Eheleute an; in der Kirche standen sie während des Gottesdienstes ihrer Rangordnung entsprechend.[228] Die festliche Bedeutung des Zuges und der Messfeier wurde durch vierzig Ritter und Lichter tragende Edelleute besonders hervorgehoben. Über einhundert „Trumeter" und Pfeifer gestalteten das prunkvolle Geschehen mit. Die „Königin" Hedwig wurde diesmal vom Markgrafen von Brandenburg zum Altar geführt, nicht vom Kaiser wie bei der Trauung am 14. November. Das „Ambt ob dem Alltar" wurde vom Bischof von Salzburg in Conzelebration mit dem „Bischoue vom Kyemssee", dem „Tumprobst von Saltzpurg" und dem „Brobst von Berchtesgaden" vollzogen. Ein „Te deum laudamus", wie bei der Trauung, wird von den Chronisten nicht erwähnt. Die Messfeier hatte, im Gegensatz zur Trauungszeremonie am Tage zuvor, rechtlich keine Relevanz; ihre Bedeutung lag vielmehr im Ausdruck und in der Konsequenz der Eheschließung. Die äußerst aufwendige und prächtige Ausgestaltung sollte ein weithin sichtbares Zeichen für die rechtskräftige Verbindung der Eheleute sein.

Der feierliche Festgottesdienst war ausschließlich dem Adel vorbehalten; das Volk hatte wiederum keinen Zutritt. Nur bei dem Zug zur Kirche und nach dem Ende der Veranstaltung zum Zollhaus in der Altstadt, der Herberge des Kaisers Friedrich III., konnte es das Brautpaar sehen und ihre Ehrerbietung zeigen. Anschließend teilte sich die Gesellschaft zum Festmahl unter Einhaltung der für das Mittelalter spezifischen Vorgaben der Rang- und Sitzordnung.

---

[225] Vgl. Stahleder, Erich, Gekrönte Häupter in der Stadt. Die „Landshuter Hochzeit" einst und heute, in: Weltberühmt und vornehm, Landshut 1204-2004. Beiträge zu 800 Jahren Stadtgeschichte, Landshut 2004, S. 147.
[226] Hans Oringen erwähnt mehrmals das Wort „kostenlich", um die Kleidung der Adligen zu beschreiben.
[227] Hans Seybolt und Hans Oringen halten die genaue Rangfolge der Fürsten beim Zug zur Kirche und in der Kirche fest. Seybolt führt mehr Informationen über die Messe an.
[228] Siehe Anhang 3: Die Aufstellung der Fürsten beim Zug und beim Festgottesdienst in St. Martin.

Die Amtseinführung des Bischofs von Bamberg

Zeitlich parallel zum Hauptkern der Ur-Inszenierung der Landshuter Fürstenhochzeit, der sich aus den politischen und rechtlichen Teilkernen konstituiert, gibt es noch einen weiteren Kern. Der Nebenkern mit geistlichem Hintergrund, die Amtseinführung des Bischofs von Bamberg, hatte keinen unmittelbaren Bezug zu den politischen und rechtlichen Aspekten der Hochzeitsfeierlichkeiten. Er war für das Herzogtum Bayern-Landshut nur von geringer Bedeutung.

Anfang des Jahres 1475 war der Bamberger Bischof Georg verstorben. Offensichtlich um seinen finanziellen Haushalt nicht noch mehr zu belasten und um weitere zeitliche Verzögerungen zu vermeiden, benutzte Kaiser Friedrich III. das Hochzeitsfest als willkommene Gelegenheit, den neuen Bischof Philipp von Bamberg im Beisein der geistlichen und weltlichen Fürsten, welche ohnehin als Gäste des Hauses Wittelsbach von Bayern-Landshut anwesend waren, in sein Amt einzuführen und ihm die Regalien zu übergeben.[229] Genauere Angaben zum Ablauf des Geschehens wurden von keinem Chronisten mitgeteilt.

Die geplante Übergabe der Regalien an Wladislaw von Böhmen

Neben der Amtseinführung des Bischofs von Bamberg war vorgesehen, dass Kaiser Friedrich III. König Wladislaw von Böhmen, dem Bruder der Braut, die Regalien überreichen sollte. Der von der Kirche als Ketzer angesehene Wladislaw blieb jedoch der Hochzeit fern.[230]

2.2.4. Weitere Festbestandteile

Der Kern des Festes mit seinen politischen und rechtlichen Kategorien war eng verflochten mit weiteren obligatorischen Festbestandteilen. Diese umgaben die Rechtshandlung; in der Abfolge und Ausgestaltung waren sie jedoch wesentlich freier und individueller. Da das Register der anwesenden Gäste zur Landshuter Hochzeit in der sogenannten großen Rechnung überliefert ist, lässt sich recht gut rekonstruieren, wie die herzogliche Verwaltung versuchte, den Unterbringungsbedarf für Menschen und Pferde zu taxieren.[231] In den Belegen finden sich die in- und ausländischen Fürsten mit ihrem jeweiligen Gefolge verzeichnet, die Grafen, das niederadlige Klientel, die Delegatio-

---

[229] Thüringer Hauptstaatsarchiv Weimar (ThürHStA): Nr. 31, Bericht von Hans Oringen über die Landshuter Fürstenhochzeit 1475, 8r

[230] Vom Kaiser Friedrich III. sollte er bei diesem Anlass die Regalien (Hoheitsrechte, sowie Zoll, Münz- und Marktrechte, Geleitschutz-, Berg- und Stromrechte und Rechte an erblosen Gütern) empfangen. Hiereth, Sebastian, Zeitgenössische Quellen zur Landshuter Fürstenhochzeit 1475, Landshut 1959, S. 58. Jan Dlugosz bedauert in seiner Chronik das Fernbleiben von Wladislaw sehr. Dlugossius, Joannis, Edition: Annales seu cronicae inclicti regni poloniae, Liber duodecimus, Krakau 2005

[231] Welch enormes Problem die Quartierbereitstellung in der überschaubaren Residenzstadt Landshut war, lässt sich nur schwer ermessen. Offensichtlich konnten nicht alle Gäste „Unterschlauf" innerhalb der Stadtmauern gefunden haben. Es mussten auch benachbarte Schlösser, Ansitze und Herrenhäuser einbezogen werden. Für die Pferde mussten Unmengen von Hafer und Heu herbeigekarrt werden. Die Hufschmiede hatten ebenfalls besondere Konjunktur.

nen der Klöster und Kapitel, die Vertreter der Reichsstädte sowie der niederbayerischen Ämter, jeweils versehen mit der angekündigten Zahl der Pferde.

Durch die herzogliche Verwaltung wurden zahlreiche Bestimmungen erlassen, welche für die Einhaltung der öffentlichen Ordnung, zur Sicherheit der Festgäste und der Bürger, zur Abschirmung der Fürsten vor dem Volk und zum Schutz der Stadt vor Feuer sorgen sollten. Zusätzlich wurden Sicherheitskräfte von den benachbarten Städten und Märkten zusammengezogen, um die herzoglichen „Wappner" zu unterstützen.

Festmahl

Das Festmahl war ein wichtiger Bestandteil höfischer Festivitäten[232]; es sollte auch als eine Zeit des gehobenen Nahrungskonsums verstanden werden, sowohl hinsichtlich der Quantität als auch der Qualität. Festmahle lassen sich in den Rechnungen durch die höheren Ausgaben erkennen. Besondere Merkmale waren eine große Vielfalt an Speisen und ihre verfeinerte Zubereitung, wofür vor allem teure Importgewürze, wie z.B. Safran, benötigt wurden. Man verzehrte in mehreren Gängen vielerlei Fleischsorten, auch Geflügel und aus der eigenen Jagd stammendes Wildbret, Fische und verschiedene Obst- und Gemüsesorten sowie Deftiges und Süßes.

Das Festessen während der Landshuter Fürstenhochzeit war ein Abbild gesellschaftlicher Rangordnungs- und Abhängigkeitsverhältnisse. Wie bei der Aufstellung zum Zug und bei den abendlichen Tanzveranstaltungen musste ein Ordnungsprinzip eingehalten werden, welches die amtliche, rechtliche und soziale Stellung des Gastes ausdrückte. Dieses streng von der Etikette geregelte „ordo-Prinzip"[233], eine letztendlich von Gott gewollte Hierarchie innerhalb der menschlichen Existenz, war eine heikle Angelegenheit. Zu berücksichtigen waren die Herkunft, Macht und das Ansehen der Personen. Repräsentierte die Kleidung den Fürsten nach außen, so zeigte die Sitzordnung beim Festmahl seine Stellung innerhalb des Adels. Die Gäste durften ihre Plätze nicht frei wählen, sondern diese wurden ihnen zugewiesen. Wenn sich eine Person nicht standesgemäß untergebracht fühlte, bestand die Gefahr einer empfindlichen Reaktion. Platz und sozialer Rang mussten von allen Festteilnehmern akzeptiert werden.

Gemäß den höfischen Etiketten des Spätmittelalters speisten Männer und Frauen räumlich getrennt. Hans Seybolt erwähnt zunächst die Ordnung der männlichen Adligen, die beim Festessen an sechs Tischen verteilt waren.[234] In der „Künigin Stuben" fand die Bespeisung der adligen Damen an sieben Tischen statt.[235] Hervorgehoben wurden jeweils das kostbare Trinkgeschirr und das Tafelsilber.

---

[232] Vgl. Spieß, Karl-Heinz, Kommunikationsformen im Hochadel und am Königshof im Spätmittelalter, in: Althoff, Gerd (Hrsg.), Formen und Funktionen öffentlicher Kommunikation im Mittelalter, Stuttgart 2001, S. 261-290.

[233] Hecht-Aichholzer, Doris, „Ich will euch underweysen von der kuchen speysen". Vom Trinken und Essen im Mittelalter, in: Pohanka, Reinhard (Hrsg.), Um die Wurst. Essen und Trinken im Mittelalter, Wien/Frankfurt a. M. 1986, S. 13-46

[234] BSB: Codex germanicum monacensis Cgm 331, 108v-109r

[235] Ebd., 112v

Sowohl von Hans Seybolt als auch in der großen Rechnung wird die Menüfolge des Festmahls wiedergegeben. Insgesamt sind 35 verschiedene Gerichte aufgelistet, die nicht in der Reihenfolge des Verzehrs, sondern offensichtlich in Gruppen aufgelistet wurden.[236] Es ist anzunehmen, dass jeder Gang aus mehreren Gerichten bestand, welche gleichzeitig aufgetragen wurden, damit der Gast seine Auswahl treffen konnte. Die einzelnen Gänge waren aus unterschiedlichsten Speisen willkürlich zusammengestellt. Das Angebot reichte von verschiedenen Fleischsorten (Huhn, Wildschwein, Schweinsköpfe, Siedfleisch, Lebersülze, Geflügel) über Krebs- und Fischgerichte (Süßwasser- und Seefische) sowie Gemüse bis hin zu süßem Konfekt und Backwaren.

Mit künstlerisch-musikalischen Darbietungen wurde für die Belustigung der Gäste gesorgt. Spielleute und Musikanten umrahmten mit „allerlei Kurzweil" das Festessen. Vortragende zitierten aus literarischen Texten; „vor yedem bemelten fürsten Tisch sind Hofierer vnd Sprecher gewesenn".[237]

Für das leibliche Wohl der Gäste sorgten viele Köche in mehreren Küchen in den Gassen um das Rathaus. Zum Teil wurden sie von anderen Höfen herbeigerufen, um das Personal der herzoglichen Hofküche zu unterstützen. Die niederen Temperaturen im November ließen es zu, dass ausreichende Mengen an Vorräten und Lebensmittel für eine erhebliche Anzahl von Gästen über einen längeren Zeitraum vorgehalten werden konnten. Das notwendige Brennholz zum Kochen und zum Heizen wurde in der Freyung gelagert. Die Fülle, die Exklusivität und die Zubereitung der Speisen, das verwendete kostbare silberne Tafelgeschirr und die künstlerische Unterhaltung der Gäste bedeuteten eine Aufwertung des Festbestandteils „Hochzeitsmahl", was wiederum der Selbstdarstellung des Landshuter Herzoghauses dienlich war.

Rennen

Bei einem Rennen handelte es sich um einen Zweikampf mit „scharfen Spießen" zu Pferd. Es war ein Bestandteil des höfischen Festgeschehens, ohne rechtlichen, aber mit repräsentativem Charakter. Es bot den Wettkampfteilnehmern die Gelegenheit, ritterliche Tugenden, wie Kraft, Mut und Geschick, im Umgang mit Pferd und Waffen zu demonstrieren.

Am 15. November 1475 hatte Herzog Georg im sogenannten Bräutigamrennen die Gelegenheit, sich durch seine physische Kraft und durch seinen Kampfesmut zu präsentieren. Er konnte beweisen, dass er nicht nur reich und mächtig, sondern auch bereit war, ein Risiko einzugehen. Von Bedeutung für die Selbstdarstellung war neben dem Wettstreit sowohl seine Ausstattung als auch die seines Gefolges. Herzog Georg trug einen prunkvollen Waffenrock aus braunem Samt; sein Pferd war ebenfalls damit eingehüllt. Ihn begleiteten adlige Knaben mit einheitlicher Kleidung in seinen Farben, wodurch sie auf eindrucksvolle Weise ihre Zugehörigkeit bezeugten.

Die Ausführungen der beiden Chronisten Seybolt und Oringen weichen bei der Beschreibung des Bräutigam-Rennens voneinander ab. Seybolt führt es vor dem Festessen an. Herzog Georg und Hanns von Bodman[238] trafen

---

[236] Ebd., 114v ff u. Codex germanicum monacensis Cgm 1953
[237] Ebd., 112v

demzufolge in der Altstadt aufeinander. Oringen hingegen setzte es auf die zweite Stunde nach Mittag. Er benannte die Beteiligten zwar nicht, teilte aber mit, wie die Braut Hedwig mit ihren Jungfrauen, die Markgräfin und die Herzogin aus ihren Fenstern den Wettstreit in der Altstadt verfolgten.[239] Hans Seybolt beschrieb gleichermaßen alle Fürsten in ihrer Kampfkunst, ihre Ausstattung und ihr Gefolge. u.a. erwähnte er Herzog Christoph den Starken von Bayern-München und einen polnischen Adligen, Herzog Albrecht und Markgraf Friedrich, den jungen Württemberger und Graf Johann von Wertheim.

Es scheint, als hätte sowohl vor dem Essen als auch danach jeweils ein Rennen stattgefunden; vom ersten berichtete nur Seybolt und vom zweiten nur Oringen. Vermutlich fanden erheblich mehr Ritterspiele statt, so dass die Chronisten sie im Einzelnen nicht als besonders erwähnenswert befanden.

Tanzveranstaltungen

Im Spätmittelalter waren Tanzveranstaltungen typische und wichtige Bestandteile höfischer Feste.[240] Ähnlich wie Ritterspiele ergänzten sie das festliche Geschehen; sie boten die Möglichkeit der Kommunikation innerhalb der adligen Gesellschaft. Tänzer gestalteten das glanzvolle Ambiente; sie konnten sich durch Anmut, Körperstärke und Ausdauer präsentieren. Die Bewegung zur Musik sollte ihre vornehm-höfische Gesinnung zum Ausdruck bringen. Die Akteure waren, ähnlich wie beim Festmahl und beim Zug zum Festgottesdienst am darauf folgenden Tag, einem höfischen Zeremoniell unterworfen, einer Ordnung innerhalb ihres adligen Standes.[241]

Am Abend des 14. Novembers 1475, des Tages der Trauung, fand die erste Tanzveranstaltung statt. Sie war eine festliche Ergänzung des rechtlichen Teils der Hochzeit. Hans Seybolt beschreibt die kostbare Ausgestaltung des „Tanntzhawss"[242] mit rotem Samt; die Sitzplätze der Fürsten waren mit "Samat, Samatin pöllstern, vnd Hüpschen Tebichen vmbhangen vnd gezirtt". Zurückhaltend ist er in der Darstellung des Ablaufs; er erwähnt den Kaiser, der als erster mit Hedwig tanzte, auch die Ehrerbietung von „gemainlich zwehn Fürsten" und „polonischen herrn" teilte er mit. Der Braut tanzten Graf Philipp von Kirchberg und Graf Wolfgang von Ötting mit den „wynndttliechttern" nach und trugen ihr die Schleppe.[243] Zur Erfrischung wurden Wein und Konfekt gereicht. Im Anschluss an die Tanzveranstaltung erfolgte der rechtliche Schritt der Beilegung der Braut.

---

[238] BSB: Codex germanicum monacensis Cgm 331, Bericht von Seybolt, 110v

[239] Hans Oringen berichtet auf zwei Manuskriptseiten detailliert von den Ritterspielen. ThürHStA: Nr. 31, Bericht von Hans Oringen, 7r-8r.

[240] Spieß, Karl-Heinz, Kommunikationsformen im Hochadel und am Königshof im Spätmittelalter, in: Althoff, Gerd (Hrsg.), Formen und Funktionen öffentlicher Kommunikation im Mittelalter, Stuttgart 2001, S. 264 f. Paravicini, Werner, Die ritterlich-höfische Kultur des Mittelalters, München 1994, S. 13. Vgl. Fouquet, Gerhard, Harm von Seggern u. Gabriel Zeilinger (Hrsg.), Höfische Feste im Spätmittelalter in: Mitteilungen der Residenzen-Kommission der Akademie der Wissenschaften zu Göttingen, Sonderheft 6, Kiel 2003, S. 47.

[241] BSB: Codex germanicum monacensis Cgm 331, 160r

[242] Ebd. Die Tanzveranstaltung fand im Rathaus statt. Um ausreichend Platz zu schaffen, wurden zwei Räume durch das Entfernen einer Trennwand miteinander verbunden.

[243] Ebd.

Hans Oringen führt eine weitere Tanzveranstaltung am Abend des 16. Novembers an. Er beschränkt sich nicht nur auf eine besonders ausführliche Beschreibung des prunkvollen und „kostenlichen" Äußeren der Braut Hedwig[244], die nach der Heirat dem Landshuter Fürstenhaus zugehörte, sondern widmet seine Aufmerksamkeit auch den übrigen Fürstinnen und Fürsten. Mit einem umfangreichen Textteil dokumentiert er eine Reihe von Namen von Personen, ihre Rangstellung und ihr Äußeres Erscheinen. Offensichtlich verstand der Chronist, ähnlich wie auch Seybolt, die soziale Bedeutung einer Person durch ihre finanzielle Potenz definiert. Unmittelbar nach dem Kaiser wurde Herzog Georg aufgeführt; er war eine Hauptperson des Festgeschehens und erfuhr somit eine Aufwertung in seiner sozialen Stellung. Der Chronist liefert auch eine genaue Beschreibung des Ablaufs des zweiten Tanzgeschehens.[245] Die Braut erfuhr eine besondere Ehrung, da sich die adligen Tänzer, abgesehen vom Kaiser und vom Bräutigam, nicht wie herkömmlich auf der rechten Seite bewegten, sondern auf der linken.[246] Auf die Tänze von allen Fürsten und Fürstinnen folgte eine Tanzformation, die nur aus der Braut mit adligen Damen und Jungfrauen bestand. Die Markgräfin von Brandenburg ging gleichauf mit der Braut, gefolgt von der Pfalzgräfin Christina von Sachsen. Die Landshuter Herzogin Amalie schritt mit der Gräfin von Württemberg, die Landgräfin von Leuchtenberg mit der Gräfin von Rineck. Schließlich folgten paarweise weitere Edeldamen; insgesamt beziffert Hans Oringen 81 Paare. Während des Tanzes der Fürstinnen „taxierten" der Kaiser Friedrich III. und andere Fürsten „fraven vnd junckfraven", die „schon vnd hubsch" anzuschauen waren.[247] Die prunkvolle Ausgestaltung des Tanzsaales und die glanzvoll inszenierten Abläufe ergänzten die zentrale rechtliche Bedeutung der Hochzeit. Sie trugen zur glanzvollen Selbstrepräsentation des Landshuter Herzoghauses bei.

Freizügigkeit

Ein wesentlicher Aspekt eines höfischen Festes war die Repräsentation des Herrscherhauses durch Freizügigkeit, sowohl nach innen als auch nach außen. Dieser integrale Festbestandteil der Ur-Inszenierung ist schwer abzugrenzen; die freigiebige und großzügige Handlung war mit dem Festkern obligatorisch verflochten, sie wurde nicht spontan vollzogen, sondern war geplant. Herzog Ludwig der Reiche beschränkte sich nicht nur auf die Beherbergung und die Bewirtung seiner Gäste und auf die Speisung seiner Landshuter Bürger mit Brot und Wein. Durch zahlreiche Geschenke mit hohem Wert an adlige Festgäste demonstrierte er die alte Herrschertugend der Freizügigkeit.[248] Indirekt war sie als ein augenscheinliches und begreifbares Zeichen für seinen Reichtum, seine Macht und politische Stellung im europäischen Verflechtungsbereich zu verstehen.

---

[244] Hans Oringen zielt in seiner Beschreibung auf das „materielle Äußere" der Braut, das durch golddurchwirkten Stoff, Damast, Perlen und ein wertvolles Halsband geprägt war. ThürHStA: Nr. 31, Bericht von Hans Oringen, 8r

[245] Ebd. 8v ff.

[246] Unschicklicherweise wich der Graf von Württemberg von der Form der Ehrerbietung ab und verwechselte die Seiten. Er stellte sich somit auf eine Stufe mit dem Kaiser und dem Bräutigam.

[247] Offensichtlich in einem Wettstreit, wer die schönsten Edeldamen in seinem Gefolge vorzuweisen hatte, errang Markgraf Albrecht Achilles „den preiß". Er führte immerhin 25 Wagen voller Frauen und Jungfrauen in seinem Gefolge mit sich; 14 geschmückte Damen ritten auf Pferden seiner Gemahlin hinterher. Die Markgräfin selbst begleiteten ebenfalls noch zwei goldene Wagen mit adligen Frauen.

[248] „Vermerckt die Schankung ...". BSG: Codex germanicum monacensis Cgm 331, 163v u. 168r-168v., s. a. Cgm 1953, 5v-7r

Hans Seybolt berichtet detailliert über die Kosten für die Vorbereitung und Durchführung des Festes. Er fügt den analytischen Ansätzen der herzoglichen Kanzlei Hintergrundinformationen über das Geschehen mit der Absicht an, den außergewöhnlichen materiellen und finanziellen Aufwand des Festes zu postulieren. Er nennt die Kosten für die Reisen der Gesandten und Boten einschließlich der mitgeführten Geschenke und berichtet von den erheblichen Aufwendungen, u.a. für Hofgewänder in den herzoglichen Farben.[249] Er beschreibt die Ausgaben für Speisen und Getränke, für Schlachttiere und teure Gewürze. Er teilt die Entlohnung für die Fanfarenbläser, Musiker und Spielleute mit, die im Gefolge ihrer Fürsten anreisten und das Festgeschehen mitgestalteten.[250] Ein Kölner Goldschmied lieferte für die Braut Hedwig den Trauring und weitere Schmuckstücke aus Gold und Diamanten im Wert von 2.000 rhein. Gulden. Herzog Ludwig gab weitere 3.252 rhein. Gulden für wertvolle Geschenke aus, die er an eine Vielzahl von Gästen verteilte.[251] Das tatsächliche Ausmaß der dafür verwendeten Geldmittel ist nicht mehr feststellbar.

„Diese glänzende Hochzeit zählt zu den prunkvollsten Festen eines Zeitalters, das in der Entfaltung ritterlichen Schaugepräges und freigiebigen Aufwandes schwelgte. Sie zeigte die Wunden des Krieges vernarbt und trug aufs Neue den Ruhm des Landshuter Hofes in alle Welt hinaus."[252]

Das Fest erhielt seine Bedeutung durch die Anzahl und den gesellschaftlichen Rang der Gäste, die jeweils mit Gefolge anreisten und zu versorgen waren. Je zahlenmäßig umfangreicher die Begleitung des Fürsten war, desto bedeutender war seine Stellung. Hans Seybolt teilt in seinem Bericht jeweils zuerst den Namen des Fürsten mit, dann folgen die Angaben über die Personen des Gefolges und abschließend die Zahlen der mitgeführten und zu fütternden Pferde.[253] Die außergewöhnliche Fülle von Einzelinformationen in seiner Chronik stellt mit Hilfe von Zahlen, Preis- und Mengenangaben die Freizügigkeit des Landshuter Herzogs Ludwig mit den ihm zur Verfügung stehenden Mitteln zur Schau. Seine Beschreibung setzt gleichsam die Landshuter Hochzeit subjektiv fort; dokumentarisch festgehalten, sollte sie eine Hilfe zur Erinnerung sein. Seybolts Beschreibung der Freigiebigkeit während der Landshuter Fürstenhochzeit 1475 sollte dafür sorgen, dass sich die Nachwelt eine Vorstellung vom Repräsentationswert der Hochzeitsfeierlichkeiten, sowohl qualitativ als auch quantitativ, machen konnte.

---

[249] Für Herzog Ludwig war es sehr wichtig, einen Großteil seines Gefolges mit einheitlichen Gewändern auszustatten, wofür er die stattliche Summe von 2.980 rhein. Gulden ausgab.
[250] Die Musiker des Kaisers erhielten pro Kopf 3 Gulden, des Königs von Ungarn insgesamt 100 Gulden, des Königs von Ungarn jeweils 4 Gulden, des Königs von Dänemark und anderer Fürsten jeweils 2 Gulden. BSB: Codex germanicum monacensis Cgm 331, 169r
[251] Das Geschenk an die „Alte Frau" von Sachsen fehlt in seiner Auflistung.
[252] Kraus, Andreas, Geschichte Bayerns. Von den Anfängen bis zur Gegenwart, München 1983, S. 175
[253] BSG: Codex germanicum monacensis Cgm 331, 120r ff

3. DER REVITALISIERTE „DUFT DER VERGANGENHEIT"

Die Geburt des Re-Inzenierungsgedankens entsprang aus kultur- und eventstrategischen Erwägungen zu Beginn des 20. Jahrhunderts.

3.1. Die Re-Inszenierungen der Landshuter Fürstenhochzeit 1475 ab 1903

3.1.1. Die Festtradition im Zeitalter des Historismus

Das Zeitalter des Historismus ist als eine Geistesströmung zu verstehen, die auch erzählende Historiker, nachgestaltende Dichter, illustrierende Maler und Bildhauer erfasste. Es war eine Zeit der historischen Festszene; insbesondere zwischen den Jahren 1830 und 1914 waren historische Schaustücke und Umzüge das Medium, mit dem das Bürgertum ihre unabhängige politische Identität ausdrücken konnte. Die Bürger feierten sich selbst, vergegenwärtigten sich stolz ihrer Geschichte und signalisierten Gemeinschaftsgefühl und Glück. Städte des Deutschen Reiches, wie z.B. München, Regensburg, Nürnberg, Rothenburg oder Dinkelsbühl, aber auch Länder wie Österreich, die Schweiz und die Niederlande, bildeten den Kernraum für historische Festzüge.[254] Selbst Italien, Spanien und die USA nahmen an der Bewegung teil.

Im Jahre 1835 wurde in München eine Quadrille nach Motiven von Walter Scott gestaltet, welche die Epoche Herzog Karls des Kühnen von Burgund beschwor. Im gleichen Jahre fanden ein Wallensteinfest und ein großer Schützenumzug des Isarkreises mit Wagen und Kostümen um 1577 statt. Im Jahre 1849, knapp ein Jahr nach dem Ausbruch der bürgerlichen Revolution, wurde ein Barbarossa-Festzug veranstaltet, im Jahre 1850 der Festzug der Künstler zur Enthüllung der Bavaria und im Jahre 1852 der olympische Festzug. Das Stadtjubiläum im Jahre 1858 präsentierte acht Jahrhunderte Münchener Stadtgeschichte. Rudolf Seitz, ein Maler der Landshuter Rathausbilder, wirkte im Jahre 1876 an der Gestaltung des Einzugs von Kaiser Karl V. in die Stadt Augsburg anlässlich des Reichstages von 1530 mit.[255] Die Feiern der Jahre 1880 bis 1884 im süddeutschen Raum, z.B. die Zentenarfeier in München, das Hans-Sachs-Fest in Nürnberg und der Meistertrunk in Rothenburg (ab 1881 in historischen Kostümen), könnten vorbildhaft für die Re-Inszenierung der Landshuter Fürstenhochzeit gewesen sein. Zum 400. Geburtstag von Martin Luther im Jahre 1883 wurden in Erfurt, Eisenach, Wittenberg, Eisleben und Torgau die festliche Einholung durch Bürger und Studenten, durch Mönche und Geharnischte inszeniert. Die „Kinderzeche von Dinkelsbühl" ab dem Jahre 1897 könnte die Ausgestaltung des Festprogramms der Re-Inszenierung beeinflusst haben

---

[254] Vgl. Hartmann, W., Der Historische Festzug, Seine Entstehung und Entwicklung im 19. und 20. Jahrhundert, in: Studien zur Kunst des 19. Jahrhunderts, Bd. 35, München 1976.
Vgl. Tenfelde, K., Adventus. Zur historischen Ikonologie des Festzuges, in: Historische Zeitschrift 235, o. O. 1982, S. 45-84.
[255] Künstler der Münchener Allotria-Künstlergesellschaft stellten bei dem Kostümfest am 19. Februar 1876 in den Sälen des Odeons den Festzug von Karl V. nach. Daneben waren sie noch für die Gestaltung mehrerer größerer Festumzüge in Dachau und München verantwortlich, wie z.B. für den Festzug zur Stadterhebung Dachaus im August 1934. Grassinger, Peter, Münchner Feste und die Allotria. Ein Jahrhundert Kulturgeschichte, München 1990.

Anlässlich der Silberhochzeit von Kaiser Franz Joseph und Kaiserin Elisabeth im Jahre 1879 setzte Hans Makart in Wien den Huldigungszug der Bürgerschaft, der Wissenschaften und Künste im Stil des 17. Jahrhunderts in Szene. Er verband damit den Höhepunkt der europäischen Barockkultur mit dem Zentrum des Neubarock der Francisko-Josephinischen Ära. In Florenz wurde im Jahre 1887 die Ankunft Herzogs Amadeus VI. von Savoyen im Jahre 1367 dargestellt. In Madrid spielte man das Zeitalter von Cervantes nach und in Philadelphia präsentierten die Deutschen von Germantown ihren Anteil an der amerikanischen Geschichte.

Die Landshuter Festtradition bestand beispielhaft aus den Renaissancefesten des 16. Jahrhunderts am Hof des Erbprinzen Wilhelm auf der Burg Trausnitz, aus der großen Fronleichnamsprozession des Barock, bei der regelmäßig drei Ritter in Rüstungen der Schwaigerinnung den Schwaiger-Engel an der Spitze begleiteten, und aus dem Jesuitentheater mit Stücken zur bayerischen Geschichte. Das 19. Jahrhundert wurde gekennzeichnet durch die Feste des Bayerischen Sängerbundes und durch den Festzug anlässlich des Münchener Universitätsjubiläums im Jahre 1872. Die Landshuter Festtradition im Stil des Historismus wurde mit der 400-jährigen Erinnerung an die Fürstenhochzeit 1475 und vor allem mit dem 700-jährigen Stadtjubiläum im Jahre 1880 fortgesetzt. Die Feiern zum Wittelsbacherjahr bestanden aus einem Festzug mit Wappenreitern und Fanfarenbläsern, aus Rittern, Knappen und Reisigen; auf einem Festwagen thronte die Stadtgöttin „Landeshuta".[256] Der spätere Initiator der Re-Inszenierung der Landshuter Fürstenhochzeit, der Hoflieferant Josef Linnbrunner, war damals 14 Jahre alt.

3.1.2. Der Gemäldezyklus im Prunksaal des Landshuter Rathauses aus dem Jahre 1883

Die Entstehungszusammenhänge der ersten monumentalen Repräsentation der Landshuter Fürstenhochzeit 1475 mit der Fertigstellung eines Gemäldezyklus in dem im neugotischen Stil umgestalteten Prunksaal des Landshuter Rathauses im Jahre 1883 und die 1. Re-Inszenierung im Jahre 1903 bezeugen zum einen die Inspiration und zum anderen die Motivation der Bürger der Stadt zur Rückbesinnung auf ihre niederbayerische Geschichte und zu einer „gelebten" Darstellung. Das Selbstbewusstsein der Städte war erheblich gestiegen, nachdem König Maximilian II. Joseph das alte Gemeindeedikt von 1818 revidiert hatte und die Kommunen ab dem Jahre 1869 durch die neuen Gemeindeordnungen für die rechtsrheinischen Gebiete und für die Pfalz zu autonomen Selbstverwaltungskörperschaften wurden.[257] Die Reichseinigung wurde von den kommunalen Führungsschichten als ein Erfolg der bürgerlichen Willensbildung und als ein Siegeszug der preußischen Militärverwaltung verstanden. In den folgenden Jahren wurden die Rathäuser entweder neu gebaut oder entsprechend umgebaut, um den autonomen Führungsanspruch der Städte nach außen durch architektonische Mittel auszudrücken.[258]

---

[256] Vgl. Färber, Siegfried, Eine Stadt spielt Mittelalter. Geschichte der „Landshuter Hochzeit 1475" und ihrer Aufführungen von 1903 bis 1975, Landshut 1976.
[257] Vgl. Glaser, Hubert, Der Bilderzyklus im Rathaus zu Landshut und die Vorgeschichte der Landshuter Hochzeit, Landshut 1984.
[258] Vgl. Wappenschmidt, H.-T., Studien zur Ausstattung des deutschen Rathaussaales in der 2. Hälfte des 19. Jahrhunderts, Bonn 1981.

Der Magistrat von Landshut stellte den Prunksaal des Rathauses zur Ausgestaltung zur Verfügung, um im Zentrum einer kommunalen Selbstverwaltung das monarchische Prinzip, die bayerische Dynastie, Geschichte, Glanz und Verdienste zu dokumentieren.[259] Im Jahre 1875 wurde der Steiermärker Architekt Georg von Hauberrisser[260] mit der Um- und Ausgestaltung des Rathauses beauftragt. Seinen Planungen zufolge sollte der Prunksaal im neugotischen Stil umgebaut, mit einer gewölbten Decke mit Trägern und vorspringenden, aus Holz geschnitzten Fratzen- und Teufelsgestalten[261] versehen, die beiden Längswände sollten mit einem Gemäldezyklus geschmückt werden. Um diese Maßnahme mit staatlichen Fördergeldern zu unterstützen,[262] musste die Kommune allerdings eine staatliche Einflussnahme gestatten, sich gegebenenfalls sogar einer staatlichen Entscheidung beugen.

Dem Antrag beim Kultusministerium auf Zuschüsse lag eine Themenliste mit 18 verschiedenen Zyklen bei, aus der anfänglich zwei, später nochmals zwei genehmigt wurden. Als Künstler wurden Ferdinand Piloty und Eduard Schwoider vorgeschlagen. Durch die Intervention des Landshuter Magistrats beschränkte man sich auf drei verschiedene Bildprogramme: die Gründung des Klosters Seligenthal, der Beginn des Kirchenbaus von St. Martin und die Hochzeit des Herzogs Georg des Reichen mit Hedwig von Polen. Das Ministerium genehmigte einen ersten Vertrag, stellte 10.000 Mark bereit und beauftragte am 4. Dezember 1877 den Maler August Spieß zu dem Thema „Landshuter Fürstenhochzeit" mit dem Mittelbild des Zyklus. Zwei Wochen später wurden zusätzlich die Maler Ludwig Löfftz und Rudolf Seitz beauftragt und weitere 20.000 Mark bewilligt.[263] Anfang April gliederte sich der Maler Konrad Weigand der Gruppe ein. Dem Vorschlag der Künstler, die beiden Längswände des Prunksaales auf ein Freskenthema zu beschränken und ausschließlich mit dem Hochzeitszug zu gestalten, wurde vom Magistrat der Stadt am 20. Januar 1878 und vom Ministerium am 3. Februar 1878 zugestimmt.

Sieben Szenen aus der Landshuter Fürstenhochzeit konstituieren den Wandzyklus.[264] Als historische Grundlage stand der Bericht des Markgrafenschreibers Hans Oringen zur Verfügung.[265] In Seccotechnik wurden die beiden Längswände bemalt. Die Leserichtung des Zyklus beginnt an der Eingangswand von vorn nach hinten, auf der gegenüberliegenden Seite von hinten nach vorn mit dem Brautwagen als zentrale Darstellung. Nacheinander folgen: Bürgergruppe vor einem sächsischen Reisewagen, vierspänniger Brautwagen, Kaiser Friedrich III. und sein Sohn

---

[259] Stadtarchiv Landshut, B 2 13486 (Akten über die Ausschmückung des Prunksaales des Landshuter Rathauses)

[260] Er ist auch bekannt als der Architekt des neuen Münchener Rathauses.

[261] Die Wasserspeier erinnern an die von Viollet le Duc geschaffenen von Notre Dame in Paris.

[262] Der bayerische Kultusminister Lutz schuf mit dem „Fonds zur Pflege und Förderung der Kunst durch den Staat" ein Instrument zur Reglementierung der Kunstpolitik.

[263] Ferdinand Piloty, Ludwig Löfftz und Rudolf Seitz waren Mitglieder der Münchener Künstlergesellschaft „Allotria".

[264] Vgl. Niehoff, Franz, Vom Zauber, den der Rost des Alten auf das Gemüt des Menschen ausübt. Der Landshuter Rathaussaal als Erinnerungsort, in: in eren liebt sie. Die Landshuter Hochzeit 1903-2005, Annäherungen an das Jahr 1475, Schriften aus den Museen der Stadt Landshut 20, Landshut 2005.

[265] Den Künstlern lag die Druckausgabe des Berichts aus dem Jahre 1714 (abgedruckt in: Johann Joachim Müllers „Staats-Cabinett") vor. Der Vergleich zwischen der Quelle und der Gestaltung des Zyklus lässt den Schluss zu, dass die Maler diesen teilweise unterschiedlich bzw. abweichend davon interpretierten. Das lässt sich sowohl in der freizügigen Kostümdarstellung (z.B. bei der Markgräfin von Brandenburg) als auch bei den Wappen und Emblemen feststellen. - Der Landshuter Archivar Anton Kalcher eruierte das Original des Berichts in Weimar und erhielt am 15.9.1882 die Zusage des Weimarischen Archivars Dr. Burkhardt, die Druckausgabe mit dem Original abzugleichen.

Maximilian mit Fürsten, Erzherzog Maximilian mit Hofmeister, Geistlichkeit und Vertreter der Städte, Musiker zu Pferd, Herold. Insgesamt verbildlichen 110 Personen und 31 Pferde einen Auszug herzoglicher Pracht vergangener Zeiten.[266]

In den Jahren 1881 und 1882 beendeten die Künstler ihre Werke. August Spieß hatte das Hauptbild mit dem Brautwagen und das Schlussbild, Rudolf Seitz den Bereich ab der Spitze des Zuges mit dem Herold und der Gruppe um den oberbayerischen Herzog Christoph dem Starken, Ludwig Löfftz die Bischofsszene und Konrad Weigand die Ergänzung mit Kaiser Friedrich III. und Erzherzog Maximilian im Hintergrund geschaffen. Am 18. September 1883 wurde der neugestaltete Rathausprunksaal der Öffentlichkeit zugänglich gemacht.

Die Dokumente im Archiv der Stadt Landshut bezeugen ein einvernehmliches, aber auch mit Vorbehalten belastetes Zusammenwirken zwischen Staat und Stadt.[267] Mit der Auswahl des Themas des Zyklus befand sich die bayerische Regierung in einem Interessenskonflikt. Zum einen hatte sie acht Jahre nach der Reichsgründung Rücksicht zu nehmen auf das Anliegen des deutschen Kaisers und den Willen von Bismarck, zum anderen sollte das bayerische Selbstbewusstsein nicht weiter geschwächt werden. Es war ohnehin schwierig, unter einem menschenscheuen König die monarchische Restsubstanz zu bewahren und nationalliberale Vereinheitlichungsgedanken abzuwehren. Die Wahl des konfliktfreien Zyklusthemas einer Fürstenhochzeit verhinderte einerseits, dass Kaiser Wilhelm I. König Ludwig II. im Bewusstsein der Bayern verdrängte, andererseits konnte sich aber auch der wittelsbachische König nicht durch besondere Artikulationen seiner Souveränität als „Kontrastfigur" zum Hohenzollernkaiser hochstilisieren. Die Ausgestaltung des Landshuter Rathauses verband Lokalgeschichte, Landesgeschichte und Dynastiegeschichte in idealer Weise miteinander, ohne den Gedanken der deutschen Einheit zu vernachlässigen. Die Reichsgeschichte beschränkte sich auf bayerisch-wittelsbachische Aspekte; der habsburgische Kaiser wirkte als Randfigur und nicht als Hauptakteur. Die Bürger der Stadt Landshut konnten sich ihrem Volkstum, ihrer Stadtgeschichte, ihrer dynastischen und staatlichen Prägung bewusst werden.

3.1.3. Der gemeinnützige Verein „Die Förderer" e.V. – Die neuen Kulturunternehmer

Als Gründerväter der Re-Inszenierung der „Landshuter Hochzeit 1475" sind der Bäckermeister Josef Linnbrunner und der Gastwirt Georg Tippel zu benennen.[268] Anlässlich der dritten Niederbayerischen Gewerbe- und Industrieausstellung im Jahre 1903 hatte letzterer die Idee, den historischen Festzug nach Vorlage des Gemäldezyklus im Prunksaal des Landshuter Rathauses wieder entstehen zu lassen.

---

[266] Vgl. Färber, Siegfried, Eine Stadt spielt Mittelalter. Geschichte der „Landshuter Hochzeit 1475" und ihrer Aufführungen von 1903 bis 1975, Landshut 1976, S. 35-50.
[267] Das Verhältnis zwischen Staat und Bürgertum, zwischen Herrscher und bürgerlichen Landshuter Untertanen, zwischen Stabilität, potentieller Willkür und Ehrerbietung war gekennzeichnet durch ein historisch begründetes Misstrauen.
[268] Stadler, Erika, Vom werden eines Festes, Landshut 1991

Der Gemeindebevollmächtigte und Unternehmer Josef Linnbrunner griff die Anregung für den Festzug auf, erweiterte das Geschehen um ein Fest- und Tanzspiel sowie durch Rahmenveranstaltungen verschiedener Art. Er zeichnete für die Verwirklichung der Idee seines Freundes und Mitstreiters Tippel verantwortlich. Er holte bedeutende Künstler nach Landshut und leitete wesentliche Werbemaßnahmen ein mit dem Ziel, die Re-Inszenierung von Beginn an als ständige Einrichtung mit überlokaler und überprovinzieller Bedeutung zu etablieren.

Zur „Förderung" des Vorhabens fanden sich am 17. September des Jahres 1902 fünfzig Herren zu einer Vereinsgründungsveranstaltung ein, um sich mit den Absichten bekannt machen zu lassen und den Ausschuss zu wählen. Der Verein erhielt den Namen „Die Förderer", das erste Vereinsabzeichen war ein Spaten als Symbol des Aufbaus.[269] Josef Linnbrunner und Georg Tippel wurden zu den beiden Vorstandsmitgliedern gewählt.[270] Zu den 22 Herren des Ausschusses zählten fünf Kaufleute, ein Gastwirt, vier Gewerbetreibende, ein Fabrikbesitzer, drei Brauereibesitzer, ein Bankdirektor, vier Angestellte, zwei Redakteure und ein Hofphotograph.

Sämtliche Gründungsmitglieder entstammten der Bürgerschicht, Politik war aus dem Vereinswesen verbannt. Anfänglich bestanden Vorbehalte gegenüber einem Festzug, aber die Gedankenbrücke zu einem Volksfest minderte die Bedenken. Vordringliche Absicht des Vereins war es, weder ein Hoffest noch ein Künstlerfest oder einen Schützen- und Turnierzug zu veranstalten. Nicht der städtische Magistrat, sondern der bürgerliche Verein sollte die Entscheidungsfähigkeit behalten. Es sollte keine städtische, sondern eine unabhängige Veranstaltung des freien Bürgertums bleiben, zwar mit Anlehnung an die Gewerbe- und Industrieausstellung im Jahre 1903. Es war nicht gewollt, die Stadt zum Thema der Veranstaltung zu erklären, auch war kein Festzug geplant, der durch die Jahrhunderte der Stadtgeschichte führte. Es sollte nicht an die wechselhafte Geschichte erinnert, sondern ein ausgewähltes historisches Ereignis re-inszeniert werden, zu dem die historische baulich-räumliche Umgebung einen wesentlichen Beitrag leisten konnte.[271] Das Festgeschehen orientierte sich an den schriftlichen Quellen der Chronisten und den Bildern des Rathauszyklus, trotzdem war an eine historische oder gar politische Aussage vordergründig nicht gedacht. Der Patriot Josef Linnbrunner war kaufmännisch orientiert, er handelte weder als Wissenschaftler noch als Kommunalpolitiker. Wichtig für ihn waren die wirtschaftlichen Vorteile zugunsten der Stadt und die lokale Förderung des Fremdenverkehrs; Heimat- und Vaterlandsliebe verlor er dabei nicht aus dem Blick. Josef Linnbrunner, der letzte der Gründungsmitglieder des Vereins, verstarb am 2. Mai 1945, einen Tag nach der Einnahme der Stadt durch die amerikanische Besatzungsmacht. 126 Mitglieder des Vereins haben den 2. Weltkrieg überlebt.

Der gemeinnützige Verein wurde am 11.4.1946 als „Die Förderer" e.V. von der amerikanischen Militärregierung genehmigt; die Wiedergründungsversammlung fand am 9. Dezember 1947 statt. Seit der ersten Jahresversammlung im Jahre 1902 ist die Zahl der Mitglieder von 729 bis gegenwärtig auf über 9.000 gestiegen. In den Jahren vollzog sich ein Wandel in der gesellschaftlichen Struktur der Vorstands- und Mitgliedschaft. Im Unterschied zu den frühen Jahren befindet sich heute eine große Anzahl von akademisch gebildeten Personen unter den Mitgliedern

---

[269] Dieses Zeichen trugen die Mitglieder bis in die 30er Jahre. Es wurde später durch einen Helm aus dem Stadtwappen ersetzt.
[270] Vgl. Stadler, Erika, und Peter Brix, Chronik des Vereins 104 Jahre Verein „Die Förderer" Landshut 2008, S. 4.
[271] Vgl. Glaser, Hubert, Der Bilderzyklus im Rathaus zu Landshut und die Vorgeschichte der Landshuter Hochzeit, Landshut 1984, S. 24 f.

und im Vorstand. Auch die Bereitschaft höherer sozialer Schichten zur aktiven und passiven Mitwirkung erfuhr eine Änderung. Das Erscheinungsbild des Vereins in der Öffentlichkeit regte schon zu Anfangszeiten seiner bescheidenen Existenz zu einer kritischen Distanz an. Damals wie heute erhebt er den Anspruch auf Unabhängigkeit, ist bei verschiedensten öffentlichen Anlässen präsent und muss dabei fortwährend Bürgersinn und Kompetenz beweisen.[272] An dem im § 2 der Satzung beschriebenen Vereinszweck orientieren sich die Aktivitäten seiner Mitglieder: „Vereinsaufgabe ist die Förderung kultureller Zwecke, insbesondere die Durchführung der historischen Veranstaltung ‚Landshuter Hochzeit 1475' und Erhalt[ung] dieser Veranstaltung als Kulturgut".[273] Im Übrigen ist der Verein verpflichtet, sich für die Erhaltung des kunsthistorischen Stadtbildes einzusetzen.[274] Der Verein „Die Förderer" e.V. wirkt sowohl durch die erhebliche Anzahl seiner Mitglieder als auch durch ergänzende kulturelle Veranstaltungen als Integrationsfaktor innerhalb der Bürgerschaft.[275] Er versucht Verantwortung für das Gemeinwohl zu übernehmen, in dem er immaterielles kulturelles Erbe bewahrt und an die nachfolgenden Generationen weitergibt.

3.1.4. Zusammenspiel von Laien und Professionisten (Bürgern, Künstlern, Historikern, Eventmanagern)

Die Jahre vom Beginn bis zur Institutionalisierung (1903 bis 1914)

Die erste Re-Inszenierung stammte zwar aus einer Vorstellungswelt des 19. Jahrhunderts, welches von dem Gedankengut des Historismus geprägt war; trotzdem war die Bürgerschaft fähig, Komponenten der Vergangenheit in die Gegenwart zu projizieren. Mit der ersten Re-Inszenierung der Landshuter Hochzeit holten sich die Bürger eine heile Welt in ihre Stadt zurück; die betrübliche Gegenwart, soziale Nöte, streitende Parlamente, Klassengegensätze, Lohnkämpfe und Absatzkrisen schienen vergessen.

Die Bürgerschaft nahm von der ersten Re-Inszenierung an die Planung und Durchführung des Festzuges in die Hand. Sie kümmerte sich um die Finanzierung, beschaffte sich die Requisiten, spielte die Rollen und huldigte ihrer Stadt und sich selbst. Obwohl die Gruppe der Förderer der ersten Stunde überwiegend aus Gewerbetreibenden bestand, war man nicht ausschließlich auf Mehrung von Ansehen oder Gewinn bedacht. Tun und Bemühen waren auf den historischen Bezug, auf Originalität und Authentizität ausgerichtet.[276] Die Re-Inszenierungen ab 1903 geschahen vor historischem Hintergrund, anfänglich mit selbst-hinzugedachten Komponenten ohne Bezug zu ge-

---

[272] Um den Bedingungen der Gemeinnützigkeit gerecht zu bleiben, wurde im Jahre 1988 die „Landshuter Hochzeit Verwaltungs-GmbH" gegründet.

[273] Der Veranstaltungsetat liegt gegenwärtig bei über 4 Mio. Euro.

[274] Verein die Förderer, Satzung, Landshut, o. J.

[275] Der Verein organisierte alljährlich das Altstadtfest; bei sog. Gevatternabenden werden Vorträge zu geschichtlichen und kulturellen Themen Bayerns und Landshuts angeboten. Zu bestimmten Gelegenheiten gibt es eine Veranstaltung „Comedia musicale" auf der Burg Trausnitz.

[276] Durch die Edition Westenrieder des Berichts von Hans Seybold war eine Re-Inszenierung in großer geschichtlicher Nähe zur Ur-Inszenierung möglich.

schichtlichen Gegebenheiten. Sie entstanden aus privater Bürgerinitiative, eingebunden in ein Festgeschehen zur Erinnerung an ein außergewöhnliches politisch bedeutungsvolles und geschichtsträchtiges Ereignis.[277]

Die Re-Inszenierung im Jahre 1903 trug den Charakter eines Festes im Reigen anderer zeitgemäßer Festveranstaltungen; angestrebt wurde ein Beitrag für die Verherrlichung oder Erhöhung der dritten Niederbayerischen Gewerbe- und Industrieausstellung. Zur Eröffnungsfeier am 15. August 1903 sollte in Anwesenheit des Schirmherrn, Prinz Ludwig von Bayern, mit der Re-Inszenierung des Festzuges etwas Besonderes geboten werden. Weitere Festbestandteile waren ein Ringelstechen[278] und ein Festspiel[279]. Ein zweiter Festzug, gekoppelt mit einem Kinderzug, fand am 13. September statt.

In den Jahren von 1904 bis 1914 gab es verschiedene Veranstaltungen und Ergänzungen des Festgeschehens. 1904 wurde ein Ritterfest auf der Burg Trausnitz veranstaltet. Prinz Ludwig von Bayern tat beim Armbrustschießen den ersten Schuss. Georg Schaumberg, der Begründer der Münchener Gesellschaft für Theatergeschichte, wurde als Autor für ein Festspiel[280] als Einführung zur festlichen Veranstaltung gewonnen.[281] Die Planung zum Bau eines eigenen Festspielhauses wurde verworfen und der Prunksaal des Rathauses als Aufführungsort für das Spiel ab 1905 gewählt. Aufgrund des Erfolges fand ein Jahr später eine Wiederholung statt. Im Jahre 1907 wurde es durch ein symphonisches Vorspiel des Bayreuther Komponisten Heinrich Schmid ergänzt und kam anlässlich des VIII. Bayerischen Städtetages zur Aufführung. Die Zahl der Mitwirkenden vergrößerte sich auf 600 Kostümierte. Der damals bereits weitreichende Ruf der Re-Inszenierung hatte zur Folge, dass man Konferenzen mit dem Fest verband, so z.B. im Jahre 1908 mit der Bayerischen Lehrertagung.

Ein erster Sonderzug führte im Jahre 1910 Gäste aus Berlin nach Landshut.[282] Drei Festspiele waren für die zahlreichen Besucher erforderlich. In den beiden folgenden Jahren stellte sich der erwartete wirtschaftliche Erfolg ein, welcher zu einer Konsolidierung der Vereinsfinanzen beitrug. Zum letzten Male vor dem Ausbruch des ersten Weltkrieges fand im Jahre 1914 eine Re-Inszenierung statt.

Die Jahre des Bewahrens, des Rückschritts und der Fortsetzung (1922 bis 1938)

Obwohl es anfangs den Anschein hatte, dass die neue Republik kein Interesse an Re-Inszenierungen von historischen Wittelsbacher-Ereignissen haben würde, fanden am Samstag und Sonntag, dem 1. und 2. Juli, sowie dem 8.

---

[277] Vgl. Hiereth, Sebastian, Herzog Georgs Hochzeit zu Landshut im Jahre 1475. Eine Darstellung aus zeitgenössischen Quellen, Landshut, 1965.

[278] Der Eintrittspreis betrug 30 Pfennige; für zwei Mark konnte man auf einer kleinen Tribüne sitzen.

[279] Das Festspiel hing nicht mit dem Geschehen der Fürstenhochzeit zusammen. Die Darstellungen der „Landeshuta" und der „Flora" stammten von dem Landgerichtsrat Anton Oberhofer.

[280] Als Vorbild galten das Festspiel in Rothenburg ob der Tauber und in Dinkelsbühl.

[281] Das Festspiel hatte, abgesehen von geringen Änderungen, bis zum Jahre 1978 Bestand.

[282] Am 2. Juli 1913 besuchte der englische Kronprinz Eduard Prinz von Wales und spätere König von England in Begleitung des bayerischen Reichsrates Hans Veit Graf zu Törring-Jettenbach und dem deutschen Oxford Professor Dr. Hermann Fiedler die Landshuter Hochzeit. (Bericht in der Landshuter Zeitung vom 06. Juli 1913 und vom 11. Juni 2009)

und 9. Juli des Jahres 1922 die ersten Aufführungen nach dem Kriege statt.[283] Die Inflation des folgenden Jahres verhinderte eine Aufführung; jedoch trug ein von Georg Schaumberg verfasstes Festspiel zum Thema „Ein Tag nach der Landshuter Hochzeit" zur Gestaltung des 75-jährigen Jubiläums des Sängervereins der Stadt Landshut bei. Im Jahre 1924 wurde das Festgeschehen um das Tanzspiel und zum 450. Jubiläum der Fürstenhochzeit im Jahre 1925 um das Turnier erweitert. Damit fand das Fest seine bis zum Ende des 20 Jahrhunderts geltende Form. Ab den 20er Jahren waren die „Förderer" bemüht, möglichst viele Kunstschaffende (Schauspieler, Musiker, Sänger, Regisseure sowie Ballettmeister) und Sonderfachleute (Historiker, Musikwissenschaftler) aus der Münchener und Landshuter Szene zu gewinnen, um kontinuierlich die Qualität der einzelnen Festbestandteile zu garantieren.

Die Jahre bis 1930 brachten abwechselnde Erfolge. Es war eine Zeit wirtschaftlicher Not, in der die Verherrlichung von Glanz und Reichtum, Verschwendung und Luxus nicht mehr das adäquate Interesse fand. Aus diesem Grunde beschloss der Vereinsvorstand, die Re-Inszenierungen für einen gewissen Zeitraum auszusetzen. Trotzdem brachten die Re-Inszenierungen nach einer „Atempause" in den Jahren 1934/35 nicht den gewünschten Erfolg.[284] Die Re-Inszenierung der Landshuter Hochzeit hatte in der damaligen Form keinen Bestand mehr. Auf Initiative des Landshuter Bürgermeisters Karl Vielweib wurde im Jahre 1935 der Lehrer Karl Stadler (1898-1956) zum Festspielleiter berufen, der den Text des Stückes der Zeit entsprechend anpasste; insbesondere Stellen mit monarchischen Tendenzen sollten beseitigt werden. Die Kostüme für die neuen Rollen wurden von Franz Högner (1903-1979) geschaffen. Mit der Überarbeitung und zeitgemäßen Anpassung war der erste Schritt zu einer neuen Entfaltung getan, welcher die Gestaltung der Re-Inszenierung zufolge der durch die historiologische Analyse gewonnenen Erkenntnisse der Ur-Inszenierung sehr nahe kommt.

Das Jahr 1937 brachte den Erfolg der Bemühungen: Am 4., 11. und 18. Juli zogen 900 kostümierte Mitwirkende, davon 80 Reiter, an Tausenden von Besuchern vorbei. Das Interesse der Medien war groß, neben der deutschen Presse berichteten italienische, dänische und sogar arabische Zeitungen über das Festgeschehen. Auch der Hörfunk interessierte sich zum ersten Mal für die Landshuter Hochzeit. Kurz nach dem die Oberammergauer Passion „reichswichtig" geworden war, erreichte die Re-Inszenierung das Prädikat der „Gauwichtigkeit". Das Festspiel fand wieder vor ausverkauftem Hause statt.

Das folgende Jahr brachte am 26. Juni, am 3. und 10. Juli ebenfalls eine erfolgreiche und glanzvolle Wiederaufführung. Der Reichssender aus München berichtete in einer Reportage über das Festgeschehen; das politische Umfeld zeigte jedoch bereits bedrohliche Anzeichen. Die nächste Aufführung war für das Jahr 1940 geplant, der Ausbruch des zweiten Weltkrieges brachte aber das Fest für längere Zeit zum Erliegen.

---

[283] Acht Vorstandmitglieder und 19 Mitglieder fanden sich am 29.1.1922 zur ersten Nachkriegssitzung zusammen und beschlossen mit einer Gegenstimme die Wiederaufnahme des Festgeschehens.
[284] Zu Zeiten des Nationalsozialismus erklang das „Heil Wittelsbach" in der Schlussszene vor halbleerem Haus.

Die Jahre der Etablierung (1945 bis 1959)

Der Krieg hatte erhebliche Auswirkungen auf die „Landshuter Hochzeit". Zum einen war gegen Kriegsende die Gefahr für den Fundus infolge einer Sammlung von Stoffen für die Verarbeitung zu Militärkleidung abzuwehren, und zum anderen galt es, die Ablieferung der historischen Waffen an die Besatzungsmacht zu verhindern. Der Wagenpark blieb erhalten. Mit der Genehmigung des Vereins „Die Förderer" e.V. im Jahre 1946 und der Wiedergründungsversammlung im Jahre 1947 waren die rechtlichen Voraussetzungen geschaffen, um mit den Vorarbeiten für eine Re-Inszenierung im Jahre 1950 zu beginnen. Die Männer des Vorstandes um Karl Stadler sahen sich vor der Schwierigkeit, die durch das Kriegsgeschehen in Vergessenheit geratene „Landshuter Fürstenhochzeit" mit entsprechenden Werbemaßnahmen wieder in das Bewusstsein der Öffentlichkeit zu rücken. Durch den Flüchtlingsstrom aus den ehemaligen deutschen Ostgebieten war die Stadt auf über 47.000 Einwohner angewachsen. Um diese und die nachfolgende Generation der Landshuter Bürger mit der „Landshuter Hochzeit" bekannt zu machen und um das Wissen darüber weiterzugeben, fand am 14. Januar 1949 eine Informationsveranstaltung im Rathaus-Prunksaal statt. Das Ziel war, alte und neue Mitglieder in Ausschüsse zu bitten. Diese leisteten in kürzester Zeit erfolgreiche Arbeit.

Obwohl viele Landshuter noch nicht aus der Kriegsgefangenschaft zurückgekehrt waren, bewegte sich der Festzug am 25. Juni 1950 wieder durch die Straßenzüge im Landshuter Altstadtbereich. Erstmals läuteten dabei die Glocken von St. Martin. Ehemalige Kriegsgegner, überlebende Bürger und Besatzungssoldaten bejubelten einträchtig den von sechs braunen Haflingern gezogenen Brautwagen. Englische illustrierte Blätter, u.a. „Picture Post" und „Everybody's", berichteten ausführlich über das Festgeschehen, und der amerikanische Sender AFN strahlte eine halbstündige Reportage aus. Der Vorstand beschloss, die weiteren Re-Inszenierungen in einem Turnus von drei Jahren zu veranstalten.

Im Jahre 1953 stand das 50. Jubiläum der ersten Re-Inszenierung an. Um für diese Aufführung zu werben, wurde eine Gruppe „Fahrende" in historischem Kostüm und mit Wagen in zahlreiche württembergische Orte gesandt. Die neue Anstecknadel trug nun einen Helm aus dem Stadtwappen; damit wurde die Verbundenheit der Stadt mit dem Fest symbolisiert. Eine Häuserschmuckkommission wurde eingesetzt, um die Hauseigentümer im Altstadtbereich über den historischen Schmuck ihrer Fassaden zu beraten. Von Franz Högner wurde ein neues Plakat und ein mehrsprachiges Prospekt geschaffen, letzteres mit einer Auflage von 40.000 Stück weltweit verteilt.

Einen ersten Schritt auf dem Weg zur historischen Musik unternahm Manfred Schwarz mit der von ihm gegründeten Gruppe der Zinkenisten. Der schon in den 20er Jahren gefasste Plan zur Errichtung von Tribünen mit 3.500 Sitzplätzen in der Altstadt wurde nunmehr verwirklicht. Der neue Mitarbeiter von Franz Högner, der Architekt Hans Hofbauer, war für die Erweiterung um das Huldigungsfest der Stadt am Mittwoch verantwortlich. Der von Andreas Zettl gebaute Wagen der Herzogin Amalie bereicherte den Wagenpark. Eine Begleitausstellung in der Stadtresidenz zum Thema „Die Landshuter Fürstenhochzeit in Originalurkunden und Schaustücken" ergänzte das Festgeschehen. In Anwesenheit von Bundespräsident Theodor Heuss, Kronprinz Luitpold von Bayern und Mitgliedern des Diplomatischen Corps führte am 5. und 12. Juli 1953 der Festzug an etwa 100.000 in- und ausländischen Gästen vorbei. Die internationale Presse brachte große Bild- und Textberichte; die „Fox-tönende Wochenschau" und „Welt im Bild" zeigten viermal Wochenschaubeiträge mit Ausschnitten aus dem Festgeschehen.

Drei Jahre später wurde der Erfolg der Jubiläumsveranstaltung noch überboten. Unter den etwa 300.000 Festbesuchern befanden sich Erbprinz Albrecht von Wittelsbach und der Botschafter der Sowjetunion. Die Anzahl der Mitwirkenden hatte sich mittlerweile auf 1.000 erhöht. Franz Högner hatte eine Vielzahl neuer Kostüme für den Festzug entworfen. Die Leiterin Hildegard Baier präsentierte ihre „Herzogliche Cantorey", eine kleine Musik zur Fürstenhochzeit im italienischen Saal der Stadtresidenz. Die Tribünen waren auf 4.600 Sitzplätze erweitert worden.

Erstmals berichtete das Fernsehen über die Landshuter Hochzeit: Über das Eurovisionsnetz übernahmen die Länder Italien, Schweiz, Österreich, Belgien und Holland in einer 50-minütigen Life-Sendung in fünf Sprachen kommentierte Bilder von vier Kamerateams des Bayerischen Fernsehens. Für einen Kulturfilm machte die Walt-Disney-Gesellschaft aus Hollywood Aufnahmen; sogar die Filmgesellschaft „ABC" aus Australien war mit einem Filmteam vor Ort. Große Tageszeitungen und Illustrierte brachten ausführliche Berichte über das Geschehen.

Das Jahr 1959 stand weiter im Zeichen des Festausbaus. Nachdem am 4. Februar 1957 der langjährige Organisator Karl Stadler verstorben war, musste die Organisationsstruktur geändert werden. Um die Qualität der Re-Inszenierung zu bewahren, wurden die Aufgaben auf vier Arbeitsausschüsse verteilt. Die Leitung des Festspiels übernahm Ludwig Bender; anstelle von Künstlerplakaten hat man in der Werbung nunmehr wirkungsvolle Farbfotoplakate eingesetzt. Die Festbestandteile wurden um die „Festlichen Spiele im nächtlichen Lager" erweitert. Die Aufführungen fanden am 1. und 8. Juli statt. Alle Veranstaltungen waren ausverkauft. Mit der höfischen Musik um 1475 mit Hans Walch begann der weiteste und auch erfolgreichste Weg auf musikalischem Gebiet. Erstmals war seine „Chormusik der Gotik und der Frührenaissance" im Hof der Residenz zu hören. Der Festzug ging mit weiteren Teilnehmern in neuen Kostümen von Franz Högner bei „Hochzeitswetter" durch die Straßen. Die Reportage von BBC darüber wurde von Australien übernommen, und die „Stimme Amerikas" strahlte einen Bericht in polnischer Sprache aus.

Die Jahre der Rückschläge und des Wiederbeginns (1960 bis 1983)

Nach den Jahren des Aufbaus in den 1950er Jahren war eine Phase des Ausbaues und der Konsolidierung unter besonderer Berücksichtigung von historischer Genauigkeit geplant. Im Jahre 1962 wurde damit begonnen, Presse- Rundfunk- und Fernsehreporter mit historischen Kostümen auszustatten, damit sie sich während der Festveranstaltungen zwischen den einzelnen Gruppen bewegen konnten, ohne den historischen Gesamteindruck zu stören. Der römisch-deutsche Kaiser Friedrich III. wurde nunmehr vom Bruder des türkischen Sultans begleitet; auf die Sultansgruppe hat man seitdem verzichtet. Falkner und Dudelsackpfeifer waren weitere neue Gruppen im „Festzug". Um die Zuschauer über den historischen Hintergrund während der „Reiter und Ritterspiele" und der „Festlichen Spiele im nächtlichen Lager" zu informieren, begann man, informative historische Sachverhalte über Lautsprecher vor und während der Veranstaltung mitzuteilen.

Im Jahre 1965 wurden die Musikgruppen durch die Businenbläser erweitert. Auch der Ausbau der Musikveranstaltungen schritt voran. Zu den Konzerten von Hans Walch mit der „Musik am Hof der Landshuter Herzöge im 16. Jh." und der „Musik um 1475" kamen die „Festlichen Serenaden im Hof der Stadtresidenz" hinzu. Im Jahre 1968 stand der Ausbau des Turniers im Zentrum der Bemühungen. Der Plattner Walter Suckert begann originalgetreues Stechzeug für die Ritter zu fertigen. Erstmals nahm die Gruppe der Fahnenschwinger teil.

Die Aufführungen der Landshuter Hochzeit im Jahre 1968 waren die letzten für einen längeren Zeitraum. Die bereits vorbereitete Re-Inszenierung im Jahre 1971 konnte nicht mehr stattfinden, da am 9. Oktober 1970 ein Großbrand die Lagerhalle der Förderer mit dem gesamten Wagenpark zerstörte. Der Brautwagen von 1903, der Gespielinnenwagen von 1905, die Sänfte Herzog Ludwigs des Reichen von 1937, der Wagen der „Alten Frau von Sachsen" von 1950 und der Wagen der Herzogin Amalie von 1953 wurden vollständig zerstört. Auch die gesamte Ausstattung des Turnier-, Lager und Zehrplatzes wurde ein Raub der Flammen. Drei Monate später, am 17. Januar 1971, beschädigte ein Wasserrohrbruch die im herzoglichen Kasten (ehem. Landgericht) zwischengelagerten Kostüme und einen Teil des Stofflagers.

Zur Wiederherstellung sowohl der Fahrzeuge und der Requisiten als auch der Kostüme waren die kunsthandwerklichen Fähigkeiten der städtischen, regionalen und überregionalen Wagner, Schmiede, Schnitzer, Maler, Vergolder, Schneider und Kostümbildner gefordert. Das Fachwissen über traditionelle Handwerkstechniken, das entsprechende handwerkliche Können und das besondere Augenmerk auf historische Genauigkeit kamen dem Vorhaben der Wiederbeschaffung erheblich zugute und führten zu einer Qualitätsverbesserung permanenter Wertträger. Unter der Leitung von Rudolf Wohlgemuth und Max Ammer wurde der Kostümfundus im sogenannten Herzogschlößl untergebracht. Zwanzig Kammerfrauen sorgten für die Erneuerung, Ergänzung und Reparatur von Kostümen, Rüstzeuge, Waffen und Schuhen. Anlässlich eines Fördererfestes im Jahre 1973 auf der Burg Trausnitz, welches die lange Zeit zwischen der letzten Re-Inszenierung von 1968 und der geplanten im Jahre 1975 überbrücken und die Öffentlichkeit auf die „Landshuter Hochzeit" vorbereiten sollte, wurden die zwischenzeitlich neugeschaffenen Wagen und wiederhergestellten Kostüme der Öffentlichkeit präsentiert.

„Wie der gold- und purpurfarbene Vogel Phönix der antiken Sage alle 500 Jahre aus Arabien nach Heliopolis kam, um in seinem aus Myrrhen gebauten Nest zu verbrennen und verjüngt und schöner als zuvor daraus zu entsteigen, so entstand 500 Jahre nach der historischen Fürstenhochzeit aus Feuer und Wasserunglück die Landshuter Hochzeit neu – festlich glänzend, farbenträchtig, von neuer Begeisterung getragen und Abertausenden beschwingte Freude schenkend."[285]

Zur Jubiläumshochzeit – 500 Jahre Landshuter Fürstenhochzeit 1475 – im Jahre 1975 wurde eine Reihe von Neuerungen eingeführt. Der Hauptausschuss unter der Leitung von Rudolf Wohlgemuth koordinierte die Organisation. Durch eine Werbekampagne waren die in- und ausländische Presse, Rundfunk- und Fernsehanstalten, Korrespondenten und Fotografen, Reise- und Touristikbüros informiert.

---

[285] Färber, Siegfried, Eine Stadt spielt Mittelalter. Geschichte der „Landshuter Hochzeit 1475" und ihrer Aufführungen von 1903 bis 1975, Landshut 1976, S. 172

Der Festablauf wurde auf vier Sonntage und auf die Dauer von drei Wochen vom Samstag, dem 21. Juni, bis Sonntag, den 13. Juli, erweitert. Für Zuschauer standen in der Altstadt und auf der Turnierwiese insgesamt 10.872 Sitzplätze zur Verfügung. Wesentliche Neuerungen betrafen aber vor allem das Fest- und Tanzspiel. Klaus Schlette, der Intendant des Südostbayerischen Städtetheaters, nunmehr Landestheater Niederbayern, bearbeitete und inszenierte das Festspiel. Völlig neu gestaltet wurde das Tanzspiel: Losgelöst von einer romantischen Pantomime zur Musik von Hans Lehner; entfaltete sich dieser Festbestandteil zu einem höfischen Gesellschaftsabend mit Musik und Tanz aus der Zeit der Spätgotik. Die Ballettmeister Ulrich und Anne Behrisch mussten zunächst Quellenforschung betreiben, um historische Tänze, eingebunden in gesellschaftliches Gebaren zur von Hans Walch zusammengestellten Tanzmusik, wieder erstehen zu lassen. Mittel- und Höhepunkt des Jubiläumsfestes war der Festzug vor etwa 500.000 Gästen; 1.200 Mitwirkende boten in neu geschaffenen oder restaurierten Kostümen ein historisches Abbild vergangener Zeit. Altstadttreiben und Tribünenfeste ergänzten das Festgeschehen. Neben zahlreichen Berichten und Reportagen in den Printmedien gab es sechs umfangreiche Fernsehbeiträge. Mehrere Kulturfilme dokumentierten die Re-Inszenierung des immateriellen kulturellen Erbes.

Eine Sonderbriefmarke und ein Festtagsbrief waren Teil der Werbemaßnahmen für die Jubiläumsaufführung von 1975.

Die Landshuter Hochzeit im Jahre 1978 fand 75 Jahre nach der ersten Aufführung im Jahre 1903 statt. Um der wachsenden Zahl von Besuchern gerecht zu werden, wurde der Weg des Festzuges bis zur Jesuitenkirche in der Neustadt verlängert. Der Plattner Walter Suckert lieferte das erste Rennzeug für die Turnierritter. Am 10. Juli 1978, mitten im Festgeschehen verstarb Hans Hofbauer, der 1. Vorsitzende des Vereins „Die Förderer" e.V. Als Anerkennung für die Bemühungen um die Bewahrung bayerischer Kultur bekam der Verein von den Münchener Turmschreibern am 13. Oktober im Cuvilliés-Theater den „Poetentaler" überreicht.

Am 6. Oktober 1979 starb der Landshuter Künstler Franz Högner, das „ästhetische Gewissen" der Landshuter Fürstenhochzeit 1475. Seit dem Jahre 1937 hatte er alle Kostüme nach historischen Quellen detailgerecht entworfen, alle Neuanfertigungen von Requisiten, z.B. auch die Wiederherstellung der Fahrzeuge überwacht und stets ein kritisches Auge auf die Re-Inszenierung geworfen. Im Laufe der Jahrzehnte verhalf er der Landshuter Hochzeit zu einem kulturell und künstlerisch gestalteten historischen Erscheinungsbild mit weitreichendem Ruf. Die Identität der Re-Inszenierungen und die Originaltreue temporärer und permanenter Wertträger sind sein Verdienst.

Die Aufführung der Landshuter Hochzeit vom 20. Juni bis 12. Juli 1981 war mit 1,6 Millionen DM veranschlagt. Aus praktischen Überlegungen hat man die folgenden Re-Inszenierungen auf einen vierjährigen Turnus festgelegt. Auf Initiative des Münchener Regisseurs Peter Grassinger[286] verfasste der Autor Leopold Ahlsen ein neues Festspiel. Die Anzahl der Mitglieder war inzwischen auf etwa 2.000 angestiegen. Die Turnierritter erhielten vom Plattner Walter Suckert das vierte Rennzeug. Die neuen Bemühungen auf dem Weg zur Perfektion des Festes begannen sich abzuzeichnen.

---

[286] Peter Grassinger ist Mitglied der Münchener Künstlergesellschaft „Allotria".

Die Jahre des Strebens nach Perfektion (ab 1983)

Während der Aufführung vom 22. Juni bis 14. Juli 1985 war zum zweiten Mal in der Geschichte der Re-Inszenierung das Staatsoberhaupt der Bundesrepublik Deutschland zu Gast: Bundespräsident Richard von Weizsäcker nahm am Festgeschehen teil. Im Jahre 1953 hatte bereits Theodor Heuss zu den Besuchern gezählt. Um der wachsenden Zahl der Zuschauer bei den „Reiter- und Ritterspielen" und den „Festlichen Spielen im nächtlichen Lager" zu entsprechen, wurden die Tribünen auf der Ringelstecherwiese auf 7.000 Sitzplätze erweitert. Der Choreograph Manfred Schnelle aus Rostock in der DDR unterstützte, trotz erheblicher politischer Schwierigkeiten bei der Ausreise, die erst nach Intervention des Bayerischen Ministerpräsidenten hatten beseitigt werden können, den Regisseur Peter Grassinger und das Ehepaar Behrisch bei der Neugestaltung des Tanzspiels. Die Kostüme der Turnierritter und Knappen wurden erneuert, ebenso die Standarten der freien Reichsstände. Der polnische Adel wurde um die Rolle des Wojwoden von Lublin ergänzt.

Um einen Ausweichtermin für witterungsbedingte Ausfälle von Samstagsvorstellungen benennen zu können, beschloss der Vorstand der Förderer, die Freitage veranstaltungsfrei zu halten. Der Haushalt des Vereins im Jahre 1986 betrug 4,7 Millionen DM an Einnahmen und Ausgaben nach der Abrechnung der Aufführung des Vorjahres. Eine weitere Rüstung nach gotischem Vorbild wurde erworben.

Unter der Schirmherrschaft des Ministerpräsidenten des Freistaates Bayern, Albrecht Herzog von Bayern und des Oberbürgermeisters der Stadt Landshut fand vom 24. Juni bis 16. Juli 1989 die Re-Inszenierung der Landshuter Fürstenhochzeit mit veranschlagten Kosten in Höhe von 3 Millionen DM statt. Als Spende erhielten die Förderer einen vom Plattner Walter Suckert gefertigten zweiteiligen Prunkharnisch, bestehend aus Brust- und Rückenharnisch. Der Zehrplatz für Besucher wurde umgestaltet und erweitert; zwei große Zelte, zahlreiche Versorgungsstände, eine Schwemme und eine Lammbraterei wurden errichtet. Auf einer größeren überdachten und auf einer kleineren offenen Bühne sollten Besucher durch Darbietungen kostümierter Musikgruppen, Komödianten und Gaukler einen Eindruck vom Spätmittelalter gewinnen.

Am 23. Juni 1991 fand die feierliche Einweihung des Zeughauses statt. Nach siebenjähriger Bauzeit übersiedelten der Kostümfundus und die Wagen in das neue Förderer-Gebäude unmittelbar neben der Ringelstecherwiese, in welchem sich auch ein Sitzungssaal im Obergeschoss, Werkstätten und im Erdgeschoss Stallungen für die Wagenpferde während der Festwochen befinden.

Die Re-Inszenierung vom 26. Juni bis 18. Juli 1993 brachte zahlreiche Neuerungen. Erstmals wurde im Residenzhof der „Mummenschanz" nach einem Konzept von Karola Schoßer, Hubert Gruber, Bernd Zöttl und Gustav Huth aufgeführt. Für die Schluss-Szene „Schariwari" wurden lederne Gesichtsmasken nach einer Vorlage aus dem 14. Jahrhundert geschaffen. Mit Unterstützung seiner Assistentin Bruna Gondoni versuchte der Florentiner Choreograph Andrea Francalanci das Tanzspiel flüssiger zu gestalten.[287] Teilweise überschnitten sich Tänze nunmehr, auch auf Pausen wurde verzichtet. Sergio Ballestracci komponierte die Tanzmusik nach alten Originalen und arbeitete die meist

---

[287] Ein Jahr später starb Andrea Francalanci in Paris.

einstimmigen Stücke in eine dem Spätmittelalter entsprechende Orchesterfassung um. Die Reiter- und Ritterspiele wurden um die sogenannte „Quintana" ergänzt. Lanzenreiter stechen auf eine mit Leder überzogene drehbare Figur; an einer auskragenden Hand hängt eine Kette mit einer Kugel, der es nach einem Treffer mit besonderem Geschick auszuweichen gilt. Die Bischofs-Gruppe wurde um die historiologisch nachgewiesenen Bischöfe (Erzbischof von Salzburg, Bischof von Eichstätt, Bischof von Freising und Bischof von Passau) erweitert. Die Anzahl der historischen Musikgruppen war auf 17 gewachsen. Die Förderer beauftragten Kurt W. Oehlschläger, einen zweiten Film über das Festgeschehen zu drehen. Dieser ist als Videokassette in verschiedenen Sprachen erhältlich und dokumentiert die einzelnen Veranstaltungen.[288]

Der bei Arbeiten in einer Schießscharte im Wartturm gefundene Humpen (um 1475) des Peter Berntrecht ist als Nachbildung erhältlich. Wegen Dauerregens am 10. und 11. Juli wurden die „Festlichen Spiele im nächtlichen Lager", der „Hochzeitszug" und die „Reiter- und Ritterspiele" abgesagt. Am 16. Juli hat man die Festlichen Spiele nachgeholt. Die Mindereinnahmen wurden teilweise durch Mehreinnahmen aus dem Zehrplatz und durch Rücklagen auf 160.000 DM reduziert. Die Ausfallbürgschaft der Stadt Landshut wurde nicht in Anspruch genommen. Diese Tatsache bestätigt, wie es seinerzeit auf der Gründungsversammlung der Förderer am 17. September 1902 beschlossen worden war, nämlich dass die Re-Inszenierung dieses ausgewählten historischen Ereignisses keine städtische, sondern eine unabhängige Veranstaltung des freien Bürgertums ist.

Vom 3. bis 5. März 1995 fand ein Seminar unter der Leitung von zwei Schülern der „Schola Cantorum Basiliensis", Ian Harrison aus England und Felix Stricker aus Puerto Rico, für die Bläser der Landshuter Hochzeit statt. Vom 27. bis 29. Oktober 1995 nahmen 24 Musiker der Landshuter Hochzeit, darunter die Gruppen Schwinghammer, Cinque Bombardi und Scholaren, an einem gemeinsam von der Akademie für Alte Musik in Niederbayern und vom Verein „Die Förderer" e.V. veranstalteten Kurs für spätmittelalterliche Musik teil. Lieven Baert aus Belgien, der neue Choreograf des Tanzspiels, leitete vom 30. September bis 1. Oktober 1995 ein Tanzworkshop für an spätmittelalterlichen Tänzen Interessierte und vom 23. bis 24. November für die tanzenden Fürsten. In mehreren Vorträgen, z.B. am 19. Oktober 1995 referierte Dr. Josef Maß über „die Freisinger Bischöfe im Mittelalter", am 9. November 1995 Dr. Alfons Beckenbauer über die „ostpolitischen Hintergründe der Landshuter Hochzeit 1475" und am 4. Dezember 1996 Dr. Johann Dorner über die „Herzogin Hedwig auf der Burg zu Burghausen" und über die geschichtlichen Hintergründe der Re-Inszenierung des historischen Ereignisses.

Im Jahre 1997, vom 28. Juni bis 20. Juli, fand unter der Schirmherrschaft des Bayerischen Ministerpräsidenten die 37. Re-Inszenierung des historischen Ereignisses statt. Bundespräsident Prof. Roman Herzog nahm am 29. Juni als Ehrengast am Staatsempfang auf der Burg Trausnitz und am Festzug teil. Zwischenzeitlich hatte sich die „Landshuter Fürstenhochzeit 1475" zu einem stattlichen finanziellen Unternehmen mit 74 Einzelveranstaltungen und Gesamtkosten in Höhe von 4,3 Millionen DM entfaltet.

---

[288] Kurt W. Oehlschläger hatte im Auftrag der Förderer bereits im Jubiläumsjahr 1975 einen Film über die Landshuter Hochzeit gedreht.

Zu dem Fest wurden zwischen 450.000 und 600.000 Besucher aus dem In- und Ausland erwartet. Über150.000 Eintrittskarten waren bestellt worden. Der Mummenschanz mit mehreren Aufführungen etablierte sich zu einem festen Bestandteil der Veranstaltungen. Das Tanzspiel zeigte einen Schwertertanz junger Adliger; die neuen Brustharnische stammten vom Plattner Franz Suckert. Ebenfalls von ihm gefertigt wurde eine Nachbildung der Rüstung des Hochzeitsgastes - Ritter Staudacher - nach einer Grabplatte in der Krypta der Kirche St. Jodok. Bei den Festzügen trugen die Businenbläser, die Tanz- und Kaiserpagen neue Kostüme. Die Fahnenschwinger präsentierten ihre neuen Großflaggen. Der Intendant des Südostbayerischen Städtetheaters, Johannes Reitmeier, hatte den langjährigen Regisseur Peter Grassinger abgelöst und setzte neue Akzente im Festspiel. Ein Alternativprogramm für die witterungsbedingte Absage von Festveranstaltungen im Freien wurde vorgelegt. August Huth übernahm von Hans Walch die musikalische Leitung des Festes. Aus der Landshuter Hofmusik gingen zwei neue Musikgruppen hervor: die vorwiegend instrumentalisch orientierte „Musica Cumpaneia" und die Vokalgruppe „Cantorion". Die CD mit dem Titel „Fest voll Musik" zur Zeit der Landshuter Hochzeit wurde der Öffentlichkeit vorgestellt. Erstmals hat man den Altöttinger Probst Dr. Friedrich Mauerkircher dargestellt. Zahlreiche Kostüme, die nach historischem Vorbild in den vergangenen Jahren neu gefertigt oder verbessert wurden, fanden bei den Festveranstaltungen Verwendung; die Kosten für die Stoffe mit mittelalterlichen Webmustern beliefen sich auf 103.000 DM.

Die Aufführungen vom 30. Juni bis 22. Juli 2001 standen unter den Schirmherrschaften des Bayerischen Ministerpräsidenten, Franz Herzog von Bayern und des Oberbürgermeisters der Stadt Landshut. Die Kosten betrugen 5,4 Millionen DM. Zum ersten Male wirkte die im Jahre 1999 gegründete Bläsergruppe des Erzbischofs von Salzburg mit. Die guten Beziehungen zu Polen wurden durch den Besuch des polnischen Außenministers Wladislaw Bartoszewski und durch die Teilnahme der Generalkonsulin Jolanta Kozlowska in der Gruppe der reitenden polnischen Fürstinnen bezeugt. Zahlreiche Filmproduktionen, z.B. der 130 Minuten dauernde Bericht „Gernstl unterwegs" und der dreiteilige Bericht über die „Straßen der Gotik", dokumentierten eingehend das Festgeschehen im Jahre 2001.

Am 28. September 2002 fand im Rathaus-Prunksaal ein Festakt anlässlich des hundertjährigen Bestehens des Vereins „Die Förderer" e.V. statt. Diese Festveranstaltung bezeugte vor dem Hintergrund des Bildzyklus, von dem sich die Initiatoren Josef Linnbrunner und Georg Tippel zur Re-Inszenierung hatten inspirieren lassen, wie sehr der Verein mit der Bürgerschaft der Stadt Landshut verwoben ist, wie er Gesellschaftsschichten zusammenführt, Identität stiftet und Kulturerbe an nachfolgende Generationen weitergibt.

Vom 31. Juli bis 3. August 2003 wurde das Burgfest „Comedia musicale" auf der Burg Trausnitz veranstaltet. Fast alle Musikgruppen der Landshuter Hochzeit wirkten mit, auch Gaukler und Komödianten. Darbietungen auf drei Bühnen ließen den Besuchern einen Eindruck vom mittelalterlichen Geschehen gewinnen. Zwei Abendveranstaltungen der „Comedia musicale" auf der Burg Trausnitz leisteten ihren Beitrag zu den Feierlichkeiten des 800-jährigen Stadtjubiläums vom 25. bis 27. Juni 2004. Turnusgemäß wurde im Jahre 2005, vom 25. Juni bis 17. Juli, die Landshuter Hochzeit re-inszeniert. Der Etat der Aufführung betrug 3,4 Millionen Euro. Die Schirmherrschaft übernahmen der Bayerische Ministerpräsident, Franz von Bayern, und der Oberbürgermeister der Stadt Landshut. Im Rahmen der Eröffnung des deutsch-polnischen Jahres fand im Rathausprunksaal ein Festakt in Anwesenheit der bayerischen und polnischen Landwirtschaftsminister und des Generalkonsuls der Republik Polen statt. Als neue musikalische und erlebnisgastronomische Veranstaltung zelebrierten die „Joculatores" mit der „Tavern in der Steckengassen - Wollust für Ohren, Augen und Wänste" einen sinnenfrohen Abend in einem mittelalterlichen Schankhaus. Der Mummenschanz der „Feyerldäntzer" und der „Spielleut" wurde musikalisch überarbeitet und choreographisch erweitert. Erstmals wirkten im Jahre 2005 die „Brandenburger Trumeter" mit. Drei neue CD's von Musikgruppen der Landshuter Hochzeit wurden der Öffentlichkeit vorgestellt: „da hertzog Jörg hochzeit hett" der Landshuter Hofkapelle, „wogehtsnschowidahie" der Joculatores und „Her wiert uns dürstet als sere" der Musikanten der Zünfte.

Vom 27. Juni bis 19. Juli fand die Aufführung des Jahres 2009 statt. Als Gäste weilten der Bayerische Ministerpräsident und die Kultus-, Wirtschafts- und Landwirtschaftsminister in der Stadt. Erzbischof, Diözesan-, Regional- und Weihbischöfe nahmen neben zahlreichen diplomatischen und konsularischen Vertretern verschiedener Länder, u.a. aus Großbritannien, Frankreich, Österreich, Rumänien und Polen, am historischen Ereignis teil.

In diesem Jahre wurden die Veranstaltungen „Burgtreff" und „Turnierhof des Herzogs" sowie ein spezielles Kinderprogramm eingeführt. Die historischen Persönlichkeiten Paul Kal, den langjährigen Fechtmeister von Herzog Ludwig dem Reichen, und den Chronisten Veit Arnpeck hat man erstmalig dargestellt. Zahlreiche in- und ausländische Sender berichteten im Hörfunk und Fernsehen über die Landshuter Hochzeit, z.B. der Bayerische Rundfunk in der „Abendschau", in „Wir in Bayern", in „Unter unserm Himmel" und in „Radio Wissen". Durch Werbekampagnen in Österreich, in der Schweiz und in Italien kamen mehr interessierte Besucher mit vergleichbaren kulturellen Wurzeln nach Landshut. Während der Anteil der europäischen Kulturreisenden im Jahre 2005 noch 4 % betrug, waren es 2009 bereits 7,5 %.[289] Auch die Zahl der außereuropäischen Gäste steigerte sich; der Bekanntheitsgrad der Veranstaltung reicht mittlerweile bis in die USA, nach Kanada, Russland, Singapur, Kolumbien, Japan, China, Australien und Neuseeland.

Um die Zeit zwischen den Aufführungen im vierjährigen Turnus zu überbrücken, und um das immaterielle kulturelle Erbe zu pflegen und die Weitergabe an die nachfolgende Generation zu fördern, fand im Jahre 2011 ein Burgfest auf der Burg Trausnitz statt.

Die Re-Inszenierungen in den Jahren 2013 und 2017 waren gekennzeichnet von dem Streben nach Kontinuität und weiterer Entfaltung. Im Jahre 2012 erfolgte die Präsentation des neuen Brautwagens mit Pferdegeschirren. Der Kobel aus dem Jahre 1973 wurde schwingend auf dem Unterbau von 2012 aufgehängt. Das Prunkfahrnis wurde bei der 40. Aufführung der „Landshuter Hochzeit 1475" im Jahre 2013 erstmals eingesetzt und an den Veranstaltungssonntagen im Hochzeitszug und bei der anschließenden Einfahrt auf die Turnierwiese zum Reiter- und Ritterspiel von acht Schecken gezogen. Als neue Veranstaltung wurde die sogenannte „Fechtschule auf der Burg – Kampfkünste des Fechtmeisters Paulus Kal" eingeführt. Neben dem Reiten, der Jagd und der Minne gehörte das Fechten zur ritterlichen Ausbildung der jungen Adeligen. Die neue Gruppe „Polnische Hofmeisterin mit Hofdamen" kam erstmals zum Einsatz.

---

[289] Die Angaben stammen von Kurt A. Weinzierl, dem Geschäftsführer des Verkehrsvereins der Stadt Landshut.

Bei der 41. Aufführung im Jahre 2017 wurde die Veranstaltung „Fechtschule auf der Burg" nun auch am Freitag durchgeführt. Die neue Sänfte für den Herzog Ludwig wurde rechtzeitig vor Beginn der Aufführung fertiggestellt und kam erstmalig zum Einsatz. Der Anspruch des Vereins lag in größtmöglicher spätmittelalterlicher Authentizität dieses permanenten Wertträgers.

Die Entwicklungen der Corona-Pandemie und deren Auswirkungen auf das gesellschaftliche Leben erforderte es, den vierjährigen Inszenierungsrhythmus zu unterbrechen und die ursprünglich im Jahre 2021 geplante Re-Inszenierung der „Landshuter Hochzeit 1475" zu verschieben. Wegen des notwendigen langen Planungsvorlaufs für alle Beteiligten findet sie im Jahr 2023 statt.

Da die ursprünglich für 2021 geplante Re-Inszenierung wegen der Corona-Pandemie-Bedingungen verschoben werden musste, hat die Vorstandschaft des Vereins „Die Förderer" e.V. im Sommer 2021 gleichsam als Alternativaufführung versucht, etwas „Landshuter Hochzeits-Flair" in das „temporäre museale Themenareal – Innenstadt" - zu bringen. Mit dem Motto ‚"Was geht, wird gemacht", sollte durch diese Maßnahme bei den kostümierten und nicht kostümierten Mitwirkenden, Besuchern und Gästen, die Vorfreude auf die Veranstaltung im Jahre 2023 gefördert werden. Die teilnehmenden Gruppen waren: Reisige, Ad libitum, Brandenburger Trumeter, Cantafollia, Des Königs von Polen Trumeter, Dudelsackbläser, Jongleure, Musica Campanela, Peckenknechte, Pfalzgräfliche Pfeifer, Salzburger Trumeter, Spielleute. Unter Corona-Schutzbedingungen präsentierten die Reisigen am Freitag den 25.06.2021 und am Samstag, 26.06.2021 je ein Konzert im Innenhof der Burg Trausnitz. Am Samstag fanden weitere zehn Veranstaltungen von jeweils 30 minütiger Dauer im Innenhof des Ursulinenklosters, an der Rochuskapelle und am Platz vor der Hl. Geistkirche/Isartürl mit auszugsweisen Darbietungen von Gruppen statt.

Eine Ausstellung mit Mitwirkenden-Portraits der Landshuter Hochzeit von Sebastian Beck im Doppelkreuzgang des LANDSHUTmuseum am Alter Franziskanerplatz ergänzte die Alternativaufführung 2021. Durch die im unmittelbaren zeitlichen Umfeld der Landshuter Hochzeit entstandenen Räumlichkeiten und die Bilder mit in nachgestalteten spätmittelalterlichen Gewändern bekleideten Persönlichkeiten wurde die Gegenwart mit vergangenen historischen Komponenten bereichert.

Dem Werk und Mahnen Franz Högners (geb. 12.6.1903, verst. 1979) wurde die gemeinsame Ausstellung der Landshuter Vereine „Freunde der Altstadt Landshut" e.V. und „Die Förderer" e.V. vom 10. November bis zum 5. Dezember 2021 in der Kleinen Rathausgalerie in Landshut gewidmet. Franz Högner ist eine prägende Figur des Vereins „Die Förderer" e.V. Er war ein früher Mahner zur Erhaltung der baulich-räumlichen Umgebung - historische Innenstadt Landshut - als temporäreres museales Themenareal. [290] Seine Entwürfe von spätgotischen Gewändern und Fahrnissen, Fahnen und Aufbauten trugen wesentlich dazu bei, dass sich die Re-Inszenierung der „Landshuter Hochzeit 1475" zum Immateriellen Kulturerbe Deutschlands entfalten konnte. Zum ganzheitlichen Rahmen der historischen Veranstaltung gehörte für ihn auch eine zeitgemäße historische Haartracht der kostümierten Mitwirkenden.

---

[290] „Wir spielen vor allem für Landshut." Persönliche Aussage von Franz Högner im März 1972 während einer Besprechung mit Franz Bleichner in dessen Vergolderwerkstätte in Landshut

Die Alternativaufführung 2021 in eingeschränktem Rahmen bezeugt, dass sich die Bürger der Stadt Landshut und der Region ihres individuellen materiellen und immateriellen kulturellen Erbes bewusst sind. Sie behaupten und bewahren es, auch und besonders in Zeiten sozial-räumlicher Herausforderungen. Die Re-Inszenierung der „Landshuter Hochzeit 1475" ist eine Basis für ihre weitere gesellschaftliche Entfaltung; sie bewegt sich zwischen Tradition und Innovation und ist auch in Ausnahmezeiten der Kontinuität und dem Wandel unterworfen.

Landshuter Hochzeit 1475 - Immaterielles Kulturerbe Deutschlands -.
Im Jahre 2018 erfolgte die Aufnahme des historischen Dokumentarspiels „Landshuter Hochzeit 1475" in das Nationale Bundesweite Verzeichnis - Immaterielles Kulturerbe - der Deutschen UNESCO-Kommission (DUK). Am Freitag, dem 8. Juni 2018, fand in Bamberg die Auszeichnungsveranstaltung statt, bei der dem Vorstand des Vereins „Die Förderer" e.V. die Urkunde für die Neuaufnahme der „Landshuter Hochzeit 1475" übergeben wurde.

Die Bemühungen des Vereins „Die Förderer" e.V., der Bürger der Stadt und der Region während der Corona-Pandemie-Situation, wurden von der Deutschen UNESCO Kommission (DUK) besonders gewürdigt.[291] Nach einer Umfrage der Geschäftsstelle der Kommission unter den Trägergruppen wurde der Umgang mit dem Immateriellen Kulturerbe „Landshuter Hochzeit 1475" wegen der Herausforderungen der Corona-Pandemie hervorgehoben. Nach ihrer Auffassung zeigte das Vereinsleben während des Lockdowns keine Defizite. Die Vereinsbemühungen, insbesondere für die Initiative in den sozialen Medien „#wirsehenuns2023" und für das Projekt des Musikausschusses zur Einrichtung einer digitalen Notenbibliothek für die Mitwirkenden, wurden besonders gewürdigt.

---

[291] https://www.unesco.de/kultur-und-natur/immaterielles-kulturerbe/immaterielles-kulturerbe-deutschland/covid-19 (17.08.2020)

3.2. Der Kern der Re-Inszenierung Anfang des 21. Jahrhunderts

Die intervallweise Re-Inszenierung der „Landshuter Fürstenhochzeit 1475" hat im Laufe der Zeit aus dem „gesetzten Denkmal" der Ur-Inszenierung durch Herzog Ludwig ab 1903 zusätzlich den Status eines „gewordenen immateriellen Denkmals" gewonnen.

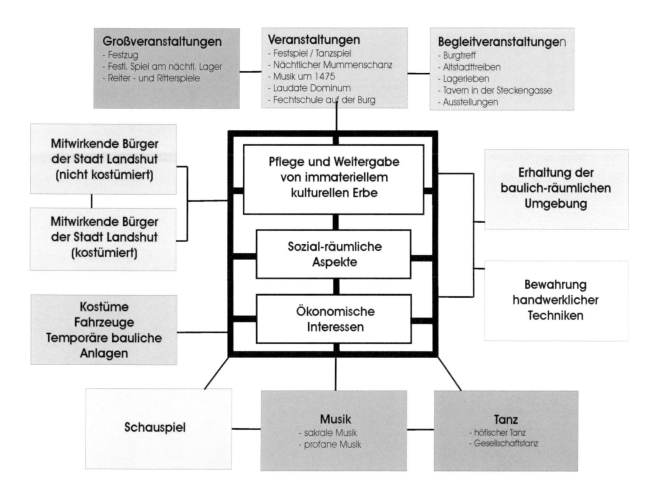

Abb. 5 Systemschaubild – Kern der Re-Inszenierung der „Landshuter Fürstenhochzeit 1475" im 21. Jahrhundert

Der Kern der Re-Inszenierung Anfang des 21. Jahrhunderts unterscheidet sich deutlich vom Kern der Ur-Inszenierung im Jahre 1475. Die Re-Inszenierungen im 21. Jahrhundert geben Zeugnis, wie sich die Bürger der Stadt Landshut in ihrer Gesamtheit mit ihrer historischen Vergangenheit befassen und dass es sich lohnt, sich mit ihrem immateriellen Kulturerbe auseinander zu setzen. Diese moderne Pflege des immateriellen Kulturerbes belegt, dass die Bürger als Vertreter der Gesellschaft die Sorge um den drohenden Kulturverlust ernst nehmen und diesem durch Re-Inszenierung in zeitlichen Intervallen aktiv entgegen treten.

Die mediale Form der Re-Inszenierung zeigt, wie in Landshut kulturelles Bewusstsein, Wissen um Geschichte und Können als gelebte Präsentation, bewahrt und an nachfolgende Generationen weitergegeben wird. Sie äußert sich sowohl in immateriellen Komponenten, wie z.B. in Praktiken, Darbietungen, Ausdrucksweisen, Kenntnissen und Fähigkeiten, als auch in materiellen Komponenten, wie z.B. in dem damit verbundenen Kulturraum, in der baulich-räumlichen Umgebung, auch in Instrumenten, Objekten und Artefakten.

Der ausrichtende Verein „Die Förderer" e.V. hat es sich zur Aufgabe gemacht, ein möglichst authentisches Dokumentarspiel zu inszenieren. Das Wissen über historische Hintergründe und Zusammenhänge in den Anfangszeiten war begrenzt. Die Absicht der Initiatoren bestand darin, den Bilderzyklus des Rathaus-Prunksaales zum Leben zu erwecken. Bei der ersten Aufführung im Jahre 1903 trugen 145 Darsteller Kostüme, die aus eigenen Mitteln finanziert wurden. Zwischenzeitlich haben Historiker und Interessierte Quellenforschung betrieben und sich ein großes Detailwissen angeeignet. Der Fundus hat sich auf über 2.500 Kostüme im Stil des späten Mittelalters erweitert, der von ehrenamtlichen Vereinsmitgliedern sachgerecht verwahrt und restauriert wird. Der Etat der Aufführung beträgt rund vier Millionen Euro.

Die Ur-Inszenierung im Jahre 1475 war ein großes Ereignis, welches das christliche Abendland vereinte. Es wird geschätzt, dass über 10.000 Gäste aus dem In- und Ausland anreisten, etwa so viele wie die Stadt Einwohner zählte. Zu den Re-Inszenierungen des 21. Jahrhunderts kommen an den vier Veranstaltungswochenenden über 600.000 Gäste, nicht nur aus Deutschland und Europa, sondern von allen Kontinenten.

3.3. Die Wertträger des immateriellen Kulturerbes

3.3.1. Permanente Wertträger

Baulich-räumliche Umgebung

Die Erinnerung an die Ur-Inszenierung der Landshuter Hochzeit im Jahre 1475 haftet an dem historischen Stadtkern. Geschichte und baulich-räumliche Umgebung stehen in einem engen Verhältnis zueinander. Die Stadt war Schauplatz eines bedeutenden historischen Ereignisses; mit ihr ist die „Landshuter Hochzeit" eng verbunden: Die Geschichtsvergegenwärtigung prägt das Stadtbild wesentlich mit und verhindert auf diese Weise ein „Schweigen des Raumes".

Foto 1 Blick von der Burg Trausnitz auf die Stadt Landshut mit der Kirche St. Martin (Foto des Verfassers)

Foto 2 Blick von der Burg Trausnitz auf die Stadt Landshut mit der Kirche St. Jodok (Foto des Verfassers)

Das Ensemble „Denkmalschutzgebiet Innenstadt" ist ein öffentlicher Raum der Bürger des 21. Jahrhunderts. Die Bausubstanz – ein materielles Kulturerbe – schuf einen über Jahrhunderte gewachsenen Lebensraum mit zahlreichen Elementen, der auch heute noch materielle und ideelle Bedürfnisse der Bewohner befriedigen kann.[292] Der Stadtkern spielt eine besondere Rolle: Dieses „Reservoir der Erinnerung" fungiert gleichsam als ideelles Zentrum, als eine Zusammenhalt stiftende Bühne für die kollektive Identität der Bürgerschaft. Der Stadtverwaltung obliegt es, innerhalb der Reste der Stadtmauern, in den Straßenzügen der Altstadt, Neustadt und Freyung Geschichte und Tradition zu bewahren. Die Altstadt war schon im Jahre 1405 als unverletzbarer Ort verstanden worden. Der Erlass des Magistrats, durch den z.B. Erker und Vorbauten vor den Einfahrten verboten wurden, wird bis heute befolgt. Zwar reihen sich neben gotischen Giebelhäusern auch Renaissance- und Barockbauten entlang der Isar, trotzdem blieb

---

[292] Vgl. UNESCO, Erklärung zur Erhaltung historischer Stadtlandschaften, verabschiedet von der Generalversammlung der Vertragsstaaten der Welterbe-Konvention am 10. Oktober 2005 in Paris, UNESCO, Doc. WHC-05/15.GA/7, Paris 2005.

die für das 15. Jahrhundert typische Struktur der Stadt soweit erhalten, dass sich ein Hochzeitsgast von 1475 noch heute in den Straßen und Gassen zurechtfinden könnte, obwohl das Flächendenkmal „historische Innenstadt" mit seinen singulären Baudenkmalen in seiner substanziell-realen Erscheinungsform nur mehr eingeschränkt vorhanden ist. Im Jahre 1475 ragte der Martinsturm kaum über den First des Langhauses, die Residenz im Renaissancestil gegenüber dem Rathaus war noch nicht errichtet, Neubauten von Kaufhäusern der zweiten Hälfte des 20. Jahrhunderts ersetzten noch nicht historische Altstadthäuser. Hinsichtlich der strukturellen Erscheinungsform (Straßenzüge, Traufhöhen, Kubatur) ist sie überwiegend, und in ihrer ideellen vollständig existent.

Die Re-Inszenierung der Landshuter Fürstenhochzeit in Abständen von vier Jahren trägt dazu bei, modern-funktionalistischen Innenstadtkonzepten entgegenzutreten. Auch deshalb wurde die Innenstadt bisher kaum verunstaltet. Bauliche Maßnahmen wurden mit Methoden der gestaltenden Denkmalpflege, insbesondere durch Bauen im Bestand mittels einer anpassenden Neubebauung unter Verzicht auf kontrastierende Baugestaltung vorgenommen. Bei Werbeanlagen sind die Art der Darstellung, die Materialwahl und die Maßstäblichkeit zum jeweiligen Baukörper von entscheidender Bedeutung. Eine Werbeanlagen-Verordnung lässt grundsätzlich ab der Brüstung eines Fensters im ersten Stock nach oben keine Werbeflächen zu, ebenso wenig auf Giebelflächen. Die Gestaltung der Fassaden mit historischen Fahnen während der Festwochen der Landshuter Hochzeit ist allerdings erwünscht: Die zum 50. Jubiläum der ersten Re-Inszenierung im Jahre 1953 eingesetzte Häuserschmuckkommission berät die Hauseigentümer im Altstadtbereich über den historischen Schmuck ihrer Fassaden. Die geschmückte Innenstadt gibt Zeugnis ab, wie sich die Bürger mit der Re-Inszenierung des historischen Festgeschehens verbunden fühlen.

Fassaden (auszugsweise und beispielhaft)

Foto 3 Stadtkern mit Blick zur Martinskirche (Foto des Verfassers)

Foto 4 Altstadt 79-81 (mit Stadtresidenz) (Foto des Verfassers)

Dekorationen (auszugsweise, beispielhaft)

Foto 5 Fahne Altstadt 102 (Foto des Verfassers)

Foto 7 Fahne Altstadt 90 (Foto des Verfassers)

Foto 6 Fahnen Altstadt 104-103 (Foto des Verfassers)

Foto 8 Fahne Altstadt 89 (Foto des Verfassers)

Die Architekturwerke sind keine bloßen Kulissen:[293] Diese Sachzeugnisse der Kulturgeschichte bilden die baulich-räumliche Umgebung für die Re-Inszenierung eines bedeutenden vergangenen kulturellen Ereignisses. Die „Landshuter Hochzeit 1475" festigt die ehemalige Bedeutung der mittelalterlichen Stadt im Bewusstsein der Gesellschaft; die vergangene Rolle als Hauptstadt eines selbständigen Staates von beachtlichem Ausmaß mit einem weit über das niedere Bayern hinausragenden Territorium des 15. Jahrhunderts würde sonst in unerreichbare Ferne rücken. Das Festgeschehen bietet Anregung und Gelegenheit, die baulich-räumliche Umgebung im historischen Kontext zu erfahren und Zugang zu einer spätmittelalterlichen Welt zu finden, als die Stadt das politische, wirtschaftliche und kulturelle Zentrum eines weitreichenden Herzogtums war. Sie zehrt heute von dem Kulturgut, das vor allem von den reichen Herzögen Heinrich, Ludwig und Georg gefördert und gemehrt wurde. An Vergangenes wird aber nicht nur vorübergehend für die wenigen Tage des Festes erinnert; die historische Innenstadt ist permanenter Träger des Denkmalwertes.

Spätmittelalterliche Kleidung

Die Kleidung des Spätmittelalters bedeutete für ihren Träger neben Schutz vor der Witterung vor allem die Kennzeichnung von Rang, Stand und Zugehörigkeit zu einer bestimmten sozialen Schicht. Bis zur ersten Hälfte des 15. Jahrhunderts wurde sie in Deutschland von anderen Ländern beeinflusst; eine maßgebliche Rolle spielte der burgundische Hof unter der Regierung von Herzog Philipp dem Guten (1419-1467) mit seiner pompösen und aufwendigen Kleidungsweise.[294] Ab der zweiten Hälfte des 15. Jahrhunderts beginnt man sich in Deutschland von dem Vorbild der burgundischen Mode zu lösen und dem italienischen Kleidungsstil anzunähern.[295]

Der Vergleich von Gemälden, illuminierten Handschriften und von Tafelbildern italienischer Künstler mit denen deutscher Künstler der Rheingebiete und Süddeutschland zeigt, dass in Deutschland zwischen 1470 und 1480 die „Mode"[296] Italiens aus den 1460er Jahren bevorzugt wird.[297] Während man in Italien zwischen 1470 und 1480 schon Schlitzkleidung zu tragen beginnt, etabliert sich diese in Deutschland erst ab den 1490er Jahren. Der Adel und die bürgerliche Oberschicht Norddeutschlands orientieren sich bis ca. 1475 vorwiegend an der französisch-burgundischen Mode[298], in Süddeutschland entfaltet sich ab etwa 1465 eine eigene Kleiderform, die sich zwar, losgelöst vom burgundischen Vorbild, von der italienischen Renaissancemode inspirieren lässt, diese aber nicht adaptiert.

---

[293] Vgl. Spitzlberger, Georg, Landshuter Stadtbildpflege seit mehr als 500 Jahren, in: Schönere Heimat, Erbe und Auftrag 4, Landshut 1985, S. 204-206.

[294] Lehnart, Ulrich, Kleidung & Waffen der Spätgotik III, 1420-1480, Wald-Michelbach 2005, S. 9 f.

[295] Vgl. Tewes, Max, ain varib, darein wir uns und unser hofgesind beclaiden, Hofkleider der bayerischen Herzöge an der Wende zur Neuzeit, in: Niehoff, Franz (Hrsg.), Ritterwelten im Spätmittelalter, Höfisch-ritterliche Kultur der Reichen Herzöge von Bayern-Landshut. Schriften aus den Museen der Stadt Landshut Nr. 29, Landshut 2009, S. 33–48.

[296] Der Begriff „Mode" leitet sich vom lateinischen „modus" (Weise, Art, Form) ab. Seit dem 15. Jh. bedeutet er in Frankreich „Wandel der Kleidung".

[297] Mitte des 15. Jahrhunderts nimmt der Umfang an illuminierten Handschriften (insbesondere der flämischen) deutlich zu. Sie belegen, dass sich komplexere Vorstellungen von Kleidungssitten entfalteten.

[298] Offensichtlich beeinflussten die regen Handelsbeziehungen zwischen den Hansestädten und Burgund die Mode in Norddeutschland.

Die Kleiderform in der Zeit der aufstrebenden Städte und des Bürgertums wurde überwiegend von Privilegierten bestimmt. Die Zugehörigkeit zu der jeweiligen Gesellschaftsschicht war an der Kleidung zu erkennen; kostbare Kleidungsstücke galten als äußeres Zeichen eines höheren Standes. Auch der zunehmende Wohlstand einer Handel treibenden Bürgerschicht beeinflusste die Kleiderordnung. Das Streben nach „modischer" Kleidung ergriff Länder und Städte in Europa und bedrängte den Adel in seiner Modeexklusivität. Die Patrizier, die mittelständischen Bürger und die Bauern traten in Konkurrenz zu den Adligen; mit immer ausgefalleneren Kleidungsstücken versuchten sie die Aufmerksamkeit der Öffentlichkeit auf sich zu lenken.

Die äußerlich sichtbaren Standesschranken verschwammen zunehmend.[299] Soziale Konflikte waren die Folge, die durch Kleidungsvorschriften behoben werden sollten.[300] Der Erlass expliziter Kleiderordnungen sollte zum einen die Standeszugehörigkeit der einzelnen Schichten der Gesellschaft verdeutlichen und zum anderen verhindern, dass sich viele Bürger stark verschulden bzw. in finanzielle Notlagen geraten, wenn sie ihren Lohn oder Notpfennig für den Kauf kostbarer Kleidungs- und Schmuckstücke verwenden.

Zuerst wehrten sich die Obrigkeiten in Frankreich, Spanien und Italien und in der zweiten Hälfte des 14. Jahrhunderts auch in Deutschland.

Eine Konstanzer Kleiderordnung aus dem Jahre 1390 verbot den Bürgerinnen, Hauben zu tragen, die mit Perlen, Edelsteinen, goldenen Ringen oder Schleifen im Werte von mehr als 50 Gulden geziert waren. Schleppen und Gewänder durften nicht mehr als zwei Farben aufweisen, und an Schmuck war nur der Ehering erlaubt.

In einer Kleiderordnung aus Speyer von 1356 wurden die Frauen bestraft, wenn sie ungewohnte Haartrachten, üppige Kopftücher, Hutdekorationen, auffällige Lappen an den Ärmeln, Zaddeln an Mützen und Schuhen oder eng geschnürte Kleider und große Halsausschnitte trugen, welche die Schultern nicht mehr bedeckten. Männer durften keine Röcke tragen, die so kurz waren, dass die Knie zu sehen waren. Die Absicht der Straßburger Geistlichkeit gegen Ende des 14. Jahrhunderts war, enggeschnürte und weitausgeschnittene Kleider zu verbieten. Ebenfalls auf Wunsch der Geistlichkeit bestimmten die Städte Ulm (im Jahre 1420) und Konstanz (im Jahre 1439), dass der Hals der Frauen unter Mänteln, Kleidern oder Schleiern zu verbergen sei. Übertretungen zogen hohe Geldbußen nach sich. Stadtknechte mussten die Einhaltung der Kleiderordnungen überwachen; innerhalb der Bevölkerung trugen hohe Belohnungen zur Denunzierung untereinander bei.

Die wirtschaftliche Prosperität in Venedig (zwischen 1450 und 1500) hatte ein entsprechendes Anwachsen der Privatvermögen zur Folge, welches es den wohlhabenden Bürgern ermöglichte, kostbare Kleidung und Schmuck zu tragen. Deshalb wurde, anstelle einer Kleiderordnung, alle zwei bis drei Jahre eine größere oder kleinere Luxusverordnung erlassen, die allerdings so angelegt war. dass jedem Übertreter bei Zahlung einer Gebühr oder einer Buße das Tragen verbotener Kleidungsstücke gestattet war.

---

[299] Vgl. Scott, Margaret, Kleidung und Mode im Mittelalter, Darmstadt 2009.
[300] Vgl. Eisenbart, Liselotte Constanze, Kleiderordnungen der deutschen Städte zwischen 1350 und 1700, in: Göttinger Bausteine zur Geschichtswissenschaft, Bd. 32, Göttingen/Berlin/Frankfurt a. M. 1962

Eine Verordnung des Königs Karls VII. von Frankreich (†1461) verdeutlicht die Kleidungssituation im ausgehenden Mittelalter: „Es ist dem König vorgestellt worden, dass von allen Nationen der Erde keine so entartet ist, keine so veränderlich, so unmaßend, so maßlos und unbeständig in der Kleidung wie die französische, und dass man vermittelst der Kleider nicht mehr den Stand und Rang der Leute erkennt, ob sie Prinzen sind oder Edelleute oder Bürger oder Handwerker, weil man es duldet, dass jeder nach seinem Vergnügen sich kleidet, Mann wie Frau, in Gold- und Silberstoff, in Seide oder Wolle, ohne Rücksicht auf seinen Stand zu nehmen."[301] Im 14. und 15. Jahrhundert folgte eine Kleiderordnung auf die andere; ein sichtbarer Erfolg konnte nicht festgestellt werden.

Die Männerkleidung von ca. 1450 bis 1480[302] zeigt in Grundzügen folgenden Gesamtverlauf: Das Unterhemd besteht aus einem Schlupfkleid, schlicht und ohne Kragen. Der Halsausschnitt ist manchmal nur so groß, dass der Kopf hindurchpasste; er kann aber auch von der einen Schulter bis zur anderen reichen. Ab ca. 1465 wird es auch nördlich der Alpen nicht mehr weitgehend unter dem Wams oder der Schecke getragen, sondern ist nach italienischem Vorbild offen sichtbar. Die Unterhose ist eng anliegend und beinlos.

Bei den Beinkleidern hat sich (seit ca. 1380) in den oberen Schichten der Gesellschaft die im Schritt geschlossene und mit einem Latz versehene Hose durchgesetzt. Geteilte Beinlinge tragen lediglich Bauern und Handwerker. Die Beinkleider sind eng anliegend; der Wollstoff wird diagonal zum Fadenlauf zugeschnitten. Die häufigste Farbe ist Schwarz, gefolgt von Rot oder Rotbraun; seltener sind Blau, Grün und Gelb. Häufig werden Hosen mit zwei verschiedenfarbigen Beinlingen „mi-parti" getragen; auch die Kombination eines mehrfarbig gestreiften Hosenbeins mit einem unifarbenen ist möglich.

Am Wams, ursprünglich einem Teil der Unterbekleidung, sieht man den regionalen Unterschied zwischen den Moderichtungen aus Burgund und Italien am deutlichsten. Während in Burgund überwiegend vorn geschlossene Wämser, meist mit Puffärmeln getragen wurden, bevorzugte man in Süddeutschland ab der Mitte des 15. Jahrhunderts den italienischen Stil. Der klassische Wams im süddeutschen Raum (zwischen 1470 und 1490) hat oft einen V-förmigen Ausschnitt auf der Brustseite, damit das darunter getragene Hemd gut sichtbar ist. Er wird meist durch eine Zickzackschnürung mit Kordeln oder Schnüren verbunden. An die Taille ist ein etwa sechs Zentimeter langer Schoß angenäht, an dem die Hose angeheftet wird. Der Stehkragen mit Ausschnitt läuft von einer Schulternaht zur anderen. Der Wams kann ärmellos getragen werden; er wird aber auch mit eng anliegenden und sehr oft vom Handgelenk bis zu den Ellbogen reichenden, geschlitzten und durch Schnüre zusammengehaltene Ärmel versehen.

Beim Rock (Schecke) handelt es sich um ein kurzes Obergewand, das entweder eng oder weit geschnitten über dem Wams getragen wurde. Der Unterschied liegt in der größeren Länge und in den weiten Ärmel. Im süddeutschen und alpenländischen Sprachraum können die bis zur Mitte der Oberschenkel reichenden Rockschöße auch halbrund geschnitten sein. Auf die für Frankreich und Burgund typischen langgezogenen Röhrenfalten auf der Vor-

[301] Thiel, Erika, Geschichte des Kostüms, Wilhelmshaven 1987, S. 122 f.
[302] Lehnart, Ulrich, Kleidung & Waffen der Spätgotik III, 1420 – 1480, Wald Michelbach 2005, S. 14-33

der- und Rückseite der fast knielangen Schecke wird verzichtet.[303] Der Rock besteht aus Wolltuch, das Innenfutter aus Leinen oder Barchent.

Ab der Mitte des 15. Jahrhunderts löst die Schaube, ein neuer Typ eines Ärmelmantels, den Tappert ab. Sie reicht meist bis zur Wadenmitte oder ist knöchellang, kann vorn zugeknöpft werden oder wird ohne Knöpfe offen getragen. Der Kragen des pelzverbrämten Übermantels hat einen flach aufliegenden breiten Pelzkragen und weite überlange Ärmel. Aus der Heuke, einem ärmellosen knöchellangen Umhang aus gewalktem Wollstoff mit kreisförmigem Zuschnitt, entwickelt sich eine Reihe von modischen Überwürfen und Kurzmänteln. Die halbkreisförmig geschnittenen Umhänge sind um 1475 nur gesäßlang, werden überwiegend auf der linken Schulter getragen und auf der rechten von einer Schnur zusammengehalten. Als Material werden Tuch, Samt, Brokat oder Damast verwendet. Prunkvolle Exemplare haben ein seidenes Innenfutter, sind mit Pelz verbrämt, mit Goldlahn bestickt sowie mit Perlen und Edelsteinen besetzt.

Die mit einer Sendelbinde versehene turbanähnliche Wulsthaube bleibt bis zur Mitte des 15. Jahrhunderts die Hauptkopfbedeckung. Der Filzhut, auch Biberhut genannt, besteht aus Biberhaaren und war wegen seines hohen Preises nur den Reichsten vorbehalten. Auch die Gugelhaube mit einem breiten, meist gezaddeltem Kragen wird, oft ergänzt durch einen steifen Hut aus Filz, Pelz oder Stroh, getragen. Vor allem im süddeutschen Raum gab es den sogenannten Schnabelhut, einen mehr oder weniger spitzen Filzhut mit nach hinten hochgeschlagener Krempe und nach vorn ausgezogener Spitze.

Die spätmittelalterliche Schuhmode unterliegt nur geringen Änderungen. Der „modebewusste" Mann trägt den Schnabelschuh mit langen Spitzen; allerdings können die höfischen Schuhe weiter ausgeschnitten sein. Reiter benutzen Stiefel aus einteiligem Oberleder mit hohen Schäften, die bis zu den Knien oder bis zu den Oberschenkeln reichen konnten. Das Schuhwerk kann sowohl aus naturfarbenem als auch aus gefärbtem, z.B. aus schwarzem, braunem oder rotem Leder bestehen. Um die teuren Schuhe vor dem Dreck und Schlamm der mittelalterlichen Straßen zu schützen, gab es zusätzlich die aus Holz gefertigten Unterschuhe, die sogenannten Trippen. Sie wurden unter den Lederschuhen getragen und können durch Riemen am Fuß befestigt werden. Schnabelschuhe und Trippen ließen bei ihren Trägern oder Trägerinnen jedoch nur einen trippelnden Gang zu. Zunächst wurde der Schnabelschuh nur vom Adel verwendet; später wurde er auch von Patriziern, von Geistlichen, von Handwerkern, Knechten und Bauern getragen. In Kleiderordnungen des 14. Jahrhunderts versuchte die Obrigkeit gegen Auswüchse, z.B. gegen die Länge der Schnäbel vorzugehen. Neben den Schnabelschuhen gibt es noch knöchelhohle Halbschuhe und -stiefel, die auf einer ihrer Seiten geschnürt oder geknöpft werden, und schlichte Ledersohlen. Letztere werden durch Riemen an der Lauffläche der Strümpfe befestigt.

---

[303] Die für den süddeutschen und den alpenländischen Raum typische Faltenbildung wurde von zeitgenössischen Künstlern, wie z.B. von Michel Pacher und den Malern der Passions-Tafelbilder des Munderkinger Altares um 1473 sowie den Illustratoren der Schweizer Bildchronik des Diebold Schilling, dokumentiert. Vgl. Rosenauer, Artur, u.a., Michael Pacher und sein Kreis, Ausstellungskatalog Kloster Neustift, Brixen 1998; Pfaff, Carl, Die Welt der Schweizer Bildchroniken, Schwyz 1991.

Zusammengehalten wird die Kleidung von einem Gürtel, der in einer schlichten Variante aus einem ca. drei Zentimeter breiten Lederriemen bestehen kann. Auch prunkvollere Gürtel mit Beschlägen aus Eisenblech, Gelbguss oder Zinn sowie aus Silber und Gold können die Zivilkleidung ergänzen. Der Dolch und die lederne Gürteltasche gehören zu den wichtigsten Accessoires des Männerkostüms. Wer es sich leisten kann, dekoriert seine Kleidung mit schweren Halsketten oder mit Gold und Edelsteinen besetzten Agraffen mit und ohne Feder. Weniger Wohlhabende schmücken ihre Kleidung mit religiösen oder profanen Abzeichen aus Zinnguss.

Ab der Mitte des 15. Jahrhunderts verändert sich die Haartracht des Mannes. Schrittweise setzt sich eine Verlängerung des Haupthaares, insbesondere des Nackenhaares durch. Die Ohren bleiben mindestens halbbedeckt. Um 1475 tragen die Knaben ihre Haare in natürlichen oder künstlichen Locken, die über Nacken und Schultern reichen. Ab ca. 1435 kommen Bärte aus der Mode.

Verharrende oder lokale Eigentümlichkeiten und Abweichungen erschweren eine allgemeingültige Beschreibung der Frauenmode um 1475.[304] Dennoch lässt sich bei der Frauenkleidung zwischen 1420 bis 1480[305] wie bei der Männerkleidung ein in seinen Grundzügen ähnlicher Gesamtverlauf erkennen. Das Unterhemd aus feinem Leinen reicht bis zur Wadenmitte, ist am Hals ausgeschnitten und unterhalb der Taille erweitert. Die gerade angesetzten Ärmel verengen sich hin zu den Handgelenken. Der Neigung ab etwa 1465 zur zunehmenden Offenlegung der Unterbekleidung wird durch die Vergrößerung des V-förmigen Ausschnitts bis zur Gürtellinie und durch Schlitze in den verkürzten Ärmel entsprochen. Der Halsausschnitt ist mit Borten eingefasst und verziert. Auch das traditionelle ungefältelte Hemd, insbesondere bei Kleidern mit kleinem Halsausschnitt, wird weiter verwendet. Die Beinlinge sind aus Stoff; sie reichen bis über die Knie und werden von einem Strumpfband gehalten. Die Damen des Hochadels tragen mit Schnallen und Beschlägen aus Edelmetall versehene Seiden-Beinlinge.

Um 1420 gilt das Kleid als Untergewand für wohlhabende Frauen. Nur wer sich kein Überkleid leisten konnte, trug es als Obergewand. Ein typisches Merkmal für die Frauenkleider nördlich der Alpen um 1435 bis 1440 ist, dass sie aus langen Stoffbahnen zusammengesetzt sind, von der Schulter bis zum Rocksaum reichen und sich unterhalb der Taille keilförmig erweitern. Die Wechselärmel sind farblich angepasst und werden durch Bänder oder Zierstecknadeln am Kleid oder an den kurzen Ärmel gehalten. Bürgerliche Kleider sind stets vorn zu öffnen; im Gegensatz zu den adligen Frauen fehlt ihnen die Hilfe von Bediensteten beim An- bzw. Auskleiden. Die Kleider sind meist sehr eng geschnitten und gefüttert. Der bis zu den Hüften reichende Vorderschlitz wird nach 1420 mit einer Schnur, die durch kleine Draht-Ösen geführt wird, geschlossen. Ab etwa 1435/1440 ist eine Querteilung des Kleides in einen oberen Teil, dem sogenannten Mieder, und in einen unteren Rockteil festzustellen; Mieder und Rock sind durch eine Taillennaht verbunden.

Typisch für Burgund bis um 1480 ist das Gürtelkleid. Der V-förmige Brustausschnitt reicht bis zur Gürtellinie und wird meist durch einen andersfarbigen Stoffeinsatz geschlossen. Der Ausschnitt ist von einem breiten, bis zur Taille spitz verlaufenden und mit Pelz oder kontrastierendem Stoff besetzten Kragen eingefasst. Ab ca. 1460 kann er auch

[304] Vgl. Post, Paul, Das Kostüm der Frau, in: Deutscher Kulturatlas, 1928-1939, Ergänzungen Band II, S. 106 h.
[305] Lehnart, Ulrich, Kleidung & Waffen der Spätgotik III, 1420-1480, Wald Michelbach 2005, S. 34-51

rund sein. Beginnend ab der Taille, öffnet er sich über dem flacheren Décolleté des Unterkleides und wird von einem schmalen Kragen gerahmt. Dieser weitet sich ebenfalls und entblößt zumindest die halben Schultern. Die Gestaltung des Schulterdécolletés beeinflusst die Mode in Deutschland nur in geringem Maße. Bei den in Süddeutschland und in den angrenzenden Regionen getragenen Frauenkleidern mit V-Ausschnitt fehlt der für burgundische Obergewänder typische Kragen. Die Kleider werden stattdessen mit auf der Rückseite offenen sogenannten italienischen Ärmeln versehen. Über ein auf der Vorderseite reich gefaltetes Hemd oder Unterkleid wird das Mieder mit bunten oder goldenen Schnüren zusammengehalten.

Ab ca. 1480 lässt sich feststellen, dass die burgundische Damenmode Elemente der italienischen und süddeutschen übernimmt. Als typische Tendenzen kann das kragenlose Kleid mit einem trapezförmigen anstelle eines dreieckförmigen Décolleté gelten. Der bis zur Gürtellinie reichende, im Bereich der Schulterpartie weite Ausschnitt, wird durch einen farbig abgesetzten Stoffeinsatz geschlossen. Die Ausschnittränder sind mit Borten dekoriert und werden mit einer im Zickzack durch Blech-Ösen geführten Kordel zusammengehalten. Die engen Ärmel und der Rocksaum können mit Pelzverbrämung versehen sein.

Oberkleider lassen sich grob in drei Arten klassifizieren: Das Gürtelkleid ist weitgehend mit dem Tappert aus der vorangegangenen Periode vergleichbar. Der Schlitz auf der Vorderseite reicht nur mehr bis zum Gürtel. Der Stoff ist vorn und hinten in zahlreiche dünne Röhrenfalten gelegt, das Futter aus kontrastfarbenem Stoff oder Pelz am Kragen oder an den Ärmelumschlägen sichtbar, und die Ärmel sind nicht mehr überlang und weniger breit. Das zweite Oberkleid, der kostbare offene Surkot, ist stets aus Samt oder Brokat gefertigt und mit Pelz oder Seide gefüttert, die „Teufelsfenster"[306] sind mit Pelz eingefasst. Abweichend zu den Modellen des 14. Jahrhunderts, treten ab der Mitte des 15. Jahrhunderts an die Stelle des breiten Pelzlatzes mit flachrundem Halsausschnitt eine etwa acht bis zehn Zentimeter breite Einfassung der Armlöcher. Der Rocksaum wird mit einem ca. 30 Zentimeter breiten Pelzstreifen eingefasst, zumeist vom Hermelin. Das kostbare Oberkleid bezeugt den adligen Stand seiner Trägerin, welche es bei besonderen Anlässen verwendet. Die dritte Art der Oberkleider, das weite und locker fallende Schlupfgewand, wird ohne Gürtel getragen. Der kleine, entweder runde oder V-förmige Halsausschnitt ist mit einer schmalen Borte oder einem Pelzstreifen eingefasst. Die weiten Ärmel reichen bis zu den Handgelenken. Die Frauen des Spätmittelalters tragen den Tassel- oder Nuschenmantel, die Heuke und die Kappe sowie die Schaube. Der halbkreisförmige Nuschenmantel mit halbrundem Ausschnitt wird von einer Spange oder Brosche (Nusche) zusammengehalten. Die Frauenheuke ist ähnlich wie die Männerheuke geschnitten, sie wird vorn zugeknöpft oder ist bis zur Brustmitte zugenäht. Bei der Kappe handelt es sich um einen geschlossenen Kapuzenmantel mit Armschlitzen. Die Schaube der Frauen in der zweiten Hälfte des 15. Jahrhunderts ist bodenlang.

Frisuren und Kopfbedeckungen der Frauen bilden im Spätmittelalter eine Einheit. Die Formen sind sehr vielfältig, die in Deutschland bevorzugten weichen von denen in Frankreich und England ab. Mädchen und junge Frauen tragen bis zu ihrer Vermählung das Haar unbedeckt, offen oder in Zöpfen geflochten. Der Schapel, ein mit Perlen und kleinen Rosetten dekorierter Kopfreif, wird zum offenen Haar getragen.

---

[306] Mit den sogenannten „Teufelsfenstern" wurden weite Öffnungen seitlich am Oberkleid bezeichnet, durch die man – wegen der enganliegenden Unterkleider – einen Eindruck vom Körperbau der Dame gewinnen konnte.

In Deutschland war bis um die 1440er Jahre bei adligen und bürgerlichen Frauen die Hörnerfrisur vorherrschend. Sie wurde mit einem dünnen Netz (Kuseler) überzogen und blieb auf diese Weise sichtbar. Auch bei der Verwendung von Wulsthauben blieb das geflochtene Haar, das in Form von Zopfschnecken über die Ohren gelegt wurde, sichtbar. Bei den Kopfbedeckungen ist grundsätzlich zwischen Hauben und Kopftüchern bzw. Schleiern zu differenzieren. Letztere können sowohl allein als auch in Kombination mit anderen Kopfbedeckungen getragen werden.

Frauen aus dem Volk verwenden überwiegend die Gugel. Die Hörnerhaube bestimmt überwiegend die französische und englische Mode. Die Damen des Hochadels bevorzugen Damast oder Brokat mit einem Granatapfel- oder Artischockenmuster als Überzug. Die kostbare, das Kopfhaar vollständig verhüllende Netzhaube, ist mit einem aus Perlen und Edelsteinen besetzten Gitter aus Goldborten dekoriert. Die Wulsthaube in der Dreiecksform wird in Deutschland etwas später getragen. Diese besteht aus einem mit Zaddeln geschmückten Polsterring in verschiedenen Variationen. Sie ist mit Goldborten und Perlen verziert; an der Spitze kann eine Agraffe befestigt sein. Ein unter dem Kinn durchgeführter Schal, der jeweils seitlich um den Wulst gewunden wird, hält die Kopfbedeckung. Ab Anfang des 15. Jahrhunderts wird in Burgund der Hennin getragen. Die Höhe der steifen, mit Stoff überzogenen Kegelhaube aus Pappe oder aus gesteiftem Leinen bezeugt den Stand der Trägerin innerhalb der adligen Gesellschaft. An der Spitze des Kegels oder am Kegelstumpf wird stets ein durchsichtiger Schleier aus Musselin auf verschiedene Art befestigt. Er kann eine kreisrunde Form haben, der vorn bis knapp über die Augen und hinten bis auf den Rücken fällt. Auch die Variante eines bis auf den Boden reichenden Schals ist möglich. Aus dem Hennig ist um 1465 die Schmetterlingshaube entstanden. Über eine Kombination einer Kegelhaube mit einem Drahtgestell wird symmetrisch ein Schleier drapiert. Das Kopftuch wurde überwiegend von Frauen aus dem niederen Adel und der Bürgerschicht getragen. Es kommt in verschiedenen Modifikationen vor; in Süddeutschland und in der Schweiz wird die Fächerhaube getragen. Das Hauptkennzeichen dieser Kopfbedeckung ist die Anzahl der „Fache"[307], die in Kleiderordnungen festgelegt wurden und die Anzahl sechs nicht überschreiten sollten. Die Tragweisen, z.B. mit oder ohne Kinnbinde, sind in Region oder Stadt abweichend. In Süddeutschland bereichert ab 1480 die Ballonhaube die Formen der weiblichen Kopfbedeckungen. Es kann sich um ein Haarnetz mit breitem Stirnband oder um eine netzartige Stickerei handeln, welche die Haube in der vorderen Hälfte überzieht. Ein durchsichtiger Schleier liegt über der Haube; er reicht vorne bis zu den Augenbrauen. Der hintere Bereich ist mit einem weiteren Kopftuch umwickelt.

Gürtel und Halsgeschmeide ergänzen die Kleidung. Meist ist der Gürtel mit zwölf Zentimetern überbreit; er kann aus Stoff, z.B. Leinen, Seide, Damast- oder Brokatstreifen, und aus Leder bestehen, einfarbig oder gemustert, mit Silber- oder Goldfäden oder mit Stickereien verziert sein. Die Schnallen oder Endbeschläge sind dekoriert. Einhergehend mit der Vergrößerung des Décolleté ab der Mitte des 15. Jahrhunderts, tragen die Damen der höfischen Gesellschaft und der wohlhabenden Bürgerschaft zunehmend Halsgeschmeide. Sie zeigen Perlenketten, aber auch mit Rubinen, Smaragden und Saphiren gestaltete Edelsteincolliers. Broschen ähnliche Agraffen und Anhänger an Oberbekleidung und Kopfbedeckungen gehören zur spätmittelalterlichen Frauenmode.

---

[307] Mittelhochdeutsch: Falte, Lage oder Stufe

Eine gesonderte Kindertracht gab es nicht. Die Knaben und Mädchen erhielten die gleichen Frisuren und trugen die gleichen Kleidungsstücke wie die Erwachsenen, allerdings in verkleinerter Ausfertigung.

Der osteuropäische Adel schloss sich vorwiegend von den Moden der Burgunder und Italiener aus. Dessen Kleidung besteht überwiegend aus den einheimischen Trachten.

Hinsichtlich der verwendeten Textilien ist zunächst die Wolle zu nennen. Wolltuch wird aus Schafwolle gewonnen; die höchste Qualität des späten Mittelalters weist die englische Schurwolle auf. Sie wird fast ausschließlich für Über- und Oberbekleidung verwendet, z.B. für Mantel, Jacke, Wams, Hose, Gugel und Überkleid. Der Hauptverteilermarkt ist in Brügge; deshalb wird sie oft als „Flämische Wolle" bezeichnet. Leinen wird aus Flachs hergestellt und vor allem für Hemden, Unterhosen und für das Futter der Überkleider genommen. Auch Stoffgürteltaschen oder Geldbörsen werden aus diesem Material gefertigt. Seidenstoffe sind sehr kostspielig; sie stammen fast ausschließlich aus Italien und werden daher nur für kostbare Gewänder verarbeitet.

Unabhängig davon, ob es sich um Brokat, Damast oder einen gemusterten Samt handelt, wird das im 15. Jahrhundert gebräuchliche Granatapfel- bzw. das mit fünffach geschweiften Rosetten eingerahmte Artischockenmotiv verwendet. Obwohl es vielfach variiert wird, bleibt es in selnen Grundzügen konstant. Nach 1450 scheint der Seidenvelours der vom Adel bevorzugte Stoff zu sein, der nun auch goldbroschiert oder gemustert mit dem bisher bekannten Motiv hergestellt wird. Baumwolle hat eine geringere Bedeutung für die Kleidung des Spätmittelalters, da sie relativ schwer erhältlich ist. Sie stammt aus Syrien, Zypern und der Türkei und gelangt über Handelsstationen in Italien, insbesondere Venedig, nach Deutschland. Baumwolle wird als Futterstoff für Übergewänder verwendet. Der Barchent ist ein flauschiges Baumwoll-Leinengemisch. Relativ teuer in der Anschaffung, wird er überwiegend von den wohlhabenden Bevölkerungsschichten gewünscht. Seine Oberfläche ist aufgeflauscht und für die damaligen Verhältnisse sehr weich und angenehm zu tragen. Er dient überwiegend zur Herstellung von Unterwäsche oder Innenfutter.

Pelze und Felle werden für Mäntel, Innenfutter und Verbrämungen verwendet. Bei der Auswahl der Pelze wird auf die für das jeweilige Kleidungsstück passende Farbe, z.B. Braun oder Schwarz, und Struktur geachtet. Für königliche und fürstliche Gewänder hat man Hermelin verarbeitet. Der sehr teure Zobel dekorierte hochwertige Kleider aus Seide, und der Fehpelz wird für das Innenfutter verwendet, da er den Faltenwurf des Oberstoffes nicht beeinträchtigt. Felle, z.B. von Lämmern, weisen eine ähnliche fein gelockte Struktur wie Persianerpelze auf und ersetzen nordische Pelze.

Bis zur Mitte des 15. Jahrhunderts hatte sich überwiegend die wohlhabende Oberschicht in schwarze Tücher gehüllt. Eine Kleiderordnung oberitalienischer Städte, wie z.B. in Florenz, Genua, Bologna, Venedig und Rom, schrieb den Patriziern das Tragen schwarzer Kleidung vor, um auf diese Weise der durch Kleiderluxus verursachten Verschwendungssucht Einhalt zu gebieten. Das vermehrte Angebot von schwarzen Stoffen beeinflusste die Mode in Burgund und an Fürstenhöfen im In- und Ausland. Eine wichtige Rolle bei der Kleidung des Adels spielen Rottöne, insbesondere Karmin- und Scharlachrot. Es kommen auch Braun- und Grautöne, Gelb- und Orangetöne sowie Grün- und

Weißtöne vor. Farbkombinationen der verschiedensten Art sind möglich; bevorzugt werden Rot-Blau, Rot-Grün, Blau-Violett und Blau-Grün. Auch Blassgelb-Blau, Orange-Weiß, Orange-Rosa, Rosa-Weiß und Schwarz-Weiß sind möglich. In Süddeutschland wurden um 1475 farbenfrohe Stoffe bevorzugt; z.B. waren Farbtöne, wie Hellblau, Türkis, Rot oder Gelb, gebräuchlich.

Rüstungen – Gebrauchsgegenstände und Kunstwerke

Das Bedürfnis nach Schutz vor Verwundung bei kriegerischen Auseinandersetzungen führte zu verschiedenen Formen der Körperpanzerung. Die Erscheinungsformen mittelalterlicher Plattenpanzer sind denen des Altertums sehr ähnlich. Z.B. besteht der im Jahre 1960 in Dendra bei Mykene gefundene Plattenharnisch des 15. Jahrhunderts v. Chr. aus einem separat getriebenen Brust- und Rückenpanzer mit überlappenden Blechen als Unterleibs- und Oberschenkelschutz. Die spätbronzezeitlichen Panzer aus dem Donau- und Alpenraum zeigen Verzierungen, die den Bronzetreibarbeiten der Urnenfelder nach 1200 v. Chr. ähneln.[308] Mit der Entfaltung mittelalterlicher Handwerkstechniken entstand um die Wende zum 14. Jahrhundert eine Harnischkunst; als Höhepunkt gilt die reich gegliederte Rüstung sowohl für den Ritter als auch für sein Streitross.

Die mittelalterliche Plattenpanzerung umfasst die Zeit vom 15. bis zur Mitte des 17. Jahrhunderts; durch den Wandel der Kriegstechnik kam sie außer Gebrauch. Gegen Ende des 15. Jahrhunderts erreicht der Plattenharnisch seine für die Spätgotik charakteristische Form und Funktion. Mit dem Begriff „Rüstungen" verbindet man die Konnotation von „Eisenkleidern"; die dem menschlichen Körper angepassten eisernen Schöpfungen werden mannigfach modifiziert. Es ist deshalb legitim, sie mit Kleidern aus textilem Material zu vergleichen. Die Klassifizierung hängt von der Nationalität des Herstellers und dem Verwendungszweck ab. Feldharnische kommen bei bewaffneten Auseinandersetzungen zum Einsatz; Rennzeuge werden im Schaugefecht oder im „Turnier" eingesetzt. Die Rüstungen sollen im Kampf und beim ritterlichen Turnier seinen Träger nicht nur schützen, sondern auch dessen Persönlichkeit durch die kunstvoll modisch gestaltete Ausrüstung betonen. Sie waren, wenn sie als Kunstwerke bestellt und nach Maß gearbeitet wurden, sehr kostspielig gewesen. Sie hatten ihren Träger eingezwängt und beschwert, ihn geschützt, aber auch mit besonderen Risiken bedroht. Die kostbaren Harnische des 15. und 16. Jahrhunderts werden im allgemeinen nicht in der Feldschlacht verwendet; dennoch sind sie nicht als Spielgeräte zu betrachten - so „spielerisch" die Ritterspiele auch sein mochten.[309] Bis zum Ende des 15. Jahrhunderts entfaltet sich die Waffenschmiedekunst; auch der Körper der Pferde kann mit Stahlplatten bedeckt werden. Rüstungen gelten als ein Standesabzeichen. Ausdruck höchster Eleganz ist es, wenn die „Eisenkleider" von Ross und Reiter in Stil und Verzierung eine Einheit bilden. Diese Garnituren sind besonders kostspielig, so dass sie nur Fürsten oder andere begüterte Herren erwerben können. Besonders in süddeutschen Städten leisten sich auch vermögende Patrizier kostbare Turnierausrüstungen.[310] Der Körperschutz der zum Gefolge der Ritterheere gehörenden Knappen besteht überwiegend nur aus einem Eisenhut und einem Kettenhemd. Für städtische Wachleute finden nur Eisenhüte, schlichte Rüstungen oder Teilrüstungen Verwendung. Nichtadlige Söldner tragen schlichte Brust-Harnische.

---

[308] Spitzlberger, Georg, Neue Funde aus der großen Zeit der Wanderung, in: VHVN 96, Landshut 1970, S. 11-28.
[309] Vgl. Reitzenstein, A. Frhr. v., Rittertum und Ritterschaft. München 1972.
[310] Kammerrechnung 1526, Landshuter Stadtarchiv

Spätmittelalterliche „Eisenkleider" geben Zeugnis sowohl vom Handwerkskönnen als auch von handwerklicher Technik der sogenannten Plattner.[311] Sie machen Aussagen über die Meister und ihre Werkstätten, in denen nicht nur waffentechnische Gebrauchsgegenstände, sondern auch Kunstwerke entstanden sind.[312] Führende Harnischzentren waren zunächst in Italien, insbesondere in Mailand; die Werkstätte der Missaglia wurde später von den Negroli abgelöst. Es folgten Plattnerzentren in Deutschland (Augsburg, Nürnberg und Landshut), in Österreich (Innsbruck), Frankreich (Paris, Chambli, Chartres, Valenciennes, Bordeaux, Tours und Lyon), Belgien (Antwerpen, Brügge, Gent und Brüssel), England (London)[313] und Spanien (Burgos, Sevilla, Calatayud und Castejon). Nationale Besonderheiten kennzeichnen die verschiedenen Stilrichtungen. Aus Grabskulpturen kann man ableiten, dass zuvor zahlreiche Werkstätten in Italien, Deutschland, Frankreich und England den Alltagsbedarf an Rüstungen deckten, ohne dass wesentliche Qualitätsunterschiede festzustellen sind.

Das Plattner-Zentrum in Landshut

Aufgrund einer wachsenden Nachfrage nach qualitativ hochwertigen deutschen Rüstungen und Teilen von ihnen durch regionale und überregionale Abnehmer in der zweiten Hälfte des 15. Jahrhunderts vermehren sich die Werkstätten im Landshuter Plattnerzentrum. Um der Gefahr zu entgehen, dass durch mangelhafte Produkte oder auswärtige Importe der Ruf der Handwerkszunft Schaden leidet, ist der Erlass einer Gewerbeordnung erforderlich. Am 27. Mai 1479 erhält die Landshuter Plattnerzunft ihre schriftliche „Ordnung" durch den Rat der Stadt.[314] Die umfangreiche Liste der Landshuter Plattner beinhaltet bekannte Namen, wie z.B. Hans Weiss (tätig um 1450), Konrad Weiss (tätig 1459 bis 1493), Ulrich Räms (tätig von 1467 bis 1475), Mathes Deutsch (tätig 1485 bis 1495) und Wolf Großschedel (tätig in Greenwich von 1517 bis 1521, danach in Landshut bis 1562).[315]

Ein Umriss der Hochkonjunktur der Landshuter Plattner[316] kann aus Rechnungen[317], aus dem Landshuter Steuerverzeichnis von 1493 sowie aus Bestell- und Bestandverzeichnissen von Harnischkammern verschiedener adliger Häuser im In- und Ausland (z.B. in Weimar, Torgau und Wien) sowie von Grabplatten und Abbildungen von Ritterheiligen

---

[311] Vgl. Thomas, Bruno, Deutsche Plattnerkunst. München 1944.

[312] Einen den Körper eines Fürsten schützenden Harnisch kann man mit einer spätgotischen Metallskulptur vergleichen. In der Innsbrucker Hofkirche und in Römhild - im südlichen Thüringen - gibt es um 1500 gegossene und „gerüstete" Metallbildwerke.

[313] Zwei Landshuter Plattner waren in Londoner Werkstätten beschäftigt: Um 1517 war Wolgang Großschedel einige Jahre für Heinrich VIII. tätig (Thomas, Bruno, Two „Almain" armurers identified, Journal of the Arms and Armour Society, London 1953). Von 1557 bis 1607 arbeitete Jakob Halder in London. Als Werkstattmeister leitete er die "Greenwicher Schule" (Thomas, Bruno, Deutsche Plattnerkunst, München 1944, S. 50).

[314] Stadtarchiv Landshut, Band 191. Abgedruckt in: Reitzenstein, A. Frhr. v., Die Landshuter Plattner, ihre Ordnung und ihre Meister, in: Waffen- und Kostümkunde, Band 11. München 1969, S. 20-32

[315] Vgl. Spitzlberger, Georg, Landshuter Plattnerkunst, Ein Überblick, Landshut 1975.

[316] Vgl. Spitzlberger, Georg, Prunkharnische für den Adel Europas, in: Weitberühmt und vornehm, Landshut 1204-2004, Beiträge zu 800 Jahre Stadtgeschichte, hrsg. von der Stadt Landshut, Landshut 2004, S. 172-184.

[317] Z.B. Kammeramtsrechnung des Herzogtums Bayern-Landshut, Abrechnungszeitraum 2. Oktober 1476 bis 14. Juli 1477, BayHStA München, Herzogtum Bayern, Ämterrechnungen bis 1506, Nr. 511

hergeleitet werden.[318] In den Jahren 1475 und 1476 lieferten die Landshuter Plattner zahlreiche Harnische nach Österreich und Ungarn sowie nach Böhmen und Polen.[319] Zwischen 1487 und 1496 erfolgten Aufträge des kurfürstlichen Hofes in Sachsen an die Landshuter Werkstätte des Matthes Deutsch. Aus der Turnierbiographie des Herzogs Georg lässt sich schließen, dass am Hof der Landshuter Herzöge ein erheblicher Bedarf an Harnischen und Rennzeug bestand, der zu einem Teil durch die ortsansässigen Plattner gedeckt wurde. Rechnungen über auswärtige Harnischbestellungen wurden bislang nicht gefunden. Ein Rechnungsbeleg von der Werkstätte des Konrad Weiss z. B dokumentiert die Lieferung eines Stechzeuges und mehrerer Harnische an den Herzog. Auch Rechnungen über Harnisch-Geschenke an Pfalzgraf Otto II. belegen Bestellungen derartiger Ausrüstungen beim Landshuter Plattnerzentrum. Repräsentationsbedürfnisse, nicht nur der Landshuter Herzöge, sondern auch anderer Adliger, um bei großen organisierten Turnieren im süddeutschen Raum in den Jahren von 1478 bis 1487 im wertvollen Harnisch präsent zu sein, trugen zur Steigerung der Konjunktur im Plattnerhandwerk bei.

Der italienische Harnisch 1420-1480

Der Plattenharnisch des 15. Jahrhunderts kann in zwei Kategorien geschieden werden: Der italienische Harnisch ist von der Renaissance beeinflusst. Er erreicht bis zum Jahre 1440 seine technische und bis 1450 seine stilistische Grundkonzeption.[320] Bei später produzierten Kürassen[321], vor allem in Mailand und in Brescia, handelt es sich um modistisch-stilistische Abwandlungen. Die Arm- und Beinpanzerung hat sich ab ca. 1380 nicht wesentlich geändert. Bis um 1475 bleibt diese Form Vorbild für die deutsche Plattenpanzerung. Charakteristisch für den italienischen Harnisch ist die ab dem Jahre 1410 angewandte Technik der Schiftung, eine bewegliche Verbindung von starrer Brust- und zweiteiliger Rückenpanzerung - ab 1430 ist er fünffach geschiftet. Der Harnischrock reicht tiefer als bei deutschen Exemplaren. In den zwanziger Jahren des 15. Jahrhunderts werden der Schutz und die Beweglichkeit der Schulterpartie durch eine asymmetrische Anordnung einer großflächigen Platte auf der linken und einer kleineren auf der rechten Seite verbessert. Diagonal geführte Grate auf Verstärkungsplatten sollen gegen abgleitende Lanzen und Schwerter schützen. Das Armzeug erhält durch Gleit- und Drehniete seine Beweglichkeit. Das Beinzeug besteht aus geschobenen Diechlingen mit seitlichen Streifschienen, angenieteten Kniekacheln und Unterschenkelröhren. Zwischen den Jahren 1435 und 1440 wird der Panzerhandschuh verändert; anstelle der „manopola" sind die Finger jeweils durch bewegliche Ringe geschützt. Der geschlossene Visierhelm (elmetto) ist eine Innovation. Er wird im Bereich der Stirn verstärkt und erhält im Nackenbereich eine Stielscheibe. Ein vorgeschnalltes Halsteil schützt die Kinnpartie. Anstelle des Helmes kann auch eine visierlose Schaller (celata) getragen werden. Der italienische Feldharnisch ist für den Lanzenkampf optimiert, ein zweihändiger Schwertkampf ist nur eingeschränkt möglich. Die massige und breite Erscheinungsform wird durch eine Reduzierung großer Flächen gemildert. Der italienische Harnisch des 15. Jahrhunderts gilt als Vorbild für den deutschen Harnisch ab 1470.

---

[318] Reitzenstein, A. Frhr. v., Die Landshuter Plattner Wolfgang und Franz Grosschedel, in: Münchner Jahrbuch der bildenden Kunst, Dritte Folge, Bd. V, München 1954, S. 142-153
[319] Vgl. Spitzlberger, Georg, Unvergängliche Harnischkunst. Beiträge zur historischen Waffenkunde, Landshut 1985.
[320] Lehnart, Ulrich, Kleidung und Waffen der Spätgotik III, 1420-1480, Wald-Michelbach 2005, S. 88-96
[321] ital.: corazze

Export-Harnische

Die französisch-burgundische "corazze alla francese"

Die Quellenlage ist lückenhaft, da während der französischen Revolution ab 1789 erhebliche Archivbestände vernichtet wurden. Es ist legitim anzunehmen, dass es im 15. Jahrhundert in Frankreich Plattnerzentren gegeben hat, die für das Königshaus und Adelige Rüstungen hergestellt haben. Originale sind nur noch in Fragmenten vorhanden. Lediglich die Arbeiten der burgundischen Hofplattnerei in Arbois können dokumentarisch belegt werden. Bei den wenigen noch erhaltenen Kompositharnischen handelt es sich um Rüstungsteile italienischer Machart.[322] Offensichtlich haben vor allem die Mailänder die Wünsche ihrer französischen Abnehmer berücksichtigt und ihre Panzerteile entsprechend angepasst.[323] Der Unterschied zwischen italienischen Harnischen und Exportharnischen „alla francese" liegt vor allem im Helm, in der Gestaltung der Schulterbereiche und in der Ergänzung durch weitere Teile.[324] Bei den Rüstungen für den französischen Markt kommt die große Beckenhaube anstelle des Armets zum Einsatz. Die symmetrische Schulterpartie ist relativ schlank ausgebildet; die Armkacheln sind mit Schwebescheiben versehen. Seitliche Beintaschen (tuilettes) und eine Gesäßtasche ergänzen den französischen Kürass. Die halbstarrigen Blechschuhe wirken unästhetisch.

Die "corazze all'inglese"

Die italienischen Kürisse „all'inglese" weisen zwar Gemeinsamkeiten mit italienischen auf; sie orientieren sich aber auch am Stil der deutschen. Grabplatten zeigen, dass anscheinend wohlhabende Adelige bestimmte Ausführungen bestellt haben, die von italienischen Plattnern wunschgemäß erledigt wurden. Die englischen „Eisenkleider" erscheinen optisch gedrungener als die deutschen.[325] Die Schulterpartie ist typisch italienisch, ebenso die Schiftung von Brust und Rücken, die jedoch mit Gleitnieten verbunden sind. Die herzförmige Kniemuschel ist kleiner als bei italienischen. Überwiegend werden geschobene Eisenschuhe ohne überlange Spitzen verwendet. Wie in Deutschland üblich, besteht das Armzeug oft aus drei Teilen – Oberarm, Unterarm und Armkachel sind voneinander getrennt und am Rüstwams fixiert. Anstelle von glatten (italienischen) Hentzen werden spätgotisch gekehlte oder gefingerte Eisenhandschuhe im deutschen Stil getragen. Bei englischen Kürassen können Beintaschen auf halber Höhe der Bauchreifen angebracht sein; die frontal und seitlich angebrachten Beintaschen sind einheitlich geformt. Als Helm wird die Schaller bevorzugt, der Visierhelm kommt weniger zum Einsatz.

---

[322] Die einzige nahezu noch vollständig erhaltene italienische Exportrüstung „alla francese" befindet sich im Kunsthistorischen Museum in Wien. Sie wurde in Mailand um 1450 für Friedrich I. von der Pfalz gefertigt.
[323] Z.B. dokumentieren burgundische Tapisserien italienische Harnische „alla francese".
[324] Lehnart, Ulrich, Kleidung und Waffen der Spätgotik III, 1420-1480, Wald-Michelbach 2005, S. 101-104
[325] Ebd. S. 105

Die italienische "corazze alla tedesca"

Bis zur Mitte des 15. Jahrhunderts wurden in Deutschland nur Rüstungen aus heimischen Werkstätten getragen. Signifikant für den deutschen Sprachraum war bis dahin die Kastenbrust. Ab ca. 1450 wurden von italienischen Plattnern modifizierte Kürasse auf dem deutschen Markt angeboten. Diese „corazze alla tedesca" waren speziell für den Export geschaffen worden, um den Ansprüchen der Träger nördlich der Alpen an ein modernes „Eisenkleid" zu genügen.[326] Durch Grabmäler und Tafelbilder ist dokumentiert, dass sich der Stilwandel innerhalb von zehn Jahren vollzog. Süddeutsche Plattner passten sich dem geänderten Stilbedürfnis an und begannen sehr bald, Harnische nach italienischem Vorbild zu fertigen, allerdings mit deutlichen Unterscheidungsmerkmalen in einigen technischen Details und in der Dekoration. Der wesentliche Unterschied in der Konzeption zwischen einem in Italien gefertigten Exportharnisch und einem in Deutschland nach italienischer Manier gefertigten Harnisch bezieht sich auf die Schaller und die Panzerhandschuhe. Anstelle des geschlossenen Visierhelmes erfanden italienische Plattner z.B. die „celata alla tedesca", ein Helmmodell mit aufschlägigem Visier, auch als „burgundische Schaller" bekannt. Die italienischen Panzerhandschuhe sind mit Hentzen und die deutschen mit Fingerhandschuhen versehen. Bei den Exportharnischen sind die Muscheln an der Arm- und Kniekachel mit herzförmigen Treiblinien verziert. Im Gegensatz zu den in Italien gefertigten Beinlingen sind die deutschen mehrfach geschoben und mit Graten verziert.

Der deutsche Harnisch der Gotik

Im Gegensatz zum „modernen" italienischen Harnisch spiegelt sich im deutschen noch der Zeitgeist der späten Gotik wider. Vor 1450 sind keine Exemplare erhalten. Bis um 1475 wird die Formensprache der deutschen Plattner von der italienischen Machart bestimmt. Die in italienischer Manier geschobene Schulter bezeugt, dass der Einfluss südlich der Alpen auf die Landshuter Werkstätten stärker gewesen sein muss als auf die Augsburger oder Nürnberger.[327] Danach entfaltet sich ein eigener Stil, der erst gegen 1480 seine höchste Stufe der Perfektion erreicht. Zwar wurden von den Italienern technische Konstruktionen und Details übernommen; dennoch blieben Form und Verzierung typisch für deutsche Rüstungen. Beispiele für Neuschöpfungen sind die Schaller, die Schulterpartie und der gefingerte Handschuh.

Der Harnisch 1460-1480

Ab dem Jahre 1460 entsteht die typische Form des deutschen Harnisch, obwohl für die Plattnerzentren in Innsbruck, Augsburg, Nürnberg und Landshut regionaltypische Unterschiede charakteristisch sind.[328] Harnischteile, die Landshuter Plattner zugeschrieben werden können, bezeugen vorwiegend italienischen Einfluss. Das betrifft weniger die Dekorationen als vielmehr die Konstruktion. Flächen- und Randdekorationen gestalten die Rüstungen; kunstvolle reliefartige Überformungen sind weitere Stilmerkmale. Die Umrisslinien sind zackig, Grate und Kehlen, gezackte

---

[326] Lehnart, Ulrich, Kleidung und Waffen der Spätgotik III, 1420-1480, Wald-Michelbach 2005, S. 97-100

[327] Ein Beispiel für Schulter nach italienischer Machart im Landshuter Stil um 1475 befindet sich im Germanischen Nationalmuseum in Nürnberg.

[328] Lehnart, Ulrich, Kleidung und Waffen der Spätgotik III, 1420-1480, Wald-Michelbach 2005, S. 113-126

Ränder und Gratbündel brechen und gliedern große Flächenteile. Brust- und Rückenschiftungen sind mit ausgesägten Randdekorationen in Lilienform versehen. Um 1480 werden spröde Konturen eher vermieden; der Umgang mit gestaltenden Gratbündeln wird freier, und die Form erscheint stilistisch insgesamt weicher und gefälliger. Schulter-, Arm- und Beinpanzerungen sowie Diechlinge und Kniekachel werden ebenfalls reliefartig überformt. Die Unterschenkelröhren bleiben glatt. Im Gegensatz zum italienischen Harnisch wirkt der eiserne Körperschutz aus süddeutschen Plattnerwerkstätten plastischer. Wegen der unruhigen Oberflächen erweckt er einen künstlerischen und dynamischen Gesamteindruck.

Die deutsche Harnischbrust ist in der Mitte gegratet und ein- bis dreifach geschiftet. Die Unterbrust (unterstes Schiftteil) und die Oberbrust (oberstes Schiftteil) können an den Rändern geschweift oder lilienförmig ausgesägt sein. Der typische Harnischrücken in Landshuter Machart ist dreifach oder vierfach geschoben. Gleitniete verbinden sowohl das Rückenteil als auch die meist drei Gesäßreifen untereinander. Drei deutsche Arten von Armzeuge können unterschieden werden: Das schwere Armzeug mit großen Schultern italienischer Machart, das schwere Armzeug mit „deutschen" Schultern und leichtes Armzeug mit kleinen Schultern. Während die italienischen Schultern und Armzeuge getrennt sind, werden bei den deutschen Rüstungen die Schultern mit den Oberarmschienen, gelegentlich auch mit den Armkacheln und den Unterarmschienen verbunden. Im Unterschied zur italienischen Schulterpartie erscheint die Landshuter weniger voluminös. Anstelle von Schwebescheiben werden Schulterverstärkungen (Schiftungen) aufgebunden. Die geschlossene Unterarmröhre ist Teil des Armzeugs. Gepanzerte Fingerhandschuhe lösen ab 1460 die kantigen Hentzen ab. Ab 1475 ist die Daumenwurzelplatte mit einem beweglichen Scharnier an der Handrückenplatte befestigt. Charakteristisch für das Beinzeug sind mehrteilig geschobene und mit gekehlten Treiblinien dekorierte Diechlinge mit seitlicher Streifschiene, die angenieteten Kniekachel mit den Muscheln, die glatten Unterschenkelröhren und die Harnischschuhe mit überlangen Spitzen. Die spätgotischen Beinzeuge der Landshuter Plattner haben dreifach geschobene Diechlinge; aus Augsburger Werkstätten sind vier- bis fünffach geschobene erhalten. Ab 1440 finden sich in deutschen Handschriften Abbildungen von Schallern (Celata).[329] Ab 1460 gibt es vereinzelt Darstellungen mit diesem Helmtyp auf Grabplatten. Häufiger sind Adelige mit dem geschlossenen Visierhelm oder dem Eisenhut zu sehen. Die italienische „Celata alla tedesca" ist aus der Beckenhaube entstanden und mit einem aufschlächtigen Visier versehen. Üblicherweise werden die Schaller aus einem Stück Eisenblech getrieben. Der Nackenschirm deutscher Machart ab 1470 ist länger als bei der italienischen; bei letzterer ist die Nackenlinie stark geschwungen. Ab 1465 findet man gelegentlich und ab 1485 häufiger Bilddarstellungen von der deutschen Schaller mit aufschlächtigem Visier. Im Unterschied zu italienischen und französisch-burgundischen hat diese anstelle eines spitzen Helmgrates einen breiten, an der Stirn als spitzer Grat beginnenden, sich bis zum Scheitelpunkt erweiternden und zum Nacken wieder vereinigenden Kamm. Die Schaller mit geschobenem Nackenschirm ist nach 1480 festzustellen.

---

[329] Z.B. in der Gothaer Abschrift von Thalhofers Fechtbuch aus dem Jahre 1443. Vgl. Müller, Heinrich, und Fritz Kunter, Europäische Helme, Berlin 1984, S. 31

Nachbildungen der Feldharnische und der Rennzeuge für die Re-Inszenierung

Die Nachbildungen von spätmittelalterlichen Rüstungen aufgrund historiologischer Analyse geben Zeugnis für die Bewahrung handwerklichen Könnens als immaterielles Kulturerbe.

Foto 9 Museale Kopie der Grabplatte des Ritters Heinrich von Staudach (†1483) im Zeughaus des Vereins „Die Förderer" e.V. (Foto des Verfassers)

Hans Seybolt erwähnt ihn als Gast bei der Landshuter Hochzeit im Jahre 1475. Die Originalgrabplatte befindet sich in der Krypta der Pfarrkirche St. Jodok in der Freyung von Landshut.

Foto 10 Nachbildung des gotischen Feldharnisch „Staudacher" (Foto des Verfassers)

Der Harnisch verdeutlicht den deutschen (Landshuter) Stil mit Panzerstecher und Scheide, rotem Wehrgehänge und Lederschuhen, gefertigt von Walter Suckert [WS] im Jahre 1997

Foto 11 Nachbildungen von Feldharnischen (Festzugs-Rüstungen), von Brustharnischen und Helmen in der Rüst- und Waffenkammer des Vereins „Die Förderer" e. V. (Foto des Verfassers)

Foto 12 Nachbildungen von Turnier-Rüstungen, Ross-Stirnen und Brustharnischen der Lanzenträger in der Rüst- und Waffenkammer des Vereins „Die Förderer" e. V. (Foto des Verfassers)

Beim „Hochzeitszug" sowie bei den „Reiter- und Ritterspielen" kommen keine Originale zum Einsatz, nicht nur weil museale Rüstungen besonders wertvoll sind, sondern auch wegen der für die heutigen Ritter nicht geeigneten Konfektionsgrößen. Der Verein „Die Förderer" e.V. hat Nachbildungen von Originalrüstungen und Rekonstruktionen nach Abbildungen, z.B. von der Grabplatte des Ritters von Staudach, herstellen lassen. Der Kunsthandwerker Walter Suckert steht in der Tradition der Landshuter Plattner des späten 15. Jahrhunderts. Er orientiert sich an deutschen und italienischen Originalen der Gotik in Museen im In- und Ausland. Er schlägt die Meistermarke [WS].

Der Verein „Die Förderer" e.V. hat bei dem Plattner Schaupp eine Nachbildung der Rüstung des Ritters Ulrich von Breitenstein (†18. Februar 1487) in Auftrag gegeben. Als Vorbild soll die Grabplatte in der Heilig-Geist-Kirche in Landshut dienen, auf welcher der Jerusalempilger in vollständigem Reiterharnisch, auf einer Betbank kniend, dargestellt ist. Der aus der Nähe von Sulzbach stammende Adelige war seit dem Jahre 1463 im Dienst der Landshuter Herzöge. Von 1471 bis 1481 war er Hofmarschall. Er nahm am Empfang der Braut in Wittenberg teil und war bei der Landshuter Hochzeit zur Aufwartung beim Hochzeitsmahl verpflichtet.

Bei der Re-Inszenierung der „Landshuter Hochzeit 1475" im Jahre 2023 kommt eine neue und weltweit einmalige Rüstungsgarnitur von dem Plattner Dr. Peter Müller aus dem baden-württembergischen Orschweier zum Einsatz. Sie lässt sich abhängig vom Einsatzzweck sowohl als Fußkampfharnisch ("Kempfküriss") als auch als Reiterharnisch nutzen. Das Turnierbuch des René d'Anjou diente als Vorlage für die Nachbildung. Die illustrierte Handschrift, der Text ist in 3952 Versen abgefasst, dokumentiert die Einladung des französischen Hochadels im Sommer 1446 auf das Schloss an der Loire. 90 Ritter und deren Gefolge nahmen an dem Fest teil.

Der Harnisch ist aus gehärtetem Stahl und wiegt 25 Kilogramm. Er ist vollständig geschlossen, Armbeugen und Schultern sind mit aufwändigen Gelenksystemen versehen. Er besteht aus einem Tonnenrock mit Bauchschiftung, Brust- und Rückenpanzerung sowie großer Beckenhaube (der Helm ist auf der Brust festgeschraubt), aus geschlossenen Schultern sowie geschlossenen geschifteten Oberarmröhren, aus Beinzeugen mit Panzerschuhen und Turnierhenzen. Bei der Bewegung des Kämpfers gibt es keine ungeschützten Stellen, die von Stichwaffen durchdrungen werden können. Die volle Bewegungsfreiheit des Kämpfers ist gegeben.

Foto 13 Rüstungsgarnitur (Foto: „Die Förderer" e.V.)

Fortbewegung im Mittelalter

Der Adel nutzte bevorzugt ein Reitpferd mit sanften Gangarten als Fortbewegungsmittel. Das schwerere und auch wertvollere „Streitross" war besser für ein Rennen gegen den Gegner als für lange Wegstrecken geeignet. Eine Sänfte kam dann zum Einsatz, wenn man zu alt oder zu gebrechlich zum Reiten war. Der Sänftenkasten, der zumeist Platz für eine Person bot, hing an Stangen zwischen einem vorangehenden und einem nachfolgenden Pferd. Damit konnten auch für Wagen nicht befahrbare Wegstrecken, z.B. Pässe, bewältigt werden. Diese Art der Fortbewegung galt anfangs als unmännlich, später ließen sich auch gesunde Herrscher in Sänften tragen, sowohl vorwiegend zu Repräsentationszwecken, z.B. bei feierlichen Einzügen und Prozessionen, als auch bei kurzen Wegstrecken.

Im späten Mittelalter wurden zunehmend Fürsten und ihr Gefolge im eigenen oder geliehenen, oft mit ihren Wappen geschmückten Wagen gefahren. Der Grad der bequemen Ausstattung und prachtvollen Verzierung gab Zeugnis ab für die Stellung des Besitzers. Die technische Entwicklung von Wagen beeinflusste die adligen und fürstlichen Reisegewohnheiten.[330] Aus dem Ackerwagen ging der planengedeckte Leiterwagen mit der Funktion eines schlichten Reisewagens hervor, zunächst nur für Gebrechliche, später auch für adelige Damen. Seit Beginn des 14. Jahrhunderts gab es Kammerwagen für Hausrat und Mobiliar oder Rüstwagen für Rüstzeug. Beim Krönungseinzug von Kaiser Friedrich III. in Aachen im Jahre 1442 gehörten zu seinem Tross 47 Wagen, Braut- und Frauenwagen. Um dem Glanz der Festveranstaltungen zu entsprechen, fanden bei Ein- und Aufzügen, bei Hochzeiten und bei Begräbnissen verzierte und geschmückte Wagen Verwendung.

Wagentypen zwischen 1450 und 1550

Der gotische Prunkwagen (sog. Kobel) von Kaiser Friedrich III. um 1452 ist der bisher einzig erhaltene aus dieser Zeit. Die Wappen lassen seine Verwendung als Hochzeitswagen von Prinzessin Eleonore von Portugal, der Gemahlin Friedrichs, vermuten. Er kann aber auch als fürstlicher Prunkkobel für die Einzüge in die Städte auf das heute fehlende Wagengestell aufgesetzt worden sein. Er entspricht in seiner, wenn auch etwas breiten und beträchtlich gewölbten Form den weniger aufwändig ausgestatteten Trosswagen jener Zeit. Der Aufsatz in der sogenannten Kobelform hat die Länge von 286 cm, die Höhe von 124 cm und eine Breite unten von 118 cm, in der Mitte von 168 cm und oben von 132 cm. Das „Gewölbe" besteht aus acht 18 cm breiten Holzreifen, welche durch einen unteren Rahmen und fünf Längsholme zusammengehalten werden. Zwischen je vier Reifen bleibt seitlich eine drei Reifen (90 cm) breite Öffnung zum Ein- bzw. Ausstieg. Augenscheinlich haben zwei Löcher im Rahmen und an den Rahmenschmalseiten zur Befestigung auf dem Wagenkasten oder Plateau gedient. Die Längsholme sind geschnitzt und vergoldet. Die Außen- und Innenseiten der Reifen zeigen in Kreidegrund geritzte Akanthusstab-Ranken bzw. Damastmuster. An den Schmalseiten sind reiche Schnitzereien vorgeblendet. Sie enden in drei Kielbögen mit Kreuzblumen und in Fialen dazwischen. Zwei Engel im Mittelfeld halten das Wappen des kaiserlichen Doppeladlers mit

---

[330] Vgl. Paravicini, Werner (Hrsg.), Höfe und Residenzen im spätmittelalterlichen Reich, Ostfildern 2005.

Schriftband „AEIOU" sowie Schlinge und Krone darüber.[331] Seitlich links ist das portugiesische Wappen dargestellt und rechts das von Österreich unter der Enns; letzteres wird von vier wilden Männern gehalten. Die Reifen zeigen innen folgende Wappen: Krain, Kärnten, Österreich u. d. Enns, einköpfigen Adler, Doppeladler, Portugal, Bindenschild, Steiermark, Windische Mark, Habsburg, Tirol, Doppeladler, einköpfigen Adler, Elsass, Portenau, Österreich ob d. Enns. Die Zierknäufe an den Holm-Enden fehlen. Die Vorderseite ist sehr, die Rückseite weniger beschädigt. Die Figuren und Wappen sind bunt bemalt. Die Grundierung erfolgte meist auf Leinen.

Aus dem älteren Kobel, einem einteiligen tonnenartig gewölbten Planwagen, entwickelte sich ab dem Ende 15. Jahrhunderts ein zweiteiliger Kobelwagen. Das Fahrgestell mit einer Langbaum-Konstruktion sowie die wenig schwenkbare Vorderachse, das Reibscheit und die annähernd gleich großen Räder wurden beibehalten. Abweichend von der ursprünglichen Konstruktion hing der rechteckige Wagenkasten frei federnd an zwei Kipfenpaaren, zuerst an Ketten, später an Lederriemen. Während der Prunkwagen von Kaiser Friedrich III. noch starr mit dem Gestell verbunden war, wurde der nächst jüngere noch existierende Wagen, der des Kurfürsten Johann Friedrich des Großmütigen von Sachsen und seiner Braut Sibylle von Cleve vom Jahre 1527, ausgestellt auf der Veste Coburg, bereits mit Eisengriffen für die Aufhängung in Lederschlaufen ausgestattet. Die Reise-Kobelwagen wurden offensichtlich vom Sattel aus kontrolliert. Bei Prunkwagen kann es einen Sitz, wenn auch keinen erhöhten "Kutschbock" gegeben haben. Für das Reisegepäck wurden weiterhin die Kammer- oder Rüstwagen verwendet.

Nachbildungen der Prunk- und Reisewagen für die Re-Inszenierung

Am 9. Oktober 1970 zerstörte ein Großbrand die Lagerhalle der Förderer. Vier Prunkwagen, der Brautwagen von 1903, der Gespielinnenwagen von 1905, der Wagen der „Alten Frau von Sachsen" von 1950 und der Wagen der Herzogin Amalie von 1953 sowie die Sänfte Herzogs Ludwig des Reichen von 1937 wurden ein Raub der Flammen. Die geplante und vorbereitete Re-Inszenierung im Jahre 1971 konnte nicht stattfinden. Nach der Sicherstellung der noch vorhandenen Eisenteile stellte sich die Frage, ob die Nachbauten exakt den verbrannten entsprechen sollen oder ob man aufgrund historiologischer Analysen begründbare Verbesserungen anstreben will. Aus allen Teilen Bayerns meldeten sich Handwerksmeister der verschiedenen Gewerke bei den Förderern, um ihr Können und ihren Materialbestand in den Dienst der Wiederbeschaffung der Wagen zu stellen. Neben Schmieden, Schreinern, Schnitzern, Vergoldern und Tapezierern hatten die Angebote von älteren Wagnermeistern, „noch einmal in ihrem Leben einen richtigen Wagen bauen zu dürfen", eine besondere Bedeutung. Obwohl die schmiedeeisernen Beschläge aus dem Brandschutt gerettet werden konnten, machten die Neuanfertigungen der Wagen erhebliche

---

[331] Kaiser Friedrich III. (1415–1493) ließ den habsburgischen Wahlspruch A.E.I.O.U., als Signatur auf seinem Tafelgeschirr, seinem Wappen sowie auf Bauwerken, z.B. der Grazer Burg, der Burg in Wiener Neustadt und dem Linzer Schloss anbringen. Er ziert noch heute das Wappen und die Siegelringe der Absolventen der Militärakademie. Es sind über 300 Deutungen bekannt, einige davon lauten wie folgt:
Austriae est imperare orbi universo (es ist Österreich bestimmt, die Welt zu beherrschen)
Austria est imperium optime unita (Österreich ist ein aufs Beste geeinigtes Reich)
Augustus est iustitiae optimus vindex (der Kaiser ist der beste Beschützer der Gerechtigkeit)

Schwierigkeiten. Neben vorbereitenden Planungen, zu denen die Meinung von stilkundigen Sonderfachleuten beigeholt wurde, erforderten die handwerklichen und kunsthandwerklichen Arbeiten einen erheblichen Zeitraum.

Die Wiederbeschaffung der Wagen vollzog sich in einzelnen Schritten: Nach der Sicherstellung und Nummerierung der übrig gebliebenen Eisenteile unmittelbar nach dem Brand wurden die verkohlten Holzreste aufgemessen, um eine Übersicht über die Größenangaben zu erhalten. Mit fotogrammetrischen Techniken wurden aus vergrößerten Aufnahmen Maße entnommen, um maßstäbliche Zeichnungen erstellen zu können. Die Förderer waren sich zwischenzeitlich einig geworden, die verbrannten Wagen nicht deckungsgleich nachzubauen, sondern die Gelegenheit zu nutzen, um bei den neuen eine möglichst große „historische Genauigkeit" zu erreichen. Franz Högner war bemüht, durch umfangreiche Forschungen in zahlreichen Archiven und Museen, z.B. im Bayerischen Nationalmuseum in München, den richtigen gotischen Stil zu finden, beginnend bei Profilen, Schnitzereien an Truhen, Schränken und Wänden bis hin zu kleinsten Details. Den Bau der Wagen unterstützen Modelle in Holz- oder Hartfaserplatten in Originalgröße, um Antworten auf die Fragen der Proportionen, Gestaltung und Ausführung zu finden. Besondere Schwierigkeiten bestanden in der Beschaffung der entsprechenden Hölzer. Für die Räder wurde ein wenigstens zehn Jahre altes Buchenholz benötigt, für die Wagenkonstruktion Eichenholz und für die geschnitzten Füllungen Lindenholz. Die im städtischen Bauhof beschäftigten Wagnermeister Herbert Kretschmer und Sepp Vögel, ein Schüler von Alois Seeanner, beherrschten noch handwerkliche Kunstfertigkeit, um die Wagen wiederherstellen zu können. Dabei kamen vorsorglich eingelagerte alte Werkzeuge und Vorrichtungen, z.B. eine Büchsenbohrmaschine und ein Radstock, wieder zum Einsatz. Im Dezember 1972 wurde der Amalienwagen als letzter der Prunkwagen fertiggestellt und in der neuen vereinseigenen Lagerhalle in Schönbrunn untergestellt. Die Wiederherstellung und Neubeschaffung der Wagen gibt Zeugnis ab für die Bewahrung handwerklichen Könnens als immaterielles kulturelles Erbe.

Prunkwagen der Braut

Im Jahre 1903 baute der Wagner und Karosseriebauer Karl Seeanner in Zusammenarbeit mit dem Kunstschlosser Heilmeier den Brautwagen der Prinzessin Hedwig von Polen als ersten Wagen der Re-Inszenierung. Der Architekt Anton Weiß hatte im Jahre 1902 die Entwürfe erstellt. Als Vorlage dienten ihm die Bilder im Landshuter Rathaus und der im Coburger Museum verwahrte spätgotische Brautwagen der Sybille von Cleve.[332]

Der kobelförmige Aufsatz des neu gefertigten Brautwagens hat eine Länge von ca. 240 cm, eine Höhe von ca. 160 cm und eine untere Breite von ca. 90 cm. Das Gurtgerippe besteht aus acht 9 cm breiten Bögen mit geschnitzten Flachornamenten, welche durch einen unteren Rahmen und sieben Längsholme zusammengehalten werden. Zwischen den vier vorderen und hinteren Reifen gibt es seitlich je eine 60 cm breite Öffnung zum Ein- bzw. Aussteigen. Sie können durch Schubkassetten mit Flachschnittornament geschlossen werden. Die Längsholme für das Dachgestell sind geschnitzt, die Knöpfe gedrechselt. An den Schmalseiten sind Kassettenfüllungen mit Schnit-

---

[332] Der spätgotische Brautwagen wurde im Jahre 1945 durch Brand zerstört. Im Herzoginnenbau befinden sich heute zwei reich dekorierte vergoldete Hochzeitskutschen aus der Renaissance.

zereien eingestemmt. An der Vorder- und der Rückseite befinden sich jeweils zwei übereinanderliegende trapez-förmige Felder mit gotischen Flachschnittornamenten; das vergoldete schmiedeeiserne Ziergitter im Mittelfeld auf der Rückseite trägt das polnische Wappen. Die Gurtbögen konnten über Wasserdampf nicht gebogen werden, deshalb wurden sie aus großen Holzblöcken rund ausgeschnitten. Die Kassettenfüllungen, die Bögen sowie die Vorder- und Rückenteile hat der Münchner Schnitzer Fritz Zipf in Abstimmung mit der Residenzwerkstätte mit Flach-schnittornamenten versehen.

Der Wagenkörper wurde von dem Kirchenmaler und Restaurateur Franz X. Bleichner mit Rosanobelgold 23 ½ Karat ölvergoldet (Mixtionvergoldung).[333] Das Gurtgerippe im Überkopfbereich ist innenseitig mit altrosafarbenem Mohair und Tizian mit Wollfransen und Wollborten überzogen.

Die polnische Braut fährt bei der Re-Inszenierung in Begleitung eines Pagen während des Festzuges durch die Alt- und Neustadt sowie zum Reiter- und Ritterspiel auf die sogenannte Ringelstecherwiese. Die Änderung des Wagen-unterbaues als „Hangender Wagen" wurde zur 40. Re-Inszenierung im Jahre 2013 fertiggestellt.

Foto 14 Brautwagen aus dem Jahre 1973 (Foto des Verfassers)

---

[333] Laut Kostenangebot von Franz Bleichner vom 11.6.1972 (im Archiv des Verfassers)

Foto 15 Brautwagen "Hangender Wagen in Kobelbauweise" aus dem Jahre 2012 (Foto: „Die Förderer" e.V.)

Die erste Re-Inszenierung stammte aus einer Vorstellungswelt des 19. Jahrhunderts, welches von dem Gedankengut des Historismus geprägt war. Trotzdem war die Bürgerschaft fähig, Komponenten der Vergangenheit in die Gegenwart zu projizieren. Angeregt durch den Wandel des Zeitgeistes wurde vom Verein „Die Förderer" e.V. ein neuer Unterbau für den Brautwagen in Auftrag gegeben, der bei der Aufführung im Jahre 2013 erstmalig zum Einsatz kam. Die dahinterliegende Absicht war es, größtmögliche Authentizität des permanenten Wertträgers zu erreichen. Die bis dahin verwendeten Brautwagen, der aus dem Jahre 1903 am 9. Oktober 1970 durch einen Großbrand dem Totalverlust erlegene und der anschließend neu gefertigte Brautwagen von 1973 hatten jeweils ein zu kleines Fahrgestell und einen unhistorischen neuzeitlichen Drehkranz. Als Vorlage für die Nachgestaltung des goldenen Reisewagens der Braut, der geborenen Königin Hedwig von Polen, für die erste Re-Inszenierung der „Landshuter Hochzeit 1475" im Jahre 1903 diente der umlaufende Gemäldezyklus aus dem Jahre 1883 im Prunksaal des Landshuter Rathauses. In der Darstellung des Hochzeitszuges fehlt dem Wagen das unterbaute Fahrgestell.

Historische Text- und Bildquellen dienten Dr. Rudolf Wackernagel[334], einem ausgewiesenen Experten für Wagenbau des Mittelalters, als Grundlage für dessen Konzeptionen und Pläne zur analog abgeleiteten Nachgestaltung eines sogenannten "Hangenden Wagens in Kobelbauweise". Der Kobel aus dem Jahre 1973 wurde schwingend auf dem Unterbau von 2012 aufgehängt[335]. Besonders auffällig am neuen Unterbau, und damit an der Gesamtkon-

---

[334] Rudolf Wackernagel, geboren am 21.02.1933, starb an seinem Geburtstag, dem 21.02.2017
https://www.restauratoren.de/dr-rudolf-wackernagel-1933-2017-ein-nachruf-von-angela-hueckel/ (06.10.2022)
[335] Pöschl, Ernst, u. Wackernagel, Rudolf H., EIN GULDEN WAGEN MACHT STAAT. Das zentrale Fahrnis der Landshuter Hochzeit: Der Brautwagen und seine Geschichte, Schriften zur „Landshuter Hochzeit 1475", Band 7, Landshut 2016

zeption des Brautwagens, sind die fast mannshohen Hinterräder und zwei Paare von in Südtirol geschnitzten Löwen; sie tragen über den Achsstöcken das polnische Wappen. Das Prunkfahrnis wird bei der Re-Inszenierung im Jahre 2013 erstmals eingesetzt und an den Veranstaltungssonntagen im Hochzeitszug und bei der anschließenden Einfahrt auf die Turnierwiese zum Reiter- und Ritterspiel von acht Schecken (den Pferde der Fürsten) gezogen.

Prunkwagen der Herzogin Amalie

Der Amalienwagen wird von Chronisten nicht erwähnt. Es ist aber davon auszugehen, dass, den Gebräuchen der damaligen Zeit entsprechend, die Mutter des Bräutigams bei Hochzeiten in einem verzierten und geschmückten Kobel fuhr. Bei der Re-Inszenierung wird der Wagen beim Festzug und beim Einzug zu den Reiter- und Ritterspielen eingesetzt. Den Nachbau unterstützte besonders das Landesmuseum für Kulturgeschichte und Kunstgewerbe in Graz, wo der Prunkwagen des Kaisers Friedrich III. und seiner Gemahlin um 1452 steht. Im Vergleich zu diesem ist der Wagen der Landshuter Herzogin „bauchiger". Beim Aufbau des neuen Wagens wurde die gedrängte Form angenähert berücksichtigt.[336] In der künstlerischen Gestaltung musste durch die Vereinfachung von Details eine Konkurrenzsituation zum prunkhafteren Brautwagen vermieden werden.

Foto 16 Amalienwagen ohne Schubkassetten im Einstiegsbereich aus dem Jahre 1973 (Foto des Verfassers)

---

[336] Die originale Entwurfszeichnung von Franz Högner ist bislang nicht auffindbar.

Der kobelförmige Aufsatz hat eine Länge von 260 cm, eine Höhe von 165 cm, eine Breite in der Mitte von 160 cm und unten von 118 cm. Das „Gewölbe" besteht aus acht 14 cm breiten Gurtbögen mit geschnitzten Flachornamenten, welche durch einen unteren Rahmen und sieben Längsholme zusammengehalten werden. Zwischen je vier Reifen gibt es seitlich eine drei Reifen breite Öffnung (86 cm) zum Ein- bzw. Aussteigen. Die Öffnung kann durch eine Schubkassette geschlossen werden. Die Längsholme für das Dachgestell sind geschnitzt, die Knöpfe farbig gefasst. An den Schmalseiten sind Kassettenfüllungen mit Schnitzereien eingesetzt. An der Rückseite befinden sich drei Felder mit gotischen Schnitzereien; im Mittelfeld vorn sind das Wappen der Herzöge von Bayern-Landshut und hinten das sächsische dargestellt. Der Wagenkörper ist mit einer dreischichtigen wetterfesten Binderfarblasur gefasst (1. Farblasur: Farbton grün-blau, 2. Farblasur: Farbton pariserblau und umbra, 3. Farblasur: Farbton ultramarinblau und schwarz).[337] Die Ornamente und Fialen sind vergoldet. Der Feldhintergrund hat eine rote Farblasur; die Ornamente sind von grün-gelber Farbe. Das Dachgestellt ist innenseitig mit blauem Velours-Rubin mit Wollfransen und Borten überzogen.

Sächsischer Reisewagen

Am 23. Oktober 1475 wurde in Wittenberg mit der Übergabe der unmündigen Braut in chronologischer Abfolge der erste Schritt des Rechtsgeschäftes „Landshuter Hochzeit 1475" vollzogen. Die „Alte Frau von Sachsen" beherbergte Hedwig von Polen und begleitete sie auch zu den Hochzeitsfeierlichkeiten nach Landshut. Eine exakte Beschreibung des Wagens der Witwe des sächsischen Kurfürsten ist aus den Chroniken nicht zu entnehmen. Es ist davon auszugehen, dass ihr Reisewagen in der Kobelform gestaltet worden war. Franz Högners Entwurf aus dem Jahre 1970 erfolgte in Anlehnung an den durch den Brand zerstörten Wagen von 1950; er vermied die „bauchige" Form des Aufsatzes, behielt jedoch die schlanke und optisch überhöhend wirkende Form bei. Er wollte auf diese Weise die Stellung der „Alten Frau von Sachsen" im Reigen der Fürstinnen dokumentieren.[338] Bei der Re-Inszenierung kommt der Sachsenwagen beim Festzug durch die Innenstadt und beim Einzug zum Reiter- und Ritterspiel zum Einsatz.

Der kobelförmige Aufsatz hat eine Länge von 250 cm, eine Höhe von 160 cm und eine Breite von 100 cm. Das „Gewölbe" besteht aus sieben Gurtbögen ohne Ornamente; sie werden durch einen unteren Rahmen und fünf Längsholme zusammengehalten. Zwischen je drei Bögen befinden sich zwei seitliche Öffnungen in einer Breite von 80 cm zum Ein- bzw. Aussteigen. Sie werden durch Schubkassetten mit Füllungen geschlossen. Die Längsholme für das Dachgestell sind plan, die gedrechselten Knöpfe ragen vor und sind farbig gefasst. An den Schmalseiten sind je sechs Kassettenfüllungen mit Flachschnittornamenten vorgeblendet. An der Vorder- und Rückseite befinden sich je zwei Felder mit den gleichen Kassettenfüllungen wie auf den Seitenteilen.

---

[337] Laut Kostenangebot von Franz Bleichner vom 30.5.1973 (im Archiv des Verfassers)
[338] Persönliche Aussage von Franz Högner im März 1972 während einer Besprechung mit Franz Bleichner in dessen Vergolderwerkstätte in Landshut.

Foto 17 Sachsenwagen aus dem Jahre 1973 (Foto des Verfassers)

Polnischer Reisewagen („Gespielinnenwagen")

Auf dem Weg von Krakau nach Landshut befanden sich junge adlige Damen in dem Gefolge der Prinzessin Hedwig. Beschreibungen der polnischen Reisewagen befinden sich in den Chroniken nicht. Es ist davon auszugehen, dass die Konstruktion, wie in der damaligen Zeit üblich, aus einem Radgestell und einem kobelförmigen Aufbau bestand. Franz Högners Entwurf aus dem Jahre 1972 berücksichtigte die Grundform des bereits bei der Re-Inszenierung im Jahre 1905 verwendeten Gespielinnenwagens

Er erhöhte die Anzahl der seitlichen Fensteröffnungen von zwei auf drei und passte die Maßordnung an gotische Proportionen durch Verringerung der Breite des Aufbaues und Vergrößerung der Wagenlänge an. Der polnische Reisewagen kommt beim Festzug durch die Innenstadt zum Einsatz.

Der neue kobelförmige Aufsatz hat eine Länge von 395 cm, eine Höhe von 170 cm und eine Breite von 130 cm. Der ausklappbare Einstieg wurde auf der Wagenrückseite angebracht. Das „Gewölbe" besteht aus acht planen Gurtbögen; sie werden durch einen unteren Rahmen und sieben Längsholme zusammengehalten. Zwischen den Bögen befinden sich längsseitig jeweils die drei seitlichen Fensteröffnungen mit einer Breite von 40 cm.

Foto 18 Polnischer Reisewagen mit „Gespielinnen" der Braut Hedwig aus dem Jahre 1974 (Foto des Verfassers)

Die Längsholme für das Dachgestell sind plan, die gedrechselten Knöpfe ragen vor und sind farbig gefasst. Die Schmalseiten werden durch je 11 Kassettenfüllungen gegliedert. Mit Kaseinfarbe ist der polnische Adler in gebrochenem Weiß in oxidrot lasiertem Kassettenfeldhintergrund gemalt. An der Vorder- und Rückseite befinden sich je drei Felder mit den gleichen Kassettenfüllungen wie auf den Seitenteilen. Der gesamte Wagenkörper ist mit einer dreischichtigen wetterfesten Binderfarblasur in grünem Farbton gefasst, mit dem Augenmerk auf Schlichtheit.[339] Der „Gewölbebereich" ist außen mit sandfarbenem Zeltstoff mit Wollfransen und Wollborten überzogen.

Pferdesänfte Herzog Ludwigs des Reichen

Herzog Ludwig der Reiche benutzte eine Sänfte bei feierlichen Ein- und Umzügen sowie bei Prozessionen, da er durch eine Gichterkrankung zu Fuß weder größere Distanzen überwinden noch reiten konnte. Der Sänftenkasten hängt an zwei Stangen zwischen einem vorausgehenden und einem nachfolgenden Pferd und bietet Platz für eine Person. Bei der Re-Inszenierung nutzt der Darsteller des Herzogs Ludwig die Sänfte beim Festzug in der Alt- und Neustadt und beim Einzug zu den Reiter- und Ritterspielen auf der Festwiese.

---

[339] Persönliche Aussage von Franz Högner im Frühjahr 1974 während einer Besprechung mit Franz Bleichner in dessen Vergolderwerkstätte in Landshut

Franz Högners Entwurf aus dem Jahre 1972 berücksichtigte die Grundform der Pferdesänfte aus dem Jahre 1937. Der Sänftenkasten hat eine Länge von 150 cm, eine Höhe von 158 cm und eine Breite 80 cm. Vier gedrehte Eck-Säulen tragen das Dachgestell mit vier geschwungenen Bögen und drei profilierten Längsholmen; davon ist einer hochkantig mittig und sind zwei kleinere außenseitig angeordnet. Je zwei Kassettenfüllungen mit rautenförmigen Flachschnittornamenten und einer auf Mitte gesetzten 40 cm breiten Einstiegsöffnung gliedern die beiden Längsseiten. An der Vor- und Rückseite befindet sich ebenfalls eine Kassettenfüllung; die Gestaltung entspricht der seitlichen.

Der gesamte Sänftenkörper ist mit einer dreischichtigen wetterfesten Binderfarblasur in rotem Farbton gefasst (1. Farblasur: Farbton gelb [ocker u. neapelgelb – marsgelb], 2. Farblasur: Farbton rot [zinnoberrot u. oxidrot], 3. Farblasur: Farbton rot [oxidrot – englischrot – umbra]). Die rautenförmigen Flachschnitt-Ornamente sind mit Orangegold ölvergoldet. Der Feldhintergrund ist mit einer blauen Farbe lasiert. Die Säulen sind grau gestrichen, die Enden mit gotischen Schnitzereien verziert und vergoldet. Das Dachgestell ist außen mit rotem Mohair mit Wollfransen und Wollborten überzogen. Zwei Schabracken mit dem aufgestickten Wappen der Herzöge von Bayern-Landshut verdecken die Einstiegsöffnungen. Zwei geschwungene, sich zu den Enden verjüngende Vierkantprofilholz-Längsträger mit einer Länge von ca. 550 cm werden durch vier schmiedeeiserne Ösen an den Ecken des Sänftenkörpers und durch Schlaufen geführt, welche seitlich an den Sätteln der beiden Tragpferde auskragen.

Foto 19 Pferdesänfte Herzogs Ludwig des Reichen aus dem Jahre 1974 (Foto des Verfassers)

Foto 20 Pferdesänfte Herzogs Ludwig des Reichen aus dem Jahre 2017 (Foto: „Die Förderer" e.V.)

Um dem Anspruch auf größtmögliche Authentizität des permanenten Wertträgers zu entsprechen, wurde dem Verein „Die Förderer" e.V. im März 2017 die neugestaltete Sänfte übergeben. Die bisher verwendete war im neugotischen Stil nach den Vorstellungen von Franz Högner gestaltet worden. Herzog Ludwig der Reiche war am sogenannten „Podagra" erkrankt und deshalb in seiner Fortbewegung sehr eingeschränkt. Ob er sie auch verwendet hat, wird durch Quellen aber bislang nicht belegt.

Florian Staudner[340] aus Wien baute die neugestaltete Sänfte nach Konzeptionen und Plänen von Dr. Rudolf Wackernagel, einem Experten für Wagenbau des Mittelalters. Ein detailgerechtes Gemälde des französischen Königs Karl V. aus dem 15. Jahrhundert diente als Vorlage für die analoge Nachgestaltung. Die beiden Tragestangen sind gegenüber der vorherigen Sänfte aus dem Jahre 1974 tiefer angebracht. Damit wird der Schwerpunkt erhöht und die Bedeutung des Herzogs hervorgehoben. Dies hat allerdings auch ein vermehrtes seitliches Schwanken zur Folge. Sie kommt während des Aufführungszeitraums an den vier Sonntagen im Hochzeitszug und bei dem anschließenden Einzug auf die Turnierwiese zum Reiter- und Ritterspiel zum Einsatz. Das gedeihliche Zusammenspiel von zwei Kaltblutpferden und Geschirr (Fa. Mönch in Loßburg), Sänfte und Darsteller des Herzogs, bedeutet für die Veranstalter, Pferdebetreuer und Zuschauer immer wieder eine große Herausforderung.

---

[340] https://www.kutschenbau.at/ (06.10.2022)

Kleiner Reisewagen – Armbrustschützenwagen

Die Länge des kobelförmigen Aufsatzes beträgt 320 cm, die Höhe 175 cm und die Breite 120 cm. Auf der Wagenrückseite wurde der ausklappbare Einstieg angebracht. Das Dachgestell besteht aus sechs Gurtbögen; sie werden durch einen unteren Rahmen und sieben Längsholme mit vorragenden gedrechselten und farbig gefassten Knöpfen zusammengehalten. Zwischen den Bögen befinden sich längsseitig jeweils zwei seitliche Fensteröffnungen mit einer Breite von 80 cm. Die Schmalseiten werden durch je neun Kassettenfüllungen gegliedert. An der Vorder- und Rückseite befinden sich je drei Felder mit Kassettenfüllungen. Der gesamte Wagenkörper ist mit einer dreischichtigen wetterfesten Binderfarblasur in grünem Farbton gefasst. Das Dachgestell ist außen mit grünen Velours mit Wollfransen und Wollborten überzogen.

Foto 21 Kleiner Reisewagen – Armbrustschützenwagen – aus dem Jahre 1975 (Foto des Verfassers)

Weitere Wagen des Festzuges (auszugsweise)

Beim Hochzeitszug werden neben den Prunk- und Reisewagen zusätzlich von verschiedenen kostümierten Gruppen Tross- und Rüstwagen mitgeführt. (Rüstwagen der Stadtwachen, dreiachsiger polnischer Trosswagen mit dem Brautgut, Rüstwagen der Reisigen, Zweiradkarren der Komödianten, Zweiradkarren der herzoglichen Hofküche, Wagen des fahrenden Volkes).

3.3.2. Temporäre Wertträger

Darsteller

Während der Festwochen wandeln sich ca. 2.400 Bürger der Stadt und der Region von Rezipienten zu Produzenten, von denen jeder Einzelne in der Nachbildung eines historischen Kostüms seine ihm übertragene Rolle inszeniert. Sie stellen, zeitlich auf die Dauer der Aufführung beschränkt, historische Persönlichkeiten dar, übernehmen eine künstlerische Aufgabe (z.B. als Schauspieler, Musiker, Tänzer) oder üben eine sportlich-artistische Funktion aus (z.B. bei Reiter- und Ritterspielen, Gaukeleien). Nach Abschluss der Re-Inszenierung legen diese personalisierten Individuen zwar ihre temporäre Wertträgerschaft ab, behalten aber ihre Funktion als individuelles Wertsubjekt bei. Der Wertträger wird von der körperlichen Darstellung z.B. auf Papier (Zeichnung, Druck und Photographie), in den Film, schließlich in elektronische Visualisierungen transformiert.

Die Bewerbungen als Laiendarsteller von mehr als doppelt so viel Männern, Frauen und Kindern aus der Stadt und der unmittelbaren Umgebung als nötig, geben Zeugnis vom Kulturbewusstsein der städtischen und regionalen Bevölkerung.[341] Sie müssen rechtzeitig vor der Re-Inszenierung schriftlich beim veranstaltenden Verein „Die Förderer" e.V. erfolgen. Das Anmeldeformular enthält die notwendigen Angaben, wie z. B das Alter zur Zuordnung in bestimmte Gruppen, die Körpergröße, um prüfen zu können, ob ein geeignetes Kostüm vorhanden ist oder sich das äußere Erscheinungsbild angleichend oder kontrastierend in das Gesamtbild der Re-Inszenierung einfügt. Die Mitwirkung als Darsteller oder Darstellerin in Kostüm setzt die Mitgliedschaft im Verein „Die Förderer" e.V. voraus.

Sechs Monate vor den Aufführungen entscheidet der Besetzungs-Ausschuss des Vereins, an dem neben „Kammerfrauen" auch die entsprechenden Gruppenführer teilnehmen, über die Annahme oder die Ablehnung von Bewerbern. Neben historischen und äußerlichen Kriterien spielen auch fachliche Qualifikationen eine Rolle. Den kategorischen Forderungen nach lockigen Haaren bei den Knaben, die zumindest die Ohren bedecken müssen, und nach mindestens schulterlangen bzw. Schulterblatt bedeckenden Haaren bei Mädchen ist zu entsprechen. Männerbärte waren im späten Mittelalter nicht üblich, ausgenommen beim fahrenden Volk oder vereinzelt z.B. bei den Reisigen. Die Haartracht der verheirateten Frauen wird in der Regel unter einer Kopfbedeckung verborgen. Haarteile und Perücken sind nicht gestattet.

Stehen für eine Rolle mehrere geeignete Bewerber zur Verfügung, dann greift das Losverfahren.[342] Der Besetzungs-Ausschuss ist in seiner Entscheidungsfreiheit über die Mitwirkung in bestimmten Gruppen beschränkt wenn es sich um Spezialisten handelt, wie z.B. um Schauspieler und Tänzer, Sänger und Musikanten, Turnierritter und Knappen, Reiter und Pferdeführer, Falkner und Armbrustschützen, Fahnenschwinger und Gaukler. Alle Bewerber müssen sich persönlich vorstellen. Die dahinterliegende Absicht ist es, das Bewusstsein der Akteure zu wecken, dass die frühzeitige Teilnahme in den einzelnen Gruppen bereits mit den Proben beginnt und dass während der Aufführungswochen ein großes Engagement erforderlich ist. Etablierte Gruppen, die sich auch außerhalb der „Landshuter Hochzeit"

---

[341] Im Jahre 2009 waren über 1.000 Rollen mit Darstellern neu zu besetzen.
[342] Die Annahme oder Ablehnung von Bewerbern führt nicht selten zu Missstimmungen innerhalb der einheimischen Bevölkerung.

zusammenfinden, müssen sich ebenfalls bewerben und vorstellen; sie werden gleichermaßen geprüft und bestätigt oder nicht.

Die Rollen der Braut und des Bräutigams werden vor jeder Re-Inszenierung neu besetzt. Beide Darsteller müssen in Landshut geboren und aufgewachsen sein. In der Regel werden sie von den Vorständen aus den Bewerbern für Edeldamen und Junker ausgewählt. Nach einem vereinsinternen Meinungsbildungsprozess werden die Kandidaten zu einem Vorstellungsgespräch eingeladen. Die Auswahl erfolgt in einem angemessenen Zeitraum vor den Aufführungen, da das Brautpaar ausreichend Zeit zum Proben, Reiten zu lernen und für das Einstudieren höfischer Tänze benötigt.

Foto 22 Die Darsteller des Herzogs Georg des Reichen und Hedwig von Polen im Jahre 2013 - Ferdinand Schoßer und Veronika Härtl (Foto: „Die Förderer" e.V. / Christine Vinçon)

Foto 23 Die Darsteller des Herzogs Georg des Reichen und Hedwig von Polen im Jahre 2017 - Felix Feigel und Stephanie Müller (Foto: "Die Förderer" e.V. / Julia Rotter)

Foto 24 Die Darsteller des Herzogs Georg des Reichen und Hedwig von Polen im Jahre 2023 - Luis Truhlar und Katharina Mottinger (Foto: "Die Förderer" e.V.)

Von den kostümierten Akteuren sind strenge Regeln einzuhalten. Alle Mitwirkenden verpflichten sich, den Anordnungen der Vorstandschaft, der Einsatzgruppe und der Gruppenführer zu folgen und pünktlich zu den Veranstaltungen zu erscheinen. Übermäßiger Alkoholgenuss soll vermieden werden. Das Kostüm darf nur zu den entsprechenden Veranstaltungen getragen werden; z.B. dürfen sich wochentags nur Mitwirkende des „Fest- und Tanzspiel", der „Tavern in der Steckengassen" und des „Nächtlichen Mummenschanz" kostümiert im Altstadtbereich zeigen. Andere als von den „Förderern" registrierte Kostüme dürfen nicht verwendet und Veränderungen an denselben nicht vorgenommen werden. Das Weitergeben an dritte Personen ist verboten. Regenumhänge dürfen bei den Veranstaltungen nur auf Anweisung benutzt werden. Die Kostümierten dürfen keine Brillen, Armbanduhren und unzeitgemäßen Schmuck (Ohrringe, Ringe, Armbänder, lackierte Fingernägel und sichtbare Tattoos) tragen. Der Gebrauch von Mobiltelefonen während der Veranstaltungen ist verboten, ebenso das Mitführen von Filmgeräten und Fotoapparaten. Mitwirkenden mit Samtkostümen (z.B. Junker, Pagen, Edeldamen und Fürsten) ist es untersagt, während der offiziellen Veranstaltungen Kupferbecher offen bei sich zu tragen. Wer die vom Verein angeordnete oder genehmigte Haar- und Barttracht vor oder während des Festes verändert, wird von der weiteren Teilnahme ausgeschlossen und muss sein Kostüm retournieren. Zum einen ist es vorteilhaft, einen festen Kern von Mitwirkenden zu bewahren, zum anderen versucht der Verein, bei den aufeinander folgenden Re-Inszenierungen einen Großteil der über 2.400 Rollen mit neuen Darstellern zu besetzen. Neue Gesichter bringen neue Impulse, insbesondere bei den Gruppen, die aufgrund des fortschreitenden Alters der Mitwirkenden immer wieder neu zusammengestellt werden müssen, z.B. bei der Kindergruppe und bei Jugendgruppen (Pagen, Junker, Edeldamen).

Temporäre Anlagen

Turnier- und Lagerplatz für die Kostümierten

Der Nachgestaltungsgedanke entstand aus re-inzenierungsstrategischen Erwägungen zu Beginn der 1950er Jahre. Der Nachbauversuch spätmittelalterlicher Siedlungsbauten auf der sogenannten Ringelstecherwiese und Hütten für die Wachen im Bereich der Stadttore soll die gegenwärtige baulich-räumliche Umgebung ergänzen. Die Baulichkeiten werden ausschließlich für den beschränkten Zeitraum der Re-Inszenierung benötigt und anschließend wieder entfernt. Der Lager- und Zehrplatz wurde von Franz Högner in Anlehnung an spätmittelalterliche Vorlagen gestaltet.[343] Das spitzgiebelige Eingangshaus z.B. mit drei Durchgängen und dem Dachwerk mit mehreren Binderkonstruktionen wurde erstmals im Jahre 1953 errichtet.

Auf dem Turnierplatz dient die neuzeitliche Interpretation eines spätmittelalterlichen Fürstenzeltes als Kulisse für die „Festlichen Spiele im nächtlichen Lager" und für die „Reiter- und Ritterspiele". Im mittleren Bereich des ca. 35 Meter langen, neun Meter hohen, mit Stoffplanen gedeckten Bauwerkes befindet sich vorgelagert eine breite Freitreppe, auf der die Fürsten empor schreiten. An ihrem Platz an der Tafel nehmen sie in strenger Sitzordnung die Huldigungen entgegen und verfolgen die Veranstaltungen. Mehrere Rund- und Längszelte sowie schilfgedeckte Hütten mit

---

[343] Die persönliche Aussage stammt von Franz Högner in der Werkstätte von Franz Bleichner im Frühjahr 1974; Entwürfe oder Pläne sind nicht mehr auffindbar.

der historischen Kirche St. Martin und der Burg Trausnitz im Hintergrund bereichern den Turnierplatz und tragen zum Erscheinungsbild eines spätmittelalterlichen Wettkampfareals bei. Während der Veranstaltungen können die Zuschauer das Geschehen auf Tribünen aus ingenieurmäßigen Metallkonstruktionen verfolgen. Der Zutritt zu dem Arrondissement ist nur mit gültigen Eintrittskarten möglich.

Auf dem benachbarten Lagerplatz dienen die Baulichkeiten vor und nach den Veranstaltungen als Unterkünfte für Kostümierte und als Unterstände für Pferde, die in den Veranstaltungen zum Einsatz kommen. Verschiedene Gruppen nutzen die baulichen Anlagen für private Zusammenkünfte während der Woche. Der Lagerplatz ist umlaufend mit Holz abgeplankt; der Zutritt ist ausschließlich Kostümierten und Rettungsdiensten vorbehalten. An Ein- und Ausgängen überwachen Mitarbeiter von privaten Wachdiensten die Zutritts-Legitimation der Kostümierten, der Besucher und der Gäste. Innerhalb des Lagers werden insgesamt ca. 60 Gebäude und Zelte errichtet. Jede einzelne Gruppe hat ihre Unterkunft. Die Gebäude werden aus Holz errichtet; die Konstruktion besteht meist aus unbehandeltem Stangenrundholz; die Fassaden sind mit Rindenholzbrettern verkleidet, und das Dach ist mit Schilf gedeckt. Zum Schutz gegen Regen werden darunter Folienbahnen verlegt. Im Inneren befinden sich kleine Kammern, die als Depot für Taschen, für persönliche Utensilien und Requisiten sowie für Musikinstrumente dienen. Das Zelt für die Fürsten am Lagerplatz dient sowohl als Rückzugsort als auch zur Dokumentation höfischen Gehabes. Hölzerne Bänke und Tische, sogenanntes geschlagenes Inventar, Schankanlagen, Backofen, Grillstationen, Kletter- und Spielgeräte sowie Toilettenanlagen ergänzen die Freiflächen. Diese Applikationen werden von Mitwirkenden verschiedener Altersgruppen genutzt und sollen weitgehend spätmittelalterliches Leben repräsentieren. Im Jahre 2009 beliefen sich die Kosten für die temporären Festaufbauten auf ca. 1,2 Mio. Euro. Es wurden ca. 4.000 Stangen Holz und 900 Bund Schilf, rund 2,5 Tonnen Nägel und 3.500 m² Dachfolie verarbeitet. Bis zu 25 Zimmerer benötigten etwa drei Monate Aufbauzeit. Das privilegierte Lager der Kostümierten ist durch einen Zaun vom Areal für die Festgäste und -besucher getrennt. Erstere dürfen ihre Zone verlassen, letzteren ist der Zutritt verboten. Deren Partizipation beschränkt sich auf naives Gaffen oder auf verhalten interessiertes Beobachten jenseits des baulich-räumlichen und sozial-räumlichen Trennungsmediums.

Bei der Errichtung der temporären Festaufbauten handelt es sich weder um den Prozess des Rekonstruierens noch um das Ergebnis desselben. Fehlende sichere quellenkundliche Aussagen über das übertägig existent Gewesene oder nicht vorhandene gesicherte archäologische Forschungsergebnisse über eventuell vorhandene untertägige Substanzen lassen in denkmalpflegerischer Hinsicht einen „Wiederaufbau" oder einen „Nachbau" praktisch unmöglich werden.[344] Die Absicht und der Versuch der Veranstalter überschreiten die Toleranzschwelle der gestaltenden Denkmalpflege. Die Re-Inszenierung der „Landshuter Hochzeit 1475" zeigt, dass sich die Bürger der Stadt und der Region eines bestimmten historischen Ereignisses bewusst sind und sie versuchen, dieses geschichtswissenschaftlich zu rekonkretisieren und gleichsam in die gegenwärtige Lebensweltlichkeit zu projizieren. Es sollen Tatsachen vermittelt, es soll eine vergangene Erlebniswirklichkeit refiguriert und mit der aktuellen verbunden werden. Beim Lagerplatz handelt es sich um ein fiktives Produkt; die Chronisten erwähnen ihn nicht. Zwar ist es legitim anzunehmen, dass für Gäste vor den Toren der Stadt temporäre Baulichkeiten errichtet worden sein konnten; es ist aber davon auszuge-

---

[344] Vgl. Wirth, Hermann, Wiederaufbau, Nachbau oder Fantasiegestalt. Die Funkenburg in Thüringen und die Pfalz Tilleda in Sachsen-Anhalt, in: Burgen und Schlösser. Zeitschrift für Burgenforschung und Denkmalpflege 4, Braubach 2006, S. 229.

hen, dass z.B. weder Fürsten und Adlige noch Bürger den umgrenzten Stadtraum verlassen haben. Ein wesentlicher Teil des Festgeschehens geschah im Innenstadtbereich, wie z.B. das Festmahl, Tanzveranstaltungen und Rennen. Auch die Beherbergung und die Versorgung fanden dort statt.

Auf dem „Lagerplatz" sind während der Festwochen alle kostümierten Akteure unter sich. Diese privilegierte Zone schafft weder eine authentische Annäherung an Vergangenes noch einen historischen Zusammenhang mit dem darzustellenden historischen Ereignis. Die Errichtung provisorischer baulicher Anlagen vor den Stadttoren entsprang dem Vorstellungsvermögen, der Einbildungskraft und der Phantasie der Kulturunternehmer mit der Absicht, die Lücken in den Quellen zu füllen. Fakten und Fiktionen liegen dicht beieinander; die Unterscheidung ist schwierig und gibt Anlass zu kontroversen Debatten. Der Nachgestaltungsversuch der nicht objektauthentischen Anlagen kann nicht als Träger der Grundwerte – Historischer Wert und Anschauungswert – gewürdigt werden. Der Similitätswert als Ergänzungswert kommt ebenfalls nicht in Betracht.

Zehrplatz für die Besucher und Gäste

Aus der Notwendigkeit, die anwachsende hohe Zahl der Gäste und Besucher bewirten zu müssen, entstand die Gestaltung des Zehrplatzes. Die Bewirtungszone musste in den vergangenen Re-Inszenierungen in Schritten erweitert werden. Die Bänke und Tische im „alten" Teil des Zehrplatzareals bestehen aus geschlagenem Inventar, im „neuen" aus aktueller Biergartenbestuhlung. Nachbildungen von historischen hölzernen Bauwerken mit Schilfdeckung bergen moderne Großküchentechnik. Schank- Service- und Kassenanlagen dienen zur Versorgung der Gäste. In kleineren Hütten werden z.B. alkoholische Getränke, Speisen zum Mitnehmen, Süßigkeiten und Andenken verkauft. Gastronomen bewirten ihre Gäste in modernen Bierzelten, die ihnen bei Regen Schutz bieten. Zeitgemäße Toilettencontainer befinden sich entlang des Flussufers der Isar.

Die Befriedigung von materiellen und ideellen Bedürfnissen der Festbesucher bei der „Landshuter Hochzeit 1475" zwingt die Veranstalter zu Abweichungen vom Dokumentierten. Den Forderungen der Produzenten und Rezipienten an zeitgemäße Lebens- und Umweltbedingungen während der Re-Inszenierung kann nur in der gegenwärtigen Lebenswirklichkeit entsprochen werden. Die Gestaltungen des Lager- und Zehrplatzes geben ein Beispiel dafür, dass zwar die Projektion einer spätmittelalterlichen Erlebnisweltlichkeit in die Gegenwart möglich ist, nicht aber die vergangene Lebenswirklichkeit.

Foto 25 Fürstentribüne und Musikerturm im Hintergrund mit Stoffdachdeckung auf der Turnierwiese (Foto des Verfassers)

Foto 26 Fürstenzelt auf dem Lagerplatz für die Kostümierten (Foto des Verfassers)

3.4. Die Transformation des immateriellen Kulturerbes

3.4.1. Programmgemäße Veranstaltungen

„Hochzeitszug"

Der Hochzeitszug bildet die „Prinzipalveranstaltung" der Re-Inszenierung. Im Jahre 1903 bewegte er sich erstmals durch die Straßen der Stadt. Die Initiatoren Georg Tippel und Josef Linnbrunner schufen die erste Re-Inszenierung gegen den Widerstand des Rates der Stadt und weiterer maßgeblicher Instanzen. Aus dem ersten Festzug mit 248 kostümierten Mitwirkenden entfaltete sich innerhalb eines Zeitraumes von mehr als 100 Jahren ein Hochzeitszug mit über 2.400 Akteuren. Damals wie heute soll die Veranstaltung zum einen den prunkvollen Einzug der polnischen Braut Hedwig in die Stadt Landshut im Jahre 1475 veranschaulichen und zum anderen, in der Tradition historischer Umzüge des Historismus, den Bilderzyklus im Rathaus-Prunksaal lebendig erstehen lassen. Die Chronisten berichten vom festlichen Empfang der Braut am Morgen des 14. Novembers 1475 auf der Wiese bei St. Lazarus vor Landshut und dem Geleit zur Kirche St. Martin, wo der Erzbischof von Salzburg die Trauungszeremonie vollzog. Die Beschreibungen des Weges, der Zugfolge und der Teilnehmer der Ur-Inszenierung weichen von der Tatsächlichkeit der Re-Inszenierung ab. Hedwig wurde vom Kaiser, von ihrem Bräutigam und weiteren Fürsten durch das Ländtor direkt zur Kirche begleitet. Voranschreitende „Trumeter", Pauker und Pfeifer kündeten der Bevölkerung von ihrem Erscheinen.

Es ist legitim anzunehmen, dass der Tross der Braut feierlich empfangen wurde und dass adlige und nicht adlige Festgäste aus dem In- und Ausland mit Herolden, Fahnenträgern und Musikern sowie Vertreter der Reichsstädte, der Stände, der Zünfte und Honoratioren der Bürgerschaft dem Zug zur Kirche folgten, wo die Bischöfe das Brautpaar bereits erwarteten. Bei der Trauung waren die Adeligen unter sich; das gemeine Volk war nicht zugelassen. Es ist davon auszugehen, dass die Stadt während der Festwoche zur „Sicherheitszone" erklärt wurde und deshalb (Leib-)Wachen und Reisige den Zug begleiteten und den Weg sicherten. Die Bürger waren von den offiziellen Feierlichkeiten weitgehend ausgeschlossen. Bewaffnete „Wappner" verwehrten den Bürgern den Zutritt zur Kirche und zu den Wohn- und Veranstaltungsräumen der Gäste. Das Ratsgesinde und die Mitglieder der herzoglichen Hofküche waren offenbar mit dem Festgeschehen dadurch verbunden, dass sie durch ihre Dienste für einen reibungslosen Festablauf sorgen mussten und deshalb am Festzug nicht teilnehmen konnten oder durften. Ob sich Zigeuner oder anderes „Fahrendes Volk" innerhalb der Stadt aufhielten, ist in der Fachwelt strittig.

Bei der Re-Inszenierung findet der Hochzeitszug an den vier Sonntagnachmittagen während der Festwochen innerhalb der überwiegend gotischen baulich-räumlichen Umgebung mit ihren farbigen und dekorierten Bürgerhäusern statt. Er beginnt am Dreifaltigkeitsplatz, verläuft über die Altstadt, den Postplatz, den Bischof-Sailer-Platz, die Neustadt und wieder zurück. An der sogenannten Ringelstecherwiese, nahe der ehemaligen Wiese bei St. Lazarus, endet er. Die kostümierten Akteure aus nahezu allen Gruppen, zu Fuß, zu Pferd oder in Wagen, nehmen daran teil. Jedes Wochenende werden bis zu 120.000 Besucher aus der Stadt und der Region sowie aus dem In- und Ausland erwartet. Auf kostenpflichtigen Tribünenplätzen[345] oder stehend bzw. auf mitgebrachten Stühlen sitzend, können sie fast alle vorbeiziehenden Mitwirkende in mehr oder weniger eleganten oder preziösen historischen Kostümen zu Gesicht bekommen. Die bedingt historische Treue des Hochzeitszuges gestattet einen Einblick in das höfische Leben der damaligen Zeit. Um die Wartezeit bis zum Beginn des Umzuges zu füllen, unterhalten singende Reigentänzer und fahrende Spielleute mit historischen Instrumentalstücken die Zuschauer. Zwischendurch bauen Gaukler körperliche Pyramiden, machen akrobatische Vorführungen oder fliegen durch die Luft und landen wieder auf den vielen Armen der Mitspieler. Moriskentänzer zeigen ihre skurrilen Tänze. Böllerschützen auf der Burg Trausnitz und die Glocken der Martinskirche kündigen den Beginn des Hochzeitszuges an.[346] Über 2.400 Kostümierte bewegen sich im Schritttempo durch die historische Innenstadt. Stadtknechte, Kinder und Bürgerpaare führen den Zug an.[347] Dazwischen werden in Trosswagen Versorgungsmittel und Getränke, aber auch geschwächte Mitwirkende transportiert. Die (nicht eingeladenen) Gesandten der Reichsstädte gehen vor den Räten der Stadt und den Repräsentanten der verschiedenen Zünfte. Der Torwächter bezeugt mit den Stadtschlüsseln die Schlüsselgewalt; begleitet wird er vom Ratsgesinde und von Marketenderinnen. Kaiser, Kurfürst, Fürsten, Grafen und adlige Verwandte begleiten den Bräutigam Herzog Georg und seine Braut Hedwig.

Fotos (auszugsweise und beispielhaft, alle vom Verfasser)

---

[345] Die Tribünen befinden sich am Dreifaltigkeitsplatz, in der Altstadt und am Postplatz. Die Einnahmen aus den Eintrittskarten decken einen erheblichen Teil die Ausgaben.
[346] Es ist anzunehmen, dass bei der Ur-Inszenierung die Glocken von St. Jobst (Jodok) läuteten. Im Jahre 1475 ragte der Martinsturm noch kaum über das Dach des Langhauses hinaus.
[347] S. Anhang: Teilnehmerfolge beim Hochzeitszug.

Foto 27 Gruppe Nr. 2 – Kinder

Foto 30 Gruppe Nr. 9 – Markgraf Albrecht von Brandenburg mit Gemahlin

Foto 28 Gruppe Nr. 3 – Zünfte mit Zunftzeichen

Foto 31 Gruppe Nr. 9 – Fürsten mit Begleitung

Foto 29 Gruppe Nr. 69 – „Trumeter" des Markgrafen von Brandenburg

Foto 32 Gruppe Nr. 9 – Fürst und Gemahlin

Foto 33 Gruppe Nr. 11 – Kaiser Friedrich III. und sein Sohn Maximilian

Foto 36 Gruppe Nr. 9 – Herzog Ludwig der Reiche und Kanzler Dr. Martin Mair

Foto 34 Gruppe Nr. 13.70-99 – Bischöfe

Foto 37 Gruppe Nr. 24 – Geharnischte mit Ahlspießen

Foto 35 Gruppe Nr. 64 – „Trumeter" des Bischof von Salzburg

Foto 38 Gruppe Nr. 16 – Lanzenträger der Turnierritter

Der reiche Landshuter Herzog Ludwig wird in seiner Pferdesänfte getragen und seine Gemahlin Amalie fährt in ihrem Prunkwagen. Im goldenen Wagen der Braut, der von acht Schecken gezogen wird, winkt die Prinzessin, entsprechend ihrem Stand hoheitsvoll mit leicht geneigtem Kopf. Seitlich reitet Herzog Georg auf einem Rappen. Lichtertragende Pagen verleihen dem Geschehen eine festliche Note. Dem Brautpaar folgen berittene polnische Edelleute. Junker und Edeldamen begleiten Bräutigam und Braut. Fahnenträger mit Wurf- und Schwingfahnen zeigen ihr Können. Falkner halten ihre edlen Greifvögel mit Lederhandschuhen geschützten Händen. Reisige demonstrieren Kampfeswillen und Sangeskunst. Edle Herren im Harnisch, zu Pferd mit Knappen und Lanzenträgern vermitteln einen Eindruck von spätmittelalterlichem (Sport-)Wettkampf. Trommler und Pfeiffer, die Hofmusik der Landshuter Herzöge, die Fanfarenbläser des Kaisers, der Könige von Dänemark und Polen, des Markgrafen von Brandenburg sowie des Erzbischofs von Salzburg spielen spätmittelalterliche Musik und bereichern den Hochzeitszug auf akustische Weise.

Die Rezipienten, sowohl Besucher als auch Akteure, erhalten einen rationalen und emotionalen Eindruck, wie das historische Ereignis gewesen sein könnte. Sie nehmen visuell und akustisch eine nicht alltägliche spätmittelalterliche Erlebniswelt wahr. Der traditionelle Ruf „Himmel Landshut, tausend Landshut" und das laute „Hallo" aller Mitwirkenden sind dokumentarisch nicht belegt. Die „Zuschauer" werden gleichsam durch ihre Rolle als nicht kostümierte Teilnehmer in das Festgeschehen mit einbezogen. Durch die Partizipation im Zusammenspiel mit den Kostümierten tragen sie aktiv zum Gelingen des gelebten historischen Geschichtstheaters bei.

„Festliche Spiele im nächtlichen Lager"

Die „Festlichen Spiele im nächtlichen Lager" wurden erstmals im Jahre 1959 aufgeführt. An dieser programmgemäßen Veranstaltung, jeweils in den Samstagabendstunden an den vier Festwochenenden, sollen ca. 1.500 Mitwirkende den Besuchern einen stimmungsvollen Eindruck vom spätmittelalterlichen Festgeschehen vermitteln. Die dahinterliegende Absicht der Veranstalter ist die Einführung in das historische Ereignis auf unterhaltsame Weise. Dargestellt werden soll der Montag des 13. Novembers 1475, der Vorabend der Hochzeit. Tausende von Gästen weilen mittlerweile in der Stadt und in umliegenden Orten. Die Fürsten und ihr Gefolge aus verschiedenen Kulturregionen des In- und Auslandes bieten ein farbiges Erscheinungsbild: Sie sprechen verschiedene Sprachen oder Dialekte; sie sind unterschiedlich gekleidet und unterscheiden sich im Auftreten und Benehmen von Gepflogenheiten der Stadtbevölkerung. In ihrer Begleitung befinden sich Spielleute, die den Bürgern eine fremdartige Vokal- und Instrumentalmusik präsentieren und den Rahmen des höfischen Festes mitgestalten. Die pantomimische Darstellungsebene wird durch die Musik-, Tanz- und Kommentar-Ebene ergänzt. Ein Erzähler informiert über Lautsprecher das Publikum über den geschichtlichen Hintergrund.

Auf der mit brennenden Scheiterhaufen beleuchteten „Wiesmahd"[348] mit der Kirche St. Martin und der Burg Trausnitz im Hintergrund harren die Bürger auf den Einzug der Fürsten. Während die Gäste auf den Besuchertribünen die Ankunft des Brautpaares erwarten, füllen Kostümierte langsam den Platz. Gaukler und Feuerschlucker zeigen ihre

---

[348] Der Platz befindet sich unweit der Wiese bei St. Lazarus, wo die Braut am 14. November 1475 erstmals Landshuter Boden betrat.

Künste. Bürgergruppen tragen Fackeln und verteilen sich, Zünfte halten Stablichter in den Händen und flanieren, und größere und kleinere Gruppen von Kindern spielen auf der Turnierwiese und zwischen den Zelten. Die Gesandten der Reichsstädte, der innere Rat der Stadt, Armbrustschützen und Falkner wandeln entlang der Fürstentribüne. Es ist Musik von verschiedenen Gruppen zu hören, z.B. der Pfalzgräflichen Pfeifer und der Joculatores. Fahnenschwinger mit großen Flaggen; „Feyerldänzer" und Zinkenisten, Trommler und Pfeifer, „Schnurrpfeyffer", Schalmeienbläser und Dudelsackpfeifer bereichern visuell und auditiv das Geschehen. Neugierige Kostümierte bilden ein einseitiges Spalier für den Sturmleiterwettlauf einiger Reisiger. Die Edeldamen und die Begleiterinnen der Braut erscheinen, ebenso die niedere Geistlichkeit und ein Teil des polnischen Adels. Während unter der Leitung des Zeremonienmeisters die Fürstentribüne von Pagen und Mägden vorbereitet wird, geben die Fahnenschwinger mit den Wurffahnen eine Kostprobe ihres Könnens. Das Fanfarensignal der polnischen Fanfarenbläser kündigt das Erscheinen der Fürsten an. Entsprechend einer strengen Einzugsordnung, schreiten herzogliche Wachen der Zugfolge voran. Junker, Fürsten und einige Mitglieder des polnischen Adels gehen vor den Bischöfen, vor Dr. Friedrich Mauerkircher und den Salzburger „Trumetern". Lichtertragende Braut- und Kaiserpagen begleiten den Einzug der Braut und des Bräutigams. Ihnen folgen Herzog Ludwig der Reiche und dessen Gemahlin Amalie, Kaiser Friedrich III. und sein Sohn Maximilian, der Bruder des türkischen Sultans, Markgraf Albrecht Achilles von Brandenburg und dessen Gemahlin Anna von Ansbach, die „Alte Frau" von Sachsen und das junge Fräulein Christine. Begleitet von der herzoglichen Hofmusik, formieren sich die Zünfte zum Zunftreigen, huldigen dem Brautpaar und übergeben ein, aus einer goldenen Schatulle mit Inhalt bestehendes Geschenk.[349] Auf das Signal der Businenbläster eilen von allen Seiten Fahnenschwinger mit großen Flaggen auf den Platz und zeigen ausdrucksvolle Fahnenspiele.[350] Fahnenschwinger mit kleineren Wurffahnen führen ihr Können vor.[351] Reisige mit Langspießen huldigen vor dem Fürstenzelt und bilden eine „Igel"-Verteidigungsformation gegen einen Scheinangriff von berittenen Ringelstechern.[352] Sie teilen sich in zwei Gruppen; nach einem Streitgesang gehen sie rauflustig aufeinander los. Die Verlockung eines Fasses Bier löst die Situation auf.[353]

Zu Klängen der herzoglichen Hofmusik reiten Ringelstecher entlang der Zuschauertribüne zum Fürstenzelt, um dem Brautpaar ihre Referenz zu bezeugen. In mehreren Durchgängen versuchen sie, einen an einem Galgen hängen-

---

[349] Die Gruppe Nr. 3 – Zünfte besteht aus Mitgliedern, die verschiedene Handwerksberufe ausüben. Die Musikgruppe „Peckenknecht" und eine Komödiantentruppe sind Teil der Zunftgruppe.

[350] Die Kunst des „Fahnenschwingens" oder „Fahnenschlagens" sowie das „Fahnenspiel" waren im Mittelalter in Deutschland weit verbreitet. Sie galt als Privileg und wurde nicht selten vom jeweiligen Landesherrn oder der Stadt aufgrund besonderer Dienste verliehen. Die Augsburger Weber erhielten von Otto I. als Belohnung für ihre Tapferkeit bei der Schlacht auf dem Lechfeld das Recht, die ihnen verliehene Fahne bei festlichen Gelegenheiten zu schwingen. Im Jahre 1412 übergab die Stadt Konstanz eine Fahne an die Metzgerzunft. Verschiedene Darstellungen alter Meister aus der Zeit der Bauernkriege um 1500, z.B. von Albrecht Dürer und Tilman Riemenschneider, dokumentieren die Kunst des Fahnenschwingens. http://www.fahnenschwinger-landshut.de (25.8.2010)

[351] Die Gruppe Nr. 7 – Fahnenschwinger besteht aus Mitgliedern mit großen Schwingfahnen und kleineren Wurffahnen. Ihre Fahnen zeigen die Farben der beim Festgeschehen anwesenden Adeligen.

[352] Die Reisigen waren Söldner; ihre Zeit begann im 15. Jahrhundert und endete gegen 1680. Sie führten im Wesentlichen die kriegerischen Auseinandersetzungen des ausgehenden Mittelalters und der beginnenden Neuzeit.

[353] Die Gruppe Nr. 25 – Reisige besteht aus einem vierstimmigen Männerchor mit ca. 120 Mitgliedern und 10 Marketenderinnen, die den Frauenchor bilden. Sie rekrutieren sich aus acht verschiedenen Gesangsvereinen und pflegen das Liedgut des späten Mittelalters.

den Ring mit ihrer Lanze zu durchstechen. Begleitet von Trommelwirbel und Dudelsackmusik, erscheinen die grotesken Gestalten der Moriskentänzer, zeigen vor den brennenden Scheiterhaufen ihr skurriles Spiel und verschwinden wieder in der Dunkelheit. Feuerkopfreiter führen ein altes Reiterspiel vor. Ihre Vorhaben ist es, im Arbeitsgalopp auf Stangen montierte brennende „Köpfe" mit Lanzen aus ihrer Verankerung zu stoßen. Nach dem Zeichen des Kaisers zum Aufbruch verlässt die adlige Festgesellschaft die Veranstaltung. Die Pagen tragen brennende Kerzen in den Händen und bilden das Auszugsspalier. Herzogliche Wachen und die Salzburger „Trumeter" schreiten dem Kaiser mit der Braut und dem Bräutigam voran, dahinter folgen die Bischöfe. Polnische Fürsten begleiten Herzog Ludwig und Amalie; Maximilian und der Bruder des türkischen Sultans führen die „Alte Frau" von Sachsen sowie Fräulein Christine. Es folgt der Markgraf von Brandenburg mit seiner Gemahlin. Alle Musikgruppen auf dem Platz spielen, während das Volk den Turnierplatz durch das große Tor verlässt: Böllerschüsse auf der Burg Trausnitz beenden die nächtliche Veranstaltung.

Am Vorabend der Hochzeit weilten über 10.000 Gäste in der Stadt und in der Umgebung. Es ist legitim anzunehmen, dass die Fürsten zusammenkamen, um politische Gespräche zu führen, um höfisch-gesellschaftliche Konversation zu betreiben und um sich auf das Fest einzustimmen.

Fotos (auszugsweise und beispielhaft)

Foto 39 Gruppe Nr. 27 – Gaukler springen durch den Feuerreifen (Foto: „Die Förderer" e.V.)

Foto 40 Gruppe Nr. 21 – Ringelstecher (Foto: „Die Förderer" e.V.)

Ein kurzweiliger Zeitvertreib war willkommen und kann, wie in der Re-Inszenierung dargestellt, stattgefunden haben.[354] Die Anwesenheit der Braut in den „Festlichen Spielen im nächtlichen Lager" des 13. November 1475 wider-

---

[354] Gleichsam zum „Junggesellenabschied" rannte Herzog Georg am Vorabend der Hochzeit gegen seinen schwäbischen Jugendgefährten Ludwig von Westerstetten.

spricht allerdings den Historiographien der Chronisten in einem konkreten Punkt: An diesem Abend befand sich Hedwig in Eching, wohin ihr Herzog Ludwig einige hundert bewaffnete Reiter entgegengeschickt hatte.[355] Am Morgen des 14. November reiste sie ab und wurde in Landshut, auf der Wiese bei St. Lazarus vor den Toren der Stadt, von Kaiser Friedrich III. und Herzog Georg empfangen. Die Darstellung der Braut Hedwig in der programmgemäßen Veranstaltung überschreitet die Grenzbereiche einer authentischen Re-Inszenierung. Idealisierungstendenzen sind zwar gestattet, jedoch hat die Verletzung der Repräsentations-Authentizität die Reduktion der Gesamt-Ereignis-Authentizität zur Folge. Wegen der historisch unrichtigen Darstellung der Anwesenheit der Braut verliert diese Veranstaltung ihre Qualität als temporärer Träger des rationalen Geschichtswertes. Sie führt zum Verlust der subjekt-authentischen spätmittelalterlichen Erlebniswirklichkeit im Erlebnismodus.

Bei der Abweichung vom Dokumentierten zollen die Veranstalter offensichtlich den Rezipienten ihren Tribut hinsichtlich deren subjektiven Wirklichkeit der Vorstellungen, der Erwartungen und der Wünsche zur Befriedigung event-touristischer Bedürfnisse. Die Änderung der falschen Geschichtsrepräsentation durch die Inszenierung von historiographisch belegten faktischen Vorgängen ist ohne Verlust der Event-Intensität möglich; sie wird empfohlen. Zumindest aber ist das Publikum von diesem additiven kreativen Element dieser Veranstaltung in Kenntnis zu setzen.

„Reiter- und Ritterspiele"

Im Spätmittel waren Turniere nicht nur Wettkämpfe, bei denen sich adelige und fürstliche Ritter untereinander maßen. Sie fanden oft im Zusammenhang mit festlichen Veranstaltungen statt, z.B. bei Zusammenkünften von Reichs- oder Landtagen, bei Besuchen von ausländischen Gästen und bei fürstlichen Hochzeiten. Neben Musik- und Tanz-veranstaltungen waren sie Teil des gesellschaftlichen Lebens.[356] Das Ritterturnier bedeutete auch für das Volk eine Attraktion. Neben den Wettkämpfen wurden Musik-, Tanz- und Theater-Darbietungen angeboten. Spielleute, Minne-sänger, Gaukler, Jongleure und Feuerschlucker bereicherten das Volksfest.

Das Turnier konnte aus einem Reiterkampf von Einzelkämpfern mit Lanzen bestehen (Stechen und Rennen), aus dem Kampf mit dem Kolben oder mit dem Schwert und aus dem Kampf von Reitergruppen oder zu Fuß, der sich an den Reiterkampf meist anschloss. Neben der Kampfgattung - Lanzenkampf, Stechen und Rennen - gab es eine Vielzahl von Möglichkeiten. Sie reichten von der einfachen Kampfveranstaltung bis zum repräsentativen Schauge-fecht mit vielen Teilnehmern, von einer im heutigen Sinn eher sportlichen Veranstaltung hin zu Treffen, die an wirkliche Kampfdimensionen grenzten. Zum einen konnte es sich so ergeben, zum anderen, weil diejenigen Gegner aufeinander trafen, welche noch „offene Rechnungen" zu begleichen hatten.

---

[355] Dieser Umstand bezieht sich nicht nur auf die Braut, sondern auch auf ihr gesamtes Gefolge und auf Handlungen, die aufgrund ihrer Abwesenheit nicht geschehen sein konnten.
[356] Fleckenstein, Joseph, Das Turnier als höfisches Fest im hochmittelalterlichen Deutschland, in: Fleckenstein, Joseph (Hrsg.), Das ritterliche Turnier im Mittelalter. Beiträge zu einer vergleichenden Formen- und Verhaltensgeschichte des Rittertums, Göttingen 1985, S. 23

Das Leben der Ritter war von der Ausbildung zum Kämpfer geprägt. Die körperlichen Vorzüge lagen in der Schnelligkeit, Geschicklichkeit und Ausdauer. Die Ritter sahen es als Selbstverständlichkeit an, ihre Fähigkeiten in den Dienst der Gerechtigkeit zu stellen. Sie mussten ihr Wort halten, sie durften den Treueschwur nicht brechen; sie mussten bei kriegerischen Auseinandersetzungen tapfer handeln und Freizügigkeit beweisen, z.B. durch Geschenke oder Feiern. Ihr Verhalten gegenüber den Damen durfte zwar kühn sein, musste aber der höfischen Etikette entsprechen.

Die hohe Zeit der Turniere reicht bis in das 14. Jahrhundert zurück. Bis zum Ende des Mittelalters wandelten sie sich zu sportlichen Wettkämpfen und wurde zum gesellschaftlichen Zeitvertreib[357]; schließlich entarteten sie zu Fastnachtsscherzen.[358] Eine veränderte Bewaffnung, Kampftaktik und -technik der Söldner des späten Mittelalters löste die unterlegenen Kampfweisen der etablierten Ritterheere ab. Turniere benötigten geraume Zeit und Mühen zur Vorbereitung.[359] Die Teilnehmer wurden zwei bis drei Wochen vor dem Beginn durch Boten eingeladen; ihnen wurde freies Geleit bei der Hinreise und Schutz vor Verfolgung bei der Rückreise zugesichert. Die Wettkämpfer mussten sich zur Einhaltung des Turnierfriedens verpflichten. Die Veranstaltung fand in einem abgegrenzten Areal statt; es konnte innerhalb von Städten, vor Burgen oder im freien Feld stattfinden, nicht jedoch auf kirchlichem Boden. Die nur für die Akteure zugänglichen Rückzugszonen waren abgesperrt und gesichert. Ritterliche Wettkämpfe dienten der körperlichen Ertüchtigung des Einzelnen und zur Vorbereitung auf die kriegerische Auseinandersetzung in der Gruppe. Es musste die Kunst des Messer- und Schwertkampfes erlernt werden, Erfahrungen im Zweikampf gemacht und Kämpfe zu Pferd mit dem langen Spieß geübt werden. Im Laufe der Zeit entfalteten sich Turnierregeln, die als Grundlage einer Leistungsbewertung dienten. Sie regelten die Zulassung zum Turnier, das Kampfgeschehen und zeremonielle Verfahren, wie z.B. die Helm- oder Waffenschau. In dem Regelwerk des Turniers in Würzburg im Jahre 1479 sind vierzehn Gründe für einen Ausschluss enthalten. Z.B. wurde Eidbrechern und Denunzianten, Schwindlern und Feiglingen, Kirchenschändern und Räubern die Turnierteilnahme verweigert. Im Jahre 1489 wurden in Heilbronn die Übertretungen in zwei Kategorien aufgeteilt. Bei schweren Verfehlungen, wie z.B. Raub, Brandstiftung und Vergewaltigung, wurde der Ritter geschlagen und auf die Barriere gesetzt. Kleinere Fehler, wie z.B. Handel zu treiben und unter seinem Stand zu heiraten, wurden mit einer Ohrfeige bestraft, und dem Schuldigen wurde sein Pferd abgenommen.

Zu Beginn des Turniers ziehen die Ritter feierlich ein, machen ihre Referenz vor den Fürsten und werden dann in zwei Gruppen aufgeteilt. Der Turniervogt verkündet die Turnierregeln, die Herolde verlesen das Programm und stellen die zu gewinnenden Preise vor. Darauf folgt die Helm- und Waffenschau. Vor dem gemeinsamen Wettstreit der sich gegenüber stehenden Gruppen findet meist die Tjost statt. Es handelt sich um einen Einzelkampf zwischen zwei Rittern in voller Rüstung zu Pferd. Die angesägten bzw. ausgehöhlten oder die harmloseren hölzernen Schäfte der Lanzen können entweder abgestumpft oder mit dem sogenannten Turnierkrönlein versehen sein. Das Ziel ist es, den auf der anderen Seite der Barriere entgegenreitenden Kontrahenten mit der Lanze an der Tartsche zu treffen, um

---

[357] Eine Überblicksdarstellung mit bibliographischem Abschnitt ist abgedruckt in: Paravicini, Werner, Die ritterlich-höfische Kultur des Mittelalters, München 1994.

[358] Vgl. Niedermann, Erwin, Die Leibesübungen der Ritter und Bürger, in: Ueberhorst, Horst, Geschichte der Leibesübungen, Bd. 3,1, Berlin/München/Frankfurt a. M. 1980, S. 80.

[359] Vgl. Keen, Maurice, Das Rittertum, New Haven, London 1984 (Übersetzt v. H. Erhardt), Reinbek 1991, S. 131 f.

ihn aus dem Sattel zu werfen. Wenn nur die Lanzen brechen, ohne dass ein Ritter stürzt, übergeben die Knappen neue, um den Waffengang fortzusetzen. Wenn ein Ritter im Turnier verliert, erhält dessen Gegner meist sein Pferd und seine Rüstung. Damit ist ihm die Möglichkeit vorenthalten, weiterhin Wettkämpfe bestreiten zu können. Er muss sich entweder die Ausrüstung leihen oder sich bei jüdischen Bankiers verschulden, um eine neue kaufen zu können.

Die Tjost (franz.: juste) kann man in zwei Arten einteilen, in die „juste à plaisance" mit stumpfen Waffen und in die gefährliche „juste à outrance" mit scharfen Waffen. Aus der ersten entfaltete sich im Spätmittelalter das Gestech (franz.: joute, ital.: giostra), aus der zweiten das Rennen (franz.: course, ital.: carriera).[360] Im Laufe der Zeit wurden die verschiedenen Tjoste zum festen Bestandteil von Turnieren mit einer Dauer von mehreren Tagen, bei denen sich die Wettkämpfer zweier konträrer Parteien einzeln gegenüberstanden.

Adelige Frauen beeinflussten ritterliche Turniere. Oftmals durften sich die in Klöstern streng erzogenen Mädchen erstmals als heiratsfähige Frauen der Öffentlichkeit präsentieren.[361] Das Turnier als gesellschaftliches Element höfischer Feste hatte auf diese Weise die Funktion eines Heiratsmarktes. Nach Kaiser Maximilian I. neigte sich die Zeit der Ritterturniere dem Ende zu.[362]

Fecht- und Turnierbücher geben Auskunft über spätmittelalterliche Kriegs- und Wettkampftechniken.[363] Bei der Re-Inszenierung findet jeweils an den Sonntagnachmittagen der vier Festwochenenden, im Anschluss an den Hochzeitszug, die Veranstaltung „Reiter- und Ritterspiele" statt. Die pantomimische Darstellungsebene wird durch die Musik-, Tanz- und Kommentar-Ebene ergänzt. Über Lautsprecher informiert ein Erzähler das Publikum über den geschichtlichen Hintergrund.

Die programmgemäßen Veranstaltungen „Treiben im nächtlichen Lager" und „Reiter- und Ritterspiele" sind sich sehr ähnlich. Entsprechend dem Regieplan passieren die Kostümierten die verschiedenen, bereits von Wachen besetzten Tore und nehmen ihren Platz auf der Turnierwiese ein bzw. versammeln sich in ihren Gruppen-Hütten am Lagerplatz, um auf ihren Einsatz zu warten. Unter der Leitung des Zeremonienmeisters bereiten Pagen und Mägde die Tafel auf der Fürstentribüne vor, an der etliche Fürsten bereits Platz nehmen. Kinder spielen Fangen, üben sich im Seilspringen und Tauziehen und ahmen auf Steckenpferden ein Ritterturnier nach. Das Volk und der niedere Adel flanieren auf dem Platz, begrüßen sich und betreiben Konversation, während verschiedene Musikgruppen die Besucher mit kleinen Musikstücken unterhalten. Das Signal der polnischen Fanfarenbläser kündet den Einzug der Fürsten an. Hinter den kaiserlichen Fanfarenbläsern zu Pferd und dem Bannerträger erscheinen Kaiser Friedrich III. und

---

[360] Vgl. Gamber, Ortwin, Ritterspiele und Turnierrüstung im Spätmittelalter, in: Fleckenstein, Joseph (Hrsg.), Das ritterliche Turnier im Mittelalter. Beiträge zu einer vergleichenden Formen- und Verhaltensgeschichte des Rittertums, Göttingen 1985, S. 513-531, hier S. 515.

[361] Vgl. Niedermann, Erwin, Die Leibesübungen der Ritter und Bürger, in: Ueberhorst, Horst, Geschichte der Leibesübungen, Bd. 3,1, Berlin/München/Frankfurt a. M. 1980, S. 70-96, hier S. 79.

[362] Maximilian wird als „der letzte Ritter" bezeichnet.

[363] Vom Verein „Die Förderer" e. V. wird erstmals bei der Re-Inszenierung im Jahre 2013 an Samstagnachmittagen auf der Schwedenwiese der Burg Trausnitz die programmgemäße Veranstaltung „Fechtschule auf der Burg – Kampfkünste des Fechtmeister Paulus Kal", des Fechtmeisters des Landshuter Herzogs Ludwig des Reichen, angeboten.

sein Sohn Maximilian I. mit ihrem Gefolge. Zu beiden Seiten geleiten lichtertragende Pagen die Gruppe. Der Herold und die Leibwache gehen der Pferdesänfte mit Herzog Ludwig voran, jeweils mit Begleitung fahren hinter ihm seine Gemahlin Amalie in ihrem Prunkwagen und die „Alte Frau" von Sachsen in ihrem Reisewagen. Der Brautzug besteht aus den höfischen Junkern, den Salzburger Trumetern, der Braut in ihrem goldenen Prunkwagen. Seitlich reitet Herzog Georg auf seinem Rappen, dahinter folgen polnische Adlige zu Pferd. Seitlich des Brautwagens bilden lichtertragende Pagen ein Spalier. Das kostümierte Volk und die Besucher bejubeln den Einzug der fürstlichen Akteure, die auf der Fürstentribüne nach einer strengen Sitzordnung ihren Platz einnehmen.

Reisige ziehen singend durch das Tor ein und stellen sich zur Huldigung vor den Fürsten an der erhöhten Hochzeitstafel auf. Zwischenzeitlich bilden Feuerkopfreiter einen Zirkel als Introduktion für das sogenannte „Roland-Stechen". Auf einer drehbaren Stange ist eine mit Leder überzogene Figur befestigt, die es zu treffen gilt. Dieses Reiterspiel setzt Geschicklichkeit und Schnelligkeit voraus, um beim Vorbeireiten nicht von der an einer Kette montierten Metallkugel getroffen und verletzt zu werden. Die Fahnenschwinger laufen über den Platz zur Fürstentribüne und erweisen den hohen Gästen ihre Referenz. Auf die Vorführung mit Wurffahnen folgt eine mit Schwingfahnen. Die Ringelstecher reiten in den Zirkel und die Knechte bereiten den Ringelgalgen vor. In drei Durchgängen versuchen die Reiter zur Musik der herzoglichen Kapelle in das Zentrum der Ringe zu treffen und diese vom Galgen zu holen.

Inzwischen sind die Vorbereitungen der Turnierritter auf dem Rüstplatz abgeschlossen. Das spektakuläre Rennen über die Planken mit ungewissem Ausgang gilt als Höhepunkt der Veranstaltung. Der Gruppenführer wählt vor Beginn der Veranstaltung sechs Akteure aus einer größeren Gruppe. Bei allen, aus dem Landshuter Raum stammenden Mitgliedern handelt es sich nicht um professionelle Stuntmen. Sie tragen nachgebildete Rennzeuge des späten 15. Jahrhunderts. Auf das Zeichen des Turniervogts versuchen sie, ihre Pferde im Arbeitsgalopp einhändig entlang der Planke zu führen und die Tartsche des Gegners mit der über vier Meter langen Lanze zu treffen, so dass sie splittert. Mit der 30 bis 40 Kilogramm schweren Rüstung sind sie relativ unbeweglich und können das Gleichgewicht nur eingeschränkt auf dem Rücken der Streitrosse kontrollieren. Gelegentlich kommt es auch zu Verletzungen durch Lanzensplitter und Stürze.

Hinter dem Herold von Bayern-Landshut, den kaiserlichen Fanfaren zu Pferd und dem Turniervogt mit Knappen erscheinen nacheinander die Wettstreiter in „Eisenkleidern" auf dem Turnierplatz. Die sechs Gruppen bestehen aus Herzog Christoph von Bayern-München, genannt der Starke, aus Ludwig von Westerstetten, aus Erzherzog Sigmund von Tirol/Österreich, aus dem jungen Markgrafen Friedrich von Brandenburg, aus dem jungen Grafen Eberhard von Württemberg und einem polnischen Fürsten, vermutlich Albert von Monawitt. Die Schabracken der Pferde tragen die Farben und Insignien ihrer adligen Herren. Ihre Anwesenheit bei der Hochzeit ist durch die Chronisten belegt. Musikgruppen und Fürsten begleiten die edlen Herren im Harnisch zur Ehrerbietung vor die Fürstentribüne. Der Turniervogt verliest die Regeln, und die Ritter rennen in mehreren Durchgängen gegeneinander an. Jeder Treffer wird mit einem Wimpel am Fahnenmast des entsprechenden Wettkämpfers dokumentiert. Der Turniervogt erklärt den Sieger, welcher von der Braut aus der Hand einer Edeldame ein Häftlein als Preis erhält. Entsprechend einer strengen Auszugsordnung verlassen das Brautpaar zu Pferd, der Turniervogt und der Sieger mit Braut- und Kaiserpagen zu beiden Seiten den Turnierplatz. Herzogliche Wachen und Zünfte bilden ein Spalier. Nach den Signalen der kaiserlichen Fanfarenbläser, der Businenbläser und der polnischen Fanfaren gehen Kaiser Friedrich III., sein Sohn Maximilian I. und einige Fürsten zu ihrem Zelt am Lagerplatz. Während verschiedene Musikgruppen spielen, löst sich die kostümierte Volksmenge auf. Böllerschüsse auf der Burg Trausnitz bedeuten das Ende der Veranstaltung.

Die Absicht der Veranstalter ist die Darstellung spätmittelalterlicher Unterhaltung in Adelskreisen. Rennen bereicherten höfische Feste, boten einzelnen Adeligen die Möglichkeit, sich vor einem hohen Publikum zu profilieren und mit dem entsprechenden Gegner eine alte Rechnung zu begleichen, ohne der Gefahr einer kriegerischen Auseinandersetzung zu erliegen. Ritterliche Wettkämpfe zum kurzweiligen Zeitvertreib waren willkommen und können, wie in der Re-Inszenierung dargestellt, stattgefunden haben. Es ist davon auszugehen, dass bei der Landshuter Hochzeit erheblich mehr Wettkämpfe stattfanden. Da Rennen feste Bestandteile von höfischen Festen waren, befanden sie die Chronisten im Einzelnen offensichtlich nicht als besonders erwähnenswert. Sie beschreiben z.B. das Rennen von Herzog Georg am Montag, dem 13. November, dem Vorabend der Hochzeit, mit dem Westerstätter. Am 15. November nutzte Herzog Georg z.B. beim sogenannten Bräutigam-Rennen mit Hanns von Bodmann in der Altstadt die Gelegenheit, gegenüber seiner Braut ritterliche Tugenden, wie Mut, Kraft und Stärke, zu demonstrieren. Der Chronist Seybolt erwähnt auch Herzog Christoph, Herzog Albrecht und Markgraf Friedrich, den jungen Württemberger, Graf Johann von Wertheim und einen polnischen Adeligen.

Fotos (auszugsweise und beispielhaft)

Foto 41 Gruppe Nr. 7 – Fahnenschwinger (Foto des Verfassers)

Foto 42 Gruppe Nr. 16 – Sigmund von Tirol und der „Württemberger" (Foto: „Die Förderer" e.V.)

Die Handlungen und Darstellungen in der programmgemäßen Veranstaltung „Reiter- und Ritterspiele" überschreiten die Grenzbereiche einer authentischen Re-Inszenierung nicht. Detailrealismus und Idealisierungstendenzen stehen sich hier nicht konträr gegenüber. Die Repräsentations-Authentizität bezieht sich zum einen auf die historiographisch belegten Sachverhalte und zum anderen auf die Darstellung im 21. Jahrhundert. Die Änderung, z.B. des Veranstaltungsortes des Bräutigam-Rennens von der Altstadt zur Wiesmahd, hat keine Reduktion der Gesamt-Ereignis-Authentizität zur Folge. Es ist legitim anzunehmen, dass ritterliche Wettkämpfe während der Festwochen vor den Toren der Stadt stattgefunden haben können. Wegen der historisch unrichtigen Darstellung des Wettkampfplatzes verliert diese Veranstaltung ihre Qualität als temporärer Träger des rationalen Geschichtswertes mit der Assistenz des Similitätswertes nicht. Die Veranstaltung projiziert eine subjekt-authentische spätmittelalterliche Erlebniswirklichkeit in die Gegenwart.

„Laudate Dominum"

Die programmgemäße Veranstaltung „Laudate Dominum" ist den „ernsten" Erlebniswelten der Re-Inszenierung der Landshuter Hochzeit zuzuordnen. Seit dem Jahre 2001 gestalten die mit historischen Kostümen bekleideten Instrumental- und Vokalgruppen Nr. 62 – Musica Cumpaneia – und Nr. 67 – Ad Libitum – Konzerte mit sakraler Musik in der Stadtpfarrkirche von St. Jodok. Die Bezeichnung wurde vom Trauungsgottesdienst „Te deum laudamus" der Ur-Inszenierung der Landshuter Hochzeit am 14. November 1475 in St. Martin hergeleitet. Auf diese Weise wird die zweite gotische Kirche als Projektionsraum der Re-Inszenierung in das Festgeschehen miteingebunden. Das Repertoire der Musiker umfasst eine Auswahl von sakralen Werken, Chorälen und Choralsätzen, die um 1475 in den Kirchen des europäischen Sprachraums erklangen.[364] Obwohl sich am Übergang vom späten Mittelalter zur Renaissance bereits eine Vielfalt an neuen Geistesströmungen etabliert hatte, ist der ungebrochene und beherrschende Einfluss der Kirche deutlich erkennbar. Die Gesänge, z.B. die jüdischen Psalmen und der „Gregorianische Choral", blieben im ersten Jahrtausend einstimmig und lateinisch. Noch heute stellen sie gesanglichen Bestandteil in christlichen (katholischen) Kirchen und Klöstern dar. Die Texte zu den Liedern sind überwiegend in der damals für Kirche und Staat, Wissenschaft und Literatur üblichen lateinischen Sprache abgefasst.

Obwohl die meist einstimmigen Aufzeichnungen der Melodien in Neumen oder Quadrat-Notation erfolgten, erklang die Musik selten einstimmig. Die Melodie wurde im Oktav-Abstand, in der Ober-Quinte oder der Unter-Quart ergänzt und ergab auf diese Weise eine größere Klangfülle. Die Notenschrift des Mittelalters entstand aus den Handbewegungen des Choralmagisters, der die Sänger dirigierte, zu schriftlichen Merkzeichen – die Neumen –, welche den Melodieverlauf wiedergaben. Damit konnten Höhen, Tiefen und Länge der Töne dokumentiert und wieder in Erinnerung gerufen werden.[365] Durch die Erfindung der Notenzeilen durch Guido von Arezzo um 1050 konnten Musik-Aufzeichnungen lesbar gemacht werden.

Für die Re-Inszenierung der „Landshuter Hochzeit" wurde (-und wird-) intensiv in Archiven von Kirchen und Klöstern, in Dokumentationen von Fachverlagen und in Musikbibliotheken geforscht. Die Ergebnisse sind in einer umfangreichen Sammlung von musikalischen Schöpfungen im Stil der Epoche zusammengefasst.[366] Es erklingen Werke einer

---

[364] S. Archivalien: „Laudate Dominum" – Auszug aus dem Repertoirenachweis.
[365] Vgl. Diehr, Achim, Literatur und Musik im Mittelalter, Berlin 2004, S. 53-73.
[366] Z.B. die „Cantiga 124" und der archaische Satz „Mariam matrem" aus der größten Liedersammlung des Mittelalters, die im 13. Jahrhundert auf den König Alsonso El Sabio (den Weisen) von Kastillien zurückzuführen ist.

repräsentativen Auswahl von Komponisten, z.B. von Heinrich Isaac (um 1450 Flandern – 1517 Florenz), Juan del Encina (1568 Salamanca – 1530 León), Oswald von Wolkenstein (1376 – 1445 Meran), Adam von Fulda (1445 Fulda – 1505), Nicolaus von Radom, Johannes Obrecht (um 1457 – 1505 Ferrara), Guillaume der Machaut (1300 – 1377), Heinrich Finck (1445 Bamberg – 1527 Wien), Arnold von Brucks, Peirre de la Rue (1460 –1518), Guillaume Dufay (1400 – 1475), Johannes Ockeghem (– 1495) und Josquin Desprez (1475 – 1521).

Fotos (auszugsweise und beispielhaft)

Foto 44 Die Gruppe Nr. 67 - Ad libitum trägt ein Vokalstück vor (Foto: „Die Förderer" e.V.].

Foto 43 Die Gruppen Nr. 62 – Musica Cumpaneia – und 67 - Ad libitum - beim gemeinsamen Präsentieren von sakraler Musik in St. Jodok (Foto des Verfassers)

Foto 45 Gruppe Nr. 62 und 67 (Foto des Verfassers)

Zwölf Sängerinnen und fünf Musiker präsentieren verschiedene Werke, die trotz der frühen Entstehungszeit die unterschiedlichen Klangfarben und Ausdrucksmöglichkeiten der damaligen Komponisten zeigen. Zur Aufführung gelangen Vokalstücke, die zwischen dem 13. und dem 15. Jahrhundert entstanden sein könnten. Neben A-capella- und Instrumentalstücken sind Kompositionen in „cantare et sonare"-Form (gesungen mit Instrumentalbegleitung) zu hören. Die Komponisten und ihre Werke werden repräsentativ ausgewählt.

Bei der Re-Inszenierung im Jahre 2005 stand der Komponist Josquin Desprez im Mittelpunkt, im Jahre 2009 waren es seine Zeitgenossen Heinrich Isaac und Jakobus Obrecht. Nicolaus von Radom, der zu den bedeutendsten polnischen Komponisten des frühen 15. Jahrhunderts zählt, stellt durch sein „Magnificat" den Bezug zur Heimat der jungen Gemahlin her.

Beispielhaft waren im Jahre 2013 nahezu alle Kompositionen, die in der Veranstaltung erklangen, der im Mittelalter besonders geschätzten Gottesmutter Maria gewidmet. Symbolisch wird auf diese Weise die damals zeitgemäße Verehrung des Idealbildes einer unbefleckten Frau im Minnesang dokumentiert, welche in durch Kriege, Seuchen und Hungersnöte gekennzeichneten Zeiten vertrauensvoll um Schutz und Hilfe angesucht wurde.

Die Instrumentalstücke werden auf Nachbauten von historischen Instrumenten, z.B. Fidel, Cister, Zink, Gemshorn, Gambe, Schlagwerk, Blockflöten und Posaune, vorgetragen.[367] Nicht alle diese Instrumente waren deutschen Ursprungs, vielmehr beweist der Import arabischer und französischer Instrumente neben der Einwirkung der Kirche den internationalen Charakter der Musik schon in mittelalterlicher Zeit. Der Aufbau der damaligen Instrumente weicht von den neuzeitlichen wesentlich ab. Die dahinter liegende Absicht war nicht die Lautstärke, sondern sich möglichst der menschlichen Singstimme als klangliches Ideal anzunähern.

Das „Laudate Dominum" gibt Zeugnis ab von verschiedenen historischen Stufen in der sakralen Musik. Das musikalische Zeitfenster des 14. und 15. Jahrhunderts veranschaulicht z.B. die erste mehrstimmige Vertonung des Messordinariums und die Wiederholung der Isorhythmik durch Guillaume de Machaut, die Steigerung der Polyphonie zum vollstimmigen sechsstimmigen Satz durch Heinrich Finck, die Überwindung von der bis damals gebräuchlichen Cantus Firmus-Technik hin zur Emanzipation der Einzelstimmen durch Guillaume Dufay, zum dreistimmigen Magnifikat – gleichsam als Meditation – von Arnold von Brucks, zu den 36-stimmigen Kanons von Johannes Ockeghem und den kontrapunktischen Verarbeitungen sowie zu einer zwölfstimmigen Motette durch dessen Schüler Josquin Desprez.

Die für die spätmittelalterliche Zeit bedeutende Musik wird von den beiden Gruppen (Nr. 62 und 67) der Landshuter Hochzeit nicht nur zur Zeit der intervallweisen Re-Inszenierungen angeboten. Das Repertoire umfasst neben einem sakralen Programm auch profane Werke, die bei zahlreichen Konzerten während der Jahre zu hören sind, z.B. alle zwei Jahre bei der Eröffnung der Landshuter Hofmusiktage, dem europäischen Festival alter Musik.

---

[367] Vgl. Munrow, David, Musikinstrumente des Mittelalters und der Renaissance, Hannover 1980.

„Musik um 1475 - novella musicale"

Der Adel und das Bürgertum waren neben der Kirche Pfleger und Bewahrer einer mittelalterlichen Musikkultur in Europa. Im Gegensatz zu heute, wo Musik jederzeit und überall, gegen Gebühr oder kostenlos „konsumiert" werden kann, war die Musik des Mittelalters überwiegend Gebrauchsmusik. Sie wurde zu bestimmten Zwecken, von in der Regel reisenden Musikern gegen Entgelt gespielt. Ein strenges Reglement bestimmte die Anzahl der Musiker bei den jeweiligen Anlässen.

Der „Spielmann", ein Unterhaltungskünstler oder Musiker, zählte im Mittelalter zum „Fahrenden Volk", das sich den Lebensunterhalt an Straßenkreuzungen oder auf den Marktplätzen der Dörfer und Städte sowie an adeligen Höfen verdiente.[368] Mittelalterliche Darstellungen, z.B. in Handschriften, geben Zeugnis ab, dass Spielmänner (adelige) Dichter beim Vortrag musikalisch begleiteten oder zum Tanz aufspielten. Die Spielleute trugen als unterhaltende Künstler auch zur Verbreitung von Literatur bei.[369] Ihr Repertoire umfasste einerseits Lieder und andererseits Erzählungen in Versform. Erst im 14. Jahrhundert wurde der Spielmann zum Musikanten[370], der aber meist profane Musik vortrug und noch ohne feste Anstellung war. Sein kirchliches Pendant war der Kantor, der sakrale Musik in den Kirchen aufführte.

Musik trug zur Festlichkeit an adeligen Höfen bei. Dort waren auch fest angestellte Musiker zu finden. Bei Festen, Banketten und Empfängen hatten die in einer Zunft organisierten Stadtpfeifer aufzuspielen. Am Hof der Fürsten und Adligen waren vor allem Blechbläser und Trommler beschäftigt. Praktizierende Spielmänner und -frauen gehörten zu den niedrigen Ständen; eine Ausnahme stellten die wenigen adeligen Spielleute und die festangestellten Musiker dar. Erst gegen Ende des Spätmittelalters verbesserte sich ihre soziale Stellung. Entsprechend der Musizierpraxis der damaligen Zeit, erklingen bei der „Landshuter Hochzeit 1475" themenbezogene Werke aus dem ausgehenden 15. Jahrhundert in unterschiedlichen Besetzungen, vom Sologesang über das Vokalinstrumental- zum Instrumentalstück. Nachforschungen in verschiedenen Archiven ergaben handschriftliche Aufzeichnungen und ab 1500 Notendrucke, in die auch ältere Schöpfungen aufgenommen wurden. Zusätzlich erweitern Musikstücke, die auf Seminaren und Workshops für mittelalterliche Musik behandelt werden, das Repertoire des Ensembles.

Bei der Ur-Inszenierung im Jahre 1475 spielte eine Reihe verschiedener lokaler, regionaler und überregionaler „Musikanten" auf. In der sogenannten großen Rechnung sind Ensembles genannt, die gegen Entlohnung ihre Musik darboten: So erhielten Herolde, „Trumeter", Pfeifer und andere Spielleute des Kaisers, der Könige von Polen, von Ungarn und Dänemark insgesamt 1.275 Gulden. Die Musikgruppen des Markgrafen von Brandenburg, des Erzbischofs von Salzburg, des Pfalzgrafen von Amberg und anderer Adeliger präsentierten während des Festgeschehens ihre ureigene Musik. Herzog Ludwig beorderte einzelne Spielmänner aus seinen Landstädten zur Hochzeit, um die Klangwelt seiner Hofmusik zu bereichern und zu ergänzen.

---

[368] Vgl. Diehr, Achim, Literatur und Musik im Mittelalter, Berlin 2004, S. 25-33.
[369] Die Spielleute hießen in Frankreich „Joglar"n Jodler.
[370] Der lateinische Begriff „musikus" bezeichnete ursprünglich einen Musikwissenschaftler, da die Musik an Universitäten gelehrt wurde.

Fotos (auszugsweise und beispielhaft)

Foto 46 Die Gruppen Nr. 32 – Herzogliche Hofmusik – und 62 – Musica Cumpaneia – beim gemeinsamen Musizieren im Hof der Renaissance-Stadtresidenz (Foto des Verfassers)

Foto 47 Musiker spielen auf Nachbauten von historischen Instrumenten (Foto des Verfassers)

„Umb ain mass wein und ain hoflaybl brot". Ab den Re-Inszenierungen im Jahre 2009 begleitet ein Erzähler im Stil der „novella"[371] die musikalische Veranstaltung. Der Darsteller des Sigmund von Wolkenstein fungiert gleichsam als „Conférencier"; aus dem Konzert entsteht eine novella musicale. Zufolge der Aufzeichnungen war der Enkel des Komponisten Oswald von Wolkenstein im Gefolge seines Dienstherren Herzog Sigmund von Tirol zur Landshuter Hochzeit angereist. Mit Anekdoten, mit Witzen und Launischem über sich und andere, mit Kommentaren über all-tägliche und besondere Gegebenheiten aus der Nachbarschaft sowie aus Königs- und Fürstenhäusern unterhält und informiert er die Zuhörer zwischen den einzelnen Musikstücken.

Beispielhaft lagen im Jahre 2013 die musikalischen Schwerpunkte der Musik des ausgehenden 15. Jahrhunderts auf italienischen Handschriften, wie dem „Codex Montecassino", und auf deutschen Quellen der Zeit um 1500, z.B. dem „Augsburger Liederbuch". Die Landshuter Hofkapelle dokumentiert auf diese Weise eine mehrfache kulturelle Verknüpfung der nördlichen und südlichen Alpenregionen, insbesondere des Herzogtums Bayern-Landshut und des Hofes in Ferrara. Gleichsam in einer musikalischen Reise von Ferrara über die Alpen nach Landshut wird die vielfälti-ge Bandbreite der spätmittelalterlichen Musik und die entsprechende Musizierpraktik interpretiert, die zur Zeit der Ur-Inszenierung der Landshuter Hochzeit im Jahre 1475 gespielt worden sein könnte.

Die heute fremdartige und variationsreiche Klangwelt ist Teil der „ernsten" Erlebniswelt der Re-Inszenierung. Zur Ver-wendung kommt ein umfangreiches Instrumentarium, das nach historischen Vorbildern und unter Anwendung von

---

[371] Bei der „novella" handelt es sich um eine in Italien zwischen dem 14. und 16. Jahrhundert entstandene Erzählform.

besonderem handwerklichen und technischen Können nachgebaut wurde. Die „bassa capella" beinhaltet die leisen Instrumente, wie z.B. Flöte, historische Kleinorgel (Portativ), Fidel und Harfe. Die „alta capella" umfasst die lauten Instrumente mit Schalmei, Pommer, Dudelsack und Zugtrompete, hinzu kommt das Schlagwerk.

Die Präsentation und Rezeption höfischer und gesellschaftlicher Musik spiegelt das kulturelle Bewusstsein der Bürger der Stadt und der Region wider. Die Pflege und Bewahrung des immateriellen Kulturerbes fundiert sowohl auf der historiologischen Analyse als auch auf dem „gelebten" permanenten Zusammenspiel der Musiker.

Klänge des ausgehenden Mittelalters (in der zweiten Hälfte des 15. Jahrhunderts) und zu Beginn der Neuzeit (Renaissance), bilden eine charakteristische Komponente der Re-Inszenierung der „Landshuter Hochzeit 1475". Die spezifischen Klangfarben der Instrumente unterstützen die immersive Wahrnehmung spätmittelalterlichen Lebensgefühls und die Projektion in die Gegenwart. Im Dienste des Herzogs stehende Bläser, Trumeter und Pauker, Pfeifer und Posaunisten bereicherten die damalige höfische Klangwelt.[372]

Um dem hohen Stellenwert der Musik in der Re-Inszenierung der Landshuter Hochzeit zu entsprechen, werden die Instrumente fortwährend neuen Erkenntnissen der historiologischen Forschung angepasst. Die „Herzogliche Hofmusik" leistet beispielsweise unter anderen Musikgruppen dabei einen zentralen Beitrag bei der musikalischen Umrahmung einzelner Veranstaltungen.

Nach Konsultationen zwischen dem Verein „Die Förderer" e.V. und Prof. Wolfram Arndt, Professor für Posaune am Institut für künstlerische Instrumentalstudiengänge an der Hochschule für Musik und Theater (HMTM) in München, war es möglich, von der renommierten Instrumentenbaufirma Herbert Lätzsch KG in Bremen einen Satz Renaissance-Posaunen zu erwerben. Die historischen Posaunen wurden in Kooperation zwischen dem Verein und dem Instrumentenbauer nach dem Vorbild von erhaltenen Renaissancevorbildern im Germanischen Nationalmuseum in Nürnberg nachgestaltet. Es wird erhofft und erwartet, dass sich das Klangbild dem spätmittelalterlichen Instrument annähert. Der neue Satz von historischen Posaunen ist in der Gesamt-Gruppe - Herzogliche Hofmusik – in der Re-Inszenierung im Jahre 2023 erstmalig zu hören.

„Tanzspiel"

Tanzen gehörte neben dem Musizieren zu den beliebtesten Unterhaltungsformen der höfischen Lebenswelt im Mittelalter. Beiden Aktivitäten wurden heilsame, gesundheitsfördernde Wirkung zugeschrieben. Der Tanz stand im engen Bezug zu anderen ritterlichen "Exercitiis", z.B. der Jagd, der Reit- und Fecht- sowie der Kriegskunst.[373] Der Schwerpunkt verlagerte sich in der Geschichte von den Gruppentänzen zu den Paartänzen, welche auf das Verhältnis der Geschlechter anspielten. Aus diesem Herauslösen aus der Gruppe mit der Konzentration auf Mann und

---

[372] Im Sommer 2014 wurden der letzten verbliebenen Fanfarengruppe (Kaiserliche Fanfarenbläser) neue Naturtrompeten mit einem hellen und brillanten Klang übergeben. Sie ersetzen die Nachbauten aus dem 19. Jahrhundert.

[373] Vgl. Salmen, Walter, Tanz und Tanzen vom Mittelalter bis zur Renaissance (Terpsichore, 3), Hildesheim/Zürich/New York 1999.

Frau entfaltete sich ein sittlicher Verhaltenskodex, der parallel mit der Aufwertung des Tanzes zum höfischen Erziehungs- und Bildungsideal „ars saltatoria" verlief.

Die relativ junge wissenschaftliche Disziplin – Tanzwissenschaft – beschäftigt sich seit einigen Jahren intensiv mit ihrer Geschichte beziehungsweise einer Historiografie des Tanzes, dessen Wissen nicht nur im Archiv, das der Tänzer sozusagen selbst verkörpert, sondern auch in speziellen archivalischen Corpora gespeichert werden muss, um im kulturellen Gedächtnis der Gesellschaft verankert werden zu können.[374] Gemäß der Sichtweise des späten Mittelalters im Übergang zur Neuzeit spiegelt sich die Harmonie von Mensch, Natur, Universum und gut geführtem Staat in einer Art mystischen Tanzes wider. Die damaligen Grundregeln (fundamenta) bzw. Geheimnisse (misterii) des idealen Tanzes waren das Zeitmaß durch Einhaltung von Rhythmus und Tempo (misura), die Art zu tanzen durch den Ausdruck der Körperbewegungen (maniera), das Gedächtnis durch die Einhaltung der Reihenfolge der Bewegungen (memoria), die entsprechende Ausnutzung des Raumes (partire del terreno), die seelischen Anlagen, Feingefühl, Anmut (aere) und die körperlichen Anlagen, Lebenskraft und Gesundheit der Tanzenden (movimento corporeo).

Im Spätmittelalter wurden grundsätzlich zwei Gattungen von Tänzen unterschieden: Die Bassa danza[375] (auch mit Übergängen zum Ballo) ist aus dem höfischen Paartanz des Mittelalters entstanden, und der Ballo ist ein Tanz zu verschiedenen Rhythmen, welcher schauspielerische Elemente enthalten kann, die oft den Titeln (La Ingrata - die Undankbare, Gelosia - Eifersucht, Mercantia - Liebeshandel) entsprechen. Als „Königin des Tanzes" galt die Mesura der Bassa danza, eine Aneinanderreihung würdevoller Einzeltänze. In den Choreographien des ausgehenden 15. Jahrhundert sind auch ausgelassene, kurze Tänze in den schnellen Mesure Quadernaria und Piva zu finden. Daneben wurde auf Festen ein bewegter Sprungtanz, der Saltarello, getanzt. Die Grundrhythmen der Tänze waren: Bassa danza (6/8-Takt), Quadernaria (4/4-Takt), Piva (2/4-Takt) und Saltarello (2/4-Takt). Das verwendete Instrumentarium war äußerst vielseitig und reichte von schlichten Tanzmusiken, bestehend aus Einhandflöte und Trommel bzw. Trommel und Schwegel, bis zu größeren Ensembles aus Posaunen, Trompeten und Pauken (Alta-Ensemble), die seit dem 15. Jahrhundert häufig im Wechsel und Kontrast zu den stilleren Violen, Zugpfeifen, Harfen und Flöten (Bassa-Ensemble) eingesetzt wurden.

Im Bereich des Tanzes bedeutet das 15. Jahrhundert (Quattrocento) in Italien einen folgenreichen Bruch mit dem Mittelalter. In historischen Quellen sind erste Aufzeichnungen über Tanz – zuweilen einschließlich der Tanzmusik – zu

---

[374] Vgl. Haitzinger, Nicole, Vergessene Traktate - Archive der Erinnerung, Dissertation an der Universität Salzburg, Salzburg 2004, s. Kapitel „Symbol" (Mittelalter) und „Korrespondenzen" (Renaissance). Nicole Haitzinger ermittelt, angelehnt an Foucaults „Ordnung der Dinge", zwei Modelle von Wirkungskonzepten, die sich immer wieder in den Traktaten finden: zum einen die regulierenden Begriffe, wie Moral, Sitte, Bildung, die um den Tanz kreisen, und zum anderen das Konzept der Unterhaltung, das vor allem in den Bildquellen zu erkennen sei.

[375] Der Hoftanz „Bassa danza" stammt aus Frankreich, Italien und den Niederlanden in der Zeit von 1450 bis 1525. Der langsame höfische Schreittanz besteht aus einfachen und doppelten Schritten. Paarweise schreiten die Tänzer in vielfältigen Formen seitwärts, vorwärts und rückwärts. Der Tanz ist vorwiegend „geradtaktig" (6/8-Takt). Pro Note wird exakt ein Schritt ausgeführt. Die Melodie besteht aus langen Noten im Stil des Cantus-firmus, weitere Instrumente umspielen diese feste Melodie. Am Schluss des gravitätischen Tanzes folgt meist ein schnellerer Springtanz, z.B. „Saltarello" oder „Galliarde" (meist 3/4- oder 3/8)-Takt). (Fachkonsultation des Autors mit Lieven Baert am 17.4.2009)

finden, die neben der Rekonstruktion der Tanztechnik auch über 100 verschiedene Choreographien ermöglichen. Die Tänze zeigen eine stark humanistisch ausgeprägte Tanzkultur, welche Ideale, wie z.B. Harmonie, Eleganz und Witz, aber auch Mäßigung und Kultivierung der Umgangsformen ausdrücken. Der Tanz sollte, aufgenommen in den Reigen der – artes liberales –, als eigenständige, sowohl theoretisch fundierte als auch praktische Kunst gelten und zur Entfaltung des (höfischen) Menschen beitragen. In den Choreographien sind verschiedene Tanz- und Musiktypen, die sogenannten Mesure zu finden. Sie haben ihre jeweils spezifischen Schritte und Gesten, aus denen sich die Balli, die auch pantomimischen Charakter haben können, wie eine Art Suite zusammensetzen.

Mit der Entfaltung zu einer nach festen Regeln erlernbaren Kunst erfuhr der Beruf des Tanzmeisters (Magister corearum) in Europa eine enorme Aufwertung.[376] Die drei repräsentativen Hauptquellen zur italienischen Tanzkunst sind die Manuskripte von Domenico da Piacenza (um 1420-1475)[377] und seiner Schüler Antonio Cornaz(z)ano (1429/30-1484)[378] und Guglielmo Ebreo (1420-1484)[379]. Meister Domenico weihte sie in die Tanzkunst ein und lehrte sie die Achtung vor dem „Maß". Die von ihm und seinen Schülern im 15. Jahrhundert herausgegebenen Schriften können als Grundlagen der europäischen Tanzkunst angesehen werden.[380]

Vom burgundischen Hof ausgehend, entstand zeitlich parallel zu der gut dokumentierten italienischen Tanztradition eine weitere, die als eigener Stil verstanden werden kann. In ihren Grundzügen zeigt sie sowohl eine deutliche Verwandtschaft zur Tanzkunst in Italien, hat aber auch teilweise eigene Formen. Im Gegensatz zu italienischen Traktaten befinden sich in den burgundischen Quellen Schrittbeschreibungen, die auch abweichende Interpretationen der Schrittfolge gestatten.[381] Die Dokumentationen dieser Tänze in europäischen (z.B. in englischen, spanischen, deutschen und italienischen Quellen) zeigen, dass die „Burgundische Basse Danse" im gesamten damaligen europäischen Sprachraum bekannt war und praktiziert wurde. Sie hat den Status eines internationalen tänzerischen Ausdrucks der europäischen Höfe des 15. Jahrhunderts. Durch die finanzielle, militärische und kulturelle Potenz des Hofes von Burgund war es möglich, alle Bereiche der Kunst einschließlich des Tanzes zu fördern.

---

[376] Die frühesten Nachweise einer berufsmäßigen Ausübung dieser „arte di ballare et danzare" sind feststellbar im 14./15. Jh. an den Höfen Italiens und Burgunds, aber auch in Nordspanien, Portugal und Böhmen (Ferrara, Mailand, Mantua, Florenz, Prag; Lissabon, Aragon). Auf der Hochzeit Maximilians I. mit Bianca Maria Sforza 1494 übte sich der Hof bereits im Tanzen „alla lombarda", wobei die Braut in Ermangelung eines Lehrmeisters selbst die Unterrichtung übernahm.

[377] Domenico da Piacenza (auch "Domenico da Ferrara" genannt) war über 30 Jahre lang Tanzmeister am Hofe in Ferrara. Seine um 1450 entstandene Handschrift „De arte saltandi & choreas ducendi" (Paris, Bibliothèque nationale, Ms. ital. 972) (ital.: „De la arte di ballare et danzare") enthält detailliert beschriebene Basse Danse und Balli sowie die Regeln der Tanzkunst.

[378] Antonio Cornaz(z)ano war ein vielseitiger Schreiber an den Höfen von Piacenza, Mailand, Venedig und Ferrara. Er beschreibt in seinem „Libro sull'arte del danzare" (1455/1465) nach einem tanztheoretischen Abschnitt die Balli und Basse Danse. Vgl. Inglehearn, Madeleine, und Peggy Forsyth, Antonio Cornazano, The book on the art of dancing, London 1981.

[379] Guglielmo Ebreo (seit dem Jahre 1465 auch Giovanni Ambrosio genannt) war Tanzmeister in Pesaro, Urbino, Florenz und Mailand. Von ihm sind neun verschiedene Handschriften überliefert. In seinem Werk „De pratica seu arte tripudii vulgare opusculum" (um 1463) erläutert er im ersten (theoretischen) Teil die sechs Grundregeln der Tanzkunst, im zweiten folgt die Tanzpraxis. Im dritten Teil beschreibt er die Tänze „Basse Danse" und „Balli" (Paris, Bibliothèque nationale, Ms. ital. 973, Guilieimi Hebraei Pisauriensis, De pratica seu arte tripudii vulgare opusculum, 1463).

[380] Fachkonsultation des Autors mit Lieven Baert am 17.4.2009

[381] Handschrift der Les Basses Danses de Marguerite d'Autriche (Flandern um 1470) auf schwarzem Pergament mit Gold- und Silberschrift, Brüssel, Bibliothèque Royale Albert I., Ms. 9085

Die Quellenlage der burgundischen Tanztradition ist lückenhaft. Abschriften und Zeugnisse in Europa weisen erhebliche Fehlstellen auf. Aus dem burgundischen Raum hat sich die Handschrift der „Les Basses Danses" der Margarete von Österreich erhalten; sie sollte eine Gedächtnisstütze für die Tänzer bei der Ausführung der „Basses Danses" – der Bodentänze im Gegensatz zu den Tänzen mit Sprüngen – sein.

Nach dem Tode Karls des Kühnen (1433-1477) übernahmen die Habsburger das immaterielle Kulturerbe und sorgten für die Weiterführung der burgundischen Mode und Kultur über die Grenzen Zentraleuropas hinaus. So gehörte die „Basse Danse" auch noch bis weit ins 16. Jahrhundert zu den wichtigsten Tänzen der Zeit, bis sie von modischeren verdrängt wurde.

Das Tanzspiel der Re-Inszenierung der „Landshuter Hochzeit 1475" stellt gleichsam ein „immaterielles archäologisches Fenster" dar, in dem Ausschnitte aus dem höfischen kulturellen Leben um 1475 zu sehen sind. Wie die Chronisten Hans Seybolt und Hanns Oringen beschreiben, wurde der Saal für den Ball geschmückt; Fürsten, adelige Herren und Damen, Junker und Edeldamen, kamen nach der Hochzeitszeremonie zur Unterhaltung und zum Ausdruck der Integration unter Gleichgesinnten bei einem höfischen Tanzabend zusammen. Der in der Tradition des wichtigsten Tänzers, Choreographen und Tanzbuchautors der Zeit – Domenico da Piacenza – stehende Choreograph Lieven Baert aus Gent setzt sich mit Tänzen der Epoche von 1440 bis ca. 1510 auseinander.[382] Trotz angestrebter Authentizität nimmt er sich die Freiheit, seinen Stil zu praktizieren und sein Verständnis von historischen Schrittfolgen und Tanzpartituren durch eigene Choreographien zu interpretieren. Zusammen mit den Akteuren erarbeitet er die Schritte der verschiedenen Mesure (z.B. Bassa Danza, Quadernaria, Saltarello und Piva), aus denen sich die verschiedenen Balli und Basse Danse zusammensetzen und in Folge die komplexeren Choreographien entstehen.[383] Daneben werden noch ein Schwertertanz und ein Stocktanz einstudiert. Besonderes Augenmerk wird auf den Tanz der Morisken gelegt. Bei den umherziehenden Tanzgruppen, die meist aus einer „Compania" von sechs bis zwölf Tänzern mit rußgeschwärztem Gesicht bestanden, handelt es sich um eine Reminiszenz aus den Kämpfen der Mauren gegen die Christen im mittelalterlichen Spanien. Der tanzkulturelle Bezug zur Braut aus Polen wird dadurch hergestellt, indem der „Lajkonik", eine sagenhafte Gestalt aus der Geschichte Krakaus, einreitet.

Das Tanzthema der Re-Inszenierungen in den Jahren 2001 und 2005 war „Venus". Es wurde eine Geschichte auf tänzerische Weise präsentiert, welche die Liebe symbolisieren sollte. Beispielhaft lautete bei der Re-Inszenierung im Jahre 2009 das Thema „Die Fünf Sinne". Die dahinter liegende Absicht besteht im Hören der Musik, im Sehen der Tänze, in der Berührung während des Tanzes, in der Wahrnehmung des Geruches (z.B. Orangenextrakte) und in der Bewegung als erotisches Spiel.

Das Tanzspiel zeigt sehr viel Energie und Dynamik; die Gruppe Nr. 35 – Landshuter Hofkapelle – versucht eine Harmonie zwischen Tanz und Musik durch Werke um 1475 zu schaffen. Die ranghöchsten Fürsten beginnen mit den Eröffnungstänzen. Durch den zunehmenden Weinkonsum im weiteren Verlauf des Abends lockert sich das ernste

---

[382] Lieven Baert ist bei den Re-Inszenierungen in den Jahren 1997, 2001, 2005, 2009, 2013, 2017 und 2023 Choreograph für die programmgemäße Veranstaltung „Tanzspiel".
[383] S. Archivalien: „Tanzspiel" – Auszug aus dem Repertoirenachweis.

höfische Gehabe. Schwungvolle spontane Tänze mit Sprüngen und unbekümmerte Figuren verdeutlichen, dass sich die höfische Gesellschaft nicht nur langweilen, sondern auch amüsieren will. Beim „Cupido", der Bassa Danza von Guglielmo Ebreo, präsentiert sich der Adel auf eine vornehme und elegante Weise. Die Herzogin Amalie bittet beim „Belriguardo", einem originalen Stück des Meisters Domenico da Piacenza für drei Tänzer, zwei polnische Fürstinnen zum Tanz. Bei der lebhaften und schnellen „Piva" steht das Vergnügen der polnischen Edelleute im Vordergrund. Streng nach höfischem Zeremoniell führt der Kaiser die Braut als erster zum Tanz. Gemäß dem Bericht des Markgrafenschreibers tanzt diese anschließend mit jedem anwesenden Fürsten zu „Basse Danse" und „Piva" und als Höhepunkt des Abends mit ihrem Bräutigam. Auf eine „Tesara" nach einer Originalchoreographie von Domenico da Piacenza, unterlegt mit lebhafter Saltarellomusik, folgt der Schwertertanz des Bräutigams. Er und seine Junker versuchen durch ein rhythmisches Scheingefecht, die Braut und andere Damen zu beeindrucken.

Mit der „Macht der Minne" wird 2013 das höfische Gehabe, die Beziehung zwischen Mann und Frau ins Zentrum des Geschehens gerückt. Das zur Kunst erhobene idealisierte Spiel zwischen den Geschlechtern wird durch Musik, Poesie und Tanz dargestellt. Während die Frau auf tänzerische Weise versucht, ihre Grazie und ihre Musikalität unter Beweis zu stellen, drängt sich der Mann mit Springtänzen streitlustig in den Vordergrund.

Fotos (auszugsweise und beispielhaft)

Foto 48 Höfischer Tanz von Edeldamen und Junkern (Foto: „Die Förderer" e.V.)

Foto 49 Tanz der Morisken (Foto: „Die Förderer" e.V.)

Den Moriskentänzern kommt unter den Tanzdarstellungen eine besondere Bedeutung zu. Die Gruppe Nr. 41 – Morisken – wurde von den geschnitzten Holzfiguren des Erasmus Grasser abgeleitet[384], welche im Stadtmuseum in München verwahrt werden. Detaillierte Choreographien fehlen zwar, dennoch lässt sich das Grundraster einiger

---

[384] Der Baumeister und Bildhauer Erasmus Grasser (um 1450-1518) aus Schmidmühlen in der Oberpfalz schuf im Jahre 1480 mit den Münchener Moriskentänzern eines der Hauptwerke der süddeutschen Bildschnitzerei des Spätmittelalters.

Figurationen rekonstruieren.[385] Bei der „Moresca" buhlen die einzelnen Figuren mit verschiedenen Charakteren auf artistisch-bizarre und unhöfische Weise um die Gunst einer Frau. Der Sieger des Wettstreites wird mit einem goldenen Ring belohnt.

Die Veranstaltung „Tanzspiel" der Re-Inszenierung der „Landshuter Hochzeit 1475" ist zuvorderst den ernsten Erlebniswelten zuzuordnen. Sie zeigt, wie spätmittelalterliche Musik und Choreographie an den europäischen Höfen gewesen sein kann. Es vergegenwärtigt auf gelebte Weise höfisches Gehabe und Lebensfreude, das Kommunikationsbedürfnis und – trotz aller höfischer Etikette – den Wunsch nach Gemeinschaft sowie gesellschaftlicher Integration einer spätmittelalterlichen adligen Gesellschaft. Es dokumentiert darüber hinaus die herausragende Stellung des Landshuter Herzoghauses im Reigen der europäischen Fürstenhäuser.

Die Präsentation und Rezeption höfischer Tänze entsteht aus dem kulturellen Bewusstsein der Stadt und der Region. Die Bewahrung des immateriellen Kulturerbes fundiert auf der historiologischen Analyse und erweckt durch das temporäre Zusammenwirken tanzender Bürger unter Anleitung des Tanzmeisters vergangene Tanzkultur zu neuem Leben.

„Festspiel"

Seit dem Jahre 1905 wird bei der Re-Inszenierung der Landshuter Hochzeit ein historisches Spiel aufgeführt. Im Jahre 1904 hatte Georg Schaumberg das erste nach dem Vorbild der Aufführungen in Rotenburg ob der Tauber und Dinkelsbühl verfasst. In den Anfangsjahren war das Festspiel neben dem Festzug die zweite Veranstaltung im Programm.

Die Fassung des Schauspiels von 1981 bis 2017 stammte von Leopold Ahlsen. Das frühe Historienspiel und diese Version des Festspiels unterschieden sich grundlegend voneinander, z.B. durch die Darstellergruppen, wie Komödianten und die Theater –„im Theater"– Inszenierung. Bei dem Festspiel handelte es sich um eine Persiflage, die auf einer Bühne im Rathausprunksaal aufgeführt wurde.

Die Handlung spielt am Vorabend der Hochzeit im Jahre 1475; eine fahrende Komödiantentruppe erzählt mit den Mitteln des Straßentheaters vor hohen Festgästen die beschwerliche Anreise der polnischen Königstochter Hedwig. Im Jahre 2009 wurde das Stück zum vierten Mal von Johannes Reitmeier inszeniert, wobei er auf der langjährigen Arbeit von Regisseur Peter Grassinger aufbaute.[386] Im Jahre 2013 und 2017 gestaltete Stefan Tilch die Einrichtung und Inszenierung.

---

[385] Thoinot Arbeau beschreibt im Jahre 1588 in seiner „Orchésographie" aus der Erinnerung an seine Jugend den Tanz von „morisques" und eine „Air de la Morisque" (Salmen, Walter, Tanz und Tanzen vom Mittelalter bis zur Renaissance [Terpsichore, 3], Hildesheim/Zürich/New York 1999, S. 133 f.).
[386] Fachgespräch des Autors mit Regisseur Peter Grassinger am 19.7.2010

Fotos (auszugsweise und beispielhaft

Foto 50 Bürger spotten über die „Polakin" Hedwig
(Foto: „Die Förderer" e.V.)

Foto 51 Komödianten unterhalten sich über die Hochzeits-
vorbereitungen (Foto: „Die Förderer" e.V.)

Die Betonung der persiflierenden Theatersituation steht im Vordergrund: Die Absicht der Festspielregisseure ist es, den von Leopold Ahlsen verfassten dramaturgischen Kunstgriff des „Spiels im Spiel" durch eigene Akzente noch anschaulicher und verständlicher für Einheimische und Gäste zu machen. Die „Rüpelkomödie" soll nach Shakespeare-Art noch turbulenter gestaltet werden. Der Regisseur versucht mit den Möglichkeiten des mittelalterlichen Bühnenspiels, Details zu verfeinern und Szenen neu zu interpretieren. Der Wechsel zwischen Wirklichkeit und Fiktion, der Übergang der Gaukeleien zwischen gespielter – vergangener – und gegenwärtiger Erlebniswirklichkeit ist fließend; Geschichtsdokumentation und Dichtung verschwimmen.

Der Ansatz der Handlung ist fiktiv. Es ist zwar zu vermuten, dass fahrende Truppen damals die Gelegenheit genutzt haben, bei so einem großen Ereignis ihre Künste zu präsentieren. Ob sie es erreichten, ihr Stück vor einem adligen Publikum aufzuführen, wird von den Chronisten nicht erwähnt. Bei der Veranstaltung übernehmen über 120 kostümierte Bürgerinnen und Bürger aus verschiedenen Gruppen unentgeltlich Rollen, um ihre eigene Geschichte zu „leben".

Die Geburt des Gedankens an eine Neufassung des Festspiels ab dem Aufführungsjahr 2023 entsprang der Überlegung, neue historische Erkenntnisse in einer zeitgemäßen medialen Form zu vermitteln. Die Eigenständigkeit des Festspiels gründet sich auf seine besondere Bedeutung als nicht gegenständliches Zeugnis von historischen Sachverhalten. Es befriedigt ideelle Bedürfnisse, u.a. – wenn nicht gar vornehmlich – nach kultureller Identität. Diese programmgemäße Veranstaltung ist Teil der Re-Inszenierung; sie verdient Beachtung und Pflege.

Im neuen Festspiel des Verfassers Benedikt Schramm werden historische Sachverhalte aus der Sicht der Bürger der Stadt dargestellt. Die Bürgerschaft Landshuts hatte im Jahre 1475 eine zentrale Rolle im Hochzeitsgeschehen inne; ihre Mitwirkung war von grundsätzlicher Bedeutung und trug wesentlich zum Gelingen des höfischen Festes von überregionaler Bedeutung bei. Ort der Handlung ist das Haus der Landshuter Brauerfamilie Schilthack in der Altstadt Nummer 24. Es bildet auch heute noch den Abschluss der Oberen Länd zur Altstadt. Hausherr und Hausherrin sind mit ihren Dienstboten angestrengt damit beschäftigt, den Anforderungen der Reichen Herzöge von Bayern Landshut an die Bürger der Stadt während der Hochzeitstage zu entsprechen. Auswärtige Gäste, unter anderem aus dem fernen Königreich Polen, sind bei der Familie einquartiert. Daneben muss das Familienoberhaupt Hans Schilthack übergriffigen Avancen einer Landshuter Patrizierfamilie begegnen. Auch die Feierlaune der Dienerschaft im Hintergrund trägt zur Frage bei, ob es der Gemeinschaft des Hauses Altstadt 24 gelingen wird, die außergewöhnlichen und alltagsfremden Tage im November 1475 unbeschadet zu überstehen.

Unter der Leitung des Regisseur Stefan Tilch, seit 2013 Regisseur des Festspiels, erhalten die Rezipienten, sowohl Besucher („Zuschauer") als auch Akteure, auf neue mediale Weise einen rationalen und emotionalen Eindruck, wie das historische Ereignis gewesen sein könnte. Sie nehmen visuell und auditiv eine nicht alltägliche spätmittelalterliche Erlebniswelt wahr. Auf spielerische Weise werden sie gleichsam durch ihre Rolle als nicht kostümierte Teilnehmer in das Festgeschehen mit einbezogen. Durch die Partizipation im Zusammenspiel mit den Kostümierten tragen sie aktiv zum Gelingen des gelebten historischen Geschichtstheaters bei.

Ein Anteil der Laienschauspieler rekrutiert sich aus Volksbühnen oder Laienspielgruppen, daneben steht ein Mitwirken allen Schauspielbegeisterten offen. Bei jeder Inszenierung sind die Integration von Nachfolgern, die Weitergabe des Wissens und die Verschmelzung zu einer Einheit von allen Darstellern wichtig. Von einer Re-Inszenierung zur folgenden sind jedes Mal viele Sprechrollen neu zu besetzten. Sich immer wieder auf neue Gesichter und Sichtweisen einzulassen, ist eine große Herausforderung für Regisseur und Darsteller.

Das Festspiel ist sowohl den „ernsten" als auch den „nicht ernsten" Erlebniswelten zuzuordnen. Die Eindrücke für den Besucher sind vielfältig. Ein „pralles" Stück Theater gewährt auf gespielte komödiantische Weise einen Einblick in die Geschichte der Stadt. Die Rezipienten werden in die Handlung miteinbezogen und erhalten Informationen über die einzelnen Schritte des Rechtsgeschäftes „Landshuter Hochzeit".

Der Reiz des neuen Festspiels liegt in der Verlebendigung historischer Tatsachen mit partizipatorischen Anteilen an theatralischen Festveranstaltungen. Es bezeugt, dass in Landshut Geschichte gelebt wird; die „Lebendigkeit" des Immateriellen Kulturerbes entspricht den Vorstellungen der deutschen UNESCO Kommission; es wird nicht durch ein Beharren auf empirisch gewachsene und etablierte Re-Inzenierungsstrukturen beschränkt.

„Nächtlicher Mummenschanz"

Große mittelalterliche Vergnügungsveranstaltungen, Festlichkeiten und Umzüge der Herrschenden, Turniere und kirchliche Riten bildeten den Nährboden für den Mummenschanz.[387] Im Mittelalter gaben die öffentlichen Selbstdarstellungen des Klerus häufig Anlass zu einer spielerisch dargestellten Kritik an den kirchlichen Hierarchien. In den städtischen Kirchen und Kathedralen erfanden und praktizierten die unteren Kirchendiener (Chorknaben und Kanoniker) den Mummenschanz. Sie wollten das hierarchische „Unten" und „Oben" zu den alljährlichen Winterfesten mit theatralischen Mitteln „auf den Kopf" stellen. Mit dem Entstehen von Stadtkulturen veränderte sich der Charakter der öffentlichen und kirchlichen Feste.

Die Möglichkeit, Kritik an den Herrschenden auf spielerische Weise zu üben, wurde von Mummenschanz treibenden Laiengesellschaften übernommen. In der Renaissance wandelte sich der Mummenschanz: In den oberitalienischen Städten belustigte sich das vermummte Volk nicht mehr zu Lasten der Privilegierten; die Volksfeste dienten nunmehr der Repräsentation von Macht und Reichtum. Die verkehrte Welt einer ausgelassenen Geselligkeit, in der sich für kurze Zeit die Schwachen stark und die Armen reich erleben durften, wandelte sich zu einer Veranstaltung der Mächtigen.[388]

Mimen und Mummenschanz während der Re-Inszenierung der „Landshuter Hochzeit 1475" sind Elemente, die alte Brauchtümer des Straßentheaters aufnehmen und sich durch Ergänzungen und Interventionen zum bewegten Theater entfalten. Das szenische Spiel im Spiel, welches im späten Mittelalter zum Teil auf Plätzen und an Straßenkreuzungen stattfand, wird während der Festwochen im Innenhof der Renaissance-Stadtresidenz aufgeführt; es umfasst religiöse, politische und soziale Themen.

Die Gruppe Nr. 50 – Feyerldäntzer[389] – und Mitglieder weiterer fünf Gruppen stellen eine „Compagnia allegra" fahrender Spielleute dar, die zur Landshuter Hochzeit anreist, um am Rande der Feierlichkeiten ihr Stück den Bürgern der Stadt und den adligen Gästen aus nah und fern vorzuführen. Durch Gesten, Scheinhandlungen und Allegorien zeigen etwa 35 schauspielende, musizierende und tanzende Akteure in historischen Kostümen, wie im späten Mittelalter Kritik an der kirchlichen und weltlichen Obrigkeit geübt wurde.

---

[387] Der Mummenschanz - im Neuhochdeutschen, meist maskulin, im Frühneuhochdeutschen feminin die „mumschanz, momschanz" - bedeutet ursprünglich ein Glücksspiel mit Würfeln, das als Bestandteil von Maskenumzügen auch im Brauchtum von Fastnacht und Karneval eine Rolle spielte. Seither hat es die Bedeutung „Maskerade, Maskenspiel" angenommen. (Vgl. Lexer, Matthias, Mittelhochdeutsches Handwörterbuch, Nachdruck der Ausgabe Leipzig 1872-1878, Stuttgart 1992). Der Bestandteil Mum(men) wird zum einen zurückgeführt auf das mittelhochdeutsche Verb „mummen" oder „mumman" (Glücksspiel des 14. bis 16. Jahrhundert), es wird zum anderen aber auch hergeleitet aus dem Wort „mumme" (Maske, verkleidete Gestalt). (Vgl. Weigand, Friedrich Ludwig Karl, Deutsches Wörterbuch, 4. Aufl., Band II, Gießen 1882, S. 151).
[388] Z.B. das von den Medicis inszenierte Machttheater.
[389] Im Jahre 1978 haben die Geschwister Karola Schoßer und Hubert Gruber die Musik- und Tanzgruppe der „Feyerldäntzer" gegründet. Hubert Gruber widmete sich dem Quellenstudium der Musik und baute als gelernter Schreiner viele Instrumente nach historischem Vorbild.

Fotos (auszugsweise und beispielhaft)

Foto 52 Der –Teufel- vor der Verwandlung in die Gestalt des Wirtes (Foto: „Die Förderer" e.V.)

Foto 53 „Charivari" mit dem Esel an der Spitze (Foto: „Die Förderer" e.V.)

Der Mummenschanz ist seit 1993 Teil der Landshuter Hochzeit. In den Jahren 1993 und 1997 erzählten die Spielleute von der Liebe eines adeligen Herrn zu einem kecken Bürgermädchen. Im Jahre 2001 stand der Konflikt der drei Religionen des mittelalterlichen Abendlandes im Zentrum der Handlung. Die Geschichte vom Aufstieg und Fall des Esels „Asinus" wurde im Jahre 2005 erstmals inszeniert.[390]

Für die Aufführungen im Jahre 2009 wurde die Handlung überarbeitet.[391] Während eines Festes verwandelt sich der Esel zu einem Menschen – ohne allerdings seinen Eselskopf abzulegen. Er verlässt seine heimatlichen Gefilde und steigt durch Verkleidung und Täuschung zu einem erfolgreichen Geschäftsmann auf. Unzufrieden mit seiner sozialen Stellung, buhlt er um eine adlige Dame und versucht so, Mitglied der höfischen Gesellschaft zu werden. Ein „Charivari" verhindert diese geplante Verbindung.[392] Am Ende wird die alte Ordnung wiederhergestellt. Die fahrenden Komödianten, Tänzer und Musiker veranschaulichen in vier Bildern den Aufstieg und Fall des vergesellschafteten Esels. Die Funktion der neu erfundenen Kunstfigur des Tanzmeisters ergibt sich im Laufe der Handlung, er ist der einzige Darsteller mit Text: Der Schüler von Guglielmo Ebreo da Pesaro ist Besseres gewöhnt. Ursprünglich tanzte er vor Fürsten in Palästen, bis er schließlich bei der fahrenden Truppe landete.

---

[390] Karola Schoßer leitete die Handlung aus dem „Roman de Fauvel" des 14. Jahrhunderts ab, nachdem sie das Traktat „De practica seu arte tripudii vulgare opusculum (1463)" von Guglielmo Ebreo da Pesaro übersetzt hatte.
[391] S. Archivalien: „Nächtlicher Mummenschanz" – Auszug aus dem Repertoirenachweis.
[392] Ein Charivari war eine Methode des einfachen Volkes, seinen Unmut gegenüber kirchlichen oder staatlichen Organen auszudrücken. Durch die Vermummung blieben die Teilnehmer anonym und brauchten keine Furcht vor Bestrafung zu haben.

Ab dem Jubiläumsjahr 2013 wurde zur Erheiterung und Unterhaltung der Festgäste gleichsam eine „teuflische Geschichte" dargestellt, in der Männer einer kleinen Stadt den Verlockungen in einer Schänke erliegen. Durch reichlichen Genuss von alkoholischen Getränken vergessen sie ihre Pflichten und die Kontrolle ihrer Persönlichkeit. Der Teufel in Gestalt des Wirtes beraubt sie ihrer Seelen, als Sinnbild hierfür tragen sie anstelle der eigenen Köpfe die von Tieren. Trotz zu später Erkenntnis sind sie alleine nicht mehr in der Lage, sich vom „teuflischen Zugriff" zu befreien. Obwohl ihre Frauen zuerst ebenfalls den Verlockungen der Schänke erliegen, können sie ihren Beschluss, die Seelen ihrer Männer zurückzuholen, auf listige Weise umsetzen. Die Aufführung dokumentiert den Glauben der mittelalterlichen Gesellschaft an eine dämonische Vorstellungswelt, an die Furcht und Mahnung, dass ein gottgefälliges Leben vor der Hölle und Verdammnis bewahren kann.

Die jeweiligen Spielhandlungen mit theatralischer Erzählweise versuchen während der Festwochen, am Mittwoch-, Donnerstag- und Freitagabend in der Stadtresidenz, die einzelnen Bestandteile, wie spätmittelalterliches Spiel, Musik und Tanz, In ein Gesamtgeschehen zu integrieren.[393] Die Veranstaltung vergegenwärtigt immer wieder auf neue und kreative Weise eines bei spätmittelalterlichen Fürstenhochzeiten gebräuchliches Geschehen und bezeugt die Pflege und das Bewahren von immateriellem Kulturerbe durch die Bürger der Stadt und der Region.

Foto 54 Männer tragen anstelle der eigenen Köpfe die von Tieren (Foto: „Die Förderer" e.V.)

---

[393] Die früheste Tanzabhandlung der abenländischen Geschichte (für die Zeit des Quattrocento) stammt von Domenico da Piacenza. Von ihm ist um 1445 ein Traktat erhalten mit dem Titel „De arte saltandi et choreas ducendi / De l'arte di ballare et danzare". Seine Schüler waren Antonio Cornazano mit dem „Libro dell'arte del danzare" um 1455 und Guglielmo Ebreo da Pesaro mit dem Traktat „De practica seu arte tripudii vulgare opusculum" um 1463.

„Tavern in der Steckengasse"

Erstmals seit dem Jahre 2005 bereichert die Gruppe Nr. 51 – Joculatores, eine Gruppe von vagantierenden Spielleuten – mit der „Tavern in der Steckengasse" das offizielle Veranstaltungsprogramm. Im historischen Salzstadel in der Steckengasse, in einem während der Festwochen zu einem mittelalterlichen Wirtshaus umgebauten Veranstaltungsraum, erzählen sie „tönende Geschichten" von Liebe und Tod, Feiern und Prassen, Sünden und „allerlei Wunderlichem" aus vergangener Zeit.

Fotos (auszugsweise und beispielhaft)

Foto 55 „Spielmann" (Foto: „Die Förderer" e.V.)

Foto 56 Drei Spielmänner und ein Spielweib (Foto: „Die Förderer" e.V.)

Auf einer Bühne in der Mitte versuchen die vier Spielmänner und ein Spielweib, die sich aus „allen Richtungen der Windrose" zusammengefunden haben, das Treiben in einer spätmittelalterlichen Spelunke nachzuspielen. Während des skurrilen Spiels, das in wechselnden Lautstärken zu vernehmen ist, können die Zuschauer trinken und nach mittelalterlichen Rezepten zubereitete Speisen zu sich nehmen. In mehreren Sprachen sind Geschichten zu hören und zu sehen, von den Zeiten des Juli - „Temps de Juilet" - und von den großartigen Wundern der Heiligen Mutter Maria - „Maravillosos e piadosos". Ein Liebesmorgen im italienischen Lied - „Un bel matin d'amore" - findet an den Ufern des Bodensees statt, und die mittelalterliche Variante der Geschichte vom Biedermann und seinem Weib handelt von den Verirrungen einer ungetreuen Ehefrau. Das „sangesmimische und tanzwütige" Spielweib erzählt vom Geheimnis einer an Blumen reichen Ruhestatt - „Unter den Linden" -; in einem sephardischen Lied kann sie sich nicht zwischen zwei Liebhabern entscheiden. Zum Abschluss spielen und tanzen alle zusammen die „Bransle Charlotte".

Die Mission der Gruppe fahrender und weitgereister Spielleute und Spaßmacher liegt in der Darstellung von „Wollust für Ohren, Augen und Wänste" in einer spätmittelalterliche Taverne. Die dahinterliegende Absicht ist es, die Zuschauer zu unterhalten; auf eine wissenschaftliche Fundierung von Inhalt und Darstellung wird nicht vordringlich geachtet. Die Grenzen zwischen Wahrheit und Fantasie in den Erzählungen überlappen sich oder verschwimmen miteinander. Die Teilnahme an der mehrfach angebotenen programmgemäßen Veranstaltung ist aufgrund der sehr beschränkten Anzahl an Gastplätzen nur wenigen Besuchern möglich.

„Fechtschule auf der Burg " - Kampfkünste des Fechtmeisters Paulus Kal

Die Veranstaltung wurde im Jahre 2013 erstmalig in das Programm aufgenommen. Neben dem Reiten, der Jagd und der Minne gehörte auch das Fechten zur ritterlichen Ausbildung der jungen Adeligen.

Fotos (auszugsweise und beispielhaft)

Foto 57 „Gewappnete" in einer "Kampfübung mit dem Stock (Foto des Verfassers)

Foto 58 „Gewappnete" in einer "Kampfübung mit dem Schwert, der Fechtmeister überwacht das Geschehen (Foto des Verfassers)

„Fechtschüler" interpretieren die Kunst im Umgang mit einem vielseitigen Waffenarsenal in Anlehnung an die im Fechtbuch enthaltenen Lehren des Fecht- bzw. Schirmmeisters Paulus Kal, welcher zum Zeitpunkt der Landshuter Hochzeit bereits mehr als 25 Jahre im Dienst der Reichen Herzöge von Landshut stand. Neben dem Langschwert, einem wichtigen Statussymbol, kommen die Axt und der Dolch, der Hammer und der Spieß zum Einsatz. Aber auch der Kampf ohne Waffen, das Ringen, wird öffentlich präsentiert. Gleichsam am Rande der Feierlichkeiten der Hochzeit, im Beisein des Kaisersohnes Maximilian, zeigen Darsteller von jungen Adeligen vor der Kulisse der Burg und der Martinskirche, unter der Anleitung und Aufsicht des Fechtmeisters, grundlegende „gewappnete" und „un-gewappnete" Waffenübungen und Kampftechniken, um auf diese Weise die sportlich-ritterliche Seite des höfischen Gehabes des ausgehenden Mittelalters in der Gegenwart zu dokumentieren.

3.4.2. Ergänzende Veranstaltungen

„Altstadt"- und „Burgtreff"

Der „Altstadttreff" findet laut Programm an den Samstagnachmittagen und der „Burgtreff" an den Sonntagvormittagen statt. Zwanglos treffen sich kostümierte und nichtkostümierte Akteure sowie Gäste und Besucher. Vor, während und nach der Festwoche im Jahre 1475 hielten sich zahlreiche vornehme Gäste aus dem In- und Ausland mit ihren Gefolgen in der Stadt auf. Deshalb ist es legitim anzunehmen, dass die Innenstadt damals wie heute zu einem Ort der Treffen und Zusammenkünfte zwischen Fremden und Einheimischen wurde.

Bei der Re-Inszenierung vermitteln verschiedene kostümierte Gruppen vor dem Hintergrund der gotischen Giebelhäuser im historischen Altstadtbereich und im Innenhof sowie im Außenbereich der Burg Trausnitz einen Eindruck von spätmittelalterlicher Erlebniswelt. Wie im Jahre 1475 begegnen sich im 21. Jahrhundert (kostümierte und nichtkostümierte) Einheimische und Besucher. Abweichend von der Ur-Inszenierung treten sie frei von Standesunterschieden miteinander in Kontakt und betreiben Konversation; oftmals werden Fragen zum Festgeschehen oder über die dargestellte Person gestellt und beantwortet. Bei den regiefreien Treffen bieten Fanfarenbläser und Spielleute, Trommler und Pfeifer der ca. 25 verschiedenen Musikgruppen auf Nachbauten von historischen Instrumenten akustische Proben ihres Könnens. Zu hören sind meist profane Stücke zeitgenössischer Komponisten. Kinder und ihre Betreuerinnen bewegen sich in Gruppen durch die Altstadt und singen historische Kinderlieder. Reisige ziehen durch die Innenstadt und geben spontane Konzerte in der Kirche St. Martin und im Innenhof der Residenz. Fahnenschwinger lassen ihre Schwungfahnen mit heraldischen Symbolen kreisen; Wurffahnen fliegen durch die Lüfte und dokumentieren auf diese Weise die Teilnahme adliger Herrschaften an dem hochzeitlichen Festgeschehen. Dem „Fahrenden Volk" ist der Zutritt zum Innenhof der Burg verboten, deshalb stimmen Gaukler und Jongleure, Zauberer und Feuerschlucker die Gäste auf dem Vorplatz auf die temporäre alltagsfremde Wirklichkeit ein. Fahrende Komödianten der Gruppe Nr. 45[394], die sich vorwiegend aus den Laientheatergruppen Nikola und Hofberg rekrutieren, zeigen auf drei Bühnen in der Altstadt, bei der Heiliggeistkirche, bei der Sparkasse und bei der Domfreiheit sowie auf zwei Bühnen im Außenbereich der Burg Trausnitz spätmittelalterliche Komödien. Aufgeführt werden verschiedenen Stücke auch von Hans Sachs.[395].

Beim „Altstadttreff" führen die „Peckenknecht" der Gruppe Nr. 3 – Zünfte – zwei Stücke, „Das Arcztspiel"[396] und „Das lustige Gerichtsspiel"[397] von Hans Rosenplüth, auf. Zum Repertoire gehört auch „Heinz Mist gib mir dein Tochterlein (Aliud)" eines unbekannten Verfassers. Die Intention des Regisseurs[398] Bernhard Kühlewein ist es, die flanierenden Festbesucher für die Dauer der kurzen Vorstellungen zu interessieren und zum Verbleib bis zum Ende der Stücke anzuregen.

---

[394] Die Gründung der Gruppe Nr. 45 – Fahrende Komödianten – geschah auf Initiative von Hans Hofbauer, damals 1. Vorsitzendem des Vereins „Die Förderer", und seinem Stellvertreter Rudolf Wohlgemuth sowie dem Theaterspielleiter Kurt Ebert. Die Hofberger Theatergruppe nahm erstmals beim 500-jährigen Jubiläum der Landshuter Hochzeit im Jahre 1975 teil.

[395] Siehe Archivalien: „Fahrende Komödianten", Auszug aus dem Repertoire-Nachweis.

[396] Rosenplüth, Hans, Fastnachtsspiele des 15. und 16. Jahrhunderts, Stuttgart 1998, S. 8-12

[397] Ebd., S. 21-26

[398] Bernhard Kühlewein ist Mitglied der Münchener Künstlergesellschaft „Allotria".

Fotos vom Altstadttreff und Burgtreff (auszugsweise und beispielhaft)

Foto 59 Die Darsteller des Kaisers und des Kanzlers im Gespräch mit Besuchern (Foto des Verfassers).

Foto 61 Businenbläser im „Treffpunkt Altstadt"
(Foto: „Die Förderer" e.V.)

Foto 60 Kostümierte und Besucher vor dem äußeren Graben der Burg Trausnitz (Foto des Verfassers)

Das zentrale Thema der Nürnberger Fastnachtspiele behandelt das triebhafte Wechselspiel von Sexualität und Gewalt der spätmittelalterlichen Gesellschaft, welche ein großes Vergnügen an Spott und an bürgerlicher Komik hatte. Traditionell zogen während der Fastnachtzeit Laienschauspielgruppen, zumeist Handwerker von Haus zu Haus und traten vor allem in Gasthöfen auf. Ein Herold – der sogenannte „praecursor" – kündigte die Akteure an und eröffnete das kurze Spiel auf einer improvisierten Bühne. Den Abschluss bildete meist ein allgemeines Zutrinken von Schauspielern und Publikum, die so gemeinsam die karnevaleske Festfreude teilten. Hans Rosenplüth (um 1400-1460) war Rotschmied und Büchsenmeister in Nürnberg. Er gilt als einer der bedeutendsten Handwerkerdichter seiner Zeit. Ihm werden etwa 50 Fastnachtsspiele zugeschrieben. Auch viele Lieder, darunter das „Loblied auf Herzog Ludwig den Reichen", stammen von ihm.

Zum besseren Verständnis der Rezipienten hat Georg Aigner einige Originaltextstellen aus dem Frühneuhochdeutschen an eine neuzeitliche Ausdrucksweise angepasst. Fäkalausdrücke und Obszönitäten, wie sie im späten 15. Jahrhundert üblich waren, werden vermieden; „Nonnen" und „Kinder" dürfen sich nicht gestört fühlen.

Beim „Altstadt-" und beim „Burgtreff" prallen die Erlebniswelten des späten Mittelalters und der Gegenwart aufeinander; sie verschwimmen zu einer Einheit in der gegenwärtigen und ausschließlichen Lebenswirklichkeit. Kostümierte und nicht kostümierte Akteure, Besucher und Gäste begegnen sich unmittelbar, nicht nur kognitiv, sondern auch emotional. Zeugnis- und Erlebnismodus überlagern sich wie bei keiner anderen programmgemäßen Veranstaltung. Die anfänglich passiven Rezipienten entfalten sich zu aktiv partizipierenden.

„Lagerleben" (Lager- und Zehrplatz)

Das „Lagerleben" auf dem Lager- und dem Zehrplatz ist Teil des offiziellen Festprogramms. Bei dieser Veranstaltung vermischen sich unmittelbar spätmittelalterliche und gegenwärtige Erlebniswirklichkeit. Der Lagerplatz ist nur den kostümierten Darstellern vorbehalten. Am Rande des Turnierplatzes treffen sich die einzelnen Gruppen in oder vor ihren Unterkünften, um in Ansätzen die Lebensweise von damals zu repräsentieren. Der Ablauf ist weitgehend frei von Regie oder Choreographie, lediglich ein Zeitrahmen-Konzept soll Kollisionen, z.B. im Agieren einzelner Gruppen, vermeiden. Die herzogliche Hofküche unterliegt hingegen einem exakten Zeitplan, damit sie die Speisen pünktlich zubereiten kann. Lebensmittel, die um 1475 nicht üblich, nicht bekannt oder nicht erhältlich waren, z.B. Kartoffeln, sind nicht erlaubt. Die Akteure erholen sich von ihren Darbietungen, essen und trinken. Ungezwungen genießen sie diesen Freiraum. Sie tauschen untereinander Erfahrungen aus, während sie die „Humpen kreisen" lassen, grillen z.B. Spanferkel und backen Brote. Irdenes Geschirr und Kupferbecher sind für die bürgerlichen Schichten vorbereitet, Adelige und Fürsten speisen und trinken aus silbernem Tafelgeschirr.

Der Zehrplatz wird für die Besucher und Gäste an den Freitag- und Samstagabenden[399] sowie an den Sonntagen[400] geöffnet. Zum einen werden sie dort bewirtet, zum anderen können sie auf „Tuchfühlung" mit den kostümierten Akteuren gehen. Die Separierung in Projektionsflächen für kostümierte Produzenten und neuzeitlich gekleidete Rezipienten ist aufgehoben. Weder verhindern rote Seile und Absperrungen noch Sicherheitsdienste eine Scheidung der Bevölkerung in zwei Gruppen mit unterschiedlichen Erlebniswelten. Das Geschehen vermittelt den Eindruck eines überdimensionalen Biergartens mit dem Charakter eines gesellschaftlichen Events. Eigenverantwortlich und in gegenseitiger Abstimmung, entweder gleichzeitig oder abwechselnd, tragen verschiedene Gruppen zu der besonderen Atmosphäre bei.

Fotos (auszugsweise und beispielhaft)

---

[399] Freitag- und Samstagabend ist ab 17.00 Uhr geöffnet.
[400] Sonntag ist der Zutritt ab 16.00 Uhr möglich.

Foto 62 Küchen-, Lager und Verkaufshütten am „Alten"
Zehrplatz für die Besucher (Foto des Verfassers)

Foto 63 Kostümierte am „Zehrplatz" (Foto: „Die Förderer"
e.V.)

Die Darbietungen der Kostümierten unterliegen keiner Regie. Z.B. spielen Fanfaren- und Businenbläser, Hofmusiker, Trommler und Pfeifer zwischen den Tischen, und Fahnenschwinger und Reisige unterhalten die Besucher auf freien Flächen davor. Komödianten führen auf Bühnen spätmittelalterliche Stücke auf, und Musikgruppen geben auf einem überdachten Podium spontan kleinere Konzerte. Darsteller adeliger und fürstlicher Persönlichkeiten, Junker und Edeldamen, Ritter und Reisige, Pagen, Bürger und „Fahrendes Volk" flanieren und verschmelzen auf diese Weise mit der neuzeitlich gekleideten Bevölkerung zu einem Gemenge in einer gemeinsamen kontrastreichen Lebenswirklichkeit. Die Veranstaltung „Lagerleben" weicht vom dokumentierten Festgeschehen ab; die Re-Inszenierung steht dem im Jahre 1475 gleichsam konträr gegenüber. Die Bevölkerung wurde zwar damals vom Herzog innerhalb der Stadt bewirtet, dennoch durfte sie weitgehend an den Feierlichkeiten nicht teilnehmen. Das Zugeständnis der Veranstalter zur Errichtung und Erweiterung des Zehrplatzes entstand aus der Notwendigkeit, einen Ort zur Befriedigung materieller und ideeller Bedürfnisse der Besucher und Gäste aus dem In- und Ausland in ausreichendem Maße zu schaffen. Das „Lagerleben" ermöglicht ihnen eine nicht authentische, jedoch ungezwungene und interaktive Teilnahme an dem lebenswirklichen sozio-kulturellen Ereignis.

„Tribünenfeste"

Während der Festwochen feiern die Bürger und Gäste der Stadt auf den Tribünen die „Landshuter Hochzeit" auf ihre Weise. Ein „Tribünenfest" ist diejenige Plattform, auf welcher sie frei von Kostümzwang oder „Prestigerivalität" miteinander kommunizieren können. Es ist ein interkulturelles kommunikatives Ereignis für Jung und Alt aus allen Schichten der Gesellschaft. Ohne Beisein von Kostümierten und unabhängig von kosten- und kostümpflichtigen Veranstaltungen sind sie, neben ihrer institutionalisierten Funktion als Zuschauer oder als unkostümierte Statisten mit dem Festgeschehen verbunden.

Foto 64 „Tribünenfeste" während der Festwochen im Bereich der Altstadt (Foto des Verfassers)

Bis zu 20.000 Bürger pro Abend besinnen sich auf das von Herzog Ludwig übernommene Erbe und nehmen auf ihre Weise am Fest teil. Hinter den gemeinschaftsstiftenden abendlichen Spontantreffen steht nicht die Intention, historische Sachverhalte der Vergangenheit in die Gegenwart zu projizieren. In der Konsequenz gibt es keine sozialräumliche Trennung zwischen rollenspielenden aktiven und zuschauenden passiven Bürgern. Zwar sind diese zu den kostenpflichtigen Veranstaltungen grundsätzlich nicht ausgeschlossen, aber durch die beschränkte Anzahl von Sitz- und Stehplätzen in den offiziellen Veranstaltungen kann nur einem geringen Teil der Zutritt gewährt werden. Im Jahre 1475 war die Bürgerschaft vom Festgeschehen weitgehend ausgeschlossen. Vom Landesherrn bewirtet, feierten sie so das bedeutende Ereignis. Die Landshuter Bürger bewahren während der Re-Inszenierung diese Tradition und leben und pflegen auf diese Weise ihr immaterielles Kulturerbe.

„Dankgottesdienst"

Am Montagabend nach dem letzten Festwochenende findet programmgemäß ein Dankgottesdienst in der Kirche St. Martin statt. Die nicht kostümierte Bevölkerung ist von der Veranstaltung weitgehend ausgeschlossen. Wächter regeln den Zutritt; zuvor betreten Kostümierte die Kirche, Restplätze stehen Nicht-Kostümierten zur Verfügung.

Die Aufstellung der Mitwirkenden im Altar- und Kircheninnenraum ist nach Stand und hierarchischer Bedeutung der jeweiligen Darsteller inszeniert. Die Plätze des kostümierten Darstellers oder der Gruppe unterliegen einer strengen Ordnung und Regie. Den Abschluss der Re-Inszenierung gestalten spätmittelalterliche Gesänge und das letzte Mal erklingen die Nachbildungen der historischen Instrumente.

4. ERGEBNISSE – „LIVING HISTORY" – ALLTAGSFREMDE WIRKLICHKEIT

Die Debatte darüber, ob Schutz und Pflege von immateriellem Kulturerbe „zeitgemäß" seien oder nicht, erübrigt sich infolge der Bewahrungspflicht.[401] Der Gedanke von einer in die Gegenwart eingebetteten „rückwärts" orientierten (Re-)Inszenierung der „Landshuter Hochzeit 1475" lässt sich beschreiben, indem man die Reproduktion von unumgänglicher und unumkehrbarer Geschichte nicht als nur etwas Invariantes, sondern auch als durch geistige und physische Menschenkraft geschaffene Wiederkunft begreift.

4.1. Historiographie und Geschichtstheater – zwei unterschiedliche Modi der Aneignung von Vergangenheit

Die Erforschung von historischen Sachverhalten geht mit der phlethorischen Ausbreitung[402] neuzeitlicher Veranschaulichungsmethoden und -techniken der Geschichtsvermittlung einher. Die Re-Inszenierung der Landshuter Hochzeit bezeugt den von den Veranstaltern selbstkritisch reflektierten Geschichtsforschungs- und Vermittlungsansatz: Dieser Prozess setzt das Geschichtsbewusstsein der Bürger der Stadt Landshut und der Region voraus. Er besteht neben den Komponenten der Wissensschöpfung aus der Interpretation und Rezeption der Ergebnisse. Der Rezipient trifft auf eine historische baulich-räumliche Umgebung, innerhalb welcher er nach einem festgelegten Programm erleben kann, wie die spätmittelalterlichen Vorfahren das Fest angeblich gefeiert haben.

Der Begriff „Re-Inszenierung" bezeichnet sowohl die Methode als auch das Ergebnis: Während der Festwochen veranschaulichen die Bürger der Stadt und der Region mit den Mitteln des Geschichtstheaters ein dokumentiertes historisches Ereignis.

Die Re-Inszenierung hat sich zu einer zeitgemäßen und vermittlungsfähigen Form von Geschichtswissen entfaltet. Die Schaffung des vorübergehenden Arrangements interpretiert nicht nur Historie, sondern verknüpft eine vergangene höfische Wirklichkeit mit der Gegenwart. Der Perspektivwechsel besteht in der Abkehr von der objektorientierten nüchternen Präsentation von Historie, z.B. in Museen, hin zur besucherorientierten visuellen und auditiven Veranschaulichung eines geschichtlichen Ereignisses.

Die Re-Inszenierung der "Landshuter Hochzeit 1475" dient als Modell, als Metapher oder als Spielform zum Ausdruck und zur Illustration des Phänomens des immateriellen kulturellen Erbes. Drei Komponenten bilden die Grundzüge der Re-Inszenierung: [403]

---

[401] Vgl. Wirth, Hermann, Der Streit wider die Zeit, in: Der Streit wieder die Zeit. Denkmalschutz und Denkmalpflege im Zeitalter der Globalisierung und Anonymisierung (Thesis. Wissenschaftliche Zeitschrift der Bauhaus-Universität Weimar, 46. Jg., 2000, H. 6), S. 6-11.

[402] Der Begriff ist im Sinne von „überfüllig" und „lebhaft" zu verstehen.

[403] Vgl. Strätling, Regine, Hrsg., Spielformen des Selbst, das Spiel zwischen Subjektivität, Kunst und Alltagspraxis, Bielefeld 2012, Seite 25 ff.

Voraussetzung	Geschichtsbewusstsein der Bürger der Stadt Landshut und der Region Historische baulich-räumliche Umgebung (substanziell und strukturell)
Re-Inszenierung	1. Schritt: Wissensschöpfung (Forschung) 2. Schritt: Interpretation (mit geschichtstheatralischen Mitteln)
Ergebnis	Rezeption

Abb. 6 Schaubild: Geschichtsforschungs- und Vermittlungsansatz der Re-Inszenierung der „Landshuter Hochzeit 1475"

Die Dimension der Spielform

Die grundlegende Eigenschaft des in Landshut praktizierten kritischen Geschichtstheaters innerhalb des temporären musealen Themenareals - historische Innenstadt - ist das sogenannte Darstellungsspiel. Es wird so getan „als ob" in einem Intervall von vier Jahren während der Festwochen die kostümierten und nicht kostümierten Bürger jemand und die Innenstadt etwas anderes wäre. Es entfaltet sich eine Differenz zur aktuellen Wirklichkeit; die Innenstadt und die Darsteller lösen sich gleichsam von der realen Realität und schaffen eine eigene temporäre neue Wirklichkeit. Die Differenz zwischen den Wirklichkeiten basiert auf der Eingebundenheit der Akteure in das historiologisch erforsch-te und dokumentierte Geschehen des ausgehenden Mittelalters innerhalb des gewöhnlichen und permanenten Alltagslebens.

Die Dimension der Akteure

Die Akteure konstituieren sich zum einen aus ca. 2500 Bürgern der Stadt und der Region in historischen Kostümen und zum anderen aus nicht kostümierten Bürgern und Gästen, wobei beide sich gegeneinander mit wechselnden Anteilen und in mehr oder weniger bestimmten Rollen ergänzen. Die sogenannten „Spieler" sind nicht befreit von der Spielhandlung oder agieren autonom, sondern sind an Regeln gebunden, die als Teil eines größeren Ganzen begriffen werden müssen. Sowohl die inszenierten und sich an Drehbuch orientierenden als auch die freien und spontanen Handlungen im Rahmen dieser Dimension sind nicht starr und statisch; sie unterliegen fortwährenden Wandlungen. Es kommt zwar zuvorderst nicht darauf an, dass die drehbuchgemäßen Vorgaben bis zur letzten Perfektion eingehalten werden, aber es ist von Vorteil, dass die Geschichtsperformation „regelkonform" stattfindet, dass sich alle Kategorien von Akteuren bewusst hineinversetzen oder einbeziehen lassen.

Die Dimension der Sphäre

Räumlich findet die Re-Inszenierung innerhalb des klar abgegrenzten Bereichs der historischen Innenstadt mit stark eingeschränkter Reichweite statt. Es gibt eine klare Grenze zwischen den Zonen, innerhalb denen sich kostümierte Mitwirkende bewegen und denjenigen, in welchen nicht kostümierte Akteure die Spielsphäre ergänzen. Geistig erstreckt sich die sozial-räumliche Mischung von Zeitstufen über mehrere Bereiche des kulturellen und geistigen Lebens sowie menschlichen Handelns.

Die Re-Inszenierung, die performative Darstellung von Geschichtlichkeit, fühlt sich sowohl pädagogischen als auch kulturellen Belangen verpflichtet. Die Funktion der Erzählweise, die angestrebte Lebendigkeit und Sichtbarkeit einer vergangenen Wirklichkeit liegt in der Bereicherung der menschlichen Kultur oder des Geisteslebens. [404]

Die Bürger der Stadt und der Region begreifen die Refiguration eines historischen Geschehens als einen substantiellen Bestandteil ihres gesellschaftlichen Daseins und bezeugen auf diese Weise ihre freie, kreative, Kultur schaffende und gesellschaftliche Existenzweise. Auf diese Weise differenzieren sie sich zu den Strukturen und Bereichen kulturellen und geistigen Lebens vergleichbarer Städte und schaffen eine ureigene Identität.

Die Repräsentation des historischen Ereignisses stellt einen Versuch dar, Kontexte zu schaffen, die es den Rezipienten ermöglichen, Geschichte im Zusammenhang kennenzulernen und Wechselwirkungen kritisch zu hinterfragen. Das Präfix „Re-" verdeutlicht, dass es sich um eine „Wieder-Darstellung" von Vergangenem handelt. Das authentische, aufbereitete und zu veranschaulichende „So-ist-es-gewesen" wird mit den Mitteln des Geschichtstheaters auf der Grundlage einer fachwissenschaftlichen Forschung vor dem historischen baulich-räumlichen Hintergrund der Innenstadt zeitlich beschränkt präsentiert. „Inszenierung" weist darauf hin, dass die Überlagerung von Vergangenheits- und Gegenwartsrealität mit den Möglichkeiten des Geschichtstheaters erfolgt. Auch wenn im Wort „Theatralität" der Begriff „Theater" enthalten ist, dehnt sich das Aktionsfeld der Inszenierung auf andere Bereiche aus: Sie betrifft mittlerweile sämtliche Bereiche des menschlichen Lebens, wie zum Beispiel Politik und Kunst. Selbst das Museum, historische Themenareale und Stadtlandschaften sind davon nicht ausgeschlossen.

Das programmgemäße Inszenieren umfasst alle Tätigkeiten, die mit der Umsetzung der durch Quellen dokumentierten Sachverhalte zusammenhängen. Das „In-Szene-setzen" betrifft die organisatorischen, technischen und künstlerischen Vorbereitungen, das Gestalten, Leiten und Aufführen der einzelnen Veranstaltungen. Hierfür ist ein intensiver Dialog zwischen Historikern und Gestaltern notwendig. Die Gefahr besteht zum einen darin, dass sich Wissenschaftler in die Rolle der Bewahrer drängen lassen, zum anderen, dass Inhalte verloren gehen können, wenn Gestalter nicht geführt werden. Ein Teil der Bürgerschaft der Stadt Landshut organisiert sich im veranstaltenden Verein „Die Förderer" e.V.. Dieser versucht auftragsgemäß zu moderieren und eine Antwort zu finden auf die Frage, wo die Grenze zwischen den Ergebnissen der historiologischen Analyse und deren geschichtstheatralischen Interpretation zu ziehen ist, beziehungsweise wo der Anspruch auf Dokumentation und die pädagogischen Möglichkeiten des kritischen Museumstheaters spektakulären oder ökonomischen Aspekten zum Opfer fallen können.

---

[404] Vgl. Hochdruck, Wolfgang, Geschichtstheater, Formen der "Living History", Eine Typologie, Bielefeld 2013, Seite 7 ff.

Bei der Geschichts-Repräsentierung stand von jeher nicht die Wunschvorstellung der Illusionsbildung einer spätmittelalterlichen Realität im Vordergrund. Seit dem Jahre 1902 entfaltete sich ein typisches Format einer veranschaulichenden und bewohnbaren Drei- wie auch bewohnten Vierdimensionalität der Vergegenwärtigung von Vergangenheit, fest verortet innerhalb des denkmalgeschützten Stadtkerns. Alle vier Jahre wird dieser gleichsam zu einem geschützten erlebnisorientierten historischen Themenareal, um unter „freilicht-musealen" Bedingungen ein bestimmtes Motto der Geschichte zu vergegenwärtigen.

Das Geschichtstheater –„Living History"–, die kostümierte Veranschaulichung von Geschichte und die Projektion von Komponenten derselben in die Gegenwart, kann in drei Untergruppen mit verschiedenen Ansprüchen und Funktionen eingeteilt werden. Das Reenactment, das historische Spiel - im Sinne von Spektakel - und das kritische Museumstheater sind voneinander getrennt zu verstehen.[405] Diese speziellen medialisierten Einsatzformate unterliegen der Gefahr, dass die notwendigen Grenzen der Anschaulichkeit oder der praktikablen Reichweiten überschritten werden und sowohl der expliziten als auch der impliziten Bildungsabsicht zuwider laufen.

Mit dem typologisch bezeichneten Reenactment ist ein kostümiertes Spiel mit und aus der Geschichte gemeint, welches je nach Auffassung Einzelner oder einer Gruppe in mehr oder weniger originalgetreuen Kostümen und Ausstattungen vor unkritischem Publikum aufgeführt wird. Ausgesuchte Spielszenen können Bewegung in ein „historisches Bild" bringen. Häufig handelt es sich um die zweifelhafte Darstellung von bewaffneten oder militärischen Auseinandersetzungen. Die Reenactment-Aktivisten können ihre Vorführungen wechselweise sowohl an authentischen Orten als auch bei Stadt-Erlebnis-Spielen oder historischen Jubiläen präsentieren.[406]

Das historische Spiel, eine weitere typologische Form der Geschichtsvermittlung, hat gegenüber dem Reenactment einen höheren Anspruch. Es gibt Zeugnis ab für das Wiederentstehen einer Mittelalterbegeisterung im vergangenen Jahrhundert. Der Übergang von der Darstellung eines historischen Stadt-Erlebnis-Spiels an einem abgrenzbaren sozialen Ort und den sogenannten Mittelaltermärkten ist fließend.[407] Die Art und Qualität der Ausstattung und der Darstellung ist abhängig von der Erwartungshaltung der Besucher, von denen wenigstens ein Teil zur kritischen Reflexion angehalten wird. Das Hauptziel der Veranstalter liegt aber in einer eventkulturellen Veranstaltung zum Amüsement der Zuschauer.

---

[405] In der Fachliteratur werden diese Bezeichnungen teilweise anders oder ähnlich behandelt (Vgl. Hochbruck, Wolfgang, Living History, Geschichtstheater und Museumstheater. Übergänge und Spannungsfelder, in: Duisberg, Heike [Hrsg.], Living History in Freilichtmuseen. Neue Wege der Geschichtsvermittlung, Ehestorf 2008, S. 22-36; Walz, Markus, Sehen, Verstehen. Historisches Spiel im Museum zwischen Didaktik und Marketing, in: Carstensen, Jan, Meiners, Uwe, u. E. Mohrmann [Hrsg.], Living History im Museum. Möglichkeiten und Grenzen einer populären Vermittlungsform, Münster 2008, S. 15-44; Faber, Michael, Nur ein Spiel der Geschichte ... Personale Geschichtsinterpretation im Rheinischen Freilichtmuseum in Kommern, in: Duisberg, Heike [Hrsg.], Living History in Freilichtmuseen. Neue Wege der Geschichtsvermittlung, Ehestorf 2008, S. 79-97).
[406] Das alljährlich von Luitpold von Bayern veranstaltete „Kaltenberger Ritterturnier" kann als Beispiel für ein Reenactment angesehen werden.
[407] Z.B. die Stadt-Erlebnis-Spiele von Schwerte, Endingen und Ortenburg

Beim kritischen Museumstheater finden alle Darstellungen von historischen Ereignissen ausschließlich an authentischem Ort statt; die kostümierten Akteure versuchen ihre Rolle so zu spielen, als seien sie die von ihnen zu interpretierenden historischen Persönlichkeiten. Eine mehr oder wenige authentische baulich-räumliche Umgebung, die Ausstattung, das Fachwissen, didaktische Konzeptionen und Veranstaltungsformen sind weitere Merkmale. Die überwiegend nicht wissenschaftlich vorgeprägten kritischen Besucher werden interaktiv in das Geschehen miteinbezogen. Im Unterschied zum Reenactment und zum Historienspiel handelt es sich hier nicht um ein (anders motiviertes) florierendes Geschäft, um Parahistorien der Mittelaltermärkte oder um publikumsöffentliche Veranstaltungen zum sensationalistischen Selbstzweck. Es geht hier um die Distanz, die durch Anschaulichkeit im Sinne von Bildung und Wissensvermittlung geprägt ist.

Die „Landshuter Fürstenhochzeit" des 21. Jahrhunderts ist der Typologie des kritischen Museumstheaters zuzuordnen. Der besondere Stellenwert liegt darin, dass die Geschichtsrepräsentation die darstellende Kunst des Spätmittelalters impliziert. So bereichern und interpretieren die gestalterischen Mittel der sakralen und profanen Musik, des höfischen Tanzes oder des Schauspieles das Thema auf künstlerische Weise. Die Akteure, welche überwiegend aus Laiendarstellern und zu einem geringen Anteil aus professionellen Künstlern rekrutiert werden, beginnen in einem erheblichen Zeitraum vor den offiziellen Festveranstaltungen mit den Proben. Es geht ihnen darum, für das Erinnern an die geschichtliche Vergangenheit einen neuen physischen Erfahrungs- und Erlebnisraum in der Gegenwart zu schaffen.

4.2. Temporäres museales Themenareal, Lebens- und Erlebniswelt – „Piazza universale"

Historie und ihre Repräsentation sind eng miteinander verwoben. Die tradierte Mitte der Stadt Landshut ist ein Symbol für das soziale Spannungsfeld zwischen bürgerlicher Privatheit und der Öffentlichkeit. Die Verbundenheit der Landshuter Bürger mit ihrer Geschichte lässt die Innenstadt zu einem stark gesellschaftlich geprägten Ort werden, zu einem Projektionsraum oder einer Bühne mit der Selbstverständlichkeit eines unverwechselbaren Bindegliedes zwischen Gegenwart und Vergangenheit. Die Identitätsleistung des mittelalterlichen Stadtbereiches besteht sowohl in der Beständigkeit der Substanz als auch darin, dass diese der Öffentlichkeit in zeitlichen Abständen in Verbindung mit der Repräsentation von Geschichte vor Augen geführt wird.

Die Innenstadt wird zu einem temporären Bedeutungsraum; sie ist mehr als ein „Freilichttheater", eine Bühne oder ein Raum für die Inszenierung vergangener Ereignisse.[408] Bei der Erhaltung des bewohnten Stadtkernes prallen die Problematiken unterschiedlicher Planungsabsichten aufeinander, die zum einen auf die Zerbrechlichkeit des Stadtgefüges und zum anderen auf die Geschwindigkeit, mit dem ihre Umgebung in die Verstädterung einbezogen wurde, zurückgeführt werden können. Der Innenstadtbereich hat einen wesentlichen Anteil am städtischen Geschehen. Durch die beständige Formation und Reformation ermöglicht er das gelebte Bergen von Vergangenheit und verhindert dennoch einen ausschließlich retrospektiven Charakter. Seine architektonische Bedeutung liegt nicht

---

[408] Vgl. Csáky, Moritz, u. Klaus Zeyringer (Hrsg.), Inszenierungen des kollektiven Gedächtnisses. Eigenbilder, Fremdbilder, Innsbruck 2002.

nur in der Trägerschaft des historischen Wertes oder des Anschauungswertes, nicht nur in dem verstandesmäßigen Grund infolge der bedeutenden Rolle in der Vergangenheit. In der räumlichen Anordnung, Struktur, materiellen Beschaffenheit, Form und Funktion widerspiegeln sich neben der für eine bestimmte Zeit typischen vergangenen Kultur auch die weitere Abfolge von Kulturen bis in die Gegenwart. Die baulich-räumliche Umgebung fördert sowohl das Bewusstsein von kulturellem Gedächtnis als auch von gestalterischem Zukunftspotential.

Die Stätte, an der kompensatorisch die Vergangenheitsvergegenwärtigung „Landshuter Hochzeit" erfahren wird, kann als temporäres museales Themenareal, Bildungsstätte und Erlebnisort bezeichnet werden, in dem inhaltlich ein Teil der Stadtgeschichte erforscht, bewahrt, gelebt und rezipiert wird.

Während der periodisch stattfindenden Geschichtsvergegenwärtigung wandelt sich die Stadt Landshut zu einem musealen Themenareal: Die Erlebniswelten des Spätmittelalters und der Gegenwart überlappen und vermischen sich, die historische Innenstadt wird zu einem Ort der Massen und Events, der Ruhe und Konzentration. Die Besonderheit liegt darin, dass die Bürger und die Besucher dem Vergangenen nicht nur kognitiv mit allen Sinnen, sondern auch über Emotionen begegnen können. Obwohl die „Historische Imagination"[409] die Vergangenheit nahe an die Akteure und Betrachter heranrückt, bleibt das Ereignis ein Sachverhalt aus längst vergangenen Zeiten. Die Intention des musealen Themenareals besteht darin, in Abständen von vier Jahren für einen bestimmten Zeitraum die Zeit gleichsam aufzuheben, sich gegen das Vergessen eines für die Stadt bedeutenden geschichtlichen Ereignisses zu stellen und eine Wirklichkeit wieder erleben zu lassen, welches sonst unwiederbringlich verloren gehen würde. Es geht auch darum, alltägliche Sehgewohnheiten zu prüfen und äußere Bildwerke kritisch zu hinterfragen. Das Potential des musealen Themenareals liegt in der temporären authentischen Begegnung mit unbekannter Geschichte oder kulturell Fremdem im Sinne von zeitlich und räumlich geistig Entferntem.

Durch die Re-Inszenierung werden Komponenten einer vergangenen Erlebniswelt in die Gegenwart projiziert. Die Projektionsflächen sind Teil des temporären musealen Themenareals. Die Abtrennungen zwischen der Projektionsebene für die kostümierten Akteure und der Übergangsebene für die Besucher erfolgt auf verschiedene Art und Weise. Die Projektionsflächen werden in zwei Komponenten geschieden: In einer primären Zone stellen die kostümierten Akteure die erlebnisweltliche Vergangenheit dar und in eine sekundären repräsentieren nicht kostümierte Zuschauer in ihrer interaktiven Funktion, gleichsam als Statisten, sowohl die lebensweltliche als auch die erlebnisweltliche Gegenwart.

Beim Hochzeitszug vom Dreifaltigkeitsplatz über die Altstadt und Neustadt teilen zwei seitlich verlaufende rote Leinen die Projektionsfläche „Straßenraum" vom übrigen Stadtraum ab. Entlang der primären Zone des Umzugsweges, welcher die Vergangenheit repräsentiert, bewegen sich kostümierte Darsteller zu Fuß, zu Pferd oder in von Pferden gezogenen Fahrzeugen. In den seitlichen sekundären Übergangszonen nehmen nicht kostümierte Zuschauer interaktiv am Geschehen teil. Die Fronten der Altstadthäuser in der baulich-räumlichen Umgebung hinter den roten

---

[409] Die „Historische Imagination" ist ein Begriff aus der Geschichtsdidaktik. Sie ist als Hervorbringung von Vorstellungen zu verstehen; subjektive (innere) Geschichtsbilder werden erzeugt. Vgl. Schörken, Rolf, Historische Imagination – Wort, in: Bergmann, Klaus, u.a. (Hrsg.), Handbuch der Geschichtsdidaktik, Seelze-Velber 1997, S. 64-66; Braun v., Christina, in: Ebd., S. 67-71.

Leinen werden mit Applikationen dekoriert, sonst bleiben sie unverändert. Das Stadtbild ist geeignet, die jeweiligen Projektionsflächen zu adaptieren, ohne ihr gegenwärtiges Aussehen verändern zu müssen. Leuchtreklamen, Werbetafeln und neuzeitliche Gestaltungselemente (Tribünen, Stühle und Bänke, Kopfsteinpflaster als Straßenbelag) werden uneingeschränkt akzeptiert; sie vermitteln gleichsam die Re-Inszenierung in der substanziell-realen Gegenwart. Die gerechtfertigten Erhaltungsmaßnahmen von singulären Baudenkmalen im Bereich des Denkmalschutzgebietes der historischen Innenstadt in den vergangenen Jahren und Jahrzehnten werden hier bezeugt.

Beim „Mummenschanz" und bei der „Musik um 1475", die jeweils im Renaissancehof der Stadtresidenz stattfinden, beim „Fest- und Tanzspiel" im Prunksaal des Rathauses und beim „Laudate Dominum" in St. Jodok beschränken sich die Projektionsflächen auf die Bühnenaufbauten, die temporär in die historische baulich-räumliche Umgebung eingebracht werden.

Jeweils neu geschaffene bauliche Anlagen bilden die Projektionsflächen für die „Reiter- und Ritterspiele" und für die „Festlichen Spiele im nächtlichen Lager". Eine Besonderheit stellen hier die hölzernen, teilweise mit Schilf und Stoffbahnen bedeckten Festaufbauten im Stadtpark (in der Nähe der Wiese bei St. Lazarus) und auf der „Ringelstecherwiese" dar. Tribünen umgeben das für Zuschauer zugängliche kostenpflichtige Vorstellungsareal. Die Projektionsfläche „Lager", der Nachbauversuch einer spätmittelalterlichen Siedlung, ist nur für die kostümierten Festteilnehmer reserviert. Die sowohl baulich-räumliche als auch sozial-räumliche Trennung zwischen der Zone für die Akteure und dem öffentlichen Zehrplatz für die nicht kostümierten Besucher wird durch einen Holzlattenzaun bewerkstelligt. Kostümierten ist es möglich, ihre Projektionsflächen zu verlassen und die Bewirtungszone der Besucher zu betreten, denen ihrerseits umgekehrt aber der Zutritt verwehrt ist. Der „Burgtreff" findet im Innenhof der Burg Trausnitz statt. Er soll Besuchern die Gelegenheit bieten, auf zwanglose Weise an spontanen Vorführungen, z.B. von Musikgruppen, Reisigen und Fahnenschwingern, am ehemaligen Regierungssitz der reichen Landshuter Herzöge teilzunehmen. Die historische baulich-räumliche Umgebung „Burgareal" wird zum Bestandteil der für das Festgeschehen beanspruchten Projektionsfläche.

4.3. Kulturverantwortung der Bürger für Stadt und Region

In der Maxime, „Bekenntnis" der Stadt Landshut und der Region zu ihrer Geschichte zu bekunden, drückt sich die Pflicht zur Bewahrung aus, die sich gegen den „Zeitgeist" – die Vereinheitlichung einer globalisierten Welt – durch wiederholte Reproduktion behaupten muss. Nicht durch politische Intervention, sondern durch das Engagement der Bürgerschaft unter der Führung des gemeinnützigen Vereins „Die Förderer" e.V. übernimmt die Stadt und ihre Region Verantwortung für ihre historische Vergangenheit. Diese Gruppe versteht sich als Teil eines Ganzen; sie vertritt das Konzept einer von ihr getragenen Kultur, welches auf die Befriedigung idealer Bedürfnisse zielt. Die kommerzielle Intention ist zwar auf Gewinn ausgerichtet, ohne aber diesen in den Vordergrund zu stellen. Die Bürger der Stadt und der Region bewahren eine unpolitische Kultur; sie erliegen der Gefahr der Musealisierung nicht. Für sie ist die historische und kulturelle Kontinuität wichtig; sie wehren immaterielles kulturelles Erbe nicht ab, sie leben es.

4.3.1. Repräsentation, Rezeption und Regulierung

Die Repräsentation von „musealen Welten" kann keinesfalls als ein nur zeitgenössisches Phänomen betrachtet werden. In der wachsenden Erlebnisgesellschaft sorgen kulturelle Veranstaltungen neben einem Bildungsangebot zunehmend auch für Unterhaltung.[410] Deshalb müssen Präsentationsformen geschaffen werden, um nicht nur ein Zielpublikum, sondern auch breitgefächerte Bevölkerungsschichten ansprechen und ihren Erwartungen genügen zu können.

Der Re-Inszenierung sind das Narrative und das Erlebnis inhärent. Die Geschichtsrepräsentation erfolgt mit seit vielen Jahren bewährten Inszenierungsinstrumenten und -techniken, welche bedeutungsvolle Erfahrungen ermöglichen, um sowohl die Persönlichkeit von Mitwirkenden als auch von Besuchern bereichern zu können. Auf der Suche nach Befriedigung von kulturellen und erlebnisorientierten Bedürfnissen kann sie zum einen Wissen vermitteln und zum anderen unterhaltende Erlebnisse anbieten. Ausgenommen bei Musikveranstaltungen oder im Festspiel, beschränken sich die museums-theatralen Darbietungen auf figurativ belebe Bilder, eingebunden in den historischen Projektionsraum – Denkmalschutzgebiet historische Innenstadt.

Die Geschichtsvergegenwärtigung wird überwiegend im Bewusstsein erfahren; die Bereicherung der Persönlichkeit unterliegt deshalb einer strengen Subjektivität. Die Inszenierung hat ihre ureigene Authentizität: Rezipienten suchen bewusst das Spiel mit der projizierten vergangenen Realität und werden sich dieser bewusst. Das gelebte temporäre museale Themenareal „Landshuter Hochzeit 1475" kann zwar Erlebnisse bereitstellen; der Sinn aber liegt nicht darin, den Rezipienten mit besonderen erinnerungswürdigen Erfahrungen zu versorgen. Das selbständig, rational und emotional handelnde Individuum erreicht durch seine Interaktion, dass die gewonnenen Erfahrungen und Erlebnisse zu einem wesentlichen Bestandteil seines kulturellen Lebens werden. Insbesondere geht es dem kostümierten Mitwirkenden nicht um die Befriedigung von essenziellen materiellen Bedürfnissen; er erweitert seine Freizeitgestaltung auf sinnvolle Weise. Er wirkt am kulturellen Angebot seiner Heimatstadt mit und hat sein Ziel erreicht, wenn seine narrative Botschaft beim Publikum ankommt. Der Erfolgsfall tritt dann ein, wenn die Kulturveranstaltung die angestrebte Qualität erlangt hat und wenn die kritischen Bürger und Besucher die inszenierte Realität annehmen und intellektuell nicht überfordert werden.

Die temporäre historisch präzise und kritisch reflektierte Geschichtsvergegenwärtigung ist auf verschiedene Weise bemerkbar. Die Re-Präsentation spezieller historischer Sachverhalte findet auf unterschiedlichen „Spielebenen" statt. Pantomimisches Personenspiel ermöglicht überwiegend die anschauliche Erfassung, teilweise ergänzt von den Dialog-, Darstellungs-, Tanz-, Musik-, Erzähl- und Kommentar-Ebenen. Bei den Großveranstaltungen, z.B. beim Hochzeitszug, beschränken sich die Spielszenen überwiegend auf die pantomimische Darstellungs-Ebene. Die lautstarken Äußerungen der kostümierten Akteure beim Hochzeitszug, bei den Nächtlichen Spielen und bei den Reiter- und Ritterspielen reduzieren sich auf den quellenkundlich nicht belegten Ruf „Hallo". Musikalische Einlagen, wie Fanfaren-, Businen- und „Trumeter"-Stücke, bilden eine Zwischenebene. Beim Treiben im „Nächtlichen Lager"

---

[410] Mit Beginn der Weltausstellungen Anfang des 19. Jahrhunderts z.B. änderten sich die Präsentationsformen, um nicht nur ein Elitepublikum, sondern auch ein Massenpublikum anzusprechen.

und bei den „Reiter- und Ritterspielen" wird die pantomimische Darstellungsebene ergänzt durch die Musik-, Tanz und Kommentar-Ebene. Das Publikum wird durch geschichtliche Hintergrundinformationen von einem „Erzähler" über Lautsprecher an das Geschehen herangeführt. Das Festspiel besteht aus der Dialog- und Darstellungsebene, ergänzt durch die Musik-Ebene. Die Spielhandlung der Komödianten inkludiert gleichsam die Kommentar-Ebene. Das Tanzspiel ist gekennzeichnet durch die pantomimische Darstellungsebene, die Tanz- und die Musik-Ebene. Ähnlich verhält es sich beim „Mummenschanz". Die kirchenmusikalische Veranstaltung „Te deum laudamus" in St. Jodok findet auf der Musik-Ebene statt. Während der Darbietung informiert ein Erzähler auf der Kommentar-Ebene das Publikum über die Quellenlage, die Art der Musikstücke und ihre Interpretation. Bei der „Musik um 1475" in der Renaissance-Residenz, bzw. im Rathaus-Prunksaal, werden auf der Musik-Ebene sakrale und profane Musikstücke präsentiert. Der als Festgast historisch nachgewiesene und in eine fiktive Rahmenhandlung eingebundene Sigmund von Wolkenstein, ein Enkel des Minnesängers Oswald von Wolkenstein, bedeutet eine Verdoppelung der Spielebenen. Die Musik-Ebene wird überlagert durch eine gespielte Erzähl- und Kommentar-Ebene. Der Quasi-Zeitzeuge teilt seine persönliche Sichtweise über die damalige Zeit und ihre Musik mit. In einer über allen Veranstaltungen liegenden Publikums-Ebene wird das Publikum in die Handlung miteinbezogen. Interaktiv werten sie diese sowohl als fiktive Zeitzeugen als auch durch ihre Gegenwarts-Verbindung auf.

4.3.2. Identität, Kontinuität und Partizipation

Kulturelle Spezifika schaffen sowohl städtische als auch regionale Identität: Die Stadt Landshut und ihr Verflechtungsbereich kann mit Tradition und Kontinuität aufwarten; der Bezug wird permanent durch die historische baulich-räumliche Umwelt der Innenstadt und temporär durch die Veranschaulichung eines historischen Ereignisses in einem mehrjährigen Turnus hergestellt. Bei der Region handelt es sich um einen gewachsenen Kulturraum mit offenen Grenzen, nicht um eine administrative Verwaltungseinheit. Dieser nicht statisch oder geographisch konstruierte Raum wird durch seine Geschichte und Tradition legitimiert. Zur Zeit der Reichen Landshuter Herzöge war die Stadt Regierungssitz des weitläufigen Herzogtums Bayern-Landshut mit einem hohen Maß an raumbezogener Identifikation. Die städtische und regionale Identität hilft, Anziehungskraft und positive wirtschaftliche Entwicklungen zu fördern und das Gefühl zu vermitteln, sich heimisch fühlen oder sozial integrieren zu können.[411] Die Re-Inszenierungen liefern die Legitimation, um Gemeinschaft zu stiften; Bindungen werden erzeugt, welche lokale Mentalitäten verändern. Die dahinterliegende symbolorientierte Motivation kann gleichzeitig soziale Anerkennung (Gruppenzugehörigkeit) und individuelle Abgrenzung (Distinktion) bedeuten. Der Besuch des Festgeschehens wirkt auf den Alltag zurück: Die immersive inszenierte Realität kann zum Ersatz für eine Orientierung führen mit der Konsequenz, dass Mitwirkende und Besucher nur mehr mit der Vorstellung von sich und der „virtuellen" Welt im Einklang sind und entsprechend handeln.

Strukturelle Veränderungen (Stichwort: Globalisierung) bedingen eine Rückbesinnung auf die Eigenarten und Qualitäten der Stadt und der Region, auf die Unverwechselbarkeit unter einer Vielzahl von anderen historischen Ereignis-

---

[411] Vgl. Bausinger, Hermann, Kulturen – Räume – Grenzen, in: Frieß-Reiman, Hildegard, und Fritz Schellack (Hrsg.), Interdisziplinäres Kolloquium zum 60. Geburtstag von Herbert Schwedt. Studien zur Volkskultur in Rheinland-Pfalz, Bd. 19, Mainz 1996, S. 7-24.

orten. Die Beschäftigung mit dem eigenen Nahraum beziehen die Erinnerung, Tradition und Kontinuität mit ein. Zu benachbarten Regionen haben sich im Laufe der Zeit Gemeinsamkeiten, Gegensätze und Abgrenzungen gebildet. Mit möglicherweise von Medien konstruierten Slogans, wie z.B. „Europa im Blick – Bayern im Herzen" oder „mit Laptop und Lederhose", wurden Klischees geschaffen, die augenscheinlich zur Darstellung „freischwebender Identitäten" und zur Selbstvergewisserung bayerischer Regionen geeignet sind[412]; für den Kulturraum der Re-Inszenierung der „Landshuter Hochzeit 1475" greifen sie zu kurz. Das Argument „gelebtes immaterielles Kulturerbe" rekurriert mehr als Traditionsbewusstsein, welches eingebunden ist in eine historische baulich-räumliche und naturlich-räumliche Umgebung mit hervorragenden Freizeit- und Tourismusangeboten, auch mit Arbeitsplätzen im Forschungs- bzw. Hochtechnologiebereich.

Die Re-Inszenierung der Landshuter Hochzeit dokumentiert die regional-historische Kontinuität, die enge Verknüpfung von immateriellem Kulturerbe mit gesellschaftlicher und kultureller Identität, die Unverwechselbarkeit der Stadt Landshut und ihres Nahbereichs. Sie suggeriert, dass es in diesem Kulturraum gesellschaftliches Leben gibt, welches Partizipation ermöglicht. Die soziale Kontinuität trägt erheblich dazu bei, eine städtische und regionale Identität zu schaffen. Das historische Ereignis ruft aber auch eine Stimmungslage innerhalb eines Teils der Bevölkerung hervor, die nicht nur auf eine Identifikation mit der Kultur des Spätmittelalters zielt. Es ist legitim anzunehmen, dass es diesem nicht um das Bewahren von Tradition geht, sondern überwiegend um Partizipationsmöglichkeiten und Zugehörigkeiten.

4.3.3. Authentizität, Faktizität und Fiktionalität

Ein zentraler und wiederkehrender Aspekt in der Debatte um die wiederholte Repräsentation der Ur-Inszenierung ist die Frage nach dem Grad des „Authentischen".[413] Der Schlüsselbegriff „Authentizität"[414] ist Charakteristikum der theatralischen Wiedergabe einer tatsächlich in der Vergangenheit geschehenen Erlebniswirklichkeit.[415] Er bezieht sich sowohl auf die Quelle selbst als auch auf das Narrative, das sinnstiftend in die Inszenierung eingebettet ist. Er ist von der Wechselwirkung zwischen Objekt-Authentizität und der Subjekt-Authentizität abhängig.[416] Das Subjekt vereinnahmt das Objekt. Im Zeugnismodus stehen die authentische substanziell-reale historische Innenstadt, die Quellen und Ausstattung im Mittelpunkt, im Erlebnismodus die Gefühls- und Erlebniswelt der plausibel nachgespielten – nicht berührbaren – Annäherung an ein historisches Ereignis. Trotz grundsätzlicher Verschiedenheit besteht eine Beziehung zueinander. Je intensiver die Re-Inszenierung das Versinken in die vergangene Erlebniswelt auf der ver-

---

[412] Vgl. Wolf, Gabriele, Bayern stereotyp. Über aktuelle Identifikationen mit einer Region in Europa, in: Bayerisches Jahrbuch für Volkskunde, München 2005, S. 129-135.

[413] Der Begriff „Authentizität" ist nicht eindeutig festzulegen; er wird oft als Synonym z.B. für Wahrheit, Echtheit, Original, Faktizität, Tradition oder Ritual benutzt.

[414] Vgl. Knaller, Susanne, Ein Wort aus der Fremde: Geschichte und Theorie des Begriffs Authentizität, Heidelberg 2007, S. 21-23.

[415] Vgl. Ricœur, Paul, Wahrheit, historische, in: Jordan, Stefan (Hrsg.), Lexikon Geschichtswissenschaft: Hundert Grundbegriffe, Stuttgart 2007, S. 316.

[416] Vgl. Grosch, Waldemar, Fakten, in: Mayer, Ulrich, Pandel, Hans-Jürgen, u. Gerhard Schneider (Hrsg.), Wörterbuch Geschichtsdidaktik, Schwalbach/Ts. 2006, S. 59; Pandel, Hans-Jürgen, Authentizität, in: Ebd., S. 25-26.

lässlichen Grundlage gesammelter Befundtatsachen vor „originalem" baulich-räumlichen Hintergrund ermöglicht, desto „wertvoller" ist die authentische Vergegenwärtigung von Vergangenem. Die Intensität der Re-Inszenierung im permanenten Zeugnismodus ist im Vergleich mit dem Erlebnismodus, der sich alle vier Jahre auf vier Festwochenenden und die dazwischenliegenden Tage beschränkt, gering. Zwar kann ein interessierter Besucher zwischen aufeinanderfolgenden Re-Inszenierungen die historische Innenstadt besichtigen und an einer Führung durch den Kostümfundus und die Wagenremise im Zeughaus teilnehmen sowie Fotos, Bücher, Musik-CDs und Filme erwerben; dennoch ist der unterjährige Dokumentationsgrad des immateriellen Kulturerbes im Zeugnismodus defizitär.[417]

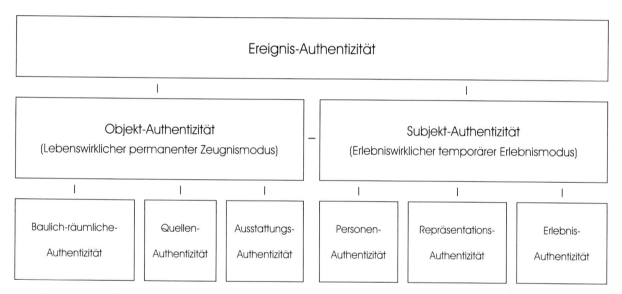

Abb. 7 Schematische Übersicht über die Ereignis-Authentizität der Re-Inszenierung der „Landshuter Hochzeit 1475". Sie kann sowohl bei der Prüfung der gesamten Re-Inszenierung als auch bei der Beurteilung von Einzelveranstaltungen Verwendung finden.

---

[417] Es wird angeregt, ein Dokumentationszentrum im Altstadtbereich zu schaffen, entweder durch die Errichtung eines neuen Gebäudes, z.B. auf adäquaten Arealen im historischen Innenstadtbereich (u.a. ehem. Gefängnisbereich) oder durch die Installation in einem bestehenden Gebäude.

Die „Gesamtauthentizität" wird aus „Teilauthentizitäten" gebildet: Das Hauptkriterium (Ereignis-Authentizität) ergibt sich gleichermaßen aus der (permanent) objektiven und (temporär) subjektiven Authentizität. Der Sinn der Re-Inszenierung der Landshuter Hochzeit liegt im Umgang mit der Erforschung (Quellen-Authentizität) und Veranschaulichung (Repräsentations-Authentizität) eines für die Stadt und die Region bedeutungsvollen geschichtlichen Ereignisses an dessen Ursprungsort (baulich-räumliche-Authentizität). Die Ausstattung, historische Fahrzeuge, Kostüme und Festaufbauten tragen zum Erscheinungsbild bei (Ausstattungs-Authentizität). Die Geschichtsrepräsentation soll „historische Echtheit" suggerieren; die Gesellschaft will wissen, ob das durch kostümierte Akteure (Personen-Authentizität) mit den medialen Mitteln der Gegenwart interpretierte historische Ereignis tatsächlich so gewesen ist oder nicht.

Das historische Abbild entsteht überwiegend auf den faktischen Ergebnissen wissenschaftlicher Forschung; daneben bilden nicht gesicherte Erkenntnisse oder durch Analogie abgeleitete Sachverhalte Anknüpfungspunkte für freie Interpretationen mit dem Ziel, den Bedürfnissen erlebnisorientierter Besucher (Erlebnis-Authentizität) zu entsprechen. Zwar wurden Aufführungen oder Teile davon seit der ersten Inszenierung im Jahre 1903 kontinuierlich an die Beschreibungen des Festgeschehens der Chronisten und an die Forschungsergebnisse der Historiker angepasst, dennoch sind Relikte in einzelnen Veranstaltungen vorhanden, die dem Grundsatz einer wissenschaftlichen Korrektheit nicht entsprechen. In das Gesamtkonzept der Veranstaltungen fließt das Gesamterlebnis der Besucher ein. Bei der Re-Inszenierung wird nicht versucht, die Lebenswirklichkeit des späten Mittelalters zu rekapitulieren. Teilaspekte werden stilisiert; tentativ angedeutet beschränken sie sich auf die Projektionsflächen in den einzelnen Veranstaltungen. Aus dem umgreifenden historischen Kontext werden geschichtliche Sachverhalte herausgegriffen oder vernachlässigt. Ausgewählte, in eine sinnvolle Präsentationsabfolge eingebettete signifikante Szenen der Vergangenheit lassen eine neue temporäre Wirklichkeit entstehen, die in sich schlüssig als das Abbild vergangener spätmittelalterlicher Lebenszusammenhänge verstanden werden kann.

Lebens- und Erlebniswelt können getrennt voneinander betrachtet werden: (Subjektive) Erlebniswelten sind Teil der (objektiven) Lebensweltlichkeit mit dem Unterschied, dass Erlebnisweltlichkeit erzeugt werden kann.[418] Die Lebensweltlichkeit der vergangenen spätmittelalterlichen Epoche ist nur tentativ reproduzierbar; durch die Re-Inszenierung kann sie als Erlebniswelt vergegenwärtigt werden. Die subjektive Realität des 15. Jahrhunderts wird in Abständen, in der Regel von vier Jahren, für einen kurzen Zeitraum auszugsweise auf eine Weise konstruiert, dass sie unter den Bedingungen einer postindustriellen globalisierten Marktgesellschaft – am Ursprungsort des Geschehens – erlebt werden kann. Diese authentische Erlebniswelt wird sowohl von an Geschichte interessierten als auch erlebnishungrigen Besuchern bewusst gesucht. Sie stellt ein kommerzielles Angebot dar, sich der Illusion des „Daseins um 1475" ohne Verzicht auf die Annehmlichkeiten des 21. Jahrhunderts hingeben zu müssen.[419]

---

[418] Vgl. Schörken, Rudolf, Begegnung mit Geschichte. Von außerwissenschaftlichem Umgang mit der Historie in Literatur und Medien, Stuttgart 1995.
[419] Die steigende Attraktivität von Suggestivwelten oder virtuellen Ersatz-Erlebniswelten können als Reenactment unter Verzicht auf physischen Einsatz interpretiert werden (Bleichner, Stephan, Das elektronisch virtualisierte Baudenkmal, Ing.-Dissertation Bauhaus-Universität Weimar, Weimar 2008, S. 62-63).

Die Faktizität bezieht sich auf den geschichtstheatralischen Vermittlungsansatz von fundierten Forschungsergebnissen. Historiker bemühen sich um eine möglichst irrtumsfreie Analyse der Vergangenheit mit dem Ziel, Einzelerkenntnisse in übergreifende Zusammenhänge zu integrieren. Bei der Re-Inszenierung der Landshuter Hochzeit handelt es sich nicht um eine getarnte wirtschaftliche Unternehmung. Die Distanz zwischen Kommerz- und Kulturbewusstsein besteht vordergründig in der Veranschaulichung von durch Quellen bezeugter Geschichte als Teil der Bildung und Erziehung und nicht als fiktiver sensationalistischer und wirtschaftlicher Selbstzweck einer Konsumentenkultur.

Fiktionalität beruht auf spekulativen Vermutungen oder Phantasievorstellungen. Bei der „Landshuter Hochzeit" werden hohe Ansprüche auf Authentizität und Originalität gestellt. Zwar verpflichten sich die Bürger eines strikten Realismusgebotes, aber lückenhafte Quellenlagen oder Fehlstellen in Dokumentationen können Freiräume für fiktionale Geschichtsinterpretationen begründen. Sie können eine subjektive Vergegenwärtigung zur Folge haben; Vorstellungsbilder können ein Eigenleben entfalten, aus Fakten entstehen Fiktionen und umgekehrt. Das Bedürfnis nach einer erlebnisorientierten Illusionsbildung kann mit dem nach einer historiengetreuen Vergegenwärtigung kollidieren. Es ist schwierig, die Grenzen der historiographischen Analyse zu erkennen; weitaus schwieriger aber ist es, in der Re-Inszenierung die Ergebnisse auf liberale Weise zu vermitteln. Historische Sachverhalte können medial in die Gegenwart projiziert werden: Abhängig von der Qualität der Quellenlage kann das als Kopie oder als Rekonstruktion geschehen. Lückenhafte Quellenlage oder Fehlstellen in den Dokumentationen können durch Analogie geschlossen werden.

4.4. Kulturelle Versorgung versus Eventkultur

Die Re-Inszenierung vereinigt zwei kulturelle Stränge in sich; die Bürgerschaft der Stadt Landshut und ihre Gäste aus aller Welt erfahren eine objektive und subjektive spätmittelalterliche Kultur, eingebunden in ein neuzeitliches Kulturgeschehen.

4.4.1. Alltagsfremde Wirklichkeit

Alles, was gegenwärtig wahrgenommen wird, wird als Lebenswirklichkeit erfahren, und alles, was nicht gegenwärtig und unmittelbar wahrgenommen wird, existiert im Bewusstsein. Subjektiv wahrgenommen, hat die Zeit drei Erscheinungsformen: Vergangenheit, Gegenwart und Zukunft. Sie wird als Werden und Vergehen, Wandel und Dauer erfahren; sie wird als unumgängliche, nicht umkehrbare aber reproduzierbare Abfolge des Geschehens erlebt. Das Bewusstsein bewältigt diese Erfahrung durch Deutungsleistungen dadurch, dass sich der Mensch orientieren und sein Leben sinnhaft auf sie beziehen kann. Nur durch Deutung des Geschehens erhält die Zeit einen Sinn; aus der ineinander verschränkten Vergangenheit, Gegenwart und Zukunft erwächst er nicht. Dieser Sinn stellt eine geistige Leistung dar, womit der Mensch durch die Gesamtschau von Vergangenheit über Gegenwart und Zukunft eine konkrete, reale und kulturelle Form des Lebens gewinnt. Die Vergangenheit ist durch die Erinnerung und die Zukunft durch die Erwartung wahrnehmbar, die Gegenwart nur durch die Erfahrung.

Durch die Re-Inszenierung eines vergangenen historischen Ereignisses können erinnerte und erwartete Sachverhalte in die Gegenwart projiziert und durch den zwingenden Eindruck der Tatsächlichkeit unterschieden werden. Diese Geschichtsvergegenwärtigung stellt eine Wertträgertransformationsmethode dar, die vergangene Zustände durch die Rezipienten sinnlich erfahren lässt.

Durch die Re-Inszenierung der „Landshuter Hochzeit 1475" geschehen Zeiterfahrungen unter strukturellen Rahmenbedingungen. Eine vergangene Erlebniswirklichkeit kann durch Projektion von Komponenten in die Gegenwart erfahren werden. Die subjektive Zeiterfahrung wird bestimmt durch die Qualität der historiologischen Analyse und die Deutung des mit den Mitteln des kritischen Geschichtstheaters erfahrbaren Sachverhaltes. Diese mediale Rekonstruktion schafft eine Realität, welche die subjektive Erlebnissphäre des Vergangenen mit der aktuellen in Bezug setzt.

Die turnusgemäß, in der Regel alle vier Jahre, in Landshut stattfindende „Wiederkehr des Außergewöhnlichen" bedeutet eine Aussetzung des Alltags, der täglichen Repetition des Immer-Gleichen. Die Re-Inszenierung des historischen Geschehens im 21. Jahrhundert erzeugt wie um 1475 eine alltagsfremde Wirklichkeit an einem „wirklichen und wirksamen" Ort.[420] Damals wie heute ist der Stadtkern ein allgemeiner Schauplatz, ein Markt und eine Zusammenkunft „bunter Gestalten". Das medienwirksame und wirtschaftlich bedeutende Festgeschehen bietet die Gelegenheit zur Begegnung und Kommunikation zwischen der einheimischen Bevölkerung und einem internationalen Publikum.

Der Wechsel von der (objektiven) physikalischen Gegenwart in eine alltagsfremde (subjektiv erfahrbare) vergangene spätmittelalterliche Welt wird auf kognitive Weise vollzogen. Die Realitätsebene, zu der sie sich unmittelbar in Beziehung setzen lässt, ist nicht die der materiellen Gegenstände oder der faktischen Vorgänge, sondern die der Erinnerung, Vorstellung und Erwartung. Die Geschichtsrepräsentation spiegelt die bewusstseinsinterne Realität einer gegenwärtigen Gesellschaft und ihrer kulturellen Normen wider. Für einen kurzen Zeitraum wird eine „virtuelle" Realität[421] Teil der „realen" Realität mit einem hohen Maß an Sozialität.[422]

Die alltagsfremde Welt entsteht durch die Wahrnehmung und das Erleben eines in die Gegenwart projizierten tatsächlich geschehenen historischen Ereignisses: Unterstützt wird das durch die in materieller Hinsicht stimmige Beschaffenheit der baulich-räumlichen Umgebung und durch die Akzeptanz der Darstellung von historischen Personen. Dennoch handelt es sich nicht lediglich um eine Spaß-, Spiel- oder Phantasiewelt. Die Authentizität und Qualität der einzelnen Veranstaltungen tragen zur Verinnerlichung des Geschichtsthemas „gelebte Repräsentation der Landshuter Hochzeit im Jahre 1475" bei.

---

[420] Vgl. Fouccault, Michel, Andere Räume, in: Wentz, Martin (Hrsg.), Stadt-Räume, Frankfurt a. M. / New York 1991, S. 65-72.
[421] Virtuelle Realität im Sinne von scheinbarer oder möglicher Realität, die auch verwirklicht werden kann.
[422] Vgl. Schirrmeister, Claudia, Scheinwelten im Alltagsgrau. Über die soziale Konstruktion von Vergnügungswelten, Wiesbaden 2002, S. 118.

Ebenso wie bei der Ur-Inszenierung handelt es sich bei der Re-Inszenierung des 21. Jahrhunderts um eine zeitlich beschränkte Veranstaltung, in der sich die Welt der Betroffenen nicht nur sozusagen um die eigene alltägliche Achse dreht. Die Festbestandteile ermöglichen sowohl Kostümierten und nicht Kostümierten als auch Besuchern aus aller Welt ein Agieren außerhalb ihres geregelten Daseins. Diese temporäre soziale Realität wird von Bürgern der Stadt Landshut bewusst geplant und inszeniert. Sie fordern und erwarten von den Mitwirkenden und Besuchern gemeinsam ein „Eintauchen" in eine authentische, nicht hyperreale Parallelwelt. Die Veranstalter, Akteure und Besucher haben gleichermaßen ihren Anteil an dem dokumentarischen Charakter dieser Geschichtsrepräsentation; historische Ereignisse lassen sich zuordnen und verknüpfen. Die Repräsentation von Personen und deren soziale Stellung im Spätmittelalter, von Reichspolitik und Rechtsverhältnissen, Huldigungen und Wettkämpfen, Musik und Tanz sind thematisch und sinngemäß in verschiedenen Veranstaltungen zusammengefügt. Die Darstellung einer vergangenen Wirklichkeit setzt detaillierte Kenntnisse der Geschichte voraus; der Perfektion sind aber auch Grenzen gesetzt. Durch die aufwendigen Vorbereitungen und Einbindungen in eine ereignis-authentische Umgebung sind die subtilen Steuerungen des Veranstalters kaum feststellbar.

Im Gegensatz zu neuzeitlichen Vergnügungswelten oder Themenparks, sowohl im materiellen als auch im ideellen Sinne, greift der Begriff „Illusionswelt" in Bezug auf die Re-Inszenierung zu kurz. Diese ermöglicht zum einen zwar den Ausbruch aus der herrschenden Ordnung und zum anderen eine nicht alltägliche emotionale Erfahrung; sie ist aber keine Replik einer vergangenen Wirklichkeit. Durch das gemeinsame Zusammenwirken der Produzenten[423] und der Rezipienten[424] ist das „Eintauchen" in eine zeitlich beschränkte, historische, dokumentierte und sozial legitimierte Wirklichkeit möglich. Die Spuren beim Verlassen werden nicht abgelegt; sie bleiben von fortwährender Bedeutung. Die Aufführungen werden periodisch wiederholt; sie vermitteln auf erlebbare Weise Wissen über eine Zeit, welche für die Stadt Landshut, für das Herzogtum Bayern-Landshut und das gesamte Reich sowie seine Nachbarländer von außergewöhnlicher Bedeutung war. Sie fördern das Verständnis und die Revitalisierung von darstellender Kunst des späten Mittelalters.

Die re-inszenierte alltagsfremde Erlebniswelt kann man wirklichkeits-semantisch teilweise sowohl den „ernsten" als auch den „nicht ernsten" Welten zuordnen. Während „ernste" oftmals einen institutionellen edukativen Charakter aufweisen, wissen die Akteure und Besucher auch um die „nicht ernsten" erlebbaren Qualitäten einer geschaffenen vergnüglichen Welt. Illusionskompetente kostümierte und nicht kostümierte Rezipienten akzeptieren prinzipiell die subjektive Existenzweise der außergewöhnlichen Wirklichkeit, dennoch existieren darin geltende Regeln, die zu beachten und zu befolgen sind. Dem Bedürfnis zum Verlassen der beherrschenden Alltagswelt und der Verlockung zum Sprung in eine edukative und eventkulturelle Wirklichkeit trägt die inhaltliche Ausprägung der Re-Inszenierung ganz besonders Rechnung. Im Gegensatz zur empirisch gewachsenen alltäglichen Lebens- und Erlebniswelt erzeugt sie ein mit Kalkül geschaffenes Abbild einer vergangenen Erlebniswelt, die Ideelles – vergangenes, vergessenes oder unbekanntes Wissen – auf objektive und subjektive Weise erfahren lässt. Sie erzählt eine „Geschichte".

---

[423] Unter Produzenten sind Individuen oder Gruppen zu verstehen, die das Abbild der Vergangenheit erzeugen oder daran beteiligt sind.
[424] Unter Rezipienten sind Individuen, Gruppen oder Kollektive zu verstehen, welche die historische Geschichtsrepräsentation wahrnehmen.

Dabei finden die Erzählweisen des 15. und des 21. Jahrhunderts nicht getrennt voneinander statt; sie werden in ein homogenes soziologisches, infrastrukturelles und thematisches Netz eingewoben, welches einer spezifischen Sinnstruktur des „Story-telling"[425] unterliegt.

Die „Landshuter Hochzeit" liegt im öffentlichen Interesse. Die re-inszenierte spätmittelalterliche Erlebniswirklichkeit hat eine dokumentierte eigene historische Grundlage; es besteht kein Bedarf, Geschichte zu simulieren oder zu erfinden. Die Re-Inszenierung bildet einen Ort der Identifikation, kommt ihrem kulturellen Auftrag nach und bringt einen gesellschaftlichen Nutzen hervor. Innerhalb des musealen Themenareals leistet sie einen Beitrag zur Bildung und Unterhaltung. Sie ist ein von den Bürgern gestaltetes Kommunikationsforum, welches ihnen gestattet, auf mediale Weise ihre personalisierte Historie zu erzählen.

Strenge Intoleranz ist ein wesentliches Merkmal der Re-Inszenierung: Durch die Historiographie sind der Freiheit der Geschichtsinterpretation enge Grenzen gesetzt. „Wirklichkeitswächter" (z.B. Historiker) verhindern ein Abweichen vom Dokumentierten und Beschreiten eines Pfades zu Gunsten einer phantastischen und fiktiven Realität. Bei der tentativen Projektion der spätmittelalterlichen Lebenswirklichkeit in die Gegenwart werden fehlerhafte Handlungen oder „Störmuster" einzelner Kostümierter (z.B. die Verwendung von Brillen, Mobiltelefonen und Regenschirmen, oder der Verzehr von Kartoffeln im Lager) umgehend durch den Veranstalter offensichtlich und nicht offensichtlich sanktioniert.

4.4.2. Event lockt – Inhärenz bildet

„Historische Festspiele" können als eine Form der europäischen Festkultur angesehen werden.[426] Das Angebot der Veranstalter liegt darin, Besucher an erlebnisorientierten Repräsentationen historischer Ereignisse teilhaben zu lassen.[427] Die Bürger nutzen das historische museale Themenareal, um ihre Kulturbewahrung und -entfaltung mit verschiedenen Mitteln zu bekunden, wobei das Interesse der Besucher geweckt und ihnen der kulturelle Zugang ermöglicht werden soll.

Die vier Grund-Komponenten, das Geschichtsbewusstsein, die historiologische Analyse, die Repräsentation und die Rezeption, bestimmen die strikt themenbezogene Re-Inszenierung der Landshuter Hochzeit. Diese „Immaterial Cultural Heritage Interpretation"[428] vereinigt materielle und immaterielle Gegebenheiten in sich. Das kulturelle Potential geht über das lediglich Vermitteln von Geschichtsfakten hinaus. Es steht für einen dezidiert selektiven gegenwartsbezogenen Umgang mit Geschichte und fungiert als Legitimation, zum einen für eine identitätsstiftende öf-

---

[425] Geschichten werden in zeitlich mögliche Einheiten verpackt.

[426] Vgl. Widmann, T., Brauchtum und Tourismus. Die schwäbisch-alemannische Fastnacht in Villingen-Schwenningen, Trier 1999, S. 42.

[427] Vgl. Becker, C, Kulturtourismus – Eine Einführung, in: Kulturtourismus in Europa. Wachstum ohne Grenzen?, ETI Studien, Band 2, Trier 1993, S. 7-9.

[428] Denzer, V., Erinnerungsorte und kulturelles Erbe. Spielplätze der Repräsentation von Vergangenheit, in: Social Geography Discussions, hrsg. v. Institut für Geographie der Universtiät Leipzig, Nr. 2/2006, S. 64.

fentlichkeitswirksame Selbstdarstellung der Bevölkerung und zum anderen für die Erhaltung der für die musealisierende Inszenierung notwendigen Architekturwerke.

In Zeiten kultureller Umbrüche wandeln sich bestehende Wahrnehmungs- und Deutungsmuster; eine neue Interpretation und Präsentation von Geschehenem gewinnt zunehmend an Bedeutung. Im Gegensatz zur Ur-Inszenierung im Jahre 1475, bei der die Bürger überwiegend vom Festgeschehen ausgeschlossen waren, werden die Einwohner und ihre Gäste bei den Aufführungen im 21. Jahrhundert beteiligt. Bei diesen, zur Kritik aufgeforderten Rezipienten soll die Bereitschaft zur rationalen Wissensaufnahme und zur emotionalen Interaktion geweckt werden. Der Reiz liegt in der Verlebendigung historischer Tatsachen mit partizipatorischen Anteilen an den museums-theatralischen Festveranstaltungen.

Historische Festspiele als kulturtouristisch progressive Tendenz sind vor dem Hintergrund neuerer gesellschaftlicher Veränderungen zu sehen.[429] Durch die Kombination der Elemente „Denkmalschutzgebiet Innenstadt" und „Geschichtstheater" lässt sich die Re-Inszenierung der Landshuter Hochzeit dem Kulturtourismus[430], sowohl dem Objekt-Kulturtourismus als auch dem Ereignis-Kulturtourismus zuordnen. Es wird versucht, Gästen die Vergangenheit durch die Repräsentation eines besonders bedeutungsvollen Geschehens auf verschiedene Weise nahe zu bringen. Insbesondere das historische und gegenwärtige soziale Umfeld der einheimischen Bevölkerung, die frühere und heutige Lebensweise, eingebunden in die baulich-räumliche Umgebung, sollen vermittelt werden.[431]

Das Dokumentarspiel „Landshuter Hochzeit" ist nicht nur im Kontext von Kulturtourismus, sondern auch von Event-Tourismus zu betrachten. Das Spektrum von allgemeinen und touristischen Events ist sehr weit gefächert.[432] Die unterschiedlichen Anlässe von Veranstaltungen lassen eine grundsätzliche Unterscheidung zu. Sportliche, wirtschaftliche und gesellschaftspolitische Events werden durch Kultur-Events ergänzt.[433] Je nach Anlass der Veranstaltungen kann es zu Überschneidungen kommen. Die erlebbare Geschichtsvergegenwärtigung unterscheidet sich von anderen historischen Veranstaltungen und Repräsentationen geschichtlicher Ereignisse durch ihre Besonderheit und Unikalität, durch ihre Größe und ihre spezielle Inszenierung, durch ihre Bindung an einen immer gleichen Ursprungs-

[429] Vgl. Zwiorek, Anna, Historische Festspiele und Feste als kulturtouristisches Angebot in Kleinstädten, Diplomarbeit an der Katholischen Universität Eichstädt, Mathematisch-Geographische Fakultät, Lehrstuhl für Kulturgeographie, Studienfach Geographie mit Schwerpunkt Freizeit, Fremdenverkehr und Umwelt, Eichstädt 2001, S. 23-31.

[430] Vgl. Jätzold, R., Differenzierungs- und Förderungsmöglichkeiten des Kulturtourismus und die Erfassung seiner Potentiale am Beispiel des Ardennen-Eifel-Saar-Moselraumes, in: Kulturtourismus in Europa. Wachstum ohne Grenzen? ETI Studien, Band 2, Trier 1993, S. 135-145, abgedruckt in: Zwiorek, Anna, Historische Festspiele und Feste als kulturtouristisches Angebot in Kleinstädten, Diplomarbeit an der Katholischen Universität Eichstädt, Mathematisch-Geographische Fakultät, Lehrstuhl für Kulturgeographie, Studienfach Geographie mit Schwerpunkt Freizeit, Fremdenverkehr und Umwelt, Eichstädt 2001, S. 15.

[431] Vgl. Lindstädt, B., Kulturtourismus als Vermarktungschance für ländliche Fremdenverkehrsregionen. Ein Marketingkonzept am Fallbeispiel Ostbayern, Trier 1994, S. 13.

[432] Vgl. Freyer, W. Event-Management im Tourismus. Kulturveranstaltungen und Festivals als Leistungsangebote, in: Dreyer, A. (Hrsg.), Kulturtourismus (Lehr und Handbücher zu Tourismus, Verkehr und Freizeit), München/Wien 1996, S. 211-242, hier S. 213.

[433] Vgl. Zwiorek, Anna, Historische Festspiele und Feste als kulturtouristisches Angebot in Kleinstädten, Diplomarbeit an der Katholischen Universität Eichstädt, Mathematisch-Geographische Fakultät, Lehrstuhl für Kulturgeographie, Studienfach Geographie mit Schwerpunkt Freizeit, Fremdenverkehr und Umwelt, Eichstädt 2001: Differenzierung von Events nach dem Anlass

ort, durch ihre begrenzte Dauer, terminliche Gebundenheit und Vergänglichkeit. Obwohl sie in regelmäßigen Abständen stattfindet, handelt es sich immer wieder um ein neues sozio-kulturelles Ereignis von überregionaler Bedeutung. Durch die Verbindung der vier Untergruppen – Geschichtstheater- und Traditions-Event, Brauchtums- und Medien-Event – kann man die Re-Inszenierung in die Gruppe der kulturellen Events einordnen. Ihre soziale Bedeutung ermöglicht eine Überschneidung mit gesellschaftspolitischen Events.

Hinsichtlich der Entstehung kann man Events in spontane oder künstlich arrangierte, abhängig von der Häufigkeit, in einmalige, regelmäßige oder permanente und je nach Dauer in kurze, mehrwöchige oder mehrmonatige Veranstaltungen einteilen. Bei einem spontanen Event wird meist eine bestimmte historische Gegebenheit im Rahmen einer Veranstaltungsfolge herausgestellt. Durch den historischen Anlass, den lokalen und regionalen Bezug, durch die Echtheit, Glaubwürdigkeit und Ursprünglichkeit lässt sich die kulturelle Veranstaltung „Landshuter Hochzeit 1475" den spontanen und regelmäßigen Kultur-Events mit mehrwöchiger Dauer zuordnen. Die Differenzierung in ein Groß-Event[434] kann durch folgende Faktoren geschehen: Die Veranstaltung hat eine überregionale Bedeutung, das nationale und internationale Medieninteresse ist groß. Das kulturelle Angebot richtet sich gleichermaßen an die Einheimischen sowie an Tages- und Übernachtungsgäste aus dem In- und Ausland. Die Besucherzahl mit über 600.000 Gästen ist sehr hoch. Der Verein „Die Förderer" e.V. finanziert das Festgeschehen eigenständig; der Etat betrug im Jahre 2009 ca. 4 Mio. Euro.[435]

Bei der Landshuter Hochzeit handelt es sich nicht um ein „Pseudo-Event" ohne näheren Bezug zu einem historischen Ereignis oder zu einem ständig wechselnden Veranstaltungsort. Das Vorhandensein einer besonderen Infrastruktur (Freilichtbühnen, Arena, Tanz- und Konzertsaal) am Ursprungsort für die verschiedenen Veranstaltungen ist nicht zwingend Voraussetzung; die vorhandene baulich-räumliche Umgebung wird durch Ein-, Um- und Zubauten temporär ergänzt. Sowohl hinsichtlich des Veranstaltungsortes als auch wegen der genannten Faktoren weist die Re-Inszenierung eine hohe „Event-Intensität" auf. Die lokalen Kapazitäten sind ausgelastet, das Verhältnis der Kosten zum Budget, von Nachfrage und Angebot von Eintrittskarten, von auswärtigen Besuchern zu Einwohnern belegen es.

Es ist legitim anzunehmen, dass neben einer Vielzahl von bildungsorientierten Besuchern auch andere die Festveranstaltungen aus Gründen aufsuchen, die nicht mit den kulturellen Intentionen der Veranstalter konform gehen. Durch das historische Festgeschehen wird ebenso ein Publikum angezogen, das sich ohne den Eventcharakter nicht zu einem Besuch veranlasst fühlen würde. Die veränderte Rezeptionshaltung und der Anspruch der Besucher am Erlebniswert der Aufführungen bedingt eine Veränderung in der Präsentation von historischen Ereignissen. Wissensvermittlung und Event stehen sich bei der Re-Inszenierung der oftmals salopp bezeichneten „LaHo" nicht konträr gegenüber. Dem Druck, dem neuzeitliche historische Veranstaltungen mit Eventcharakter ausgesetzt sind, braucht nicht nachgegeben zu werden. Seit der ersten Aufführung im Jahre 1903 befriedigt die Repräsentation des historischen Ereignisses das Erlebnisbedürfnis der Mitwirkenden und der Besucher. Von Anfang an wurden durch die

---

434 Ebd.: Differenzierung von Events nach der Größe
435 Die Einnahmen aus den Veranstaltungen werden zur Deckung der Kosten verwendet. Zur Absicherung von z.B. witterungsbedingten finanziellen Ausfällen gewährt die Stadt Landshut eine Ausfallsbürgschaft, welche bislang noch nicht in Anspruch genommen werden musste.

Projektion einer spätmittelalterlichen Erlebniswelt in die Gegenwart Inhalte anschaulich erfahrbar gemacht und Emotionen angesprochen. Akteure und Publikum werden gepackt und persönlich berührt. Durch die spektakuläre darstellende künstlerische Erzählweise wird eine Spannung erzeugt; die Stadt lebt Geschichte vor, die Botschaft wird vermittelt und erlebt. Das inszenatorische Arrangement der Geschichtsrepräsentation und die Rezipienten korrespondieren; die Realitäten überlagern sich bzw. verschwimmen. Die Veranstaltung entfaltet sich zu einem edukativen Entertainment. Dieses „Edutainment" trägt dazu bei, ein historisches Ereignis raumübergreifend in den Mittelpunkt zu stellen.

Die themenbezogenen – pädagogischen – Veranstaltungen sprechen für sich; sie stellen etwas Besonderes dar. Ihr strikter Sachbezug eröffnet den Zugang zum musealen Themenareal, macht nicht die Geschichte an sich, sondern das Bewusstsein von Geschichte zum Gegenstand und weckt Interesse an spätmittelalterlicher Erlebniswirklichkeit. Verstärkte Werbung und Öffentlichkeitsarbeit tragen zum Eventcharakter bei; sie zentrieren das i.d.R. alle vier Jahre wiederkehrende Thema und locken neue Besuchergruppen an. Durch die Vermarktung erhöhen sich die Anziehungskraft und der Bekanntheitsgrad der Veranstaltung. Werbemaßnahmen bewirken einen Erst- bzw. Wiederholungsbesuch und verbessern die Einnahmesituation. Die gesellschaftliche Dimension liegt darin, dass aus der Perspektive des 15. Jahrhunderts szenographisch gezeigt wird, wie die Adeligen mit Stadtbürgern von Landshut damals Hochzeit feierten. Städte- und Event-Touristen werden zu Kultur-Touristen. Gleichsam durch Provokation werden die Festbesucher interaktiv in das Festgeschehen miteinbezogen. Ihre anfangs passive Funktion als Betrachter wandeln sie in eine aktive als Statisten. Durch ihr Agieren legen sie ihre rationale und emotionale Distanz zwischen den historischen Tatsachen und deren Darstellung ab und sind zur Informationsaufnahme bereit. Aus einer primären Vermittlungsaufgabe entfaltet sich ein politik- und ideologiefreies System zur bewussten Auseinandersetzung mit Geschichte, zur gelebten Veranschaulichung und Aneignung. Personen in historischen Kostümen leben auf dokumentarische Weise Historie vor und motivieren die Betrachter zur interaktiven Mitwirkung. Die dahinterliegende Absicht ist es, Wissen mit einer „bild-" und einer „lebhaften" Seite zu vermitteln.

Bei der mit Aufwand angekündigten Re-Inszenierung „Landshuter Hochzeit 1475" des 21. Jahrhunderts handelt es sich um ein kulturelles Ereignis, das den üblichen Rahmen sprengt. Sie lässt sich in die Kategorie der sozio-kulturellen Events einordnen; neben den Faktoren einer historischen baulich-räumlichen Umgebung bedarf die Geschichtsrepräsentation einer besonderen Inszenierung. Sie verändert das Bewusstsein der Akteure und Besucher, sie lässt auf facettenreiche Weise Bindungen zwischen ihnen entstehen.

4.4.3. Kultur, Konflikt und Polarisierung

Vergangene und gegenwärtige Realität miteinander in Verbindung zu setzen, ist konfliktbehaftet; doch sind Zusammenhänge vorhanden. Im Hinblick auf die von der Gegenwart abweichende Wirklichkeit der Ur-Inszenierung des Hoffestes „Landshuter Fürstenhochzeit 1475" muss die alltagsreale Darstellung der Gesellschaft des ausgehenden 15. Jahrhunderts anders beurteilt werden als die anfangs des 21. Jahrhunderts. Das neuzeitliche Abbild einer historischen Festgesellschaft, die sich Mitte November im Jahre 1475 am Hof von Herzog Ludwig in Landshut versammelt hatte, bezeugt eine Kultur mit modernem Gepräge, sie dokumentiert höfische Umgangsformen und zeitgenössisches Hofleben in einer zwar historischen, aber nicht mehr originalen baulich-räumlichen Umgebung. Eine Tendenz zu idealisierender Übersteigerung, die poetische Schilderungen kennzeichnen kann, ist zwar nicht festzustellen, doch befinden sich die Veranstalter mit der Projektion des höfischen Festes des 15. Jahrhunderts in das 21. Jahrhundert im Wettstreit, sich dem ungeheuren Prachtaufwand der damaligen Zeit historisch und detailgerecht anzunähern.

Idealisierungstendenzen und Detailrealismus sind keine Gegensätze. Wenn die Bürger der Stadt Landshut die Fürstenhochzeit von 1475 auf ihre eigene Art und Weise immer wieder neu darstellen, so fließen zwar historiographisch belegbare Schilderungen und Eindrücke der Chronisten mit ein; im Hinblick auf die Re-Inszenierung ist aber festzustellen, dass die Ebene der Realität, zu der sich die Reproduktion unmittelbar in Beziehung setzen lässt, nicht eine objektive ist, eine der materiellen Gegenstände oder der faktischen Vorgänge, sondern die subjektive Wirklichkeit der Vorstellungen, der Erwartungen und der Wünsche. Die Repräsentation des historischen Ereignisses thematisiert neben dem Aspekt des rationalen Geschichtswertes auch den emotionalen. Mit der Re-Inszenierung gehen tiefgreifende gesellschaftliche Umstrukturierungen im sozialen, wirtschaftlichen, auch im geistigen und emotionalen Bereich einher und bilden gleichsam die Matrix für die Entfaltung neuzeitlicher medialer Ausdrucksformen. Die bildhaft-szenische „bühnenmäßige" Darstellung der historischen Vermählung zweier Herrscherkinder ist zugeschnitten auf die Gegebenheiten des 21. Jahrhunderts mit ihren technischen Möglichkeiten, sie bezeugt die Wirklichkeit des gegenwärtigen gesellschaftlichen Kulturbewusstseins.

Die Re-Inszenierung von historischen Ereignissen begründet und stärkt Gemeinschaft; innerhalb derselben polarisiert sie aber auch. Sie schafft und erprobt eine Atmosphäre des einhelligen oder kontroversen Umgangs miteinander. Marketingfachleute und mehr oder weniger orthodoxe Fachgremien und Individuen prallen mit ihren unterschiedlichen Ansichten aufeinander. Während die erstgenannten das Besucher- und Sponsoreninteresse zum dominierenden Maßstab machen, was veranstaltet werden soll, befürworten die letztgenannten eine Auswahl, die Änderungen oder Ergänzungen nicht zulässt. Das Verhältnis der Beteiligten untereinander, von Kulturvermittlern, Organisatoren und kostümierten oder nicht kostümierten Bürgern bildet die Basis der Re-Inszenierung mit identifikationsstiftendem und zukunftsweisendem Charakter. Die Re-Inszenierung der „Landshuter Hochzeit 1475" lockt Gäste und Besucher aus dem In- und Ausland: Sie schafft eine „kultur-event-bezogene" alltagsfremde Wirklichkeit, vermittelt Geschichtswissen und bezieht Zuschauer aktiv in das Geschehen mit ein.

4.5. Axiologische Interpretation

Bei der „Landshuter Hochzeit 1475" handelt es sich um ein duales immaterielles Denkmal, sowohl um ein „gesetztes" als auch um ein „gewordenes".

4.5.1. Das „gesetzte" immaterielle Denkmal

Bei der Ur-Inszenierung im Jahre 1475 handelt es sich um ein gewolltes, von Herzog Ludwig „gesetztes immaterielles Denkmal". Es soll den gegenwärtigen und den nachfolgenden Generationen Zeugnis geben vom Reichtum, von Macht und Einfluss seiner Person in seinem ihm umgebenden politischen Verflechtungsbereich.

Das Fest hatte zwar öffentlichen Charakter, dennoch blieb der Adel unter sich; das Volk war vom Festgeschehen weitgehend ausgeschlossen. Die Fürsten fungierten als Akteure und als Zuschauer; auf die Verherrlichung durch das gemeine Volk legten sie nur geringen Wert. Sie versicherten sich intern ihrer Macht und ihrer Bedeutung. Das Bürgertum tummelte sich staunend am Rande des Festes und nahm gern die unentgeltliche Verköstigung in Anspruch. Die inszenierte Selbstdarstellung des Herzogs Ludwig des Reichen zu Bayern-Landshut wurde von den Chronisten dokumentiert. Das von ihm „gewollte" und „gesetzte" immaterielle Denkmal erinnert noch in der Gegenwart an die festliche Repräsentation seines Ranges und seiner Stellung im spätmittelalterlichen Reich.

Das Festgeschehen wies eine exakt ausbalancierte Ordnung auf; es vollzog sich in chronologisch aufeinanderfolgenden Schritten, wobei so wenig wie möglich dem Zufall überlassen wurde. Der gastgebende Herzog Ludwig der Reiche stand als Ausrichter und Gestalter des Festes im Vordergrund. Seine Selbstdarstellung bewegte sich nahe an der zulässigen Grenze, um die anwesenden hochadligen Fürsten nicht zu verprellen. Mit diplomatischem Geschick verstand er es, den Mitfürsten genügend Freiraum für die Repräsentation ihres Ranges und ihrer Stellung einzuräumen. Mit Einschränkungen bewahrte er Zurückhaltung beim Einsatz von theatralischen Effekten.

4.5.2. Das „gewordene" immaterielle Denkmal

Die Geschichtsdarstellung der „Landshuter Hochzeit 1475" erzeugt ein wirkmächtiges Abbild der Vergangenheit. Sie verbindet Lokal-, Landes-, Reichs- und Dynastiegeschichte idealerweise miteinander. Josef Linnbrunners Idee der Repräsentation des historischen Ereignisses führte nach einem raschen Anlauf zum Erfolg. Sie konnte über Revolutionen, Weltkriege, Währungsreformen, -unionen und -wechsel hinweg ihre Rolle als Fest der Integration bewahren. Unabhängig von Fürsten, von Regierungen und von Kommunalverwaltungen, vertrauten und vertrauen die Bürger der Stadt Landshut auf ihr Geschichtsbewusstsein, auf den animierenden Einfluss des historischen Stadtkerns, auf die niederbayerische Freude und den Gestaltungsdrang zur Darstellung des historischen Ereignisses und auf den Hang, darstellende Künste, Tradition und Brauchtum mit Lustbarkeit zu verbinden.

Durch die Solidarität, die Integrationskraft des Gemeinwesens und die Stabilität der Landshuter- und der regionalen Gesellschaft konnte sich die gestellte Aufgabe – gelebte ereignisauthentische Geschichtsinszenierung „Landshuter Fürstenhochzeit 1475" – zu einem „gewordenen" immateriellen Denkmal entfalten.

4.5.3. Das axiologische Phänomen im 21. Jahrhundert

Geschichtskultur und Re-Inszenierung, historischer Wert und Anschauungswert sind Beispiele für die Vielfalt axiologischer Kategorien. Denkmalwerte erwachsen gleichermaßen aus permanenten und temporären Wertträgern: Sie prägen das axiologische Phänomen „Landshuter Hochzeit 1475".

Der historische Wert und der Anschauungswert sind Grundwerte; Ergänzungswerte vervollständigen das Wertespektrum. Der historische Wert setzt sich aus dem rationalen und emotionalen Geschichtswert zusammen; der Anschauungswert konstituiert sich aus dem Kunstwert unter Assistenz des Similitätswertes. Die Re-Inszenierung ist Träger des Erinnerungswertes. Die wiederholten und wiederholbaren Repräsentationen des historischen Ereignisses seit dem Jahre 1903 durch die Bürger der Stadt Landshut und der Region schufen und schaffen temporäre und permanente Träger von Denkmalwerten.

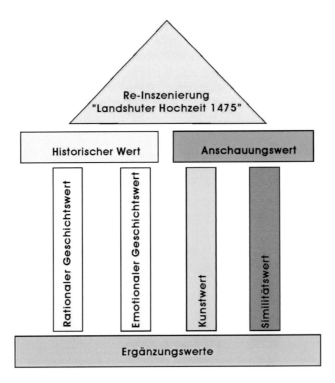

Abb. 8 Schematische Übersicht: Die „Vier-Pfeiler-Portikus". Das „gewordene" immaterielle Denkmal „Re-Inszenierung der Landshuter Hochzeit 1475" anfangs des 21. Jahrhunderts.
Sie kann sowohl bei der Prüfung der gesamten Re-Inszenierung als auch bei der Beurteilung von Einzelveranstaltungen verwendet werden.

Das von Herzog Ludwig gesetzte immaterielle Denkmal hat die Qualität eines – gewordenen Denkmals – hinzugewonnen. Geschichte wird „gelebt" und mit ihren individuellen Ausprägungen als Kulturerbe von einer Generation an die nächst folgende weitergegeben. Kein (durch Re-Inszenierung) gewordenes immaterielles Denkmal gleicht dem anderen. Es bildet die Basis für die weitere gesellschaftliche Entfaltung, unterliegt dem Prozess zwischen Tradition und Innovation und ist zugleich der Kontinuität und dem Wandel unterworfen. Die Re-Inszenierung der „Landshuter Hochzeit 1475" ist eine eigenständige Wertträgertransformationsmethode mit dem Anliegen des Wiedergewinns eines für die Stadt und die Region bedeutenden historischen Ereignisses und dessen fortwährender Bewahrung im kollektiven Bewusstsein. Ihre Funktion ist von idealer Natur und besteht aus der wiederholbaren Erinnerung an das Vergangene. Das axiologische Phänomen der Re-Inszenierung von immateriellem Kulturerbe fördert den Respekt gegenüber kultureller Vielfalt. Es ist im regionalen und überregionalen Kulturraum einer postmodernen Industriegesellschaft, die sich auf dem Weg zur international vernetzten Wissensgesellschaft befindet, immer wieder neu zu verorten. Die gelebte Geschichtsrepräsentation „Landshuter Hochzeit 1475" ist fortwährend durch Improvisation und Veränderung gekennzeichnet. Die Gefahr der Musealisierung ist zwar real, derzeit aber noch gering. Die Maßnahmen, welche auf die Sicherung der Lebensfähigkeit des immateriellen Kulturerbes gerichtet sind, führen nicht zum Unterdrücken von neuen Impulsen oder von Wandlungen der Kulturformen. Diese Kulturrepräsentation hat wesentliches Veränderungspotenzial, bezeugt kulturelle Vitalität und ist gesellschaftlich akzeptiert. Der Bezug zu den Protagonisten, sowohl kostümierte als auch nicht kostümierte Akteure, welche das Fest praktizieren, bleibt sichtbar. Sie sind Teil des kulturellen Gedächtnisses und erneuern es immer wieder durch ihr engagiertes Handeln. Die Adaption ehemals fremder historischer Formen und spätmittelalterlicher Kulturelemente aus anderen geografischen Regionen erweitert die regionale Kulturperspektive und erzeugt eine inter-, sogar transkulturelle Wechselwirkung.

Das Inszenieren eines für die Stadt Landshut und die Region bedeutenden historischen Ereignisses initiiert volkskundliche Impulse zur individuellen und gesellschaftlichen Selbsterkenntnis. Im Zeitalter der Globalisierung und in Anbetracht des schnellen gesellschaftlichen Wandels liegt das Motiv für das gesteigerte Interesse an Ausdrucksformen des immateriellen Kulturerbes im möglichen Verlust kultureller Ressourcen. Die positive Wertschätzung der „Landshuter Hochzeit" durch die Öffentlichkeit liegt darin begründet, dass die kritischen Rezipienten die Qualitätsmerkmale „Kulturbewahrung" und „Kulturvermittlung" erkennen. Die Bewahrung bedeutet zum einen, ihr Aufmerksamkeit auf alltäglicher, wissenschaftlicher, regional- und kommunalpolitischer sowie privater Ebene zu widmen, und zum anderen, Verluste in der medialen Vermittlung zu vermeiden. Sie schließt die Maßnahmen der Identifizierung, der Dokumentation, der Erforschung, der Erhaltung, des Schutzes, der Förderung, der Aufwertung, der Weitergabe sowie der Neubelebung der verschiedenen Kulturaspekte mit ein.

Die in Abständen i.d.R. von vier Jahren stattfindende Darstellung eines bedeutenden historischen Ereignisses fördert Wertschätzung und Zugehörigkeitsgefühl des Individuums, der Gruppe und der Gesellschaft. Die Bürger der Stadt Landshut setzen ihr Vertrauen in den Verein „Die Förderer" e.V. als ihren – unpolitischen – Kulturunternehmer, welcher stellvertretend ihre Sorge um Verluste des überlieferten Kulturerbes ernst nimmt und diesem entgegentritt. Er nimmt die Gelegenheit wahr, Geschichte und ihre mediale Vergegenwärtigung zu erhalten, im zeitgenössischen Kontext inhaltlich zu gestalten sowie neu zu entdecken und zu repräsentieren. Er wirbt und sorgt für die temporäre Beteiligung von aktiv mitwirkenden Bürgern der Stadt in historischen Kostümen als körperliches Medium des gelebten immateriellen Kulturerbes. Auf diese Weise trägt er zur generationsübergreifenden Vermittlung von Wissen bei.

Der veranstaltende Verein handelt als gestaltender Kulturunternehmer; er unterliegt der Abhängigkeit von seiner selbstverpflichtenden Forderung nach wissenschaftlicher Akkuratesse. Die Interpretationsfreiheit beschränkt sich auf Sachverhalte, die dokumentarisch belegbar oder analog ableitbar sind und dem Zweck der Re-Inszenierung nicht entgegenstehen. Narrative Elemente werden nicht nur in einzelnen Situationen, sondern auch im Gesamtzusammenhang dargestellt.

Ein intensiver Dialog zwischen Historikern und Kulturvermittlern, in dem Inhalte die Gestaltung fördern, findet statt. Es wird versucht, einen möglichst gesamtheitlichen und historiengetreuen Eindruck zu vermitteln; auf verfremdete oder irritierende Darstellungen soll möglichst verzichtet werden. Spekulative Vermutungen werden weitgehend vermieden.

4.6. Immaterielles Kulturerbe – Re-Inszenierung „Landshuter Hochzeit 1475"

Kulturerbe lässt sich nicht teilen, das Materielle und das Immaterielle sind zwei Seiten einer Medaille: Im expliziten Wissen über die Ur-Inszenierung im Jahre 1475 sind wichtige materielle und immaterielle Facetten implizit und latent vorhanden. Der Schutz von Komponenten der Re-Inszenierung konzentriert sich nicht nur auf das fertige Produkt, wie z.B. Hochzeitszug, Reiter- und Ritterspiel, Musik, Tanz und Komödie, sondern betrifft den kreativen Prozess selbst.

Die Bürger der Stadt Landshut pflegen modellhaft ihr Kulturerbe,
sie entfalten beispielhaft eine moderne Kultur der Pflege.

4.6.1. Kulturelles Gedächtnis

Unter kulturellem Gedächtnis, dem immateriellen Teil des Kulturerbes, sind die Praktiken, Darbietungen, Ausdrucksweisen, Kenntnisse und Fähigkeiten sowie der damit verbundene Kulturraum, Instrumente, Objekte und Artefakte zu verstehen, die der einzelne Bürger, Gruppen und Gemeinschaften als ihr Kulturerbe erachten.[436] Die „Landshuter Hochzeit" hat die Dimension eines immateriellen Welt- Kulturerbes: Durch die mediale Form der „Re-Inszenierung" ist sie fassbar und interpretierbar. Ihre Bedeutung ist dual zu verstehen: Sie steht einerseits für das permanente kulturelle Gedächtnis der Stadt Landshut und andererseits für die vielfältige temporäre Sichtbarmachung mit regionaler, nationaler, europäischer und globaler Bedeutung.

---

[436] Vgl. UNESCO; Übereinkommen zur Bewahrung des immateriellen Kulturerbes, Art. 2, Abs. 1, Paris 2003.

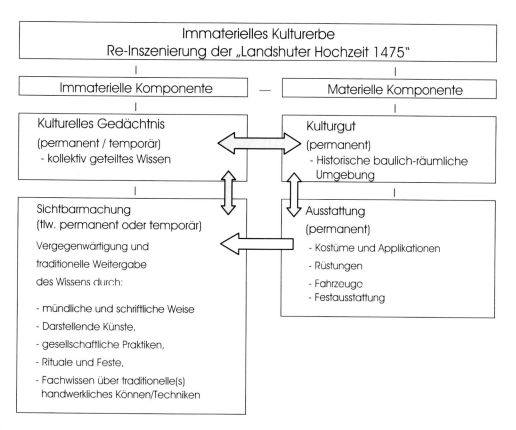

Abb. 9 Schematische Übersicht: Immaterielles Kulturerbe - Re-Inszenierung der „Landshuter Hochzeit 1475".
Sie kann sowohl bei der Prüfung der gesamten Re-Inszenierung als auch bei der Beurteilung von Einzelveranstaltungen Verwendung finden.

Die in regelmäßigen Abständen i.d.R. von vier Jahren stattfindende Vergegenwärtigung eines für die Stadt und ihre Region bedeutsamen historischen Ereignisses gibt sowohl Zeugnis ab für das Kultur- und Geschichtsbewusstsein der Stadtbevölkerung als auch für die traditionelle Weitergabe des Geschichts- und des veranschaulichten Wissens von Bürger zu Bürger, innerhalb von Gruppen und der Gesellschaft, von einer Re-Inszenierung zur folgenden und von einer Generation an die nächste. Sie manifestiert sich im Wissen um die Geschichte der Ur-Inszenierung im Jahre 1475, im Umgang mit dem historischen Innenstadtgefüge, in schriftlicher und mündlicher Überlieferung von Tradition und Veranschaulichung, in darstellenden Künsten des Spätmittelalters und der Gegenwart, in gesellschaftlichen Festen und im Fachwissen um handwerkliches Können und handwerkliche Techniken.

Das ereignis-authentische immaterielle Kulturerbe „Landshuter Hochzeit 1475" wird in Auseinandersetzung mit der historischen baulich-räumlichen Umwelt und in Interaktion mit Geschichte immer wieder neu geschaffen, es vermittelt Identität, Kontinuität und das Gefühl der Zusammengehörigkeit. Sie trägt zur Förderung des Respekts vor menschlicher Kreativität und kultureller Vielfalt bei. Die Integration von materiellen Komponenten, z.B. der historischen baulich-räumlichen Umgebung in das immaterielle Kulturerbe erweitert das Verständnis des „nicht berührbaren" historischen Ereignisses der Landshuter Hochzeit. Sie verhindert das Herauslösen des Immateriellen aus dem materiellen Kontext und rückt das Geschichtszeugnis und den Ausdruck einer spätmittelalterlichen Lebenshaltung mit historischen, volkstümlich traditionellen und zeitgenössischen Praktiken in das Zentrum der Betrachter.

Die „Landshuter Rückkehr in die Vergangenheit" bedeutet eine Sensibilisierung hinsichtlich kultureller Heterogenität. Zwei Privatpersonen begründeten im Jahre 1902 eine Tradition, um mit medialen Mitteln des Geschichtstheaters das kulturelle Gedächtnis sichtbar zu machen. Die Bürger des 21. Jahrhunderts stehen gleichsam auf den Schultern ihrer Vorväter; sie befinden sich im städtischen und regionalen, im nationalen und internationalen Dialog und bezeugen auf diese Weise ihren Respekt über die Kulturleistung ihrer Vorfahren sowie über die Tradition der Wissens-Weitergabe.

Die Re-Inszenierung zeigt, dass es sich für eine Kommune lohnt, sich mit ihrem gelebten Kulturerbe auseinanderzusetzen. Sie ist Ausdruck engagierten bürgerlichen Forschungsdrangs und von Kreativität; sie spiegelt die Bandbreite der Bewahrung des innerhalb des temporären musealen Themenareals gelebten kulturellen Gedächtnisses wider, kann zur gegenwärtigen und künftigen kulturellen Entfaltung der Stadt beitragen und dem beschleunigten Verlust von Kulturformen durch Globalisierungseinflüsse entgegen wirken.

4.6.2. „Geschichte leben" – Kulturerbe bewahren und vermitteln

Kulturbewahrung und Kulturvermittlung sind eng miteinander verflochten. In Bezug auf die „Landshuter Hochzeit" ist unter dem Begriff der Kulturvermittlung die Berührungsebene zwischen den Historikern, den initiatorischen Gestaltern, dem inszenierten Werk und den Rezipienten zu verstehen. Es stellt ein Forum mit großer Kapazität dar, das jedes Mal neu geschaffen werden muss. Durch die Vermittlung eines historischen Sachverhaltes begegnen sich die kulturschaffenden Bürger der Stadt und die Öffentlichkeit. Durch gezielte Vermittlungsarbeit entsteht eine Vernetzung: Durchdachte programmatische Veranstaltungen geben Anreize zur Wissensbildung, Kommunikation und Partizipation. Die Kulturvermittlungsmaßnahme „Re-Inszenierung" formt die Protagonisten und Rezipienten und ermöglicht dadurch den Zugang zum historischen Ereignis. Sie weckt Interesse, dem Tatsächlichen bzw. dem Gewesenen direkt nachzuspüren.

Dem Zeitgeist entsprechend, wandeln sich die Bedürfnisse der Rezipienten. Zum einen erwarten Akteure und Publikum zunehmend (event-)gestalterische Ansätze, zum anderen muss man ihnen bessere Hilfestellung zum Verständnis von Geschichtsinhalten zur Seite stellen, da es zur Entschlüsselung von spätmittelalterlichen Bildern verloren gegangen ist. Die Schwierigkeit bei der gelebten Geschichtserzählung der „Landshuter Hochzeit 1475" besteht in dem

Versuch zu vermitteln, d.h. die unterschiedlichen Sprachen der Historiker sowie der Gestalter zu übersetzen und sowohl für den jeweils anderen als auch für die Rezipienten verständlich zu machen. Benötigt werden neue Formen von Kooperationsprozessen, um die Geschichtsvermittlung innerhalb des musealen Themenareals nicht nur programmatisch, sondern auch inhaltlich-gestalterisch wahrnehmbar zu machen.

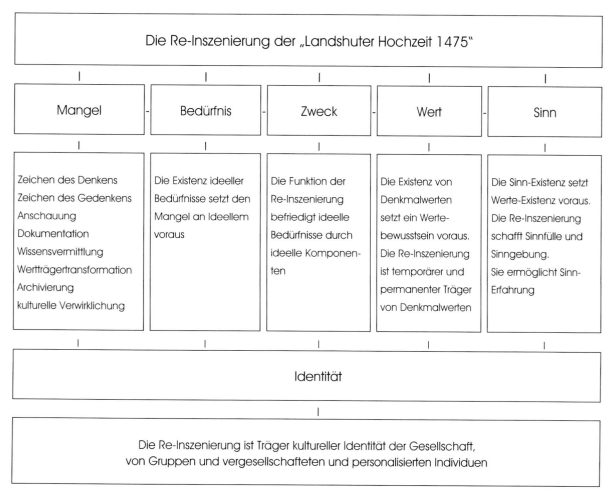

Abb. 10 Schematische Übersicht: Gedankenkette „Mangel – Bedürfnis – Zweck – Wert – Sinn".
Sie kann sowohl bei der Prüfung der gesamten Re-Inszenierung als auch bei der Beurteilung von Einzelveranstaltungen Verwendung finden.

Die Re-Inszenierung trägt dem Bedürfnis der Gesellschaft nach Identität, nach Orientierung, nach Übersicht und nach Erinnerung an historische Ereignisse ganz besonders Rechnung. In diesem Zusammenhang ist die Grundsätzlichkeit der abstrakten Gedankenkette „Mangel – Bedürfnis – Zweck – Wert – Sinn" der Diskussion wert. Das Bedürfnis setzt einen physiologischen und psychologischen Mangel voraus. Kulturelle Bedürfnisse werden nach der quantitativen Sättigung durch materielle und qualitativ durch ideelle Komponenten befriedigt.

Im Konzept der Annäherung an das historische Ereignis „Landshuter Hochzeit 1475" berühren sich Zeugnis- und Erlebnismodus, die Intentionen der authentischen substanziell-realen historischen Innenstadt, der Quellen und Ausstattungen mit der plausibel nachgespielten – nicht berührbaren – Erlebniswelt des Geschichtstheaters. Die Inspiration entsteht einerseits aus dem Bezug zum ereignisauthentischen Ort und andererseits aus dem öffentlichen Interesse am historischen Geschehen. Die Re-Inszenierung umfasst die darstellende Kunst des programmatischen „auf die Bühne Bringens" der Hochzeit; sie findet am Originalschauplatz aus dem Blickwinkel eines damaligen Stadtbürgers statt. Sie zielt darauf, sowohl das spätmittelalterliche Geschichtsereignis als auch dessen soziokulturellen Kontext in die Gegenwart zu projizieren und aktuelle Bezüge herzustellen. Es werden geschichtliche Zusammenhänge geschaffen und vermittelt, welche auf die Wechselwirkung zwischen Vergangenheit und Gegenwart angelegt sind. Die Bürger der Stadt Landshut erheben den Anspruch auf die möglichst authentische Veranschaulichung eines bestimmten historischen Sachverhaltes der Vergangenheit: Die Ergebnisse historiologischer Analysen werden bearbeitet und künstlerisch durch die Regie gestaltet. Die Verwirklichung erfolgt innerhalb des historischen Themenareals mit theatralischen Gestaltungsmitteln. Die Erlebniswirklichkeit des Festgeschehens wird mehrdimensional visualisiert und kann gedeutet sowie interpretiert werden. Sie markiert das historische Ereignis und lässt das spätmittelalterliche Umfeld in seiner Augenblicklichkeit immer wieder neu hervortreten; für einen bestimmten Zeitraum ist es innerhalb des öffentlichen Raumes in seiner besonderen Gegenwärtigkeit sozusagen wieder spürbar. Akteure und baulich-räumliche Umgebung schaffen einen konkreten Bildraum; sie sind integriertes Teil des temporären musealen Themenareals. Kostümierte stehen im Mittelpunkt und repräsentieren historische Personen und veranschaulichen Begebenheiten. Sie führen Ort und Handlung zu einem Ensemble mit dem Ziel zusammen, ein historisches Ereignis auf erlebbare Weise zu veranschaulichen.

Kulturelle Inszenierungen können anhand formalästhetischer Kriterien kategorisiert werden, z.B. durch den Umgang mit Historie bzw. die Absicht, ein besonderes historisches Ereignis in Szene zu setzen oder an ein solches zu erinnern.[437] Die Typologisierung bezieht sich auf den Gesamteindruck der Inszenierungseinheit und die dahinterliegende Aussage, ob ein Bezug zu einem historischen Sachverhalt hergestellt werden oder lediglich eine Idee – die sich im Umkreis des historischen Ereignisses bewegt – vermittelt werden soll. Die Inszenierung von kulturellen Sachverhalten kann sich zwischen zwei Extremen bewegen; die Bandbreite wird durch konkrete Stilelemente einerseits und abstrahierende andererseits festgelegt. Dazwischen ist eine Vielzahl von Variationen möglich.

Durch das Kriterium „Umgang mit Geschichte" können kulturelle Repräsentationen voneinander unterschieden werden. Für die Gestaltung des musealen Themenareals ist der Grundsatz der wissenschaftlichen Korrektheit zu

---

[437] Vgl. Kaiser, Brigitte, Inszenierungen und Erlebnis in kulturhistorischen Ausstellungen. Museale Kommunikation in kunstpädagogischer Perspektive, Bielefeld 2006, S. 39.

beachten: Die historiologische Fundierung und die zeitlich beschränkte Geschichtsrepräsentation am Ort des Geschehens stehen im Vordergrund. Für „historische Themenparks" genügen Anknüpfungspunkte an ein geschichtliches Ereignis; dabei überwiegt die Konzeptionierung als langwährender Freizeit- und Erlebnisraum. Das oberste Entscheidungskriterium ist ein erlebnisorientierter Gesamteindruck; auf streng wissenschaftliche Vorgaben wird hier verzichtet. Beim „historischen Spektakel" bildet Geschichte lediglich einen Ausgangspunkt für ökonomisch zweckdienliche Illusionswelten, welche durch Phantasie überzeichnet und verfremdet werden. Der Übergang zwischen temporärem musealen Themenareal und kommerziellen Erlebnisorten mit historischen Themen ist fließend. Zwischen diesen beiden sich gegenüberliegenden Polen bewegt sich die Kategorie der historischen Spielformate.

Der Doppelcharakter der Re-Inszenierung der „Landshuter Hochzeit 1475" liegt in der Geschichtsdokumentation und -überlieferung auf der einen Seite und der gelebten Repräsentation auf der anderen; die Stadt kann über ihre Kulturleistung verstanden werden – und ihre Kultur ist durch ihr soziokulturelles Handeln z.B. durch die ausdrucksvoll gelebte Interpretation ihrer Geschichte zu verstehen.

4.6.3. Der Schutz gegenständlicher und nicht-gegenständlicher Komponenten

Eines der Hauptanliegen der Kulturarbeit der UNESCO sind der Schutz und die Wahrung der kulturellen Vielfalt. Ihre Sonderfachleute sind der Auffassung, dass Bildung und Kultur nicht unkontrolliert bleiben dürften. Die axiologische Fundierung des UNESCO-Übereinkommens zur Bewahrung des immateriellen Kulturerbes aus dem Jahre 2003 ist defizitär. Das Wesen des Schutzgegenstandes – immaterielles Kulturerbe – liegt in seiner nicht berührbaren (engl.: intangible) und nicht fassbaren Erscheinungsform. Die Konvention dokumentiert die Ratlosigkeit in Bezug auf die Schutzobjekte. Es wird versucht, etwas zu schützen, das nicht unmittelbar, allenfalls mittelbar schützbar ist. Weil das Immaterielle dem materiellen Kulturerbe immanent ist, wäre es naheliegend und sinnvoll gewesen, die bestehende Konvention über den Schutz des – materiellen - Weltkulturerbes aus dem Jahre 1972[438] auf die immateriellen Kulturbereiche auszuweiten. Durch die Wechselwirkung zwischen materieller und immaterieller Kultur ist eine von der anderen unterscheidbar. Materielles ist eingebunden in die baulich-räumliche, natürlich-räumliche und sozialräumliche Umwelt, Ideelles an das Bewusstsein geknüpft. Der Schutzgegenstand kann sich aber nur auf Realien beschränken, hier auf die historische baulich-räumliche Umgebung, auf die Fahrzeuge, Kostüme und Rüstungen, auf die Archivalien über die Ur-Inszenierung und Dokumentationen über die Re-Inszenierungen. Nicht unmittelbar geschützt werden können z.B. das Geschichtsbewusstsein der Bürger der Stadt und der Region, das Engagement der meist ehrenamtlich handelnden aktiven und passiven Mitwirkenden und die Emotionen der Rezipienten.

Die Bürger der Stadt Landshut sind sich ihrer kulturellen Verantwortung bewusst; dennoch müssten sie sich im Falle eines Aufnahmeantrages in die Liste des immateriellen Weltkulturerbes vertraglich zur Aufführung in einem regelmäßigen Turnus von vier Jahren verpflichten. Geschichte zu leben, bedeutet auch, dass es Abweichungen vom Immergleichen zur Folge haben kann. Jede Re-Inszenierung trägt ihre individuellen Ausprägungen; keine ist mit der anderen identisch. Erkenntniszuwachs, sich wandelnder Zeitgeist und Kreativität beeinflussen Variationen und An-

---

[438] Vgl. UNESCO, Übereinkommen zum Schutz des Kultur- und Naturerbes der Welt vom 16. November 1972, Paris 1972.

passungen, die nach der UNESCO-Konvention aus dem Jahre 2003 gestattet und gewünscht sind. Es ist davon auszugehen, dass Änderungen der Monitoringgruppe vorzulegen sind und eine Genehmigung einzuholen ist. Zwar soll sich der Schutzgegenstand auf einen einklagbaren Sachverhalt beziehen; man kann die Bürger der Stadt aber nur ermuntern und ermutigen, nicht aber zwingen, ihre Geschichte zu leben und ihr Wissen an nachfolgende Generationen weiterzugeben.

Die denkmalpflegerische Zielsetzung der Re-Inszenierung liegt in der von den Bürgern der Stadt und der Region auf privater Ebene authentisch gelebten Würdigung eines speziellen historischen Ereignisses aus ihrer Vergangenheit. Nachfolgend werden die Schutz-Komponenten in gegenständliche und nicht-gegenständliche geschieden; die materiellen können unmittelbar geschützt werden, die immateriellen nur mittelbar.

Neben den Aspekten der Lebensfähigkeit und der Bedeutung für die Gesellschaft findet der Schutz materieller und nicht materieller Komponenten der Re-Inszenierung der „Landshuter Hochzeit 1475" in folgenden Kulturformen seinen Ausdruck:[439]

- in der baulich-räumlichen Umgebung, in den Fahrzeugen und Ausrüstungen als permanenten Trägern des immateriellen Kulturerbes sowie überlieferten schriftlichen, bildnerischen und plastische Expressionen, z.B. in den Berichten der Chronisten, in Gemälden, in Handschriften und in musealen Objekten;

- in sakraler und profaner spätmittelalterlicher Musik und im Gesang, in der Repräsentation von höfischen und bürgerlichen Tanzformen des Mittelalters, in Komödien und im Mummenschanz;

- in den gesellschaftlichen Traditionen und kollektiven Aufführungspraktiken, Ritualen und Festen, z.B. im Hochzeitsumzug, in mittelalterlichen Reiter- und Ritterspielen, in Huldigungen und höfischem Gehabe sowie in Tribünenfesten;

- im Fachwissen über traditionelles Handwerkskönnen, z.B. im Wagenbau, in der Malerei einschließlich der Pigmentmischung sowie der Öl- und Polyment-Blattvergoldung, in Web-, Näh-, Stick-, Kostümfertigung sowie der Plattnerei und im historischen Instrumentenbau.

Die Bürger der Stadt und der Region sehen sich in der Pflicht, das immaterielle Kulturerbe „Landshuter Hochzeit 1475" zu bewahren, und zu verhindern, dass Teile des kulturellen Gedächtnisses und des Erfahrungswissens entweder als akut gefährdet eingestuft werden oder als unwiederbringlich gelten. Ihnen obliegt die Prüfung der kritischen Fragen nach der adäquaten medialen Repräsentation, dem Gefährdungsstatus und dem damit verbundenen Zeitfaktor.

---

[439] Die Festlegung erfolgt in Anlehnung an das UNESCO-Übereinkommen zur Bewahrung des immateriellen Kulturerbes aus dem Jahre 2003, Originaltitel: „Convention for the Safeguarding of the intangible Cultural Heritage", offizielle Übersetzung in Luxemburg mit redaktioneller Unterstützung der UNESCO-Nationalkommissionen Deutschlands, Österreichs und der Schweiz, Paris 2003, S. 2 f.

4.7. Verlockungen und Gefahren

Die Gegenwart ist gekennzeichnet durch einen weltweit sozial-räumlichen Umbruchsprozess. Durch den beschleu-nigten sozialen Wandel und die wachsende Intoleranz sind vor allem mündlich überlieferte Traditionen und Bräuche mehr als baulich-räumliche oder natürlich-räumliche Umgebungen gefährdet. Das Verständnis und die Wertschät-zung für Traditionen und Gebräuche nehmen ab; vor allem in der jüngeren Generation wird das Interesse an der Tradierung dieses Wissens geringer. Das Fortbestehen des immateriellen Kulturerbes ist abhängig von dessen Be-wahrung und Weitergabe. Dieser Prozess der Veränderungen kultureller Praktiken kann sowohl Verlockungen als auch Gefahren in sich bergen.

Materielle und immaterielle Komponenten des Weltkulturerbes sind zum einen besonders schützenswert und zum anderen zu einem „Produktionsmittel" im touristischen Bereich geworden.[440] Aus dem Sachverhalt, dass historische Objekte und Ereignisse einem besonderen Schutz unterliegen und diese dennoch möglichst vielen Rezipienten zugänglich gemacht werden sollen, ergibt sich ein Widerspruch: Durch das Tourismusmarketing der vergangenen Jahre entfaltet sich die Reise- und Erinnerungskultur zu bestimmten kulturellen „Anziehungspunkten" mit positiven und negativen axiologischen, wirtschaftlichen und sozialen Auswirkungen. Einerseits erlangt Kulturerbe auf diese Weise wieder eine höhere wertträgerschaftliche Qualität, andererseits wird es durch eine oberflächliche Begutach-tung – zu Lasten einer intensiven Auseinandersetzung – zu einem „Konsumobjekt" reduziert.

Durch eine wachsende Vernetzung und Mobilität verändert die Gesellschaft ihre räumlichen, zeitlichen und sozialen Strukturen. Dabei gehen historisch gewachsene Bezugssysteme und kulturelle Bindungen verloren. Die Folge sind soziale Entwurzlungen und Identitätskrisen.[441] Mit der Einführung des Internet in den 1990er Jahren z.B. erfuhr der weltweite gesellschaftliche Verflechtungsbereich eine neue Qualität. Zunehmend werden sowohl die sozial-räumliche Umwelt als auch die objektive Zeiterfahrung relativiert und die weltweite Vereinheitlichung gefördert. Über das Internet verbreitete kulturelle Einflüsse z.B. können nicht mehr vollständig kontrolliert werden. Die Informationsflut beeinflusst die Weltsicht der Gesellschaft. Politische Grenzen und räumliche Distanzen verlieren an Bedeutung. Gesellschaften nähern sich einander an.

Durch das Eindringen neuer Weltsichten können traditionelle Werte reduziert werden, z.B. in Bezug auf die Religion, auch innerhalb der Familie. Statt Gemeinschaftsidentität zu schaffen, kann der internationale Einfluss zu wachsen-den Distanzen zwischen den Generationen, zu kultureller Entwurzelung und Orientierungslosigkeit innerhalb der sozi-al-räumlichen Umgebung führen. Regionale Unterschiede können sich verstärken, Fremdeinflüsse werden durch Jugendliche vermehrt adaptiert, während die ältere Generation diesen eher kritisch gegenüber steht und versucht, durch Rückbesinnung auf ihre Traditionen den Halt nicht zu verlieren.[442] Kulturelle Traditionen werden nicht mehr an die nächste Generation weitergegeben und geraten dadurch in Vergessenheit.

---

[440] Vgl. Luger, Kurt, u. Karlheinz Wöhler (Hrsg.), Kulturelles Erbe und Tourismus. Rituale, Traditionen, Inszenierungen, Inns-bruck/Wien/Bozen 2010.
[441] Vgl. Kaschuba, Wolfgang, Einführung in die Europäische Ethnologie, München 1999, S. 136.
[442] Vgl. Csáky, Moritz, u. Monika Sommer (Hrsg.), Kulturerbe als soziokulturelle Praxis, Innsbruck/Wien/Bozen 2005, S. 8.

Es besteht die Gefahr, dass durch eine defizitäre Weitergabe von Wissen, durch kulturelles Desinteresse nachfolgender Generationen Lücken entstehen, die Darstellungen von kulturellen Sachverhalten nur mehr mit geringerem Anspruch an das immaterielle Kulturerbe entstehen und als Folge daraus zum bloßen Event entarten lassen. Bereits erzeugte Werte sind auch Wertewandlungen unterworfen; Wertträger müssen hiervon nicht unmittelbar betroffen sein, und Veränderungen der Träger müssen den Wert selbst nicht treffen. Wertewandlung durch Wertereduktion bedeutet als Folge eine Schwächung der kulturellen Identität.

Durch bestimmte beschleunigte Prozesse der Globalisierung ist das Immaterielle Kulturerbe bedroht. Die vielschichtige weltweite Vernetzung kann zur kulturellen Festschreibung oder Vereinheitlichung führen; und andererseits können interkulturelle Kontakte auch kulturelle Anpassungen, Variationen oder Neuschöpfungen durch Vermischung alter und neuer Kulturelemente kreieren. Weltweit sind Mentalitäten sehr verschieden; Werten und ihren Trägern werden unterschiedliche Bedeutungen zugeschrieben und entsprechend interpretiert. Aus der Absicht, das immaterielle Kulturerbe vor Anpassung zu schützen, kann es zu einer Festschreibung und Musealisierung kommen.

Das Fremde löst Irritationen aus. In der Begegnung mit ihm werden die kognitiven Grenzen erfahren, die darin liegen, dass es sich in der eigenen Kultur nicht repräsentieren lässt, ohne seinen Charakter als Fremdes zu verändern oder gar zu verlieren. Interkulturelle Bildung vollzieht sich in einer Beziehung der Diversität, in der sich das Fremde und das Eigene vorab als Fremdes und Eigenes herausbilden. Weder das eine noch das andere existiert unabhängig voneinander; sie konstituieren sich vielmehr in einem und demselben Bewusstsein. Zwei eindeutig voneinander unterscheidbare Sachverhalte stehen sich nicht gegenüber; vielmehr berühren sich Fremdes und Eigenes, überlagern und durchdringen sich, so dass sich die Grenzen gegenseitig aufheben. Die Gesellschaft kann ihr Bewusstsein von der Bedeutung des eigenen immateriellen Kulturerbes stärken, zur Erhaltung ihrer kulturellen Vielfalt beitragen und den Gefahren, dass durch Politisierung und Kommerzialisierung der Schutz beeinträchtigt wird, entgegentreten. Der partielle oder der totale Verlust von gelebtem Kulturerbe tritt dann ein, wenn sich Fremdes und Eigenes zu sehr vermischen, wenn niemand mehr Eigenes praktiziert oder sich daran erinnern kann oder will. Das eigene immaterielle Kulturerbe bestimmt die Identität von Gruppen und Gemeinschaften der Gesellschaft; sie fördert unter ihnen ein Zusammengehörigkeitsgefühl. Künftige Generationen sollen die Möglichkeit haben, davon zu lernen, um so zur Bewahrung der eigenen kulturellen Vielfalt beitragen zu können.[443]

Der Druck der Vereinheitlichung von immateriellem Kulturerbe kann dazu führen, dass im Bewusstsein der Gesellschaft eine Rückbesinnung auf lokale Traditionen und Brauchtümer gefördert wird. Besonderheiten der eigenen Kultur werden wieder verstärkt entdeckt; ein Zusammengehörigkeitsgefühl wird vermittelt, und Orientierungs- und Identitätsbezugspunkte für die Gesellschaft werden im kulturellen Globalisierungsprozess geschaffen. Aber dadurch, dass sich der Bezugsrahmen zur eigenen lokalen Kultur ändert, müssen diese kulturellen Elemente durch Re-

---

[443] Der Begriff „gelebtes Kulturerbe" verkörpert, soweit die Konnotationen im Einzelnen miteinander laufen mögen, ein Moment von Ordnung und Sicherheit inmitten des Wechsels, und sein besonderer Reiz liegt dabei darin, dass er nicht eigentlich die Bedeutung von Starrheit oder Erstarrung vermittelt, sondern dass er verhältnismäßig elastisch etwas Bleibendes, in wechselnden Konstellationen anvisiert. Bausinger, Hermann, Zur kulturalen Dimension von Identität, in: Bausinger, Hermann, u. Bernward Deneke (Hrsg.), Zeitschrift für Volkskunde, Vol. 73; 1977, S. 210.

Inszenierung in einem neuen Verflechtungsbereich verortet werden. Durch Vermischung von traditionellen und modernen Kulturelementen werden neue Ausprägungen geschaffen. In einem ambivalenten und paradoxen Prozess kann zum einen das regionale immaterielle Kulturerbe durch Erweiterung des Verflechtungsbereiches verloren gehen, es zum anderen aber auch zum Erinnern, Rückbesinnen und Wiedergewinnen von Tradition und Brauchtum durch eben diese Fremdeinflüsse führen.

Die Re-Inszenierung der Landshuter Hochzeit ist ein axiologisches Phänomen. Folgende Konditionen können zum Verlust des immateriellen Kulturerbestatus beitragen:

Hinsichtlich der Voraussetzungen:

- wenn die Bürger der Stadt Landshut und der Region (Wertsubjekte) ihr kulturelles Bewusstsein reduzieren und die Geschichtsvergegenwärtigung nicht mehr als ihr immaterielles Kulturerbe, sondern nur mehr als Gesellschafts-Event begreifen;

- wenn nicht mehr die Befriedigung von sozio-kulturellen, sondern nur noch von wirtschaftlichen Bedürfnissen im Vordergrund steht;

- wenn die Pflege des permanenten Wertträgers „historische baulich-räumliche Umgebung" durch falsche Maßnahmen der gestaltenden Denkmalpflege nicht tolerierbare Störungen erfährt.

Hinsichtlich der Wissensschöpfung:

- wenn die historiologische und historiographische Forschung nicht weiter betrieben wird;

- wenn Lücken in der Quellenlage oder Fehlstellen in der Dokumentation überwiegend durch spekulative Vermutungen geschlossen werden.

Hinsichtlich der Interpretation:

- wenn die Geschichtsvermittlung (Inszenierung) durch Veränderungen oder Anpassungen von der Typologie des dokumentarischen Geschichtstheaters abgeleitet zu einem historischen Spiel oder Reenactment;

- wenn die Gesamt-Authentizität durch Qualitätsreduktionen in den Teil-Authentizitäten nicht mehr gegeben ist;

- wenn die populäre Bewahrung und Weitergabe von Wissen und handwerklichem Können von einer Re-Inszenierung zur folgenden und von einer Generation an die nächste unterbrochen werden oder sich nur auf exklusive Schichten der Landshuter Bürgerschaft beschränken;

- wenn die „Lebendigkeit" des immateriellen Kulturerbes durch ein Beharren auf empirisch gewachsene und etablierte Re-Inzenierungsstrukturen eingeschränkt wird;

- wenn das jedes Mal neu zu schaffende Forum der Befriedigung eventkultureller Bedürfnisse, eine Berührungsebene zwischen Historikern, initiatorischen Gestaltern, dem inszenierten Werk und den Rezipienten nicht durch zeitgenössische Vermittlungstechniken angepasst wird;

- wenn bei der Mitwirkung und der Durchführung des Festgeschehens eine exklusive gesellschaftliche Schicht die populären aktiven und passiven Protagonisten und Rezipienten der Stadt und der Region verdrängt.

Hinsichtlich der Rezeption:

- wenn das Denkmal-Wertespektrum verlassen wird, das zum einen aus den Grundwerten – historischer Wert (rationaler und emotionaler Geschichtswert) und Anschauungswert (Kunst- und Similitätswert) – und zum anderen aus den Ergänzungswerten bestimmt wird;

- wenn die Wertträger des immateriellen Denkmals dem Total-Verlust erliegen, d.h. wenn sich niemand mehr an das historische Ereignis erinnern kann oder will.

„Erzähle es mir – ich vergesse. Zeige es mir – ich erinnere mich. Lass es mich tun – es wird ein Teil von mir."

Der Spruch von Konfuzius im Vorwort dieser Schrift bezeichnet zum einen das Wesen und beschreibt zum anderen beispielhaft mittelbare Schutzmaßnahmen nicht-gegenständlicher Komponenten des immateriellen Kulturerbes. Auf unterschiedliche Weise können diese geschützt, bewahrt und an die nachfolgenden Generationen weitergegeben werden.

Erzähle es mir – ich vergesse:

- Die fortwährende Anpassung der Erzählformen und Inhalte hinsichtlich der Geschichtsvermittlung während der jeweiligen Re-Inszenierung schützt gegen das Vergessen eines für die Stadt und die Region bedeutungsvollen historischen Sachverhaltes.

Zeige es mir - ich erinnere mich:

- Die Befriedigung von sich kontinuierlich wandelnden ideellen (event-)kulturellen Bedürfnissen der Gesellschaft durch neuzeitliche mediale Formen der „gelebten" Geschichtsdarstellung sichert der Re-Inszenierung ihre Existenz im 21. Jahrhundert und darüber hinaus.

Lass es mich tun - es wird ein Teil von mir:

- Das erweiterte Angebot an breite Bevölkerungsschichten der Stadt und der Region, sowohl zur kostümierten als auch nicht kostümierten Mitwirkung, bewahrt das Wissen und verteilt die Spielfreude sowie das Engagement auf viele Schultern; das Publikum wird durch Partizipieren am Geschehen zum aktiven Rezipienten (Produzenten) und somit zum Wertträger.

Die Re-Inszenierung der „Landshuter Hochzeit 1475" ist Teil eines axiologischen Gesamt-Phänomens. Diese Schrift zeigt die Stadt als gelebten Raum und den Raum als lebendige Stadt. Sie beweist, dass die historische baulich-räumliche Umgebung und die Geschichts-Performation keine getrennten Sachverhalte sind, sondern differenzierte Manifestationen eines unikalen axiologischen Phänomens. Die historische Innenstadt ist keine Ansammlung denkmalgeschützter Architekturwerke, sondern sie trägt zur urbanen Gesamtheit bei, zu dem Mikrokosmos der Stadt. Die Re-Inszenierung ist keine Fraktion des Ganzen, auch das Ganze ist nicht die Summe einzelner Komponenten. Die Einzelteile und das Gesamte unterliegen der konstanten Interaktion. Zu festgelegten Zeiten wetteifern das temporäre museale Themenareal und die gelebte Geschichtsvergegenwärtigung miteinander und lassen sie zu einer Gesamtkomposition verschmelzen.

Vor dem Hintergrund des kulturellen Wandels debattieren Historiker und Gestalter über die Fragen, was an handlungsrelevantem Wissen an die nachfolgende Generation weitergegeben werden soll, was zukünftig an Kulturgut und kulturellem Gedächtnis bewahrt werden kann oder was verloren wird. Wenn es die Gesellschaft nicht schafft, Vergangenheit, Gegenwart und Zukunft in ein ausgewogenes Verhältnis zu bringen, wird die kulturelle Identität der Stadt und der Region leiden oder sogar dem Verlust erliegen.

Die Re-Inszenierung der „Landshuter Hochzeit 1475" wurde als - Historisches Dokumentarspiel - im Jahre 2015 in das neu geschaffene Bayerische Landesverzeichnis des „Immateriellen Kulturerbes" im Sinne der UNESCO-Konvention aus dem Jahre 2003 (IKE2003) aufgenommen. Hervorgehoben wird vor allem das Bemühen um einen hohen Grad an Authentizität und wissenschaftliche Absicherung der Darstellung.

Immaterielles Kulturerbe muss die Kriterien der UNESCO zur Aufnahme in eine adäquate Liste gemäß der Konvention aus dem Jahre 2003 erfüllen. Die gelebte „Landshuter" Geschichts-Performation entspricht diesen in mehrfacher Hinsicht. Die nationale „Weihe" des immateriellen Kulturerbes „Re-Inszenierung der Landshuter Hochzeit 1475" durch das Protektorat der UNESCO ist erfolgt. Im Jahre 2018 fand die Aufnahme des historischen Dokumentarspiels „Landshuter Hochzeit 1475" in das nationale - Bundesweite Verzeichnis Immaterielles Kulturerbe - der Deutschen UNESCO-Kommission statt.

Die Debatte über den Antrag zur Aufnahme in das Verzeichnis „Europäisches Kulturerbe-Siegel" (englisch: European Heritage Label, französisch: Label Patrimoine Européen) innerhalb des Vereins „Die Förderer" e.V. und der Bürgerschaft der Stadt Landshut wurde vom Verfasser angeregt. Es handelt sich dabei um eine staatliche Auszeichnung für Kulturdenkmale, Kulturlandschaften oder Gedenkstätten, die auf europäischer Ebene als bedeutend erachtet werden. Im Jahre 2006 entfaltete sie sich aus einer zwischenstaatlichen Initiative europäischer Staaten, 2011 wurde sie in eine EU-Initiative mit aktualisierten Kriterien umgewandelt.

Die Re-Inszenierung „Landshuter Hochzeit 1475" leidet bislang noch nicht unter den positiven und negativen Auswirkungen als Folge der in den Jahren 2015 und 2018 stattgefundenen Aufnahmen in adäquate repräsentative Listen. Der schwierige Balanceakt im Bereich der kulturellen Performation ist aber bereits jetzt eine Herausforderung. Geschichte und ihre Reproduktion haben dann Zukunft, wenn zunehmende Auswüchse im „heritage marketing" sowohl Kulturgut als auch kulturelles Gedächtnis nicht nur ausschnittsweise sondern in seiner Gesamtheit nicht gefährden.

Die Bürger der Stadt Landshut und der Region haben ihr sogenanntes „intangible cultural heritage"
nicht nur von ihren Vorfahren geerbt, sondern auch von ihren Kindern geliehen;
- ihrer Pflicht obliegt die treuhänderische Verwaltung und Weitergabe -.

THESEN

1. Das Immaterielle ist dem Materiellen inhärent, die körperliche Handlung setzt die geistige Schöpfung voraus: Das UNESCO-Übereinkommen zur Bewahrung des immateriellen Kulturerbes aus dem Jahre 2003 berücksichtigt zwar die Wechselwirkung zwischen materiellen und ideellen Komponenten des Kulturerbes und weitet den Schutzbereich des (materiellen) Kulturgutes gemäß des UNESCO-Übereinkommens zum Schutz des Kultur- und Naturerbes der Welt von 1972 auf das (immaterielle) kulturelle Gedächtnis aus; die axiologische Fundierung des immateriellen Schutzgegenstandes ist aber defizitär.

2. Im Zeitalter der Globalisierung mit ihrer Tendenz zur Nivellierung kultureller Unterschiede sind sich die Bürger der Stadt Landshut und der Region ihres individuellen immateriellen Kulturerbes bewusst: Die Re-Inszenierung der „Landshuter Hochzeit 1475" bildet die Basis für ihre weitere gesellschaftliche Entfaltung; sie bewegt sich zwischen Tradition und Innovation und ist der Kontinuität und dem Wandel unterworfen.

3. Die „Landshuter Hochzeit" erweitert das Kulturverständnis von Gebautem durch Gelebtes, sie hat die Dimension eines immateriellen Kulturerbes im Sinne des UNESCO-Übereinkommens – Convention for the Safeguarding of the intangible Cultural Heritage – aus dem Jahre 2003: Das kulturelle Gedächtnis der Bevölkerung ist durch die mediale Form der „Re-Inszenierung" sowohl temporär als auch permanent fassbar und interpretierbar; es äußert sich in immateriellen Komponenten, wie z.B. in Praktiken, Darbietungen, Ausdrucksweisen, Kenntnissen und Fähigkeiten sowie in materiellen, wie z.B. in dem damit verbundenen Kulturraum, in der baulich-räumlichen Umgebung, auch in Instrumenten, Objekten und Artefakten.

4. Die Bürger der Stadt und der Region wehren ihr Kulturerbe nicht ab, sondern behaupten und bewahren es: Verantwortlich erweitern sie die regionale Kulturperspektive und erzeugen eine inter- und transkulturelle Wechselwirkung; aus wiederholter geistiger und körperlicher Schöpfung entstehen städtische und regionale Identität, Individualität und Eigentümlichkeit sowie Unikalität.

5. Die „Re-Inszenierung" bezeichnet sowohl die Methode als auch das Ergebnis: Sie hat sich zu einer eigenständigen Wertträgertransformationsmethode entfaltet; ihre Funktion ist von ideeller und von materieller Art; sie besteht aus der wiederholbaren Erinnerung an Geschehenes.

6. Die wiederholt stattfindende kostümierte Veranschaulichung eines historischen Ereignisses und die Projektion von Komponenten desselben in die Gegenwart geschieht mit den Mitteln des kritischen Museumstheaters (Living History): Für einen beschränkten Zeitraum entfaltet sich die ereignisauthentische baulich-räumliche und sozial-räumliche Umgebung zu einem temporären musealen Themenareal.

7. Die in zeitlichen Intervallen stattfindende Inszenierung ist zu einer modernen und vermittlungsfähigen Form von Geschichtswissen geworden: Eingebettet in die Lebens-Wirklichkeit der Gegenwart, verknüpft sie eine vergangene Erlebnis-Wirklichkeit mit der aktuellen; der Prozess setzt das Geschichtsbewusstsein voraus; der Wissensschöpfung folgen die Interpretation und die Rezeption der Ergebnisse.

8. Geschehen ist unumkehrbar, aber reproduzierbar, und zwar aufgrund seriöser historiologischer Quellenbasis: Die turnusgemäß i.d.R. alle vier Jahre stattfindende medienwirksame und wirtschaftlich bedeutende Projektion eines historischen Ereignisses in die Gegenwart ist wirklichkeits-semantisch teilweise sowohl den „ernsten" als auch den „nicht ernsten" Welten zuzuordnen; sie erzeugt eine temporäre alltagsfremde Wirklichkeit an einem „wirklichen und wirksamen" Ort.

9. Das axiologische Phänomen entsteht im Bewusstsein personalisierter und vergesellschafteter Wertsubjekte; Denkmalwerte erwachsen aus Wertträgern, gleichermaßen sowohl aus temporären im Erlebnis- und als auch aus permanenten im Zeugnismodus: Der historische Wert und der Anschauungswert bilden die Grundwerte; Ergänzungswerte, wie z.B. der Similitätswert, vervollständigen das Wertespektrum.

10. Bei der „Landshuter Hochzeit 1475" handelt es sich um ein duales immaterielles Denkmal: Zum einen gibt das im Jahre 1475 von Herzog Ludwig dem Reichen „gesetzte" Denkmal den gegenwärtigen und nachfolgenden Generationen Zeugnis vom Reichtum, von Macht und Einfluss seiner Person in seinem ihm umgebenden politischen Verflechtungsbereich, und zum anderen bezeugt das „gewordene" Denkmal die gelebte ereignis-authentische Geschichtsinszenierung ab dem Jahre 1903, die Solidarität und die Integrationskraft des Gemeinwesens sowie die Stabilität der Stadt und der Region.

11. Das immaterielle Kulturerbe konstituiert sich sowohl aus nicht-gegenständlichen als auch aus gegenständlichen Komponenten: Während erstere nur mittelbar geschützt werden können, wie z.B. das Geschichtsbewusstsein und die Spielfreude der Bevölkerung, ihr Engagement und die Weitergabe von Wissen an die nachfolgende Generation, umfassen die letzteren den unmittelbaren Schutz von Realien, wie z.B. das historische Innenstadtgefüge, die Kostüme und die Rüstungen sowie die Fahrzeuge.

12. Das ideelle Gebilde „Landshuter Fürstenhochzeit 1475" oszilliert zwischen Vervollkommnung und Unverbesserlichkeit; keine Re-Inszenierung ist mit der anderen identisch, jede erreicht ihre individuelle Stufe der Perfektion mit voneinander abweichenden wertträgerschaftlichen Qualitäten: Der Status des gelebten immateriellen Kulturerbes fordert, legitimiert und beschränkt zeitgemäße Variationen und Anpassungen der Geschichtsreproduktion; Kontinuität und manche Diskontinuitäten, Detailrealismus und Idealisierungstendenzen stehen sich nicht konträr gegenüber.

13. Es wird erhofft und erwartet, dass diese vorliegende Schrift zu weiteren Forschungen anregt, um einerseits die Refiguration von unumgänglicher und unumkehrbarer Geschichte nicht als nur etwas Invariantes, sondern auch als, durch geistige und physische Menschenkraft geschaffene Wiederkunft zu begreifen und um andererseits deutlich zu formulieren sowie langwährend sichtbar zu machen, wie sehr materielle und immaterielle kulturelle Wandlungen ineinander verwoben sind, sich wechselseitig bedingen oder voraussetzen.

Dr.-Ing. Dr. phil. Stephan M. Bleichner Architekt DWB ICOMOS
http://www.architekt-bleichner.com/
Landshut, im Dezember 2010
Didaktisch vereinfacht, ergänzt und fortgeführt: Landshut im Mai 2015.
Aktualisiert im Oktober 2022 und April 2023

VERZEICHNISSE

Literaturverzeichnis

Angermeier, Heinz, Bayern und der Reichstag von 1495, in: Historische Zeitschrift (HZ) Band 224 1977

Ansbach gestern und heute, Heft 45, Ansbach 1988

Assmann, Aleida, Der lange Schatten der Vergangenheit. Erinnerungskultur und Geschichtspolitik, München 2006

Assmann, Aleida, Geschichte im Gedächtnis. Von der individuellen Erfahrung zur öffentlichen Inszenierung. Krupp-Vorlesungen zu Politik und Geschichte am kulturwissenschaftlichen Institut im Wissenschaftszentrum Nordrhein-Westfalen, Band 6, München 2007

Assmann, Aleida: Einführung in die Kulturwissenschaft. Grundbegriffe, Themen, Fragestellungen, Berlin 2008

Assmann, Jan, Das kulturelle Gedächtnis. Schrift, Erinnerung und politische Identität in den frühen Hochkulturen, München 1997

Ausstellungskatalog: Polen im Zeitalter der Jagiellonen 1386-1532, Schallaburg 1986

Barack, K., Zimmersche Chronik, hrsg. v. K. Barack, Bd. I, o. O. 1881

Baumann, G., Das älteste Landshut: in: Verhandlungen des historischen Vereins für Niederbayern (VHVN) 72, Landshut 1939

Bauer, Thomas Alexander, Feiern unter den Augen der Chronisten. Die Quellentexte zur Landshuter Fürstenhochzeit von 1475, Dissertation Ludwigs-Maximilians-Universität in München, München 2008

Bausinger, Hermann, Zur kulturalen Dimension von Identität, in: Bausinger, Hermann, u. Bernward Deneke (Hrsg.), Zeitschrift für Volkskunde, Vol. 73; 1977

Bausinger, Hermann, Kulturen – Räume – Grenzen, in: Frieß-Reiman, Hildegard, und Fritz Schellack (Hrsg.), Interdisziplinäres Kolloquium zum 60. Geburtstag von Herbert Schwedt. Studien zur Volkskultur in Rheinland-Pfalz, Bd. 19, Mainz 1996

Bayern-Ingolstadt, Bayern-Landshut 1392-1506, Glanz und Elend einer Teilung, Ausstellungskatalog, Ingolstadt 1992

Bayerische Akademie der Wissenschaft, Chronik der baierischen Städte, Regensburg, Landshut, Mühldorf, München, 2. Auflage. Hrsg. v. der historischen Kommission bei der Bayerischen Akademie der Wissenschaft, Bd. 15

Beckenbauer, Alfons, Eine Momentaufnahme aus der europäischen Geschichte. Die Polenhochzeit in Landshut im Jahr 1475, Landshut 1996

Becker, C, Kulturtourismus – Eine Einführung, in: Kulturtourismus in Europa. Wachstum ohne Grenzen?, ETI Studien, Band 2, Trier 1993

Bleibrunner, Hans, Landshut, die altbayerische Residenzstadt, Ein Führer zu ihren Sehenswürdigkeiten, Landshut 1985

Bleichner, Stephan, Das elektronisch virtualisierte Baudenkmal, Ing.-Dissertation Bauhaus-Universität Weimar, Weimar 2008

Biskup, Marian, Die polnische Diplomatie in der zweiten Hälfte des 15. und in den Anfängen des 16. Jahrhunderts, in: Jahrbücher für Geschichte Osteuropas NF 26 1978

Braun v., Christina, in: Bergmann, Klaus, u.a. (Hrsg.), Handbuch der Geschichtsdidaktik, Seelze-Velber 1997

Bühler, Johannes, Wappen – Becher – Liebesspiel, Die Chroniken der Grafen von Zimmern 1288-1566, Frankfurt a. M. 1940

Csáky, Moritz, u. Klaus Zeyringer (Hrsg.), Inszenierungen des kollektiven Gedächtnisses. Eigenbilder, Fremdbilder, Innsbruck 2002

Csáky, Moritz, u. Monika Sommer (Hrsg.), Kulturerbe als soziokulturelle Praxis, Innsbruck/Wien/Bozen 2005

Denzer, V., Erinnerungsorte und kulturelles Erbe. Spielplätze der Repräsentation von Vergangenheit, in: Social Geography Discussions, hrsg. v. Institut für Geography der Universtiät Leipzig, Nr. 2/2006, S. 63 – 86

Diehr, Achim, Literatur und Musik im Mittelalter, Berlin 2004

Dlugossius, Joannis, Edition: Annales seu cronicae inclicti regni polonie, Liber duodecimus, Krakau 2005

Dorner, Johann, Herzogin Hedwig und ihr Hofstaat. Das Alltagsleben auf der Burg Burghausen nach Originalquellen des 15. Jahrhunderts, Burghausen 2002

Ebran von Wildenberg, Hans, Des Ritters Hans Ebran von Wildenberg Chronik von den Fürsten aus Bayern, hrsg. von Friedrich Roth, München 1905

Eisenbart, Liselotte Constanze, Kleiderordnungen der deutschen Städte zwischen 1350 und 1700, in: Göttinger Bausteine zur Geschichtswissenschaft, Bd. 32, Göttingen/Berlin/Frankfurt a. M. 1962

Emslander, Hans, Der Bau der Heiliggeistkirche und die Differenzen Heinrichs des Reichen mit den Landshuter Bürgern, in: Verhandlungen des historischen Vereins für Niederbayern (VHVN) 122/123, 1996/1997

Ettelt-Schönewald, Beatrix, Kanzlei, Rat und Regierung Herzog Ludwig des Reichen von Bayern-Landshut (1450-1479), Band 1 von 2, Schriftenreihe zur Bayerischen Landesgeschichte, Band 97/I, München 1996

Faber, Michael, Nur ein Spiel der Geschichte … Personale Geschichtsinterpretation im Rheinischen Freilichtmuseum in Kommern, in: Duisberg, Heike (Hrsg.), Living History in Freilichtmuseen. Neue Wege der Geschichtsvermittlung, Ehestorf 2008

Färber, Siegfried, Eine Stadt spielt Mittelalter. Geschichte der „Landshuter Hochzeit 1475" und ihrer Aufführungen von 1903 bis 1975, Landshut 1976

Fleckenstein, Joseph, Das Turnier als höfisches Fest im hochmittelalterlichen Deutschland, in: Fleckenstein, Joseph (Hrsg.), Das ritterliche Turnier im Mittelalter. Beiträge zu einer vergleichenden Formen- und Verhaltensgeschichte des Rittertums, Göttingen 1985

Flusser, Vilém, Kommunikologie, Frankfurt am Main 1998

Freyer, W. Event-Management im Tourismus. Kulturveranstaltungen und Festivals als Leistungsangebote, in: Dreyer, A. (Hrsg.), in: Kulturtourismus (Lehr und Handbücher zu Tourismus, Verkehr und Freizeit), München/Wien 1996

Friedrich, Gisela, Landshuter Ratschronik (1439-1504), in: Die deutsche Literatur des Mittelalters - Verfasserlexikon, Bd. 5, o. O. 1985

Fouccault, Michel, Andere Räume, in: Wentz, Martin (Hrsg.) Stadt-Räume, Frankfurt a. M. / New York 1991

Fouquet, Gerhard, Harm von Seggern u. Gabriel Zeilinger (Hrsg.), Höfische Feste im Spätmittelalter in: Mitteilungen der Residenzen-Kommission der Akademie der Wissenschaften zu Göttingen, Sonderheft 6, Kiel 2003

Gallas, Herta, Herzog Ludwig der Reiche von Bayern-Landshut und die Reichsreformbewegung der Jahre 1459-1567, o. O. 1927

Gamber, Ortwin, Ritterspiele und Turnierrüstung im Spätmittelalter, in: Fleckenstein, Joseph (Hrsg.), Das ritterliche Turnier im Mittelalter. Beiträge zu einer vergleichenden Formen- und Verhaltensgeschichte des Rittertums, Göttingen 1985

Glaser, Hubert, Der Bilderzyklus im Rathaus zu Landshut und die Vorgeschichte der Landshuter Hochzeit, Landshut 1984

Grosch, Waldemar, Fakten, in: Mayer, Ulrich, Pandel, Hans-Jürgen, u. Gerhard Schneider (Hrsg.), Wörterbuch Geschichtsdidaktik, Schwalbach/Ts. 2006

Grassinger, Peter, Münchner Feste und die Allotria. Ein Jahrhundert Kulturgeschichte, München 1990

Gruber Hubert und Bernd Zöttl, „Ein solch Gedön", Signale, Tänze Lieder zur Landshuter Hochzeit, Band I, Landshut 2001

Habermas, Jürgen, Faktizität und Geltung. Beiträge zur Diskurstheorie des Rechts und des demokratischen Rechtsstaats, Frankfurt a. M. 1992

Haitzinger, Nicole, „Vergessene Traktate - Archive der Erinnerung", Dissertation an der Universität Salzburg, Salzburg 2004

Haller, Dieter, DTV-Atlas Ethnologie. München 2005

Hartmann, Frank, Medienphilosophie,. WUV, Wien 2000

Hartmann, W., Der Historische Festzug, Seine Entstehung und Entwicklung im 19. und 20. Jahrhundert, in: Studien zur Kunst des 19. Jahrhunderts, Bd. 35, München 1976

Hecht-Aichholzer, Doris, „Ich will euch underweysen von der kuchen speysen", Vom Trinken und Essen im Mittelalter, in: Pohanka Reinhard (Hrsg.), Um die Wurst. Essen und Trinken im Mittelalter, Wien/Frankfurt a. M. 1986

Heimpel, Hermann, Das Wesen des deutschen Spätmittelalters, in: Ders., Der Mensch in seiner Gegenwart, Göttingen 1957

Heimsoeth, H., Die sechs großen Themen der abendländischen Metaphysik und der Ausgang des Mittelalters, Stuttgart 1965

Herzog, Theo, Die Landshuter Bürgerunruhen der Jahre 1408 und 1410, in: Festausgabe zur Landshuter Fürstenhochzeit 1475, Landshuter Zeitung vom 26. Juni 1965

Hiereth, Sebastian, Zeitgenössische Quellen zur Landshuter Fürstenhochzeit 1475, Landshut, 1959

Hiereth, Sebastian, Herzog Georgs Hochzeit zu Landshut im Jahre 1475. Eine Darstellung aus zeitgenössischen Quellen, Landshut, 1965

Hiereth, Sebastian, Die Landshuter Hochzeit als Organisationsproblem, in: Österreichische Osthefte 18, 1976

Hiereth, Sebastian, Der wiederentdeckte Originalbericht des Klosterschreibers Hans Seybolt über die Landshuter Fürstenhochzeit 1475 vom Jahre 1482, Verhandlungen des historischen Vereins für Niederbayern (VHVN) 102, 1976

Hobmeier, Martin, Herzog Georg der Reiche, von Niederbayern im Spiegel der Historiographie von den Zeitgenossen bis zu Gegenwart, Zulassungsarbeit im Fachbereich Geschichte – Gesellschaft – Geographie an der Universität Regensburg bei Professor Angermeier im Herbst 1977, (nicht veröffentlicht)

Hochbruck, Wolfgang, Living History, Geschichtstheater und Museumstheater. Übergänge und Spannungsfelder, in: Duisberg, Heike (Hrsg.), Living History in Freilichtmuseen. Neue Wege der Geschichtsvermittlung, Ehestorf 2008

Hochdruck, Wolfgang, Geschichtstheater, Formen der "Living History", Eine Typologie, Bielefeld 2013

Höflechner, Walter, Zur Heiratspolitik der Habsburger bis zum Jahre 1526, in: Novotny, Alexander, u. Othmar Pickl (Hrsg.), Festschrift Hermann Wiesflecker zum sechzigsten Geburtstag, Graz 1973

Hofmann, Siegfried, Die bayerischen Landesteilungen von 1255 und 1392. Auswirkungen - Perspektiven, in: Sammelblatt des Historischen Vereins Ingolstadt 102/103, Ingolstadt 1994

Holme, Bryan, Der Glanz höfischen Lebens im Mittelalter, Freiburg 1987

Hüfner, Klaus, Der Schutz des immateriellen Kulturerbes, in: Deutsche UNESCO-Kommission (Hrsg.): UNESCO heute, Vol. 48, No. 1-2. Köln: 2001

Hüfner, Klaus, u. Wolfgang Reuther (Hrsg.), UNESCO-Handbuch. Bonn 2005

Inglehearn, Madeleine, und Peggy Forsyth, Antonio Cornazano, The book on the art of dancing, London 1981

Jätzold, R., Differenzierungs- und Förderungsmöglichkeiten des Kulturtourismus und die Erfassung seiner Potentiale am Beispiel des Ardennen-Eifesl-Saar-Moselraumes, in: Kulturtourismus in Europa. Wachstum ohne Grenzen? ETI Studien, Band 2, Trier 1993

Jeissmann, Karl-Ernst, Geschichtsbewusstsein, in: Handbuch der Geschichtsdidaktik, Seelze-Velber 1997

Joetze, Karl Franz, Veit Arnpeck, ein Vorläufer Aventins, in: Verhandlungen des historischen Vereins für Niederbayern (VHVN) 29 1893

Kaiser, Brigitte, Inszenierungen und Erlebnis in kulturhistorischen Ausstellungen. Museale Kommunikation in kunstpädagogischer Perspektive, Bielefeld 2006

Kaltwasser, Karin, Herzog und Adel in Bayern-Landshut unter Heinrich XVI. dem Reichen (1393-1450), Dissertation Universität Regenburg 2003

Lackner, Irmgard, Die Herzogshöfe in Landshut und München. Herzogliche Hofhaltung im Dienste der Re-präsentation und Herrschaftslegitimierung, in: Niehoff, Franz (Hrsg.), Ritterwelten im Spätmittelalter. Höfisch-ritterliche Kultur der Reichen Herzöge von Bayern-Landshut. Schriften aus den Museen der Stadt Landshut Nr. 29, Landshut 2009

Kaschuba, Wolfgang, Einführung in die Europäische Ethnologie. München, 1999

Keen, Maurice, Das Rittertum, New Haven, London 1984 (Übersetzt v. H. Erhardt), Reinbek 1991

Kluckholm, August, Heinrich der Reiche, Herzog von Bayern. Ein Lebens- und Charakterbild, in: Verhandlungen des historischen Vereins für Niederbayern (VHVN) 10 1864

Kluckholm, August, Ludwig der Reiche. Herzog von Bayern, Nördlingen 1865

Knaller, Susanne, Ein Wort aus der Fremde: Geschichte und Theorie des Begriffs Authentizität, Heidelberg 2007

Königseder, Joseph, Handwerk und Landshuter Hochzeit. Die Wiederherstellung der Wagen 1970-1975, Bauzunfthaus Landshut e. V. (Hrsg.), Sonderheft 1993, Landshut 1993

Kraus, Andreas, Geschichte Bayerns. Von den Anfängen bis zur Gegenwart, München 1983

Kraus, Andreas, Geschichte Bayerns. München 2004

Lautmann, R., Wert und Norm, Köln u. Opladen 1969

Lehnart, Ulrich, Kleidung und Waffen der Spätgotik III, 1420-1480, Wald-Michelbach 2005

Leidinger, Georg, Über die Schriften des bayerischen Chronisten Veit Arnpeck, München, 1893

Leidinger, Georg, Edition: Veit Arnpeck, Sämtliche Chroniken, München 1915

Leidinger, Georg, Johannes Aentinus, Baierische Chronik, hrsg. v. Georg Leidinger, Jena 1926

Leiss, Hans, Beiträge zur Entwicklung von Stadt und Markt in Niederbayern vom 10. bis. 15. Jahrhundert, Passau 1935

Lemaire, Claudine (Hrsg.) u.a., Les Basses Danses de Marguerite d'Autriche (Das Tanzbüchlein der Margarete von Österreich), Faksimile-Ausgabe der Handschrift ms. 9085, Bibliothèque Royale Albert Ier, Bruxelles, Graz 1988

Leonhardt, Henrike, Hohe Zinnen - finstere Verliese. Die Machtpolitik der Wittelsbacher im späten Mittelalter, 1999

Lindstädt, B., Kulturtourismus als Vermarktungschance für ländliche Fremdenverkehrsregionen. Ein Marketingkonzept am Fallbeispiel Ostbayern, Trier 1994

Loibl, Richard, „Korn um Salz", Der Passauer Salzhandel im 15. und 16. Jahrhundert, in: Wurster, Herbert, W. u.a. (Hrsg.): Weißes Gold: Passau – Vom Reichtum einer europäischen Stadt, Ausstellungskatalog Passau 1995

Lorbeer, Carsten, Lorbeer, Julia, Meier, Andreas, u. Marita Wiedner, Die Handschriften Paulus Kals, o. O 2006

Luger, Kurt, Populärkultur und Identität. Symbolische Ordnungskämpfe im Österreich der zweiten Republik, in: Saxer, Ulrich (Hrsg.), Medien-Kulturkommunikation, Opladen 1998

Luger, Kurt, u. Karlheinz Wöhler (Hrsg.), Kulturelles Erbe und Tourismus. Rituale, Traditionen, Inszenierungen, Innsbruck/Wien/Bozen 2010

Mazzi, Carlo, Antonio Cornazano, Il Libro dell'arte del danzare, in: La Bibliofilia, Rivista di storia des libro e di bibliografia 17 (1915)

Monumenta Boica, Band VI, Excerpta Genealogica ex monimentis Tegurinis

Müller, Heinrich, und Fritz Kunter, Europäische Helme, Berlin 1984

Munrow, David, Musikinstrumente des Mittelalters und der Renaissance, Hannover 1980

Niedermann, Erwin, Die Leibesübungen der Ritter und Bürger, in: Ueberhorst, Horst, Geschichte der Leibesübungen, Bd. 3,1, Berlin/München/Frankfurt a. M. 1980

Niehoff, Franz, Vom Zauber, den der Rost des Alten auf das Gemüt des Menschen ausübt, Der Landshuter Rathaussaal als Erinnerungsort, in: in eren liebt sie. Die Landshuter Hochzeit 1903-2005, Annäherungen an das Jahr 1475, Schriften aus den Museen der Stadt Landshut 20, Landshut 2005

Neumann-Wolff, Kay-Dietrich, Das Eherecht der Reichsstadt Rothenburg ob der Tauber im späten Mittelalter, Würzburg 1976

Palacky, Franz, Geschichte von Böhmen, Band 5. Das Zeitalter der Jagielloniden, Teil 1, König Wladislaw II. von 1471 bis 1500, Teil 2, König Wladislaw II. und König Ludwig I. von 1500 bis 1526, Prag 1865

Pandel, Hans-Jürgen, Authentizität, in: Mayer, Ulrich, Pandel, Hans-Jürgen, u. Gerhard und Schneider (Hrsg.), Wörterbuch Geschichtsdidaktik, Schwalbach/Ts. 2006

Paravicini, Werner, Die ritterlich-höfische Kultur des Mittelalters, München 1994

Paravicini, Werner (Hrsg.), Höfe und Residenzen im spätmittelalterlichen Reich, Ostfildern 2005

Patze, Hans, u. Werner Paravicini (Hrsg.), Fürstliche Residenzen im spätmittelalterlichen Europa, Vorträge und Forschungen 36, Sigmaringen 1991

Petzet, Michael, Der Denkmalkultus am Ende des 20. Jahrhunderts, in: Lipp, W., u. Michael Petzet, Vom modernen zum postmodernen Denkmalkultus? Denkmalpflege am Ende des 20. Jahrhunderts, 7. Jahrestagung der Bayerischen Denkmalpflege, Passau, 14. - 16.10.1993, Arbeitshefte des Bayerischen Landesamtes für Denkmalpflege Nr. 69, hrsg. v. Michael Petzet, München 1994

Pfaff, Carl., Die Welt der Schweizer Bildchroniken, Schwyz 1991

Pöschl, Ernst, u. Wackernagel, Rudolf H., EIN GULDEN WAGEN MACHT STAAT. Das zentrale Fahrnis der Landshuter Hochzeit: Der Brautwagen und seine Geschichte, Schriften zur „Landshuter Hochzeit 1475", Band 7, Landshut 2016

Pöschl, Walter, Die glorreiche Landshuter Fürstenhochzeit 1475, Berichte und Gedichte, Straubing 2001

Post, Paul, Das Kostüm der Frau, in: Deutscher Kulturatlas, 1928-1939, Ergänzungen Band II

Rahn, Thomas, Fortsetzung des Festes mit anderen Mitteln. Gattungsbeobachtungen zu hessischen Hochzeitsberichten, in: Bern, Jörg Jochen, u. Lynasiak, Detlev (Hrsg.), Frühneuzeitliche Hofkultur in Hessen und Thüringen, Erlangen/Jena 1993

Rahn, Thomas, Festbeschreibung, Funktion und Topik einer Textsorte am Beispiel der Beschreibung höfischer Hochzeiten (1568-1794), Tübingen 2006

Reitzenstein, A. Frhr. v., Die Landshuter Plattner Wolfgang und Franz Grosschedel, in: Münchner Jahrbuch der bildenden Kunst, Dritte Folge, Bd. V, München 1954

Reitzenstein, A. Frhr. v., Die Landshuter Plattner, ihre Ordnung und ihre Meister, in: Waffen- und Kostümkunde, Band 11, München 1969

Reitzenstein, A. Frhr. v., Rittertum und Ritterschaft. München 1972

Rilling, Stephanie, Studien zu Heinrich dem Reichen von Bayern-Landshut. Aspekte der Sanierung des Herzogtums Anfang bis Mitte des 15. Jahrhunderts, in: Verhandlungen des historischen Vereins für Niederbayern (VHVN)

Ricœur, Paul, Wahrheit, historische, in: Jordan, Stefan (Hrsg.), Lexikon Geschichtswissenschaft: Hundert Grundbegriffe, Stuttgart 2007

Rösener, Werner, Der mittelalterliche Fürstenhof. Vorbilder, Hofmodelle und Herrschaftspraxis, in: Fey, Carola, Krieb, Steffen, u. Werner Rösener (Hrsg.), Mittelalterliche Fürstenhöfe und ihre Erinnerungskulturen, Göttingen 2007,

Rötzer, Hans Gerd, Auf einen Blick, Literarische Grundbegriffe, Bamberg 1995

Rosenauer, Artur, u.a., Michael Pacher und sein Kreis, Ausstellungskatalog Kloster Neustift, Brixen 1998

Rosenplüth, Hans, Fastnachtsspiele des 15. und 16. Jahrhunderts, Stuttgart 1998

Roth, Friedrich, Des Ritters Ebran von Wildenberg Chronik von den Fürsten aus Bayern, München 1905

Ruhe, Doris, „Die fremde Frau", Literarische Brautfahrten und zeitgenössisches Eherecht", in: Erfen, Irene u. Spieß, Karl-Heinz (Hrsg.), Fremdheit und Reisen im Mittelalter, Stuttgart 1997

Salmen, Walter, Tanz und Tanzen vom Mittelalter bis zur Renaissance (Terpsichore, 3), Hildesheim/Zürich/New York 1999

Sand Bothe, Mike, u. Ludwig Nagl (Hrsg.), Systematische Medienphilosophie, in: Deutsche Zeitschrift für Philosophie, Sonderband 7, Berlin 2005

Schad Antonie u. Karl, Sammlung von Vorlagen historischer Kostüme, Fundus „Die Förderer" e.V., Landshut, o. J.

Schieder, Hildegard, Geschichte der Pläne zur Teilung des alten polnischen Staates seit 1386. 1. Der Teilungsplan von 1392, Leipzig 1992

Scheler, Dieter, Rendite und Repräsentation. Der Adel als Landstand und landesherrlicher Gläubiger in Jülich und im Spätmittelalter, in: Rheinische Vierteljahrs Blätter 58/1994

Schmidt, Paul Gerhard, Curia und cordialitas. Wort und Bedeutung im Spiegel der lateinischen Quelle, in: Fleckenstein, Josef (Hrsg.), Curialitas. Studien zu Grundfragen der höfisch-ritterlichen Kultur, Göttingen 1990

Schneider, Gerhard (Hrsg.), Wörterbuch Geschichtsdidaktik, Schwalbach/Ts. 2006

Schirrmeister, Claudia, Scheinwelten im Alltagsgrau. Über die soziale Konstruktion von Vergnügungswelten, Wiesbaden 2002

Schönewald, Beatrix, Herzog Ludwig der Reiche, München 1996

Schörken, Rolf, Geschichte erzählen heute, in: Niemetz, Gerold (Hrsg.), Aktuelle Probleme der Geschichts-didaktik, Stuttgart 1990

Schörken, Rudolf, Begegnung mit Geschichte. Von außerwissenschaftlichem Umgang mit der Historie in Literatur und Medien, Stuttgart 1995

Schörken, Rolf, Historische Imagination – Wort, in: Bergmann, Klaus, u.a. (Hrsg.), Handbuch der Geschichtsdidaktik, Seelze-Velber 1997

Schreiber, Waltraud, und Sylvia Mebus (Hrsg.), Durchblicken. Dekonstruktion von Schulbüchern, Neuried 2006

Schröder, Martin, Fakten und Fiktionen – Wissensvermittlung und Wahrheitsfindung als geschichtsdidaktisches Problem, Hausarbeit im Proseminar „Geschichtsdidaktik Basiskurs" WS 2005/2006, Historisches Institut Universität Rostock, Rostock 2006

Schreiber, W., Körber, A., Borries, B. v., Krammer, R., Leutner-Ramme, S., Mebus, S., Schöner, A., u. B. Ziegler, Historisches Denken. Ein Kompetenz-Strukturmodell (Kompetenzen. Grundlagen - Entwicklung - Förderung), Neuried 2006

Schwann Mathieu, Illustrierte Geschichte von Bayern, Zweiter Band (1125-1508), Stuttgart 1890

Schwarz, Ingeborg, Die Bedeutung der Sippe für die Öffentlichkeit der Eheschließung im 15. und 16. Jahrhundert, Tübingen 1959

Scott, Margaret, Kleidung und Mode im Mittelalter, Darmstadt 2009

Seibt, Ferdinand, Europa 1475, Zur Krise des spätmittelalterlichen Staatensystems und ihre Überwindung, in: Landshut 1475-1975, Ein Symposium über Bayern, Polen und Europa im Spätmittelalter (Österreichische Osthefte Nr. 18), Wien 1976

Sparti, Barbara (Hrsg. und Übers.), Guglielmo Ebreo, De pratica seu arte tripudii vulgare opusculum (1463), s. Guglielmo Ebreo of Pesaro. On the Practice or Art of Dancing, New York 1993

Spieß, Karl-Heinz, Unterwegs zum fremden Ehemann. Brautfahrt und Ehe in europäischen Fürstenhäusern des Spätmittelalters, in: Erfen, Irene u. Spieß, Karl-Heinz (Hrsg.), Fremdheit und Reisen im Mittelalter, Stuttgart 1997

Spieß, Karl-Heinz, Höfische Feste im Europa des 15 Jahrhunderts, in: Borgolte, Michael (Hrsg.), Das europäische Mittelalter im Spannungsbogen des Vergleichs, Berlin 2001

Spieß, Karl-Heinz, Kommunikationsformen im Hochadel und am Königshof im Spätmittelalter, in: Althoff, Gerd (Hrsg.), Formen und Funktionen öffentlicher Kommunikation im Mittelalter, Stuttgart 2001

Spindler, Max, u. Andreas Kraus (Hrsg.), Handbuch der bayerischen Geschichte, Bd. 2, München 1988

Spitzlberger, Georg, Neue Funde aus der großen Zeit der Wanderung, in: VHVN 96, Landshut 1970

Spitzlberger, Georg, Landshuter Plattnerkunst, Ein Überblick, Landshut 1975

Spitzlberger, Georg, Landshuter Stadtbildpflege seit mehr als 500 Jahren, in: Schönere Heimat, Erbe und Auftrag 4, Landshut 1985

Spitzlberger, Georg, Unvergängliche Harnischkunst, Beiträge zur historischen Waffenkunde, Landshut 1985

Spitzlberger, Georg, Das Herzogtum Bayern-Landshut und seine Residenzstadt 1392-1503, Ausstellungskatalog, Landshut 1993

Spitzlberger, Georg, Die Bürgerverschwörung zu Landshut 1408 und 1410. In: Spitzlberger, Georg (Hrsg.), Das Herzogtum Bayern-Landshut und seine Residenzstadt 1392-1503, Landshut 1993

Spitzlberger, Georg, Prunkharnische für den Adel Europas, in: Weitberühmt und vornehm, Landshut 1204-2004. Beiträge zu 800 Jahre Stadtgeschichte, hrsg. von der Stadt Landshut, Landshut 2004

Stadler, Erika, Vom werden eines Festes, Landshut 1991

Stadler, Erika, und Peter Brix, Landshuter Hochzeit 1475, 104 Jahre Verein „Die Förderer" e.V., Landshut 2008

Stauber, Reinhard, „Unser lieber Ohaimb, Fürst und Rathe…". Überlegungen zum Verhältnis Herzog Georg des Reichen von Bayern-Landshut zu Kaiser Friedrich III. und König Maximilian I., in: Verhandlungen des historischen Vereins für Niederbayern (VHVN) 100/111 (1984/1985)

Stauber, Reinhard, Herzog Georg der Reiche von Niederbayern und Schwaben. Voraussetzungen und Formen landesherrlicher Expansionspolitik an der Wende vom Mittelalter zur Neuzeit, in: Zeitschrift für bayerische Landesgeschichte (ZBLG) 54 (1991)

Stauber, Reinhard, Herzog Georg von Bayern Landshut und seine Reichspolitik. Möglichkeiten und Grenzen reichsfürstlicher Politik im wittelsbachisch-habsburgischen Spannungsfeld zwischen 1470 und 1505, Kallmünz 1993

Stauber, Reinhard, Das Herzogtum Niederbayern und seine Residenzen in der zweiten Hälfte des 15. Jahrhunderts, in: Sammelband des Historischen Vereins Ingolstadt 102/103 (1993/1994

Stauber, Reinhard, Georg der Reiche – Vom Sterben und Leben eines Herzogs, in: Verhandlungen des historischen Vereins für Niederbayern (VHVN) 129/130 (2003/04)

Stauber, Reinhard, Das geteilte Land, in: Niederbayerns Reiche Herzöge, Hefte der Bayerischen Geschichte und Kultur 38, hrsg. vom Haus zur Bayerischen Geschichte, Augsburg 2009

Stauber, Reinhard, Land – und Reich – Die Landshuter Herzöge und ihre Politik, in: Niederbayerns Reiche Herzöge, Hefte der Bayerischen Geschichte und Kultur 38, hrsg. vom Haus zur Bayerischen Geschichte, Augsburg 2009

Stauber, Reinhard, Der Reichtum der Landshuter Herzöge und ihre Grundlagen, in: Niederbayerns Reiche Herzöge, Hefte der Bayerischen Geschichte und Kultur 38, hrsg. vom Haus zur Bayerischen Geschichte, Augsburg 2009

Stauber, Reinhard, Der Krieg um das Erbe der Reichen Herzöge, in: Niederbayerns Reiche Herzöge, Hefte der Bayerischen Geschichte und Kultur 38, hrsg. vom Haus zur Bayerischen Geschichte, Augsburg 2009

Stahleder, Erich, Niederbayern als Staat (1255-1505). Katalog zur Ausstellung des Bayerischen Staatsarchivs Landshut zur Wiedereröffnung der Führungsräume der Burg Trausnitz 1970, Ausstellungskataloge der Staatlichen Archive Bayerns 5, Landshut 1970

Stahleder, Erich, „Die drei reichen Herzöge", in: Bleibrunner, Hans (Hrsg.), Große Niederbayern, Neue Veröffentlichungen des Instituts für Ostbairische Heimatforschung 30, 1972

Stahleder, Erich, Die Landshuter Hochzeit von 1475 nach dem wiederentdeckten Bericht des „Markgrafenschreibers" in: Bleibrunner, Hans, Beiträge zur Heimatkunde von Niederbayern, Bd. 3, (Landshut/Passau) 1976

Stahleder, Erich, Die Burg Landshut, genannt Trausnitz, im Mittelalter, in: Hubert Glaser, (Hrsg.), Ausstellungskatalog Wittelsbach und Bayern, Band I/1, Die Zeit der frühen Herzöge, Von Otto I. zu Ludwig dem Bayern, Beiträge zur Bayerischen Geschichte und Kunst 1180 – 1350, München/Zürich 1980

Stahleder, Erich, Landshuter Hochzeit 1475, Ein bayrisch-europäisches Hoffest aus der Zeit der Gotik, Ottobrunn-Riemerling 1984

Stahleder, Erich, Landshut im Mittelalter, Die Burg, die Stadt, die Hochzeit, München 1989

Stahleder, Erich, Gekrönte Häupter in der Stadt. Die „Landshuter Hochzeit" einst und heute, in: Weitberühmt und vornehm, Landshut 1204-2004, Beiträge zu 800 Jahren Stadtgeschichte, Landshut 2004

Störmer, Wilhelm, Die innere Konsolidierung der Wittelsbachischen Territorialstaaten in Bayern im 15. Jahrhundert, in: Europa 1500. Integrationsprozesse im Widerstreit, hrsg. von Ferdinand Seibt und Winfried Eberhard, 1986

Strätling, Regine, Hrsg., Spielformen des Selbst, das Spiel zwischen Subjektivität, Kunst und Alltagspraxis, Bielefeld 2012

Tenfelde, K., Adventus. Zur historischen Ikonologie des Festzuges, in: Historische Zeitschrift 235, o. O., 1982

Tewes, Max, ain varib, darein wir uns und unser hofgesind beclaiden. Hofkleider der bayerischen Herzöge an der Wende zur Neuzeit, in: Niehoff, Franz (Hrsg.), Ritterwelten im Spätmittelalter, Höfisch-ritterliche Kultur der Reichen Herzöge von Bayern-Landshut. Schriften aus den Museen der Stadt Landshut Nr. 29, Landshut 2009

Thiel, Erika, Geschichte des Kostüms, Wilhelmshaven 1987

Thomas, Bruno, Deutsche Plattnerkunst. München 1944.

Thomas, Bruno, Two „Almain" armurers identified, Journal of the Arms and Armour Society, London 1953

Thum, Bernd (Hrsg.), Gegenwart als kulturelles Erbe, München 1985

UNESCO, Übereinkommen zum Schutz des Kultur- und Naturerbes der Welt vom 16. November 1972, Paris 1972

UNESCO, Programm "Meisterwerke des mündlichen und immateriellen Kulturerbes der Menschheit", Paris 2001

UNESCO, Allgemeine Erklärung zur kulturellen Vielfalt, Präambel, Paris 2001

UNESCO-Übereinkommen zur Bewahrung des immateriellen Kulturerbes von 2003, Originaltitel: „Convention for the Safeguarding of the intangible Cultural Heritage", offizielle Übersetzung in Luxemburg mit redaktioneller Unterstützung der UNESCO-Nationalkommissionen Deutschlands, Österreichs und der Schweiz, Paris 2003

UNESCO-Erklärung zur Erhaltung historischer Stadtlandschaften, verabschiedet von der Generalversammlung der Vertragsstaaten der Welterbekonvention am 10. Oktober 2005 in Paris, UNESCO, Doc. WHC-05/15.GA/7, Paris 2005

Veit Arnpeck, Sämtliche Chroniken, hrsg. von Georg Leidinger, München 1915

Verein „Die Förderer" e.V., Satzung, Landshut, o. J.

Vočelka, Karl, Habsburgische Hochzeiten 1550-1600. Kulturgeschichtliche Studien zum maniristischen Repräsentationsfest, Wien 1976

Vogel, Matthias, Medien der Vernunft. Eine Theorie des Geistes und der Rationalität auf Grundlage einer Theorie der Medien, Frankfurt/M. 2001

Von Leitner, Quirin (Hrsg.), Freydal, Des Kaiser Maximilian I. Turniere und Mummereien, Wien 1880-82

Walz, Markus, Sehen, Verstehen. Historisches Spiel im Museum zwischen Didaktik und Marketing, in: Carstensen, Jan, Meiners, Uwe, u. E. Mohrmann (Hrsg.), Living History im Museum. Möglichkeiten und Grenzen einer populären Vermittlungsform, Münster 2008

Waidacher, Friedrich, Handbuch der allgemeinen Museologie, Wien/Köln 1996

Wappenschmidt, H.-T., Studien zur Ausstattung des deutschen Rathaussaales in der 2. Hälfte des 19. Jahrhunderts, Bonn 1981

Westenrieder, Lorenz (Hrsg.), Beyträge zur vaterländischen Historie, Geographie, Statistik und Landwirtschaft, samt einer Übersicht der schönen Literatur, 2. Band, München 1789

Widmann, T., Brauchtum und Tourismus. Die schwäbisch-alemannische Fastnacht in Villingen-Schwenningen, Trier 1999

Wilson, David (Hrsg.), Domenico da Piacenza, De arte saltandi et choreas ducendi (um 1450). Ms. Paris, Bibliothèque nationale, fonds it. 972, in: Sources for Early Dance, Series 1 (Fifteenth-Century Italy), London 1988

Wirth, Hermann, Werte und Bewertung baulich-räumlicher Strukturen. Axiologie der baulich-räumlichen Umwelt, Alfter 1994

Wirth, Hermann, Der Streit wider die Zeit, in: Der Streit wieder die Zeit. Denkmalschutz und Denkmalpflege im Zeitalter der Globalisierung und Anonymisierung (Thesis. Wissenschaftliche Zeitschrift der Bauhaus-Universität Weimar, 46. Jg., 2000, H.6)

Wirth, Hermann, Denkmalpflegerische Grundbegriffe. (Praxis-Ratgeber zur Denkmalpflege, Nr. 10), Informationsschriften der Deutschen Burgenvereinigung e. V., Braubach 2003

Wirth, Hermann, Bauhaus-Universität Weimar, Fakultät Architektur, Lehrstuhl für Denkmalpflege, Vorlesungen im Fach Denkmalpflege I, Wintersemester 2003/2004

Wirth, Hermann, Wiederaufbau, Nachbau oder Fantasiegestalt. Die Funkenburg in Thüringen und die Pfalz Tilleda in Sachsen-Anhalt, in: Burgen und Schlösser. Zeitschrift für Burgenforschung und Denkmalpflege 4, Braubach 2006

Wolf, Gabriele, Bayern stereotyp. Über aktuelle Identifikationen mit einer Region in Europa, in: Bayerisches Jahrbuch für Volkskunde 2005, München 2005

Ziegler, Walter, Studien zum Staatshaushalt Bayerns in der zweiten Hälfte des 15. Jahrhunderts. Die regulären Kammereinkünfte des Herzogtums Niederbayern 1450-1500, München 1981

Ziegler, Walter, Die Bedeutung des Beinamen „reich" der Landshuter Herzöge Heinrich, Ludwig und Georg, in: Festschrift für Andreas Kraus, Münchener Historische Studien 10, München 1982

Zwiorek, Anna, Historische Festspiele und Feste als kulturtouristisches Angebot in Kleinstädten, Diplomarbeit an der Katholischen Universität Eichstädt, Mathematisch-Geographische Fakultät, Lehrstuhl für Kulturgeographie, Studienfach Geographie mit Schwerpunkt Freizeit, Fremdenverkehr und Umwelt, Eichstädt 2001

Archivalien

(Ur-Inszenierung der „Landshuter Fürstenhochzeit 1475")

Bayerisches Hauptstaatsarchiv

- BayHstA:: Abt. III Geheimes Hausarchiv Korrespondenzakt 919
- BayHstA: Abt. III Geheimes Hausarchiv HU 2103
- BayHstA: Abt. III Geheimes Hausarchiv HU 2104
- BayHstA: Abt. III Geheimes Hausarchiv HU 2085
- BayHstA: Abt. III Geheimes Hausarchiv HU 2086
- BayHstA: Abt. III Geheimes Hausarchiv HU 2094
- BayHstA: NK (Neuburger Kopialbücher) Nr. 34
- BayHstA: NK (Neuburger Kopialbücher) Nr. 38
- BayHstA: NKB 31, fol. 115-11
- BayHStA: Herzogtum Bayern, Ämterrechnungen bis 1506, Nr. 511 Kammeramtsrechnung des Herzogtums Bayern-Landshut, Abrechnungszeitraum 2. Oktober 1476 bis 14. Juli 1477

Bayerische Staatsbibliothek

- BSB: Cgm 43: Chronik Bayerns von Ulrich Füetrer
- BSB: Cgm 225: Chronik Bayerns von Ulrich Füetrer
- BSB: Cgm 331: Bericht Hans Seybolts über die Hochzeit Herzog Georg von Bayern-Landshut mit Hedwig von Polen im Jahre 1475
- BSB: Cgm 1590: Chronik Bayerns von Ulrich Füetrer, mit einem Bericht über das Rennen von Herzog Christoph dem Starken von Bayern-München mit einem polnischen Adeligen auf der Landshuter Fürstenhochzeit 1475
- BSB: Cgm 1953: Die so genannte große Rechnung
- BSB: Cgm 1955: Abschrift der so genannten großen Rechnung (Cgm 1953)
- BSB: Cgm 1956: Abschrift der so genannten großen Rechnung (Cgm 1953)
- BSB: Cgm 2817: Deutschsprachige Version der Chronik Bayerns von Veit Arnpeck
- BSB: Clm 1201: Chronik Bayerns von Johnnes Aventinus
- BSB: Clm 2230: Lateinische Fassung der Chronik Bayerns von Veit Arnpeck

Thüringisches Hauptstaatsarchiv

- ThürHStA: Ernestinisches Gesamtarchiv, Reg. D (Sächsische Händel) Nr. 31, Bericht von Hans Oringen über die Landshuter Fürstenhochzeit 1475

Abbildungsverzeichnis

Foto-Nachweis

ANHANG

Anhang 1: Zugfolge der Braut zur Trauung in die Kirche St. Martin am 14. November 1475 (nach Hans Seybolt)

- 1110 Trompeter, Trommler und Pfeiffer
- Bewaffnete Reiter der Braut
- Braut im goldenen Reisewagen mit den Landshuter Abgesandten an der rechten und polnischen Adligen an der linken Seite
- Bewaffnete Reiter der Fürsten
- Alte Frau von Sachsen und Junges Fräulein Christine in ihrem Wagen
- Begleiterinnen der Braut in einem goldenen Wagen
- Bewaffnete Reiter Herzog Ludwigs, die den Zug ab Wittenberg gesichert hatten.
- Über die Position des Kaisers, des Bräutigams und der übrigen Fürsten gibt es keine Angaben.
- Die Ehefrauen des Markgrafen Albrecht Achilles, des Herzogs Ludwig des Reichen, des Pfalzgrafen Philipp und des Grafen Eberhard von Württemberg sowie andere adlige Damen warten am Portal der Kirche, um die Braut „mit Halsen vnd Henndt pietten" willkommen zu heißen.

Anhang 2: Zugordnung (weibliche Adelige) zum Festgottesdienst am 15. November 1475 (nach Hans Seybolt)

- Amalie, Herzog Ludwigs Gemahlin, mit Markgraf Friedrich und ihrem Hofmeister als Begleiter
- Pfalzgraf Philipps Gemahlin mit Graf Eberhard von Württemberg und ihrem Hofmeister
- Die Tochter des Herzogs Ernst von Sachsen mit Markgraf Albrecht von Baden
- Gemahlin des Markgrafen Albrecht von Brandenburg mit Graf Otto von Hennberg
- Alte Frau von Sachsen mit den Herzögen Christoph und Wolfgang von Bayern-München
- Die Gemahlin des Grafen Eberhards von Württemberg mit Graf Jobst von Hohenzollern
- Landgräfinnen, Gräfinnen, Frauen und Jungfrauen

Anhang 3: Schematische Zugaufstellung: Festgottesdienst am 15. November 1475 (nach Hans Oringen)

- Polnische Adlige zu Pferd
- 32 Adlige mit Stablichtern in den Hoffarben Herzog Georgs
- Trumeter und Pfeiffer
- Herzog Sigmund von Österreich, Bräutigam und Markgraf Albrecht Achilles,
- auf beiden Seiten begleitet von polnischen Adligen zu Pferd
- Grafen und Herren
- 32 Adlige mit Stablichtern
- Trumeter und Pfeiffer
- Herzog Otto, Braut, Kaiser Friedrich III.
- Fräulein Christina von Sachsen mit Pfalzgraf Philipp und dem Sohn des Markgrafen Albrecht
- Gemahlin des Pfalzgrafen Philipp mit Herzog Maximilian von Österreich und Herzog Albrecht von Bayern-München
- Gräfin von Württemberg mit dem Markgrafen von Baden und Herzog Johann von Neumark
- Amalie, Gemahlin des Herzogs Ludwig von Bayern-Landshut, mit Herzog Wolfgang von Bayern-- München und Landgraf Ludwig von Leuchtenberg
- Markgräfin von Brandenburg mit Graf Ulrich von Württemberg und Graf Otto von Hennberg
- Alte Frau von Sachsen mit Herzog Christoph von Bayern-München und einem ihrer Gefolgsleute
- Landgräfin von Leuchtenberg
- Andere Gräfinnen

Anhang 4: Schematische Zugaufstellung: Festgottesdienst am 15. November 1475 (Anhang zur Oringen-Chronik)

- Kaiser Friedrich mit der Braut Hedwig von Polen
- Herzog Sigmund von Österreich, Herzog Georg, Markgraf Albrecht von Brandenburg
- Herr Burian von Gutenstein (Gesandter des Königs von Böhmen)
- Drei polnische Adlige
- Bischof von Bamberg, Herzog Maximilian von Österreich, Herzog Otto, Herzog Johann
- Bischöfe von Eichstätt, Passau, Augsburg, Freising und Graf Ulrich von Württemberg
- polnische Adlige nach Ständen geordnet
- Herzog Christoph von Bayern-München
- Markgraf Friedrich
- Markgraf von Baden
- Herzog Wolfgang von Bayern-München

Anhang 5: Die Teilnehmerfolge beim Hochzeitszug der Re-Inszenierung im 21. Jahrhundert

Stadtknechte an der Spitze des Zuges
Stadtpfeifer
Kinder mit ihren Betreuerinnen
Bürgerpaare

Zinkenisten und Posaunisten
Gesandte der Reichsstädte Regensburg, Nürnberg, Ulm,
Nördlingen, Dinkelsbühl, Augsburg, Donauwörth,
Frankfurt und der herzoglichen Stadt Straubing, mit
Standarten
Trosswagen mit Stadtknechten
Vorreiter mit Stadt-Standarte
Rat der Stadt Landshut mit
Kämmerer
Stadtschreiber
Ratsherren
Zünfte; Standarten mit Zunftzeichen
Ratsgesinde: Torwart, Mägde und Knechte

Pfalzgräfliche Pfeifer (Musikanten des Pfalzgrafen Philipp von Amberg)
Armbrustschützen „Trausnitzer Fähndlein"
mit Wagen und Marketenderinnen
Fahnenschwinger mit Schwungfahnen

Brandenburger Trumeter
Fürsten mit Begleitung:
Markgraf Albrecht Achilles, Kurfürst von Brandenburg,
mit Gemahlin Anna
Fürsten, Grafen, Edelleute aus Sachsen und Bayern,
aus Franken, der Pfalz, Württemberg und Österreich,
mit Standarten
Businenbläser
Margarethe, Kurfürstinwitwe, sog. „Alte Frau von Sachsen" im Reisewagen
(Mutter der Landshuter und Brandenburger Fürstinnen)
Enkelin Christine
(Tochter des Kurfürsten Ernst von Sachsen)

Edeldamen im Gefolge des Markgrafen Albrecht Achilles

Kaiserliche Trumeter und Pauker zu Pferd

Bannerträger zu Pferd

Kronen- und Schwertträger

Kaiser Friedrich III. zu Pferd

Erzherzog Maximilian (Sohn des Kaisers) zu Pferd

Lichtertragende Pagen

Im Gefolge des Kaisers:

Pfalzgraf Philipp

Pfalzgraf Otto von Wittelsbach (aus Neumarkt),

Herzog Sigmund von Tirol

Herzog Albrecht IV.

Herzöge Sigmund und Wolfgang von Bayern-München

und andere edle Herren

„Des türkischen Kaisers Bruder": Ottman Kalixt

Ordensleute und geistliche Fürsten:

Dominikaner und Deutschordens-Komture

Bischöfe von Bamberg, Chiemsee, Augsburg, Eichstätt,

Freising, Passau

Salzburger Trumeter

Erzbischof von Salzburg mit Stabträger, Zeremoniar

Standarten- und Stablichter-Träger

Herold des Herzogs zu Pferd

Obrist Sesime von Horuskowitz

Herzogliche Wachen mit Standartenträger

Herzogliche Hofmusik

Herzog Ludwig der Reiche von Bayern-Landshut

(Bräutigam-Vater und Gastgeber, in der Sänfte getragen)

mit Schwertträger

Kanzler Dr. Martin Mair

Leibarzt Dr. Hanns Trost

Hofnarr

Hofbeamte zu Pferd: von Fraunhofen, Dr. Mauerkircher,

Heinrich von Staudach, Ulrich von Breitenstein u.a.

Falkner

Geharnischte mit Ahlspießen

Herzog Christoph der Starke von Bayern-München

Edle Herren im Harnisch zu Pferd, mit Rennfahnen

Turnier-Vogt, begleitet von Knappen und Lanzenträgern
Landshuter Hofkapelle
Herzogin Amalie
(Bräutigam-Mutter, im Reisewagen)
begleitet von Hofmeister und Edeldamen
Pagenmeister und Pagen
Junker mit Damen
Fahnenschwinger mit Wurffahnen

Des Königs von Polen Trumeter
Edelleute aus Polen
Junker mit Obristen zu Pferd
Polnische Hofmeisterin mit Hofdamen
„Königin" Hedwig, die Braut, im goldenen Reisewagen
Herzog Georg, der Bräutigam, zu Pferd
Lichtertragende Pagen (Bayern und Polen)
Polnische Leibjäger und Fürstin zu Pferd
Polnischer Adel zu Pferd
Reisewagen mit Begleiterinnen der Braut
Edle Herren zu Pferd
(Ringelstecher und Feuerkopfreiter)
Brautgutwagen mit Begleitung
Herzogliche Hofküche und Hofschänke

Trommler und Pfeifer
Reisige mit Hetmann
Trosswagen mit Marketenderinnen
Moriskentänzer
Komödianten mit Wagen
Fahrendes Volk

Entlang dem Zug unterhalten Gaukler, Reigentänzer und Spielleute die Zuschauer.

Anhang 6: Gruppenverzeichnis des gemeinnützigen Vereins „Die Förderer" e.V.

1	Stadtknechte	35	Landshuter Hofkapelle
2	Kinder a) Betreuerinnen b) Buben c) Mädchen	37	Pfalzgräfliche Pfeifer
3	Zünfte	38	Presse
4	Gesandte der Reichsstädte	39	Bedienungen
5	Rat der Stadt Landshut	41	Moriskentänzer
6	Ratsgesinde	42	Einsatzgruppe
7	Fahnenschwinger	43	Höfische Junker (tanzend) - Reigen
8	Armbrustschützen	44	Edle Paare aus Polen (Tanzpolen)
9	Fürsten mit Gefolge	45	Fahrende Komödianten
10	Edeldamen (tanzend und nichttanzend	45 a)	200 - 299 Festspiel
11	Kaisergruppe	45 b)	001 - 099 Hofberg, 100 - 199 Nikola
12	Kaiserpagen	46	Bürgergruppe
13	Geistlichkeit	47	Vorstand
13.10-70	Bischofsgruppe und Ordensleute	48	Begleiterinnen der Braut
14	Herzogsgruppe	49	Begleiter des Brautgutwagens (Brettlhupfer)
15	Falkner	50	Feyerldäntzer
16	Edle Herren i. Harnisch Festzugs-Turnierritter	51	Joculatores
17	Höfische Junker (nichttanzend)	52	Wachen des Brautgutwagens
18	Brautgruppe	53	Herzogliche Wachen
19	Brautpagen	54	Schnurrpfeyferei
20	Polnischer Adel (zu Pferd)	56	Schalmeienbläser
21	Edle Herren zu Pferd (Ringlstecher)	57	Cinque Bombardi
22	Herzogliche Hofküche	58	Herzogliche Pagen (Blumenpagen)
23	Hofschänke	59	Feuerkopfstecher
24	Geharnischte mit Ahlspießen	60	Scholaren
25	Reisige	61	Mummenschanz
26	Fahrendes Volk	62	Musica Cumpaneia
27	Gaukler	64	Salzburger Trumeter
28	Stadtpfeifer	65	Martinspfeifer
29	Dudlsackbläser	66	Jongleure und Feuerschlucker
30	Zinkenisten	67	Ad libitum
31	Businenbläser	68	Zauberer u. Bänkelsänger
32	Herzogliche Hofmusik	69	Brandenburger Trumeter
33	Kaiserliche Fanfarenbläser	70	Pferdeführergruppe
34	Des Königs von Polen Trumeter